权威·前沿·原创

皮书系列为
"十二五"国家重点图书出版规划项目

中国社会科学院创新工程学术出版项目

上海蓝皮书
BLUE BOOK OF SHANGHAI

总　编／王　战　于信汇

上海法治发展报告
（2015）

ANNUAL REPORT ON DEVELOPMENT OF RULE OF LAW IN SHANGHAI (2015)

主　编／叶　青
执行主编／史建三

社会科学文献出版社
SOCIAL SCIENCES ACADEMIC PRESS (CHINA)

图书在版编目(CIP)数据

上海法治发展报告.2015/叶青主编.—北京:社会科学文献出版社,2015.5
(上海蓝皮书)
ISBN 978-7-5097-7421-2

Ⅰ.①上… Ⅱ.①叶… Ⅲ.①社会主义法制-研究报告-上海市-2015　Ⅳ.①D927.51

中国版本图书馆 CIP 数据核字(2015)第 082435 号

上海蓝皮书
上海法治发展报告(2015)

| 主　　编 / 叶　青 |
| 执行主编 / 史建三 |

| 出　版　人 / 谢寿光 |
| 项目统筹 / 郑庆寰 |
| 责任编辑 / 郑庆寰　王　颉 |

出　　版 / 社会科学文献出版社·皮书出版分社 (010) 59367127
　　　　　　地址:北京市北三环中路甲29号院华龙大厦　邮编:100029
　　　　　　网址:www.ssap.com.cn

发　　行 / 市场营销中心 (010) 59367081　59367090
　　　　　　读者服务中心 (010) 59367028

印　　装 / 北京季蜂印刷有限公司

规　　格 / 开　本:787mm×1092mm　1/16
　　　　　　印　张:20.75　字　数:314 千字

版　　次 / 2015年5月第1版　2015年5月第1次印刷
书　　号 / ISBN 978-7-5097-7421-2
定　　价 / 69.00元

皮书序列号 / B-2012-269

本书如有破损、缺页、装订错误,请与本社读者服务中心联系更换

△ 版权所有 翻印必究

上海蓝皮书编委会

总　　编　王　战　于信汇

副总编　王玉梅　黄仁伟　叶　青　谢京辉　王　振
　　　　　何建华

委　　员（按姓氏笔画排序）
　　　　　王世伟　石良平　刘世军　阮　青　孙福庆
　　　　　李安方　杨　雄　杨亚琴　肖　林　沈开艳
　　　　　季桂保　周冯琦　周振华　周海旺　荣跃明
　　　　　胡晓鹏　屠启宇　强　荧　蒯大申

《上海法治发展报告（2015）》专家委员会

（按姓氏笔画排序）

丁　伟　刘　平　刘　华　何勤华　谷继明
沈志先　陈春兰　陈辐宽　林化宾　林国平
周永年　盛勇强　盛雷鸣

《上海法治发展报告（2015）》
编委会

主　　　编　叶　青

执 行 主 编　史建三

执行副主编　黄立群　王海峰　孟祥沛　孙大伟　张晓栋

撰　稿　人　（按姓氏笔画排序）

　　　　　　　丁佳佳　王　涛　王　斌　王天品　王松林
　　　　　　　王海峰　叶　青　史建三　庄燕玉　刘　华
　　　　　　　刘　恋　汤啸天　孙大伟　李幸祥　李雪红
　　　　　　　吴　涛　吴珏一　何家华　沈映涵　张　洁
　　　　　　　张志军　张建勋　张盛嘉　陈　强　范政强
　　　　　　　房　新　孟　炜　孟祥沛　洪安祺　徐　东
　　　　　　　唐颖芳　程　彬　程　唯　谢欢欢

主要编撰者简介

叶 青 法学博士,教授,博士生导师。上海市第十四届人大常委会委员,第三届全国法律专业学位研究生教育指导委员会委员。曾任华东政法大学副校长。现任上海社会科学院副院长、法学研究所所长。

美国旧金山大学法学院、新加坡国立大学法学院访问学者。2006年荣获上海市第三届优秀中青年法学家称号,第五届上海市教学名师奖。2013年获评上海市领军人才。

著有《刑事诉讼证据问题研究》《我国审判公开中法院管理创新的思考》等。主编《刑事诉讼法学教学研究资料汇编》第1辑和第2辑、《我国审判公开问题实证考察与对策研究》、《证据法学:问题与阐释》、《刑事诉讼法学》、《刑事诉讼法:案例与图表》、《案例刑事诉讼法学》等。先后在法学专业核心刊物上发表论文120多篇。

现兼任中国刑事诉讼法学研究会副会长、中国行为法学会常务理事、上海市法学会副会长、上海市立法学研究会会长、上海市诉讼法学研究会副会长。上海市法官、检察官遴选(惩戒)委员会委员。

史建三 法学硕士,经济学博士,上海社会科学院法学研究所研究员。

近年来的主要研究领域为地方法治建设。独著及与他人合著有《地方立法后评估的理论与实践》《上海法治建设与政治文明:实践与经验》《上海法治建设30年专题研究》《在规则与现实之间——上海市地方立法后评估报告》《上海律师业地方发展战略研究》《律师眼中的上海法治建设》等。撰写的论文、报告主要有《地方立法质量:现状、问题与对策》《关于完善地方立法后评估制度的研究报告》《世博立法后评估研究》《上海法治政府30年回顾、现状与展望》《依法行政状况律师满意度评估报告》《法治静安指数指标评估体系研究》《构建和谐社会的纠纷与解决机制》《改革开放以来的上海律师业——回眸、憧憬与新目标的实现路径》《上海现代涉外法律服务市场的问题与对策》等。

摘　要

《上海法治发展报告（2015）》对2014年上海地方法治建设进行了全景式的扫描，反映了依法治市、社会治理、地方立法与监督、依法行政、司法改革与司法公正、法治研究等领域的新成就、新发展、新问题、新思考、新对策和新建议。

总报告全面回顾了上海在法治建设主要领域所取得的成绩，同时也直面上海法治建设存在的问题和挑战，并对2015年的法治建设工作进行了展望。

评估篇以上海市政府机关门户网站信息公开状况为评估对象，通过建立门户网站信息公开评估指标体系，以及采用调研组的客观评估、志愿者的使用体验和网上问卷主观满意度测评三种方式，对上海市政府网以及市属48个委办局和17个区（县）政府网站中的信息质量、便捷度、公众参与度等状况进行了一次全方位的评估，同时还调研了京、津、渝三个直辖市门户网站并与之进行对比，最终形成了一份评估总报告和三份分报告。

专题篇重点介绍了创新社会治理搭建攻坚克难平台、上海人大引领与推动地方法治政府建设、完善上海行政执法体制机制研究、上海市人民建议征集专题研究、上海法院司法体制改革试点工作报告、上海法院促进法律职业共同体建设的探索、上海检察院司法体制改革试点工作报告、提升服务充分保障律师依法执业、开创繁荣上海法学研究新局面等内容。

热点篇围绕中国（上海）自由贸易试验区的法治建设，从地方立法、创新制度复制和推广、综合执法三个维度进行了评述。

案例篇重点推出了杨浦区推行行政权力清单制度、普陀区探索重大行政决策制度和善用《消防法》破解拆违困局的"江桥经验"三个优秀案例，探讨了这些制度创新带来的影响及意义。

Abstract

Annual Report on Development of Rule of Law in Shanghai (2015) overviewed the Shanghai local legal construction in 2014 and reflected the new achievements, developments, problems, thinking, strategies and proposals involving city governance according to law, social governance, local legislation and supervision, law-based administration, judicial reform and judicial justice, research on rule of law, etc.

The "General Report" provides a comprehensive review of the Shanghai's achievements in the main field of legal construction. Meanwhile it also puts forward of the existing problems and challenges facing to Shanghai legal construction and finally outlooks the legal construction in the next year.

The "Evaluation Reports" take the information disclosure of Shanghai government portal as evaluation objects and used three ways, that is the objective assessment of research groups, volunteer experience and satisfaction survey of online questionnaire with the establishment of evaluation system of portal information disclosure, to make a subjective and objective comprehensive assessment on the information quality, convenience, public participation, etc. of internet portals Shanghai municipal government, 48 committees, offices & bureaus, and 17 counties. Moreover The "Evaluation Reports" also investigate the municipal portals of Beijing, Tianjin and Chongqing. Eventually one overall assessment report and three sub-reports are achieved.

The "Special Reports" mainly introduce The Establishment of Platform to tackle Difficulties in the Innovative Social Governance, The Local People's Congresses-leading Construction of Shanghai Government ruled by Law, Special Report on Judicial Reform Pilot of Shanghai's Court, Inspection on the community building of legal profession promoted by Shanghai's Court, Special Report on Judicial Reform Pilot of Shanghai's Procuratorate, Service

Abstract

Improvements of Protection on the Lawyer Practice under the Law, Institutional and Mechanism Improvement of Shanghai's Administrative Enforcement, Research on Shanghai's Call for Proposals, Start a Prosperous Research Outlook on Shanghai Law under the Unity, Leading & Service Work Policy.

The "Report on Hot Issues" focus on the legal construction of China (Shanghai) Pilot Free Trade Zone from the prespective of local legislation, copy & promotion of innovation system and integrated legal enforcement.

The "Report of Case Studies" focus on the list system of administrative authority in Yangpu District, three outstanding cases in Putuo District to explore major administrative decision, and Jiangqiao experience to tackle illegal building dilemma with the application of Fire Act. The "Report of Case Studies" also explore the impact and significance brought with those new innovations.

目 录

BⅠ 总报告

B.1 2014年上海法治建设状况与2015年展望
　　　　　　　　　　　　　　　　　　 上海法治市情调研组 / 001

BⅡ 评估篇

B.2 上海市政府机关门户网站信息公开状况分析报告
　　　　　　　　　　　　　　　　　　 上海法治市情调研组 / 036
B.3 上海市各区（县）信息公开评估报告
　　　　　　　　　　　　　　　　　　 上海法治市情调研组 / 077
B.4 上海市各委办局信息公开评估报告
　　　　　　　　　　　　　　　　　　 上海市法治市情调研组 / 097
B.5 京津沪渝四直辖市政府门户网站信息公开评估报告
　　　　　　　　　　　　　　　　　　 上海法治市情调研组 / 113

BⅢ 专题篇

B.6 在创新社会治理中搭建攻坚克难的平台
　　　　　　　　　　　　　　　　 汤啸天　张志军　程　维 / 130

001

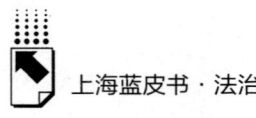

B.7 上海人大引领与推动法治政府建设的探索
………………"上海人大引领与推动法治政府建设的探索"课题组 / 141

B.8 上海法院司法改革试点工作报告
………………………………………上海市高级人民法院司改办 / 156

B.9 上海法院促进法律职业共同体建设的探索 …………… 孟祥沛 / 167

B.10 上海检察院司法改革试点工作报告
………………………………………上海市人民检察院课题组 / 179

B.11 提升服务 充分保障律师依法执业 …………………… 王 斌 / 193

B.12 完善上海行政执法体制机制研究
……………………………上海市行政法制研究所"完善行政
执法体制机制研究"课题组 / 200

B.13 上海市人民建议征集专题研究 ………… 上海法治市情调研组 / 221

B.14 围绕"团结、引领、服务"工作方针努力开创繁荣上海
法学研究新局面 ……………………汤啸天 张志军 吴珏一 / 234

BⅣ 热点篇

B.15 上海自贸区立法专题研究 …………………………… 王海峰 / 245

B.16 中国（上海）自由贸易试验区制度创新的复制
与推广情况研究 …………………………………… 孙大伟 / 260

B.17 中国（上海）自由贸易试验区综合执法工作评析 …… 沈映涵 / 271

BⅤ 案例篇

B.18 "江桥经验"：善用《消防法》破解拆违困局启示录
………………………………………………… 叶 青 孙大伟 / 280

B.19 普陀区探索和实践重大行政决策制度
………………………………………………… 上海法治市情调研组 / 289

B.20 杨浦区行政权力清单制度专案研究
　　　　 …………………………………… 上海法治市情调研组 / 300

B.21 后记 ………………………………………………………… / 310

皮书数据库阅读使用指南

CONTENTS

B I General Report

B.1 Development of Rule of Law in Shanghai in 2014:
Analysis and Prospect
Shanghai Rule of Law and State of the City Research Group / 001

B II Evaluation Reports

B.2 Evaluation Report of Information Disclosure for Shanghai
Government Portal
Shanghai Rule of Law and State of the City Research Group / 036

B.3 Sub-report of Information Disclosure for Districts and Counties
Shanghai Rule of Law and State of the City Research Group / 077

B.4 Sub-report of Information Disclosure for Committees,
Offices & Bureaus
Shanghai Rule of Law and State of the City Research Group / 097

B.5 Evaluation report of Information Disclosure for Beijing,
Tianjin and Chongqing Government Portal
Shanghai Rule of Law and State of the City Research Group / 113

CONTENTS

B III Special Reports

B.6 The Establishment of Platform to Tackle Difficulties in the Innovative Social Governance
  Tang Xiaotian, Zhang zhijun and Cheng Wei / 130

B.7 The Shanghai People's Congresses-leading Construction of Local Government ruled by Law
  The Research Group of "The Shanghai People's Congresses-Leading Construction of Local Government ruled by Law" / 141

B.8 Special Report on Judicial Reform Pilot of Shanghai's Court
  The Research Group of Shanghai Higher People' Court / 156

B.9 Inspection on the Community Building of Legal profession Promoted by Shanghai's Court *Meng Xiangpei* / 167

B.10 Special Report on Judicial Reform Pilot of Shanghai's Procuratorate
  The Research Group of Shanghai Municipal People's Procuratorate / 179

B.11 Service Improvements of Protection on the Lawyer Practice under the Law *Wang Bin* / 193

B.12 Institutional and Mechanism Improvement of Shanghai's Administrative Enforcement
  The Research Group of "Institutional and Mechanism Improvement of Shanghai's Administrative Enforcement" / 200

B.13 Research on Shanghai's Call for Proposals
  Shanghai Rule of Law and State of the City Research Group / 221

B.14 Start a Prosperous Research Outlook on Shanghai Law under the Unity, Leading & Service Work Policy
  Tang Xiaotian, Zhang Zhijun and Wu Jueyi / 234

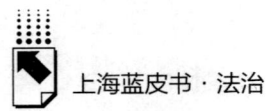

BIV Report on Hot Issues

B.15 Focuses on the Legislation of China (Shanghai) Pilot
Free Trade Zone *Wang Haifeng* / 245

B.16 Copy & Promotion of Innovation System of China (Shanghai)
Pilot Free Trade Zone *Sun Dawei* / 260

B.17 Assessment of Integrated Legal Enforcement of China (Shanghai)
Pilot Free Trade Zone *Shen Yinghan* / 271

BV Report of Case Studies

B.18 Implications to Tackle Illegal Building Dilemma with the Application
of Fire Act: Jiangqiao Experience *Ye Qing, Sun Dawei* / 280

B.19 Exploration and Practice of Major Administrative Decision
in Putuo District
Shanghai Rule of Law and State of the City Research Group / 289

B.20 Case on the List System of Administrative Authority in
Yangpu District *Shanghai Rule of Law and State of the City Research Group* / 300

B.21 Postscript / 310

总 报 告
General Report

2014年上海法治建设状况与2015年展望

上海法治市情调研组*

摘　要：	2014年上海市法治建设继续深入推进，在以依法治市、人大立法、依法行政、司法改革等为核心内容的法治工作方面取得新的进展。同时，上海的法治建设仍面临着诸多的问题和挑战，有待进一步的改进和完善。本文在全面介绍上海市2014年法治建设情况的基础上，对2015年的法治建设工作进行了展望。
关键词：	依法治市　人大工作　依法行政　司法改革　上海

---

* 上海法治市情调研组组长：史建三；成员：黄立群、王海峰、孟祥沛、孙大伟、张晓栋、范政强、何家华、王涛。本文由史建三、王涛、范政强执笔。

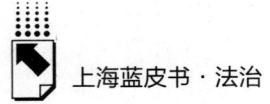

一 依法治市工作进一步加强

依法治市是上海市对党和国家依法治国战略在地区治理上的延伸，是在党中央部署"四个全面"战略布局的基础上，从地方实际状况出发，充分发挥地方治理者的主观能动性，在保证国家法制统一原则的前提下发展具有地方特色的治理机制，从而优化城市治理模式，将本地区的政治、经济、社会、文化和生态文明等方面的运作纳入法治轨道。上海作为改革开放的排头兵和创新发展的先行者，也应当成为中国法治建设的引领者，这就要求上海在遵守宪法法律的前提下对自身提出更高的法治发展要求。据此，上海市依法治市领导小组于2014年初发布了《法治上海三年行动计划（2014－2016）》（以下简称《三年行动计划》），明确了法治上海的建设目标，即"让法治成为上海建设的基本内容和治理城市的基本方式，努力把上海建设成为法治完善的社会主义现代化国际大都市"。《三年行动计划》同时部署了包括依法执政、完善立法、严格行政、权力监督、司法公正、法治文化等内容在内的54项推进依法治市的要求。对照党的十八届四中全会《中共中央关于全面推进依法治国若干重大问题的决定》（以下简称《决定》），《三年行动计划》有40项内容与《决定》高度吻合。目前，上海各区（县）和委办局正根据党的十八届四中全会精神，结合本区（县）和委办局的实际，予以贯彻落实。

在中共上海市委、人大、政府、司法机关和社会组织等社会各界的共同努力之下，上海的依法治市工作在2014年取得了一系列进展。

（一）加强基层建设，夯实法治基础

法治建设的决策在顶层，而依法治市有效落实的根基在基层，基层强则法治兴。将中央、市委关于法治建设的决策真正贯彻落实到基层，既是衡量一个地区法治状况的重要标志，也是衡量一个地区社会治理能力的重要标志。2014年，上海市委把"创新社会治理、加强基层建设"列为一号调研课题，市委书记韩正亲自担任课题组组长，从而把社会各界的目光引入位于社会架构最底座的"基层"，也把社会治理和依法治理推到"全民议题""全民参与"的高度，让不同阶层、不同背景的民众参与讨论如何创新社会治理，增强社会发展活力，营造良好的法治氛围。

经过近三个季度全面深入的调查研究，市委一号课题"创新社会治理、加强基层建设"形成了调研报告和"1+6"系列文件（包括《关于进一步创新社会治理、加强基层建设的意见》《深化本市街道体制改革实施办法》《完善居民区治理体系实施办法》《完善村级治理体系实施办法》《深化拓展网格化管理提升城市综合管理效能实施办法》《组织引导社会力量参与社区治理实施办法》《社区工作者管理实施办法》），并在听取各区（县）意见的基础上进行修改。文件制订期间，市委书记韩正分别主持召开三次座谈会，听取了基层同志、专家学者、有关负责同志的意见和建议。韩正指出，"创新社会治理、加强基层建设"对于全面深入贯彻落实党的十八届三中、四中全会精神具有重大意义，要充分听取和吸纳方方面面意见和建议，通过文件的修改，提高认识并统一思想，使即将出台的各项举措既面向上海未来发展又立足当前实际，更切实针对基层关心的突出问题，更具有可操作性。

2014年初上海市委一号课题的启动，也激发了基层依法治理、自治共治的热情。根据上海依法治市领导小组办公室的统计，2014年，在上海各区（县）报送的116件依法治理优秀案例中，涉及基层依法治理的案例有53件，占比45.7%。在2014年上海市创新社会治理深化平安建设优秀案例评选中，入围的51件案例中涉及基层依法治理的案例有30件，占比58.8%。城市居民社区自治是基层民主的主要体现，是培养基层群众民主参与能力和法治运用能力的重要途径，也是建设法治社会的重要内容。而探索社区自治的新模式，尽最大可能发挥基层群众的民主热情，也正是基层民主建设的关键所在。2014年，在区（县）政府和街道办事处的指导和支持下，社区自治建设有了新的发展。以村（居）民委员会为主体的基层治理体系以立足本区域社会实际情况为基础，在维护基层治安、提供基本服务及营造和谐环境等方面发挥着越来越大的作用。如嘉定区江桥镇建立了房屋托管机制,即房屋业主与作为第三方的村(居)委达成租赁托管关系,村(居)委受委托进行招租及日常管理,以村(居)委为主体加强出租房屋的有效控制,在为租赁双方提供免费便捷服务的同时,严格把控入口关,切实提高城市综合管理水平。浦东新区塘桥街道在社区工作的实践中,参照并借鉴现代企业管理模式,提出"社区工作项目化管理",将所有社区工作量化到具体的项目,并建立完善的项目申请和管理制度。青浦区采取"以奖代拨"的方式建立了村(居)委会工作绩效考评机制,并围绕区委、区政府年度重点工作设置了专项奖金,以代替原来拨款扶持的方式,鼓励基层自治组织自发地解决基层问题,夯实了村(居)委服务管理的工作基础,浦东新区、黄浦区等区(县)也采取了类似"以奖代拨"的方式改进本区域的基层治理,并获得了良好的社会效果。

在加强基层民主自治过程中,社会组织的社会治理作用也得到充分的发挥:在上海如今的社会治理架构中,社会组织成为越来越有"存在感"的角色。作为创新社会治理方式的重要尝试,近年来,上海各级政府逐步把适合由社会组织提供的公共服务交给它们。2013年以来,闵行区吴泾拾星者社会工作服务中心与吴泾镇政府签约,受镇政府委托管理和运营该镇的社会组织服务中心,引进和培育了各类社会组织12家,其策划的各种社会服务,全部由吴泾镇组织开展。静安区也积极引导、培育、促进社会组织有序参与基层平安建设,先后建立石门二路社区综治工作协会等4家综合治理协会,依托区综治信息系统实现人员队伍的"在线化"统一管理。目前,4家综治协会共登记单位会员178家、个人会员732名。此外,松江、长宁等区(县)也扶持本地街道社会组织推行类似的治理模式。2014年4月起,上海对行业协会商会类、科技类、公益慈善类、城乡社区服务类社会组织放开直接登记。这四类社会组织可以直接向民政部门依法申请登记,已不必像从前一样寻找业务主管单位。

(二)多措施并举营造法治氛围,推动法治建设

2014年,在市委、市政府和市委政法委正确领导下,上海认真贯彻落实党的十八大，十八届三中、四中全会精神和习近平同志系列重要讲话及关于依法行政工作的重要指示精神，深度聚焦"改革、平安、法治、群众、基础、队伍"，披坚执锐，为促进全市经济发展、维护社会稳定做出积极贡献。

在开展普法工作方面，2014年上海市深入推进依法治市工作，出台法治上海三年行动计划，明确54项任务，以项目化方式抓推进、抓落实，成效明显。积极发挥市、区（县）两级工作机制作用，巩固并丰富了法治创建、案例征评和民主法治课题研究等工作平台和载体。

不断地提高法治宣传教育的针对性、实效性。探索优化工作机制，有效调动市级部门参与法治宣传的主动性。组建新媒体普法大联盟，开创互动式普法新局面。开展"法治文化进地铁"活动，推进法治文化元素向公共空间渗透。围绕"弘扬宪法精神、建设法治文化、加快法治上海建设"主题，成功举办了首个"国家宪法日"暨第26届宪法宣传周活动，韩正同志出席学习宣传宪法座谈会并做重要讲话。宣传周期间，全市组织开展了六大类80余项主题宣传活动，参与市民群众约300万人次，在全市范围内营造了良好的法治氛围，有效推动了上海的法治建设。

（三）创新社会治理，工作成效显著

当前，中国的改革已进入攻坚期和深水期，改革的不断深化必然涉及利益关系的调整，就会不可避免地产生各种矛盾、出现各种问题。有些矛盾既复杂又激烈，对社会稳定影响很大，这就要求党和政府站在更高的层面重视社会治安综合治理工作，综合运用政策、法律、经济、行政等手段以及教育、协商、调解等方法，依法、及时、合理地处理社会所面临的问题，不断增强人民群众的安全感和信任感。

2014年，上海市社会治安综合治理工作在着力解决人民群众反映强烈的社会治安突出问题的基础上，创新社会治理、深化平安建设、维护大局稳定，取得了显著成效。据统计，上海市2014年全年刑事案件立案数同比下降5.3%；公众安全感指数上升0.58。全市5个区达到"平安示范城区"创建标准；217个街道、（乡、镇、园区）中，83个达到"平安示范社区"创

建标准，133个达到"平安社区"创建标准。平安上海建设有效保障了亚信峰会期间社会的全面稳定，保持了社会安定有序的局面。

1. 完善法治体制，提升平安上海建设水平

上海市社会治安综治办在2014年贯彻落实市委、市政府《关于深化平安上海建设的若干意见》，坚持把人民群众对平安建设的期待作为努力方向，完善体制机制，聚焦社会治安，推进平安上海建设。政策法规专项组研究推动社会领域立法工作，配合市人大常委会制定和修改了《上海市查处车辆非法客运若干规定》《上海市居住房屋租赁管理办法》等法规、规章，与相关部门制定和修订了《关于加强本市住宅小区出租房屋综合管理的实施意见》等规范性文件，为社会治理提供了有力的法制保障。将综合治理工作和平安建设纳入对各级党委政府和主要领导的综合评级体系，坚持社会治安责任签约制度，坚持社会治安季度、半年、全年的评估分析制度等，研究加强了责任制督察的各项措施。

2. 建立社会治理对接协作机制，大力发展平安志愿服务项目

2014年，上海市社会治安综治办与公安部门建立了市、区（县）、街道三级对接协作机制，制定了三大类13个平安志愿服务项目，确保全市范围内各驻守岗点、巡逻线路的人员到位、责任到位、服务到位。积极推进治安巡逻防控、武警巡逻处理突发事件、群防群治守护的"三张网"建设，提升防控层级，防范发生危害公共安全的突发性事件；排查确定市、区（县）防控重点区域，及时消除火灾等事故隐患。2014年全市近30万名平安志愿者参加平安志愿活动，通过项目化推进，把工作落实到一线，为维护社会平安稳定做出积极贡献。

3. 有序推进人口调控和管理服务工作，促进社会协调发展

上海市社会治安综治办按照党的十八届三中全会提出的"严格控制特大型城市人口规模"要求，组建了"全面加强人口调控和管理服务"工作领导小组，开展人口调控和管理服务工作，全年按计划完成《进一步加强人口服务管理政策分工表》要求的15项工作，有效遏制了来沪人员的无序增长势头。

综治办坚持"两个合法稳定"政策基石,加强综合整治平安建设实事项目,加大违法建筑拆除力度,加快推进"城中村"地块改造,加强房屋租赁管理。做好房屋编码工作,整治非法客运、无照经营,有效压缩了来沪人员"灰色居住、灰色就业"空间。加强"实有人口、实有房屋"的信息采集、维护和数据管理。市人口办完善基层实有人口服务管理工作体系,至2014年底,全市5504个居(村)委开设了"实有人口信息采集室",成为开展实有人口信息采集和政策咨询、宣传的综合服务管理平台。

4. 加强特殊人群服务管理,完善未成年人司法保护制度

特殊人群专项组2014年编制《上海市特殊人群关怀帮扶工作实施办法》,从政策层面引导本市特殊人群关怀帮扶机制建设。市委、市政府印发《关于贯彻〈中共中央、国务院关于加强禁毒工作的意见〉的实施意见》,市禁毒办拟定主要政策措施,并细化53项具体任务。正式成立市社区矫正管理局,在全市15个区(县)建成并投入使用19个社区矫正中心,加强对社区服刑人员、刑满释放人员、吸毒人员、邪教人员、重性精神障碍患者等重点人员的服务和管理。

加强重点青少年群体教育帮扶和矫治管理,预防青少年违法犯罪专项组发布《关于加强青少年事务社会工作人才队伍建设的意见》,推动《上海市防范未成年人犯罪条例》立法申报。完善、落实未成年人司法保护制度,深化涉罪未成年人社会管护工作,截至目前已纳入管护体系的涉罪未成年人达883人。

5. 开展治安整治,有力推进平安建设实事项目

2014年,上海市深入开展治安整治活动,依法打击犯罪行为:2014年公安机关共侦破刑事案件5.2万余起,抓获刑事案件作案人员6.7万余人。有力推进平安建设实事项目,确定市、区(县)、街道(乡、镇)三级平安建设实事项目443项,其中市级7项、区(县)级44项、街道(乡、镇)级392项。同时,做好全市重点地区排查整治基础工作,全市累计排查出社会治安重点地区419个,其中市级9个、区(县)级97个、街镇级313个。加强公共安全风险防范和应急处置,加强校园及周边治安综合治理和护路护

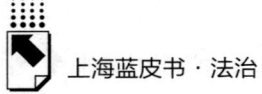

线联防工作，重点对43个重点区域火灾隐患进行综合治理。

6. 建立社会矛盾纠纷调解统计制度，完善矛盾化解社会参与机制

2014年，上海市社会治理综治办深化社会稳定风险分析评估机制建设，注重拓宽公众参与渠道，保障群众合法权益，推进依法、科学、民主决策。开展矛盾纠纷"大排查、大调解"活动，全市基层调解组织全年受理民间纠纷303635件，调解成功289173件，其中群体性事件641件，调解成功589件。同时，市综治办与市联席办、市司法局建立社会矛盾纠纷排查调解情况统计报告制度。完善矛盾化解的社会参与机制，积极争取社会组织和专业人士参与调解工作。

7. 开展基层平安创建活动，加强基层建设

2014年，综治办在深入开展平安创建活动的基础上展开安全感满意度调查，组织开展第三届"创新社会治理，深化平安建设典型示范案例征集评选"活动，挖掘推广基层经验。筹办成立市见义勇为基金会，全年上报获批全国见义勇为先进分子2人，表彰市级先进分子49人。加强调研工作，市综治办先后承担一号课题调研组布置的"整治城市治理顽症""完善大联动大联勤工作机制""创新基层人口管理工作机制"等7个调研课题，并与有关高校、科研单位合作开展平安指数、立体化社会治安防控体系等专题研究。举办各区（县）政法委书记、综治办主任深化平安上海建设研讨班和全市基层综治干部培训班。做好综治年度课题研究的组织工作，出版理论研究专著《平安上海建设探索与思考》，编发理论研究刊物《综治研究》12期。完善基层工作机制和技术支撑，推动联勤联动工作与网格化城市管理机制的融合和功能叠加，推动综治工作科学化、信息化、智能化建设，加强新技术特别是信息化大数据技术的开发运用。

党的十八届四中全会在推进依法治国进程方面提出了"科学立法、严格执法、公正司法、全民守法"的新要求，这也是对上海依法治市工作的要求。依法治市在上海能得到良好的推行，要求立法机关提高立法质量，制定符合地方建设和国家改革需要的法规规范；要求政府机关依法行政，在执法过程中兼顾行为的合法性与合理性；要求司法机关保障司法公正，完善司法管理体制和司法运行机制；并依靠全社会遵守法律、实施法律的法治意识与法治信仰。依法治市是全社会共同参与的行动，从党政机关到基层社区服务组织，都是依法治市的参与者和行动者。只有全社会共同推进依法治市，上海才能成为更成熟、更繁荣、更和谐的法治社会。

二 人大依法履职水平进一步提升

2014年是全面深化改革的开局之年，是人民代表大会成立60周年。一年来，市人大常委会认真贯彻党的十八大和十八届三中、四中全会精神，高举中国特色社会主义伟大旗帜，以邓小平理论、"三个代表"重要思想、科学发展观为指导，深入学习贯彻习近平总书记系列重要讲话精神，在中共上海市委领导下，围绕促进改革开放、回应社会关切、健全和完善法治机制，依法积极履职，为上海当好全国改革开放排头兵和科学发展先行者提供了有力的民主和法制保障。2014年全年共召开8次常委会会议，审议法规草案20件，表决通过其中的13件；听取和审议10项专项工作报告，组织开展2项执法检查，加强计划预算监督和规范性文件备案审查；任免国家机关工作人员150人次；各委员会开展监督调研和跟踪监督27项，完成了年度工作任务，各方面工作都取得了新的进步。

（一）人大立法引领改革，深化改革于法有据

2014年，上海地方立法令人印象深刻的是，积极响应了国家和上海的全面深化改革。以立法引领改革，让改革更加于法有据，成为这一年上海立法工作的鲜明特色。建立中国（上海）自由贸易试验区是国家在新形势下构建开放型经济体制的战略举措，常委会把制定《中国（上海）自由贸易试验区条例》（以下简称《条例》）作为年度工作的重中之重，在自贸试验区成功实践的基础上，按照"大胆闯、大胆试、自主改"的要求研究立法中的重大问题，充分听取人大代表、政协委员、专家学者、区内外企业、社会公众和外国驻华机构的意见，妥善处理改革和立法、中央和地方、政府和

市场、引领和规范、前瞻和稳定的关系，使立法决策与改革决策协调同步。《条例》以制度创新为核心，确定了以负面清单管理为核心的投资管理制度、"先入区、后报关"等贸易监管制度、人民币资本项目可兑换等金融创新制度、监管信息共享等事中事后监管制度，固化了可复制、可推广的改革经验，预留了制度创新的空间，为培育国际化、市场化、法治化的营商环境提供了法制保障，再一次宣示了全面深化改革、扩大开放的决心和信心。《条例》的诞生，是立法引领改革、让改革更加于法有据的标志性事件。

1. 立法引领改革

国务院发布的《中国（上海）自由贸易试验区总体方案》明确指出，中国（上海）自由贸易试验区（以下简称自贸区）"肩负着我国在新时期加快政府职能转变、积极探索管理模式创新、促进贸易和投资便利化，为全面深化改革和扩大开放探索新途径、积累新经验的重要使命，是国家战略需要"。国务院同时要求："上海市要通过地方立法，建立与试点要求相适应的试验区管理制度。"由此可见，自贸区建设的探索，意味着对行政审批、行政监管和行政执法等方面的突破，原本的法制框架已无法满足自贸区制度创新的需要。因此，以立法引领改革、让改革更加于法有据，是建设自贸区的前提和基础，自贸区建设的过程实质上也就是有关法律法规以及执法方式创新的过程。随着2014年7月《条例》由上海市人大常委会表决通过，上海自贸试验区法治建设迈上了一个新的台阶。

《条例》定位为综合性立法，集实施性法规、自主性法规、创制性法规的性质于一身，堪称自贸区建设的"基本法"。《条例》共9章57条，从管理体制、投资开放、贸易便利、金融服务、税收管理，到综合监管、法治环境等方面，对推进自贸试验区建设进行了全面的规范。具体而言，体现为自主改革、法无禁止皆可为、负面清单管理、企业注册便利化、海关和检验检疫监管制度改革、国际贸易单一窗口、五大金融创新、六大事中事后监管制度、一公平四保护、进一步增强透明度十大亮点。

在《条例》的制定过程中，常委会全体组成人员以强烈的责任感投身到《条例》的立法过程，并加强学习、调查和研究，始终把上海的改革发展放在全国的大局中思考谋划,努力将可复制、可推广的制度创新经验体现在法规条文中。同时,市人大常委会还认识到,自贸区的各项改革试验必须坚持尊重人民首创精神,广泛动员和组织社会各方积极投身自贸区建设。为此,市人大常委会按照科学立法、民主立法的要求,广泛听取了社会各方的意见,积极凝聚各方改革共识。一是听取市、区(县)、乡(镇)三级人大代表意见;二是全文公布《条例》草案征求社会各界意见;三是召开六个专题座谈会听取意见;四是赴市政协听取了部分市政协委员意见;五是召开专家论证会听取专家学者意见,并首次委托有关高校提出专家建议稿;六是在自贸试验区综合服务大厅举办"立法开放日"活动;七是对加强事中事后监管进行专题调研。通过各种渠道吸收对立法的建议,有效地提高了立法的质量,丰富了民主的形式。

2. 示范引领作用

浦东是我国改革开放的窗口,在浦东综合配套改革迈入十周年之际,常委会对《关于促进和保障浦东新区综合配套改革试点工作的决定》实施情况进行检查,以促进政府转变职能和经济运行方式转变为重点,把执法检查与总结创新经验、宣传改革成果、对接自贸区建设结合起来,推动市政府和浦东新区政府更高地举起改革旗帜,继续敢闯敢试,奋力探索创新;促进浦东新区人大用好授权决定,积极做出支持改革的决议决定;提出本市各级国家机关要进一步形成支持和保障浦东综合配套改革的长效机制,更好地发挥浦东对国家和本市改革开放、创新驱动的示范引领作用。

3. 激发创新活力

社会信用体系和中小企业是激发创新活力的基础要素,常委会开展社会信用体系建设专项监督和专题询问,可以促进政府加大信用体系建设力度、优化顶层设计、培育并用好信用产品、建立信用信息共享机制、强化重点领域信用监管,切实让守信者一路畅通,让各类企业以信立身。在上年度执法检查的基础上,继续开展增强中小企业竞争力专项监督,抓住企业反映突出的公平发展环境欠缺、融资难和用工贵等问题,推动政府完善中小企业公共服务平台,保护中小企业公平竞争权利,支持中小企业可持续发展。组织多

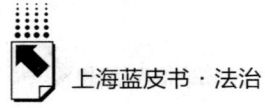

轮经济运行情况分析，加强对国民经济和社会发展计划执行情况的动态监督。

4. 探索同步改革

司法改革试点是上海市服务国家改革大局的重要任务，常委会以本市司法改革试点监督调研为抓手，牢牢把握改革试点的法治需求，及时任命市第三中级人民法院、知识产权法院院长和市人民检察院第三分院检察长，支持探索跨行政区划审理案件制度。适应涉法涉诉信访工作机制改革，进一步明确人大信访功能定位，加强人民建议征集，加强类案分析研究，更好地发挥畅通民意表达、服务立法和监督的作用。

（二）加强对权力运行的制约监督，推进依法行政、公正司法

1. 改革审批制度

行政审批制度改革是促进政府转变职能的重要环节，常委会开展深化行政审批制度改革专项监督，组织各专门委员会参加，与区（县）人大开展联动，重点检查审批事项精简实效、审批权力规范运行、审批服务效能等工作，推动政府以更大的决心突破利益固化的藩篱，加快制定政府权力清单，加强改革措施协调衔接，切实提高简政放权的"含金量"。支持政府依法全面履行职能，修改《市人民政府制定规章设定行政处罚罚款限额的规定》，将定额罚款上限从10万元提高到30万元，更好地发挥政府规章在加强公共管理中的作用。

2. 加大监督力度

建立全口径预算管理体制是党的十八大和十八届三中全会做出的重要部署，常委会立足扩大全口径预算审查监督范围，开展国有资本经营预算、社会保险基金预算监督调研，推动国有资本经营预算编制范围在原有基础上增加了10户企业，市属国有企业2014年度国资收益收缴比例整体提高5个百分点，将本市小城镇基本养老保险和小城镇基本医疗保险纳入社会保险基金预算。开展本市教育经费安排和使用、农业财政补贴政策、"三公经费"管理情况的监督调研，促进政府优化调整相关制度和政策。发挥审计作用，提

交常委会的审计报告加大了对本市财政管理和市级预算执行总体情况的监督力度。

3. 完善预防机制

检察机关法律监督是推进反腐倡廉的重要途径，常委会首次对本市检察院反贪污贿赂工作开展专项监督，促进上海市检察机关完善反腐协调机制，利用科技手段，严格查处各类职务犯罪案件。组织起草并审议预防职务犯罪工作若干规定草案，做出公共资金管理、财政优惠、收费和罚没款、政府采购、国有资产管理、规划和土地、建设工程等重点领域职务犯罪预防的规定。继续对"两院"贯彻实施《刑事诉讼法》和《民事诉讼法》情况开展跟踪监督，要求"两院"加强被告人辩护权保护、非法证据排除、便民诉讼措施落实等工作，提升公正司法和人权保障水平。

（三）加强重点领域立法和执法监督，完善城市管理长效机制

1. 围绕城市顽症治理开展专项监督

听取城市管理顽症治理情况的报告并开展专题询问，以治理无序设摊、违法搭建、乱倒渣土等为重点，研究分析市民服务热线中反复投诉、久拖不决的案例，组织代表赴8个区的重点区域明察暗访，支持政府严格依法治理，保持高压态势，坚决遏制新增违法势头，着力破解老大难问题，加快形成有效的常态管理机制。根据政府在拆除违法建筑中遇到的法律难题，及时明确《城乡规划法》《消防法》和《治安管理处罚法》等法律可以作为执法依据，有力支持拆违工作。围绕全市"黑车"整治工作，及时审议通过《查处车辆非法客运若干规定》，赋予政府对再次被查获的"黑车"予以没收、对克隆出租车予以直接没收等更严厉处罚的权力，为规范本市客运市场秩序、维护乘客与合法经营者权益提供法制保障。

2. 围绕大气污染治理履行职责

修改《大气污染防治条例》，确立第三方治理、实施差别电价、实行环评限批等多元治理方式，规定全市禁止露天焚烧秸秆，创建长三角区域防治协作机制，首次设定按日连续处罚制、单位个人"双罚"制等，体现严格

治理环境污染的立法精神。在条例施行百日之际开展专项监督,检查能源、工业、交通等领域污染治理情况,推动出台执法实施细则,促进《大气污染防治条例》和清洁空气行动计划落实。

3. 围绕城市安全运行加强法制保障

修改《建筑市场管理条例》,严格政府投资工程施工发包条件,细化施工总承包单位责任,强化政府监管,从源头上防止虚假招标和层层转包,保障建设工程质量和安全。修改《防汛条例》,明确乡镇、街道的防汛职责,强化地下公共工程防汛影响报告审查意见的法律效力,赋予政府可以实施强制性撤离措施的权力,保障现场人员安全。制定《文物保护条例》,创制不可移动文物定级后的评估、升降级和撤销制度,改变"重申请轻保护"的情况,守护好城市文脉。

(四)加强改善民生,维护群众根本利益

1. 加强对新形势下群众合法权益的保护

面对人口老龄化的趋势,制定《养老机构条例》,明确政府应当制定养老设施布局专项规划,新建居住区或者旧区改造应根据规划配套建设相应养老机构,符合条件的养老机构可以使用医保卡结算。修改《消费者权益保护条例》,明确七日无理由退货商品的具体条件,要求经营者对不适用无理由退货的商品予以明示,并规定经营者有效保护消费者信息的责任。修改《旅游条例》,要求建立旅游监测和服务平台,及时发布大客流预警信息,并对控制景区门票上涨、规范旅游购物行为、完善旅游投诉机制等做出规定。

2. 加强事关群众切身利益法律法规实施的监督

开展《食品安全法》和《农产品质量安全法》执法检查,聚焦食用农产品质量安全这一源头,督促政府充实基层监管力量,加快建立"从田头到餐桌"的食品安全全程追溯体系;继续推动政府完善监管体制和机制,加强对无证无照食品生产经营的查处,着力消除"管有证不管无证"等突出问题。跟踪监督《妇女儿童权益保障法》《公共场所控制吸烟条例》《职

工代表大会条例》的贯彻实施情况，切实维护相关群体的合法权益。

3. 加强对群众日益增长的公共服务需求的回应

开展加强农村综合帮扶专项监督，推动政府把农村综合帮扶更好地融入城乡一体化、基本公共服务均等化和农业现代化进程，形成促进贫困村自我发展的扶助机制，让郊区农民分享改革发展成果。修改《精神卫生条例》，规范社会心理咨询机构运行，明确政府应当将心理危机干预列入突发事件应急预案，及时为市民提供心理援助。修改《人口与计划生育条例》，对本市实施"单独两孩"政策做出法律规定。

（五）坚持代表主体地位，保证代表依法行使职权

1. 加强代表履职的法制保障

回应群众对代表履职的期待、推动代表工作与时俱进，启动《实施代表法办法》《关于代表议案的规定》《关于代表建议、批评和意见的规定》修改工作，就加强代表与群众的联系、明确闭会期间代表活动要求、改进代表议案和建议的办理以及完善代表履职服务等做出细化规定。法规草案经常委会两次审议、四轮征求全体代表的意见，现已提请本次市人民代表大会审议表决。

2. 提高代表议案和建议办理工作质量

认真办理市十四届人大二次会议主席团交付审议的25件代表议案，有关控制本市人口增长、加强大气污染防治、重视精神卫生工作、完善乡镇人大代表建议办理等议案内容均在相关立法中予以体现。听取代表建议办理情况的报告，经常委会督办和市政府统筹协调，代表们关注的自贸区金融开放创新、老年护理和临终关怀服务体系完善、住宅小区综合治理、基础教育教师绩效工资制度改进、农村产权交易统一市场建设、回民公墓续建等问题得到重点推进或落实。2014年代表们提出的893件建议中，874件完成办理答复，其中"解决采纳"的525件、"正在解决"的52件、"计划解决"的104件、"留作参考"的193件，其余还在办理期限中。

3. 密切代表与人民群众的联系

组织代表首次"带主题"进社区，通过问卷调查、登门专访、集中座谈等多种方式，专门听取群众对城市管理顽症治理、老年人权益保障工作的呼声，从法制层面推进解决。在老年人权益保障专题进社区过程中，代表们带着法规草案登门拜访了370位80岁以上老年人，与3800多位60岁以上老年人座谈交流，回收调查问卷5700多份，广泛收集了老年人以及家属、护理人员和养老院工作人员的意见，对修改《老年人权益保障条例》起到了重要作用。

4. 提高闭会期间代表履职活动的实效

全年有240余人次人大代表列席常委会会议，有7700余人次人大代表参加常委会立法、监督、视察调研等活动，近200位人大代表参与信访工作，在参与中提出了许多有价值的意见、建议，为常委会更好地履职发挥了积极作用。组织在沪全国人大代表和市人大代表分别就司法体制改革、社会信用体系建设、长三角一体化、混合所有制经济发展、自贸区发挥中介组织作用、临港产城融合发展、基层社会管理等24个专题开展调研，形成一批调研报告，为有关方面改进工作提供了有益参考。举办代表与媒体沟通、计划预算审查等14期专题学习班，提高代表依法履职能力。

（六）加强制度建设，注重改革创新

1. 健全人大主导立法的体制机制

制定《加强立法工作组织协调的规定》和《进一步加强民主立法工作的规定》，对法规立项的联合论证、法规起草的提前介入、法规中重大争议的处理程序、各方意见的听取、法规实施效果的评估等做出规定。创新立法调研方式，通过举办立法开放日活动、实地走访、办事体验等多种方式了解立法需求。创新立法听证会方式，选择立法中的焦点问题举行公开听证，首次进行电视、广播、网络、微博全程直播，并请专家同步点评、解答提问。创新立法征求意见方式，重要法规草案均征求人民团体、社会组织、政协委员、专家学者和市民群众等的意见，集中民智，凝聚共识。

2. 完善要情通报、人事任免制度

修订《做好常委会要情通报工作的意见》,明确市政府在涉及本市改革发展、民生改善的重大政策出台前以及处置重大公共事件情况时,应向常委会通报并听取意见。2014年,常委会就贯彻实施社会救助办法、教育综合改革、集体经济组织产权制度改革等举行10次要情通报会。制定《加强"两院"人事任免监督工作的规定》,明确在"人大网"和"人大代表网"上进行社会公示,建立反映问题的处理程序,加强对法官、检察官的任前监督。

3. 加强人民代表大会制度和人大工作宣传

组织人民代表大会成立60周年系列庆祝和纪念活动,学习宣传习近平总书记在庆祝全国人民代表大会成立60周年大会上的讲话精神,坚定对人民代表大会制度自信。构建人大新闻宣传工作新格局,召开人大新闻宣传工作会议,注重整体策划,探索立法活动全过程报道,全面反映各方利益和立法决策意图;加大人大监督报道力度,重点反映群众意见集中的问题和解决问题的举措;充分挖掘代表履职的精彩故事,反映代表心系群众、忠诚勤勉的精神风貌;加强对常委会会议的实时报道,以公开透明保障人民参与权利,使常委会履职始终置于人大代表和人民群众的监督下。

三 法治政府建设进一步深入

2014年,上海市政府坚持依法行政、简政放权,进一步转变职能、改进作风,着力激发市场和社会活力。推进行政审批制度的深入改革,取消并调整审批事项844项,对保留的市级审批事项全面实行标准化管理,先期完成审批涉及的评估评审清理,极大地缩小了政府定价范围,政府定价管理项目从108个减少到53个。推进行政执法体制改革深入发展,在中心城区实行市场监管新体制,探索知识产权管理执法新体制,制定区(县)城市管理综合执法改革方案。推进政府效能建设深入发展,实施效能评估方案得以制定,效能建设试点得到开展,"四本预算"首次全面公开,"12345"市民服务热线反映问题的响应和解决机制更具创新性。推进作风建设有了提高，上下联动开展党的群众路线教育实践活动，评比过多等"四风"突出问题有所解决，中央巡视组巡视发现的问题得到认真整改，勤政廉政建设进一步加强。

在今后的工作中，上海市政府要坚持法治政府建设与深化行政体制改革相结合，努力做到"两高、两少、两尊重"，不断促进政府职能转变，提高政府治理能力；推动以预算公开为核心的政务公开，推动权力运行、资源配置、政策制定、服务供给的公开透明，不断增强各级政府的公信力和执行力；增强公务员队伍依法行政的观念、能力，严格依照法定权限和程序行使权力、履行职责，把上海建设成为全国法治环境最好的行政区之一。

（一）建立依法行政检查评估机制，深入关注改善民生

上海市政府一直高度重视依法行政工作，于2011年在全国率先发布了省级依法行政"十二五"规划——《上海市依法行政"十二五"规划》，明确了"把上海建设成为全国法治环境最好的行政区之一"的奋斗目标。2014年，为了检查依法行政"十二五"规划的落实情况，并确保规划中提出的目标如期完成，上海市法制办专门立项进行依法行政"十二五"规划的中期检查。从中期检查结果来看，规划执行情况基本符合预期。其中，在政府维护社会稳定能力方面，上海各阶层对社会治安的正面评价为76%，达到一个较高的水平；在政府各级机关主动公开信息情况方面，综合满意度为75%，这与近年来上海不断拓展公开内容，全市各重点领域信息公开工作有序开展，财政信息公开得到继续深化，保障性住房从建设、分配到退出全程公开得到全面落实，食品安全、环境保护、招投标信息公开得到大力加强息息相关。当然，检查中也发现，目前上海市依法行政与社会的期待还有不小的差距，如在对政府处理一些社会民生问题的满意度调查中，政府对占道经营、非法客运、公共场所吸烟、不文明养犬、有毒有害食品、群租治理、交通拥堵等方面的治理不尽如人意，满意度明显偏

低。① 对于这些民生"顽疾",2014年初上海制定了《2014年市政府要完成的与人民生活密切相关的实事》,将解决就业、规范市场、农村改造、生活安全等各领域多方面的民生难题共10件、28项列入实事项目,着力解决市民群众最期盼的热点问题。近一年来,针对各类民生"顽疾",市政府已经围绕"四个遏制"和"8+2"突出问题,对群租、非法客运、违法建筑、无序设摊等现象进行专项治理工作。

(二)推行政府"权力清单"制度,打造权力"法治之笼"

"权力清单"制度是厘清政府和市场关系、促进政府职能转变、保证依法行政的重要举措,它的实质是责任清单和服务清单,是对行政机关的职权加以梳理和列举,并向社会公布。除了一些公益性行政行为之外,政府不得进行其所列举的职权以外的行为,并接受全社会监督,通过这种手段,为政府打造一个透明的"法治之笼"。2014年6月,上海市发改委在其门户网站上公布了上海首份政府部门"权力清单",完整列举行政审批和政府定价的41条行政事权。10月,杨浦区政府公布了行政权力目录,成为第一个公布"权力清单"的区一级政府。截至2014年底,上海市各级政府制定"权力清单"的行动已经卓有成效。从目前公布出的"权力清单"看,这项政绩是值得肯定的,通过网络,目录中的各种行政权力都能通过分类索引或者搜索功能被找到。与权力清单化一同推进的还有审批标准化,这与权力清单化一样是合理规范政府依法行政的有效手段,本年度行政审批制度改革主要围绕清理行政审批、确立流程标准和加强事中事后监管等重点环节开展,2014年上海已取消和调整行政审批事项800余项。

(三)深入推进政府信息公开,增强政府行政透明

要促进行政机关依法行政,规范权力行使是一方面,让公权力在阳光下

---

① 以上资料均来自《〈上海市依法行政"十二五"规划〉实施情况中期评估报告》,该报告对于依法行政情况的评估方式包括对法律专业人士、律师、普通民众进行的满意度调查和对各级政府自查报告的定性分析两种。

运行是另一方面。后者要求政府依照《政府信息公开条例》等法律法规，依法公布主动公开的信息，并做好依申请而进行的信息公开工作。2014年，上海市重点推进行政权力运行、财政资金、公共资源配置、公共服务、公共监管等重点领域的信息公开，其中加快实施了行政权力运行、安全生产等领域信息公开任务，进一步加大了财政、征地、保障性住房、食品药品安全和环境保护等方面信息公开力度，进一步拓展了审计信息、水质信息等方面的公开范围。同时，还立足上海实际，结合自贸区管理条例和2014年负面清单，积极探索体现投资者参与、符合国际通行规则的信息公开机制。上海市政府还重点加强信息公开的基础性工作，进一步建立健全各项工作机制，并在加强新闻发布会、网站等传统公开渠道建设的同时，着力建设基于微博、微信等新媒体的政务信息发布机制和开创与公众互动的大数据时代，利用先进的信息技术和管理科学优化社会治理，夯实法治基础。2014年4月，上海市公共信用信息服务平台完成一期建设。信息类别涉及与法人、自然人信用相关的登记类、资质类、监管类、违约类、判决类、执行类等。上海将在自贸区试点，联动政府搭建的公共信用信息服务平台与第三方信用机构和社会组织，将事先告知承诺、事中分类评估、事后奖惩联动全过程管理起来，等到成熟时计划复制推广到全市。公共信用信息服务平台开通的法治意义十分重大。首先，它有助于政府加速职能转变，创新、优化监管方式，提高依法行政的效率和效果；其次，它有助于法人和自然人逐步养成遵纪、守法、守信的习惯；再次，它通过信用信息的公开，助推社会监督和社会共治局面的形成；最后，它通过"让遵纪守法守信者一路畅通，让违纪违法失信者寸步难行"的奖惩功能，营造良好的法治氛围。

（四）依法履行政府职能，改革行政管理机制

在法定职责必须为、法无授权不可为的原则下，全力推进机构、职能、权限、程序、责任法定化，进一步推行权力清单、责任清单和负面清单制度，使市场在资源配置中起决定性作用，更好地发挥政府作用。

行政审批制度改革进一步深化。前置审批精简，涉及投资、创业创新、生产经营、高技术服务等领域的审批事项重点减少。审批方式有较大改进，审批标准化管理在区（县）、街（镇）得到推行。分类评估评审、区域评估评审、同步评估评审有了进一步推广。

事中事后监管进一步加强。自贸试验区社会信用体系、企业年度报告公示和经营异常名录、信息共享和综合执法、社会力量参与市场监督等监管制度推广面越来越大。严格行业管理责任，健全分类监管、技术监管等行业监管长效机制。安全生产、食品药品、环境保护等领域的监管力度加大，各类违法行为得到依法惩处。

（五）推进政府运行机制法治化，创新行政服务管理方式

强化运用市场化、社会化、信息化、透明化的服务管理方式，促进行政效能的提高。在发布市级行政权力清单和责任清单基础上，执行行政执法公示制度。公共资源配置、重大建设项目批准和实施、社会公益事业建设、非涉密部门的部门预决算和财政拨款的"三公"经费预决算都将做到信息公开。

扩大政府购买公共服务，引入竞争机制于事务性公共管理服务。政府与社会资本合作模式不断推广，运用特许经营等方式引导社会资本参与公益性事业投资运营，提高公共服务供给效率。出台信息共享管理规范，实现政务平台互联互通，发挥网上政务大厅功能，实行政府服务"单一窗口"制度，政府数据资源向社会开放，大数据应用服务得到加强。建立政府目标管理制度，完善部门协同配合机制，推动管理流程再造。

（六）持续改进政府作风，严格公务员队伍管理

推进作风建设常态化、长效化。深入贯彻中央八项规定精神和本市30条实施办法，进一步落实教育实践活动整改措施。严格遵守政治纪律、组织纪律、财经纪律、工作纪律、生活纪律等各项纪律和规矩，严格执行会议费、差旅费、培训费等经费管理办法，完善厉行节约长效机制。推进公务用

车制度改革。坚决执行基层调研制度。

加强反腐倡廉。严格落实"一岗双责",建立廉政建设与业务工作融合机制。认真对待中央巡视组巡视发现的每个问题,逐项逐条落实整改措施。

严格公务员队伍管理。建立公务员岗位履职责任制,加强公务员诚信建设和平时考核。完善学习培训制度,探索专项分类培训,提高依法办事、为民服务的意识和能力。

四 司法公正在改革过程中进一步彰显

司法体制改革是一项长期而艰巨的任务。党中央历来高度重视司法改革工作,党的十八大提出"进一步深化司法体制改革,完善中国特色社会主义司法制度,确保审判机关、检察机关依法独立行使审判权、检察权。"党的十八届三中全会审议通过的《中共中央关于全面深化改革若干重大问题的决定》对全面深化司法体制改革做出全面部署。2014年2月,中央全面深化改革领导小组审议通过的《关于深化司法体制和社会体制改革的意见及贯彻实施分工方案》进一步明确了深化司法体制改革的目标、原则,规定了改革的基本遵循、主要内容、路径方法和时间要求。

上海作为司法体制改革首批试点省市之一,充分发挥了"试验田""先行者"的作用,率先探索实施司法改革试点工作,率先形成了一批可复制、可推广的制度创新,为完善和发展中国特色社会主义事业做出积极的贡献。2014年6月6日,中央深改组批准中央政法委司法改革框架意见和上海司法改革试点方案。上海市政法系统在市委、市政府正确领导下,认真贯彻落实党的十八大以来的中央决策部署和习近平总书记系列重要讲话精神,以服务上海创新驱动发展战略为主线,紧紧围绕平安上海、法治上海、过硬队伍建设,全面履行职能,着力深入推进司法改革试点工作,取得阶段性成果。

(一)法院工作

2014年,全市法院忠实履行宪法和法律赋予的职责,全力做好审判工作,全力维护社会和谐稳定,积极稳妥推进司法改革,加强队伍建设,服务并保障全市经济社会发展,各项工作得到较好落实。

1. 审判质量、效率稳步提高,取得良好社会效果

过去5年来,上海全市法院共受理各类案件206.06万件,审结206.13万件,同比分别上升38%和39%;存案3.6万件,同比下降1.6%,上海法院在年人均办案数为全国法院人均办案数两倍的情况下,司法公正指数连续五年位列全国法院第一。2014年,上海法院围绕"让人民群众在每一件司法案件中都感受到公平正义"的总目标,公正高效办理案件,全年共受理各类案件55.03万件,审结54.5万件,同比上升13.2%和14.6%,位居十年来上海法院受理案件数量之首。在案件大幅上升、人员没有增长的情况下,全市法院干警奋力拼搏,较好地完成了全年审判工作任务,司法质效良好。92.5%的案件经一审即息诉,经二审后的息诉率为99%,分别同比上升0.58个和0.29个百分点。入选最高法院公报案例11件、指导性案例3件,分别占全国法院入选数的45.8%和20%(公报案例入选数全国法院最多)。精心办理了一批社会关注度较高的案件,取得良好的法律和社会效果,如林森浩投毒杀人上诉案、首例在华外国人非法获取公民个人信息案、市五医院"袭医"案、钢贸企业系列金融借款案、"密思姆"轮船劳务合同纠纷案等,特别是依法执结"中威"轮船公司等诉日本商船三井株式会社合同及侵权赔偿案,维护了我国公民合法权益,有力捍卫了我国司法主权和司法权威,受到社会各界的广泛好评,得到中央、市委和最高人民法院领导的充分重视。

2. 主动服务,为全市经济社会发展提供司法保障

一是发挥司法服务保障自贸试验区建设的作用,制定和完善涉自贸区案件审判指引、涉自贸试验区仲裁案件司法审查和执行等16项制度,形成了专业化审判、诉讼便利、多元化解、外国法查明、风险预警等符合自贸试验区特点的审判工作机制。自贸区法庭成立一年多来共受理案件446件,审结349件。二是发挥司法保护知识产权的主导作用,共受理知识产权案件6167件,审结5925件,同比上升31%和33.3%;2014年9月,建立了"中国法院知识产权司法保护国际交流(上海)基地"。世界知识产权组织对上海知识产权司法保护工作给予高度评价。三是积极发挥司法服务保障上海国际金融中心建设的作用,全年共受理一审金融纠纷案件5.83万件,审结5.78万件,同比上升75.4%和79.6%。其中依法妥善审理了钢贸企业系列金融借款案5000余件,有力维护了金融市场秩序。四是发挥司法促进经济结构调整的作用,制定和完善破产管理人职责指引等四项制度,加强破产案件审判;采取九项措施,努力解决破产案件"受理难"问题。依法审结超日太阳能科技股份有限公司破产重组案,有力保障了债权人合法权益。五是积极参与社会治理,推进平安上海建设,依法严惩非法集资、电信诈骗等犯罪,积极参与市霸、黑车等问题的综合整治。发布各类审判书91份,向相关部门发送司法建议537份。

3. 积极推进司法改革,试点工作取得初步成效

2014年,上海市法院按照顶层设计、分步实施、试点先行、先易后难、依法稳妥的原则,有重点、有步骤、有秩序地推进司法改革,并取得初步成效。一是建立完善了以审判权为核心、以权责统一为原则、以审判管理权和审判监督权为保障的审判权力运行机制。改革试点工作开始以来,市二中院和宝山、徐汇、闵行法院直接由合议庭评议处理案件的比例达到99.9%,提交审委会讨论案件的比例下降至0.1%,"让审理者裁判、由裁判者负责"正在得到落实。二是完善人权司法保障制度,认真实施修改后的刑诉法、民诉法,健全防范冤假错案机制,建立轻微刑事案件快速审理机制。认真抓好涉诉信访问题整改,推进涉诉信访工作改革,全年涉诉信访导入涉诉程序的案件1361件。三是稳妥推进人员分类管理改革,建立人员分类管理制度,将法院人员分为法官、审判辅助人员、司法行政人员三类,实行分类管理。设计了岗额适配的实现途径,首次任命了231名法官助理,各类人员分类定岗改革工作正在推进中。四是构建阳光司法机制,提升司法公信力。以推进审判流程、裁判文书、执行信息三大司法公开平台建设改革试点工作为契机,拓展公开渠道,构建了司法公开服务十大平台。建立完善了"上海法院12368诉讼服务平台",自2014年1月正式运营以来共处理各类诉讼服务需求17.03万件。经回访,人民群众对平台人员服务满意率达99%,对处

理结果满意率达90%；最高人民法院给予了充分肯定并在全国推广。建立了"律师服务平台"，该平台具备网上立案、网上阅卷、网上查询等多种功能，为律师履职提供便利服务。中国社会科学院公布的2014年《中国司法透明度指数报告》显示，上海高院司法透明度名列第一。五是认真落实党的十八届三中全会关于"探索建立知识产权法院"、全国人大常委会《关于在北京、上海、广州设立知识产权法院的决定》、党的十八届四中全会关于"探索设立跨行政区划的人民法院，审理跨地区案件"的重大改革部署，依托上海铁路中级人民法院和上海铁路检察分院，以合署形式分别组建上海市第三中级人民法院、上海知识产权法院和上海市检察院第三分院。

4. 保障民生，切实维护人民群众合法权益

上海法院过去一年不断强化司法为民宗旨意识，拓展司法便民利民渠道，方便人民群众诉讼。一是高度重视涉民生案件审理执行，依法严惩危害食品药品安全犯罪，审结相关犯罪案件268件，判处罪犯340人。开展涉民生案件专项集中执行活动，执结涉民生案件1.76万件，执行到位标的额达8.13亿元。全年共有4件案件入选全国法院第二批保障民生典型案例，1件案件入选全国法院维护消费者权益十大典型案例。二是加强窗口建设。加强立案信访接待窗口、诉讼事务中心、执行事务中心建设，健全完善诉讼服务工作机制，认真落实"便民诉讼措施十五条"，改善诉讼服务设施，规范诉讼服务流程，认真做好诉讼告知、诉讼指导、法律释明等工作，为当事人提供"一站式"和"全方位"诉讼服务。三是持续开展"立案难""执行难"专项治理。针对人民群众集中反映的"立案难"，制定了《关于进一步加强和改进立案工作的意见》，坚决纠正年底不立案或限制立案的错误做法，取得较好成效。针对人民群众集中反映的"执行难"，持续开展以"转变执行作风、规范执行行为"为主题的专项治理活动。全年共对规避、抗拒执行行为和失信的被执行人追究刑事责任12人，司法拘留557人，限制出境1991人次，限制高消费3.38万人次，在"全国法院失信被执行人信息公布与查询平台"上公开曝光6089条失信被执行人信息（累计10595条）。

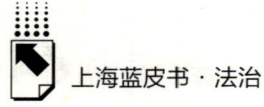

5. 推行信息化建设，促进审判科学化

上海法院坚持实施"科技强院"战略，研发制定了《上海法院信息化建设三年规划》，推进"天平工程"建设，按照服务审判工作、服务决策管理、服务群众诉讼、服务法官办案、服务司法公开的建设方针，建立完善了六大信息应用系统近百个子系统，"两大网站""十大司法公开服务平台""十一大审判信息资源库"建设顺利，形成了数据即时生效、信息高度聚合、资源共享共用、三级联通互动、业务全面覆盖的应用格局，保障了审判任务顺利完成，走在全国法院的前列。

6. 提高业务水平，推进法院队伍建设

上海法院过去一年按照习近平总书记提出的政治过硬、业务过硬、责任过硬、纪律过硬、作风过硬要求，加强法院队伍建设。一是加强理想信念教育，抓好思想政治建设，以培育和践行社会主义核心价值观为引领，教育引导广大干警牢固树立社会主义法治理念，坚定法治信仰。二是加强作风建设，严格执行中央"八项规定"和市委30条实施办法，抓住"四风"易发多发的关键环节，狠抓整改。三是加强司法廉政建设，坚持以安为镜，警钟长鸣，严格落实上海法院"八个禁止""法官业外活动行为规范三十条"等纪律制度，全年发放廉政监督卡22.75万张；全面推行"案件廉政回访"制度，案件廉政回访数量达6966次。坚持有腐必惩、有案必查，全年共查处违纪违法案件4件6人。四是加强队伍正规化、专业化、职业化建设。全市法院系统涌现如邹碧华同志、全国十大"最美基层法官"彭文忠同志、"全国业务审判专家"丁文联同志等一大批先进典型。全年共有38个集体、70人次获得市级以上表彰奖励，闸北法院被评为"全国优秀法院"，浦东法院被评为"全国法院文化建设示范单位"。9人次荣获"全国优秀法官""全国模范法官""全国法院办案标兵"等称号。

（二）检察院工作

2014年，上海市检察机关坚持以维护社会稳定为底线，以改革为统领，以提高司法公信力为目标，充分履行法律监督职能，各项工作取得新的成效。

1. 立足检察职能，维护社会稳定

上海市检察机关坚持把确保亚信峰会的顺利举办作为首要任务，配合公安机关开展"迎峰会、保平安"打防管控专项行动，加大对胡荣驾车冲撞人群故意杀人案和银超抢劫金柜案等一批重大案件的检察力度。坚持以执法办案为中心，采取措施解决突出矛盾，确保办案质量。依法批准逮捕犯罪嫌疑人29577人，提起公诉42791人，分别同比上升7.7%和9.7%。积极维护金融安全秩序，依法打击非法吸收公众存款、集资诈骗等金融领域犯罪，提起公诉1925人，同比上升50.7%；积极服务自贸区建设，开展《检察机关服务保障自贸区的定位、作用与对策》等6项调研课题，研究制定《涉上海自贸试验区刑事法律适用指导意见》等文件，并建立涉自贸区重大案件三级院联动办理机制，成功办理了李强信用证诈骗4000余万元案等一批案件。

2. 加大查办、预防职务犯罪，效果显著提升

上海市检察机关严格落实中央有案必查、有腐必惩的工作要求，进一步加大反贪查案力度，共立案354件442人，人数同比上升9.1%。其中，大案346件，立案侦查局级干部5名、处级干部37名。反渎工作有了新突破，查处渎职侵权犯罪36件44人，连续三年立案超过40人，且各区（县）院均有立查案件。预防职务犯罪专业化、社会化工作机制进一步完善，开展了城镇化建设、国有企业职务消费等领域预防职务犯罪专题调研，推动行业治理；深化预防职务犯罪"五进"活动，廉政教育成为市委党校处级领导干部任职培训的项目，有力促进了廉政文化建设。

3. 进一步提高法律监督水平

上海市检察机关紧紧抓住执法、司法工作中存在的突出问题，加强本职工作，监督公安机关立、撤案112件，纠正漏捕、漏诉877人；与公安机关联合开展派出所办案区规范使用专项检查，纠正人身检查、物品保管、询（讯）问等办案环节不规范问题1283处。加强审判监督，向法院提出刑事抗诉49件，同比上升7.36%，法院采纳26件；提出民事行政抗诉和再审

检察建议57件，虽然数量有所下降，但质量有所提升，法院改变率达79.6%，同比上升了7.5个百分点。加强对刑罚执行活动的监督，对不符合减刑、假释、暂予监外执行条件的，提出检察意见299份；深入开展职务犯罪、金融犯罪、涉黑犯罪罪犯减刑、假释、暂予监外执行专项检查，监督收监17人，其中原副部级干部1人、局级干部2人。加强对同一类问题的监督，2014年确定了毒品案件同案不同判、民刑交织案件损害当事人事权等17个一类问题监督事项。其中，法院决定暂予监外执行存在监管盲区等13个事项，年底前已结项；公安对未成年犯罪记录封存执行不规范等4个事项，因涉及公安自身信息系统技术等问题，将结合2015年工作进一步深化监督。

4. 积极发挥"两法"在人权司法保障、维护司法公正中的作用

上海市检察机关在2014年更加注重全面、客观收集证据，扎实做好非法证据排除工作，要求公安补正和合理解释瑕疵证据146份。附条件不起诉涉罪未成年人179人，未成年人不起诉和轻罪记录全部予以封存；高度重视保障律师会见、阅卷、调查取证等执业权利，规定律师预约接待必须一个半工作日内回复，开通案件诉讼流程网上查询、短信推送服务。加强捕后羁押必要性审查的统一归口办理，建议公安、法院变更强制措施的有838人；强化民事执行监督，受理220件，提出检察建议27件，法院采纳26件；强化对民事诉讼程序中违法行为的监督，提出检察建议58件，采纳56件。

5. 稳步推进检察改革试点工作

上海市检察机关在2014年稳步推进中央政法委、市委政法委和高检院部署的各项改革任务。一是检察改革试点工作积极稳妥推进，经过半年时间的探索实践，4家先行试点单位初步完成试点任务，在主任检察官制度、分类管理、内设机构改革等方面形成了可以面上推开的经验做法。细化的操作性改革方案和各项配套制度基本形成，改革试点中需要解决的办案责任归责、办案组织、内设机构改革等重点问题也逐步形成了解决方案。二是深入推进主任检察官制度改革试点。作为全国首批试点单位，2014年在浦东、闵行区院为全国试点的基础上，将试点工作扩大到徐汇等5个基层院的公诉和侦查部门。积极探索实行主任检察官专业化分工，在侦监、公诉等部门设立经济、金融等专业办案组；建立主任检察官监督制约机制，确保主任检察官正确行使权力。三是积极推进涉法涉诉信访工作改革。建立信访诉求审查甄别机制，实现诉访分离，引导信访工作分类依法处理；健全信访受理分流、执法风险预警评估、信访终结和司法救助等工作机制，保证涉法涉诉信访改革工作有序开展。过去一年来通过执法风险评估，93件有较大风险的案件有效落实了预案；通过加大信访案件的办理，办结群众信访30495件、中央巡视组转办件86件；充分发挥检察长接待制度作用，检察长接待1843次，化解突出信访矛盾441起，取得良好效果。四是积极推进轻微刑事案件快速办理机制，加强与公安、法院和司法行政机关的沟通衔接，在快速补充证据、集中审理、社会调查前置等方面取得进步。共受理移送起诉"轻案快办"案件1504件，自行启动"轻案快办"3587件，两者共占全市受理案件总数的18.23%，达到2014年年初提出的快办案件数不低于全市案件总数10%的目标，且平均办案周期缩短至4.17天。五是积极构建开放、动态、透明、便民的阳光检察工作机制。作为全国检务公开首批试点单位，上海检察机关制定了《深化检务公开试点工作重点项目推进表》，确定20个重点项目，以项目化方式推进工作；加大案件公开审查、公开宣传力度，组织公开审查不起诉、刑事申诉等案件725件；加强综合性受理接待中心建设，开通案件信息查询、法律文书公开、法律咨询和网上信访等6个服务平台，网上网下同步服务，方便群众查询；加大案件信息公开力度，发布职务犯罪大要案查办情况70余次。

6. 提高能力素质，推进检察员队伍建设

上海市检察机关积极巩固和深化党的群众路线教育实践成果，市院确定的加强党组班子自身建设、改进领导干部作风等46项整改措施已经全部落实并形成长效机制。加强领导班子建设，举办基层院检察长、市院部门负责人学习党的十八届四中全会精神培训班，提高领导干部的思想政治水平和领导能力；强化对领导干部的监督，对4家基层院领导班子进行了巡视，对3个区院检察长开展了任期经济审计，对2名配偶（子女）定居境外的领导干部调离了领导岗位。以办案能手的培训带动队伍整体素质的提升，65名同志获得全市"三优一能"称号，6名同志在全国检察业务和专业技能竞赛中荣获"业务标兵""业务能手"等称号。

五　2015年上海法治建设展望

2014年，上海市法治建设继续深入推进，以依法治市、人大立法、依法行政、司法改革等为核心内容的法治工作取得新的进展，但也应该清楚地意识到目前上海市法治建设仍存在薄弱环节，同时面临着严峻的挑战。

第一，城市安全预警机制缺失，突发事件应对能力不足。2014年底发生的外滩拥挤踩踏事件，最终造成36人死亡、49人受伤的严重后果。这起公共安全责任事件暴露了城市安全工作存在重大疏漏、重大隐患，一些地区和部门的领导干部思想麻痹，严重缺乏公共安全风险防范意识，对大人流集聚等安全风险缺乏应有认知；安全工作管理松散，安全责任没有有效落实，领导带班值班、信息报告等制度没有严格执行；安全管控措施不到位，严重缺失对安全风险的预判预警、信息发布、预防准备，应急处置能力亟待提高。

第二，政府自身建设有待加强，职能转变力度有待加大。政府职能转变仍未到位，重审批轻监管、重管理轻服务的倾向尚未根本改变。依法行政的意识和能力有待增强和提高，有法必依、执法必严、违法必究应当成为铁律。行政效率高、敢作为、不做选择性作为应当成为普遍现象。政府各部门之间的信息共享"呼吁多、落实少"问题，"四风"问题，责任担当、改革创新的意识不强问题，深入一线问题，服务群众问题，会议多、文件多问题，需进一步解决。反腐倡廉依然是重要课题，某些领域、某些部门腐败案件高发值得高度警惕。

第三，政府信息公开透明度仍需提高。2014年，上海社会科学院法治市情研究中心以第三方身份对上海市政府门户网站信息公开的情况进行了评估，结合上海市各区（县）、委办局评估报告相关数据，发现政府在信息公开工作中仍存在政府信息公开内容偏差，重信息公开的形式、轻信息公开的内容，重信息公开数量、轻信息公开质量的情况，许多依法应当主动公开的信息不在公开范围之列，转化为依照相对人申请才能公开或者直接无法在网站上查询到相关内容。在政府信息公开的监督方面侧重事前投入而忽视事后监管、重形式统计结果而轻实质的过程监督。

2015年是全面深化改革的关键之年，也是全面推进依法治国的开局之年。上海市各级人大、各级政府、司法系统各级机关要继续深入学习贯彻党的十八大和十八届三中、四中全会精神，把握全面推进依法治国的总体要求，坚持法治引领，全面促进法治上海建设。

（一）多层次创建，提高社会治理水平

2015年，上海市社会综合治理工作将以党的十八大和十八届三中、四中全会精神为引领，认真贯彻落实深化平安中国建设和市委十届七次全会要求，围绕建设最安全大都市和法治环境最好地区的目标，聚焦公共安全、管控治预防犯罪等社会治理重点工作，坚持系统治理、依法治理、综合治理、源头治理，夯实基层基础，切实保障社会安定有序、城市安全运行。

第一，着力推进多层次多领域依法治理。进一步健全基层依法治理领导体制和工作机制，以《法治上海三年行动计划（2014-2016）》的贯彻实施为抓手，积极开展交通法治示范城区、依法行政示范单位、民主法治村委等各项法治创建活动，推动基层治理法制化。

第二，坚持教育引导、典型引领、实践养成相结合，在"谁执法谁普法"、以案释法、法治宣传教育、群众性法治文化建设上加强工作力度。注重发挥律师在依法治理中的作用，探索建立律师服务重大突发事件处置长效机制，组织律师担任政府、学校、工青妇等单位的法律顾问。

第三，强化工作规范管理，提升社会治理工作能力水平。认真贯彻落实《上海市社会治安综合治理条例》（以下简称《条例》），就《条例》实施情况开展系统调研、自查评估、分析研究；加强对《条例》的培训解读，将

其纳入年度培训计划,切实提高依法治理能力;进一步强化《条例》的宣传报道,推进平安上海建设和提升社会治理工作社会影响力。

(二)提高立法质量,增强监督实效

2015年是全面深化改革的关键年,是全面推进依法治国的开局年,也是全面完成"十二五"规划的收官年。市人大常委会将认真学习贯彻党的十八大和十八届三中、四中全会精神,坚持党的领导、人民当家做主、依法治国有机统一,在全市大局下开展工作,着力促进改革开放、着力促进创新驱动、着力促进民生改善、着力促进依法行政和公正司法、着力促进人大工作与时俱进,充分发挥地方国家权力机关在全面推进依法治市中的重要作用,为上海继续当好改革开放排头兵和创新发展先行者做出应有的贡献。

第一,加强和改进立法工作,进一步推进科学立法、民主立法,切实发挥立法的引领推动作用。抓住提高立法质量这个关键,加强立法决策与改革决策紧密衔接,提高立法主动适应改革发展大局的水平。结合本市"十三五"规划编制,开展上海中长期发展立法需求调研。加强党对地方立法工作的领导,建立立法重大问题、涉及重大体制和政策调整的法规向市委报告制度。坚持人大在立法中的主导地位,加强立法工作的组织协调,优化法规立项、起草、审议流程,增加立法的针对性和提高精细化水平。

第二,加强和改进监督工作,推进严格执法和公正司法。把促进法律法规有效实施、政府职能转变、群众合法权益维护置于人大监督全过程。加大执法检查工作力度,就《老年人权益保障法》《食品安全法》《出境入境管理法》《安全生产条例》《城乡规划条例》等开展执法检查;改进监督工作的方式方法,坚持依法依规监督,加强组织领导,规范执法检查和专项监督工作流程,增加监督工作的科学性和实效性。完善专题询问组织方式,提高专题询问的质量,探索边审议边询问的常态化机制。

第三,完善代表工作格局,保障人大代表依法履职。认真贯彻本次市人民代表大会审议表决的《实施代表法办法》《关于代表议案的规定》和《关于代表建议、批评和意见的规定》,加强代表履职的服务保障,加强代表与群众的密切联系，推动本市国家机关增强代表是国家权力机关组成人员的意识，尊重代表权利，支持代表履职；加强常委会自身建设，不断提高履职质量和水平。加强常委会履职制度建设，修改《常委会组成人员守则》，进一步明确常委会组成人员的职责任务和履职规范，强调常委会组成人员要坚定正确的政治方向，增强大局意识、责任意识，密切联系代表和群众，善于把党的主张通过法定程序转化为地方国家意志。

（三）深入推进依法行政，全面加强政府自身建设

第一，法治引领改革，综合一体化建设。上海市依法治市领导小组于2014年初发布了《法治上海三年行动计划（2014－2016）》，明确了法治上海的建设目标，即"让法治成为上海建设的基本内容和治理城市的基本方式，努力把上海建设成为法治完善的社会主义现代化国际大都市"。《三年行动计划》同时部署了包括依法执政、完善立法、严格行政、权力监督、司法公正、法治文化等内容在内的54项推进依法治市的要求。上海市各级政府、委办局、各级司法机关应以此为契机全面进行上海法治建设，坚持依法治国、依法执政、依法行政共同推进，法治国家、法治政府、法治社会一体化建设。

第二，健全城市安全制度体系，加强监测预警，提高突发事件防范能力。健全"谁主管、谁监测，谁预警、谁发布"的预警管理机制，针对不同突发事件，完善预警标准和响应措施。进一步加强重点环节、重点领域和重要时段的现场情况监测，结合大规模人员聚集、大流量交通等情况变化，加强分析研判，及时发现苗头性、趋势性问题，及时启动相关应急预案，采取限流、划定区域、单向通行等交通管控措施，重点加强台阶、扶梯、连接通道等特定区域的人员流动管理。要适时在全市重要场所设立显示屏和高音喇叭等安全提示设施，充分利用应急广播、新闻媒体、网络等平台发布预警信息和相关提示，规范引导市民游客采取合理避险措施。要利用大数据加快构建全市统一的公共安全信息平台，实现信息共享，进一步加强预警信息沟通。

第三，推进行政服务中心体系建设，加强公共服务平台建设。探索建立区域性公共服务统一平台，深化行政审批制度改革，进一步简政放权；尝试推进行政服务中心建设，加快推进标准化建设。探索成立服务标准化建设领导小组，全面组织实施各项服务标准化建设工作。加强各级政府机关、委办局审批中心自身建设。行政审批服务中心要加强与监察部门的配合协作，加大对入驻部门、综合代办部门、自设大厅单位的监管力度，将便民服务中心建设纳入各级政府机关、委办局依法行政年度考核。

第四，进一步推进政务公开，加大政府信息公开力度。认真贯彻实施《上海市政府信息公开条例》，让权力在阳光下运行。坚持以公开为原则、不公开为例外，凡是不涉及国家秘密、商业秘密和个人隐私的政府信息，都要向社会公开；健全政府信息公开制度，进一步建立健全主动公开、依申请公开、信息发布保密审查、信息发布协调、信息公开考核评价和责任追究等工作制度，完善政府信息公开的监督和保障机制；推进办事公开，把公开透明作为政府工作的基本制度，拓宽办事公开领域。

（四）坚持公正司法，深化推进司法改革

第一，2015年是全面推进依法治国的开局之年，上海法治建设面临的机遇和挑战前所未有。全市各级司法机关要继续深入学习贯彻党的十八大和十八届三中、四中全会精神，把握全面推进依法治国的总体要求，坚持法治引领，深化司法体制改革，推进法治上海建设和政法队伍建设。坚持司法公正，切实提升人民群众安全感、满意度，为上海加快建设"四个中心"和社会主义现代化、国际化大都市提供可靠的法治保障。

第二，上海市法院在坚持公正司法、依法公正办理好每一件案件的基础上，全面推进审判权力运行机制改革、人员分类管理制度改革等五项改革试点工作，认真贯彻落实最高人民法院《关于全面深化人民法院改革的意见——人民法院"四五"改革纲要》，紧密结合上海法院实际，推进以审判为中心的诉讼制度改革，发挥庭审的决定性作用，确保程序公正和实体公正相统一。推进法院案件受理制度改革，变立案审查制为立案登记制，做到有

案必立、有诉必理,保障当事人的诉权。继续推进跨行政区划人民法院改革,健全完善市三中院、知识产权法院、铁路中院"三院合一"审判体制机制等重点改革任务。

第三,2015年上海市检察机关要以司法改革为主线、以规范司法行为为抓手、以让人民群众在每一件司法案件中感受到公平正义为目标,努力创建学习型、创新型检察机关,推动上海检察工作创新发展。在2015年第一季度全面总结4家检察院试点工作基础上,按照市委、政法委部署,在第二季度全面推广改革试点。年内完成人员分类并基本实现33%的检察官员额控制指标;落实检察官办案责任制,初步形成一套确保检察权公正运行的制度机制;深化检察办案组织和内设机构改革实践,实现办案组织专业化和内设机构扁平化;完善检察官管理制度,初步建立一套检察官从业规范和检察准入、晋升、遴选、交流、考核、评价、惩戒以及职业保障、职业培养等制度。

评 估 篇

Evaluation Reports

B.2
上海市政府机关门户网站信息公开状况分析报告

上海法治市情调研组*

摘　要： 为进一步了解上海政府信息公开建设的现状和问题，上海社会科学院法学研究所以上海市、县两级政府门户网站为样本，建立门户网站信息公开评估体系，开展了政府信息公开现状的研究，同时作为参照比较调查了京、津、渝三个直辖市门户网站，最终形成了一份评估总报告和三份分报告。

关键词： 政府门户网站　信息公开　区县调查　上海

---

* 上海法治市情调研组组长：史建三；成员：王海峰、孟祥沛、孙大伟、张晓栋、范政强、何家华、王涛、张建勋、洪安祺、谢欢欢、李雪红、房新、张盛嘉、庄燕玉、张洁、刘恋、孟炜、陈强、丁佳佳、吴涛、唐颖芳。本文由范政强、何家华执笔。

一 研究意义

当今，行政国家是普遍的事实，行政机关不仅要消极行政也要积极行政。现代行政出现以下新变化：行政的目标期待——由消极执行到积极回应；行政的活动依据——从依法行政到依规则行政；行政的功能——由执行到管理。因此，在回应型行政、行政立法频繁、由目标导向的管理、行政自由裁量广泛存在、行政公共决策大量存在的前提下，行政公共服务职能不断增加，行政机关不仅要做到行政的形式合法性，也要解决行政的正当性，即王锡锌教授说的现代行政面临行政"民主赤字"。[①] 要解决行政"民主赤字"就要保障公众参与，保障公众参与的前提是保障公众的知情权，保障公众知情权的前提是政府信息公开。由此可知，第一，政府信息公开是现代行政的必然要求；第二，政府信息公开具有保障公众参与、吸纳民意、传递行政正当性的功能；第三，政府信息公开是政府有意识地创新管理方式，推动法治政府、有限政府、服务政府、创新政府建设。政府网站信息公开是信息化条件下政府密切联系群众的桥梁，是政府形象的具体展示，是政府履行职能与服务的新途径，是保障公民知情权、促进公众参与的重要方式，是对《政府信息公开条例》《上海市政府信息公开规定》等法规和国务院关于政府信息公开工作的具体落实。党的十八届四中全会《决定》指出：全面推进政务公开，坚持以公开为常态、不公开为例外的原则，推进决策公开、执行公开、管理公开、服务公开、结果公开是法治政府建设的重要方面。[②]

党的十八届四中全会《决定》指出：要建设职能科学、权责法定、执法严明、公开公正、廉洁高效、守法诚信的法治政府。政府信息公开是推进法治政府建设的重要抓手。2004年上海市率先制定了《上海市政府信息公开规定》，2007年国务院制定了《政府信息公开条例》，因此，政府信息公开的实

---

① 王锡锌：《当代行政的"民主赤字"及其克服》，《法商研究》2009年第1期。
② 《中共中央关于全面推进依法治国若干重大问题的决定》，《人民日报》2014年10月24日。

践从上海执行自身地方性法规来看已逾十年,执行国家的行政法规来看也接近十年。十年来,作为法治政府建设的重要抓手的上海市政府信息公开的实效到底如何?取得了哪些成就及存在哪些不足?我们不得而知。由此,调研组在《上海市政府信息公开规定》《政府信息公开条例》和国务院办公厅关于政府信息公开建设的一系列通知的基础上设计指标体系,对上海市17个区(县)和48个委办局展开全面评估,以促进上海市政府信息公开制度的完善。

二 调查方法

本次对门户网站信息公开状况的调查涉及宏观层面的总体状况和微观层面即上海市各个市属委办局和区(县)政府网站的具体信息公开状况,在评估过程中,调研组采用主观评估和客观评估相结合的方式,既有依照客观评价标准进行的评价,也有基于评价者主观感受的评估,具体包括了调研组的具体评估、志愿者体验测评和问卷调查抽样测评三种方式。

(一)调研组的具体评估

调研组关于信息公开状况的主要评估方法是针对上海市政府网以及市属48个委办局和17个区(县)政府网站进行的具体评估。评估的方式是建立指标体系,对信息质量、便捷度、公众参与度等涉及网站信息公开的各方面情况进行一次全方位的评价,并将评价结果量化,最终得出每一个具体网站的信息公开指数。具体性评估工作具有内容总量大、评价标准不统一、所需专业性强的特点,虽然可以将指标交由社会公众来评价,但是大多数指标都需要具有专业知识的科研工作者来打分,因此微观层面的评估工作是调研组进行的具体评估。调研组进行的专业评估,虽然无法保证样本的代表性,但是能在评价过程的客观性和科学性上有所增益,在调研组内部,能较容易地统一评估标准,最终得出可靠性较强的数据。

调研组评估方式主要有以下四种。

一是确认评估对象网站是否具备某一客观条件。政府门户网站的建设有一定的成功模式可以借鉴，也有国家制定的法律规范可以参照，通过借鉴和参照，调研组总结出一个成熟完善的政府门户网站应当具备的一系列客观条件，涉及网页操作中提供的功能、政府应当提供的服务、安全技术方面所需的配套设施以及法规文件中要求政府必须提供的相关信息等内容，调研组通过直接使用评估对象网站的方式确认该网站是否具备这一客观条件，以及这一条件或功能是否可用并且无差错。这种评估方式主要针对可以分解成若干个客观条件分别进行评估的指标，评估过程中能体现其客观性，如对网站的无障碍浏览服务功能的评价，就可以拆分成网页在原有基础上是否支持字体放大功能，网页是否支持特殊界面设置功能，网页是否支持辅助线添加、色调调节功能，网页是否支持语音等功能，网页是否为视觉障碍等特殊人群提供网上盲道这五个客观条件来评价。

二是对评估对象网站信息内容进行量化评分。网站技术层面和功能层面的内容通过分解成若干个客观条件的方法可行，但信息内容方面就很难用这种方法来评了。这不仅是因为不同区（县）或委办局所负担的职能不同导致提供的信息种类差别较大，更是因为对信息数量和质量的评价原本就是主观性较强的事情，需要评估者自身设定一个价值标准，并用这一标准进行主观判断。如信息的实用性，如何定义实用？怎样的信息才算实用？不同人的评价差异很大。对于信息内容的评估，由于评估工作量极大，只能通过分工的方式来完成。调研组的评估方式首先是通过召开调研组集体会议讨论并确定统一的评估标准，每个指标都有若干个价值判断标准来辅助评估者的判断；而后通过对若干个区（县）和委办局门户网站进行模拟评估来纠偏和试错，最终使整个调研组的评估标准能够大体一致。调研组整体评估后再分小组进行具体评估，每个指标都做到在多人讨论之后才得出分值。分小组评估后，不同小组对其他小组评估结果进行随机抽样复查，如果复查结果和原结果差异较大，则原评价者重新检查其评估结果，以保证评估结果的真实可靠。

三是通过测验来判断评估对象网站的服务水平。调研组对评估对象网站中的一些功能或信息公开申请有关程序的反馈情况进行评价。如公众通过门户网站申请信息公开程序，虽然每个网站所需提交的资料大致相同，但是公众对不同评估对象网站的反馈情况不同。除了个别几个没有提供通过网站申请公开某项信息服务的市属委办局外,调研组对各个对象网站都进行了信息公开的试申请,并根据评估对象的回复速度、提供信息的态度等得出评估结果。这种方式虽然只能反映某一时间段政府对公众申请工作的服务态度,但是其数据来源真实,也能客观反映评估对象信息公开方面的工作状况。

四是使用评估对象网站所提供数据并加以分析。政府门户网站一般都会提供一些有关信息公开的数据资料,主要来自信息公开工作年度报告和其他散落在网站中的信息,对这些信息加以处理,可以得出某些指标的具体得分。如关于门户网站社会影响力方面的评价,不能仅通过网站访问量来决定,因为不同网站的访问量事实上主要取决于其承担的功能性特征以及职能覆盖面的宽窄。政府信息公开年报中的信息电子化率以及在网上申请信息公开占评估对象所有信息公开申请的比重,则能更好地反映评估对象对其门户网站的使用程度以及社会公众对这一门户网站的使用程度,从而能够更好地反映评估对象网站的社会影响力。使用网站数据的前提是信任政府提供的数据,这种信任不是凭空得到的,调研组通过对信息真实性的评价,将各个门户网站在其信息公开年报中公布的信息公开诉讼与复议的相关数据,与人民法院和行政复议机构提供的此方面的数据资料加以对照比较,也确认了政府数据的相对真实可靠性。

(二)志愿者体验测评

志愿者体验是指用户在使用一种产品或服务时的行为、思想与感觉,包括在使用过程中发生的理性价值和感性体验。[①] 作为对政府门户网站信息公开微观情况的评估方法之一,组织志愿者参与网站实际体验是为了考察志愿者在使用政府门户网站时的具体评价,这样既弥补了调研组成员评估在思路上的局限性,又能很好地获知普通公众在实际使用政府门户网站时可能出现的问题及其对具体细节的评价。本次志愿者体验共邀请了80名来自社会各个阶层的普通市民,在体验者样本的控制上,主要按照学历区分,本科及以

---

① 杨洋:《基于用户体验的信息构建研究》,《信息工作研究》2014年第2期。

上学历与本科以下学历志愿者的比值控制在3∶2，这虽然不符合第六次人口普查中显示的上海市人口受教育情况，但是大致参照了调研组前三年进行法治状况调查时所获得的问卷填写者的结构比例①——毕竟网络使用者只是占了上海市人口的一部分，而能够使用网络的市民一般来说都受过一定的教育。在记录体验者户籍、年龄、职业等个人信息的同时，调研组也对志愿者存在的视觉障碍情况进行了统计，以便更好地检测各个门户网站无障碍通道功能的有效发挥情况。样本结构如表1所示。

表1　参与体验志愿者构成

类别	基本指标	频数（次）	百分比（%）
户籍	上海户籍	32	40.00
	非上海户籍	48	60.00
年龄	20岁以下	11	13.75
	20~30岁	48	60.00
	31~40岁	16	20.00
	50岁以上	5	6.25
职业	国家公职人员	6	7.50
	事业单位工作人员	13	16.25
	企业工作人员	22	27.50
	学生	32	40.00
	离退休人员	1	1.25
	自由职业者	2	2.50
	其他	4	5.00
学历	初中及以下	18	22.50
	高中或中专	12	15.00
	专科或本科	26	32.50
	本科以上	24	30.00
体验障碍	不存在健康障碍	76	95.00
	重度近视	3	3.75
	存在其他健康障碍	1	1.25

---

① 2014年《上海市法治建设状况满意度分析总报告》，《上海法治发展报告（2014）》，社会科学文献出版社，2014，第38页。2012年《上海市法治建设状况满意度分析总报告》，《上海法治发展报告（2012）》，社会科学文献出版社，2012，第306页。

志愿者体验内容主要包括两方面：一是功能体验，也就是志愿者对受测试网站提供的信息和服务进行使用，检测其功能是否完整、一致，是否有冗余或缺省功能，查找信息和申请公开信息是否方便，以及搜索相关信息时网站是否响应迅速且提供了所需要的全面的信息；二是美学体验，即对每个受测试网站交互界面的整体美观程度进行价值评价，并评论网站相关媒体文件的添加是否合适，以及网站是否在满足用户使用需求的同时也满足了用户的视觉、听觉和心理需求。调研组为志愿者体验设计的评估步骤，兼顾了效率性与真实性：既要减少志愿者的工作强度，让志愿者更像是一个真实的网络使用者那样来体验网站各个功能；又要让志愿者评价多个政府网站，以便综合各位志愿者的意见。评估步骤最终简化为6个部分，根据每个志愿者上网习惯的不同，每个区（县）或市属部门网站的平均体验时间在6分钟到20分钟不等。在志愿者进行体验的过程中，调研组工作人员会在一旁进行指导和协助，并记录体验者在浏览交互页面的过程中遇到的特殊状况或无意中发出的主观评论，并将其作为评价门户网站及提出对策性建议的依据。如果说调研组对网站的具体评估侧重其专业性和科学性，志愿者体验的数据意义就在于它的民主性与主观性，志愿者虽然比较欠缺相关的专业知识，但是他们用最直观的方式来评价政府门户网站的优缺点，其真实性恰恰是专业第三方评估无法做到的。

（三）调查问卷抽样测评

在上述两种调查方法之外，调研组还设计了一份调查问卷，以测试受访者对上海各方面信息公开情况的主观评价。这次评估原本就是要评价上海市、县两级政府门户网站的信息公开状况，因此满意度情况的调查对象主要是网络使用者，网民是政府门户网站信息公开的直接使用者和主要受益者，他们的评价理应是研究社会对政府门户网站建设满意度的重要参考。因此，本次问卷调查仅采取了网上问卷的方式，调查持续三个星期，调查对象为上海市18岁以上网民，包括上海户籍人员和在上海居住的非上海户籍人员。在上海市范围内共发放问卷1154份，回收有效问卷1052份，有效回收率为

91.16%。具体有效样本结构见表 2。从表 2 显示的样本年龄结构和职业结构看，样本大致符合网民年龄和职业构成逻辑。

表 2　上海政府门户网站信息公开网民满意度调查样本构成

类别	基本指标	频数（次）	百分比（%）
年龄	20 岁以下	76	7.22
	20～40 岁	856	81.37
	41～60 岁	113	10.74
	60 岁以上	7	0.67
职业	党政机关工作人员	22	2.09
	事业单位工作人员	129	12.26
	企业工作人员	619	58.84
	学生	165	15.68
	退休人员	9	0.86
	自由职业者	62	5.89
	其他	46	4.37
教育程度	高中、中专以下	99	9.41
	专科	187	17.78
	本科	640	60.84
	研究生及以上	126	11.98
在沪连续居住时间	1 年以下（含）	83	7.89
	1 年以上至 3 年以下（含）	100	9.51
	3 年以上至 7 年以下（含）	160	15.21
	7 年以上	709	67.40

调查问卷共 17 题，分为三个方面，一是考察公众对门户网站的使用习惯，包括公众获取政府信息的方式、使用政府网的频率、通过政府网站获取信息的类别以及希望获得的信息种类。二是考察公众对于上海市各级政府门户网站的满意度情况，此类调查主要采用五分位的主观调查法，也就是对每个问题的评价均给出非常满意、比较满意、一般、不太满意、很不满意五个选项供受访者选择。考虑到问卷调查内容本身的复杂性，受访者又并非该领域的专业研究者，因此调研组在五分位的基础上增加了"说不清"的选项，

以保证受调查者不会在不清楚具体情况时随意答题。因为"说不清"这一选项和未填问卷情形一样,都没有满意或者不满意的态度表示,因此在后文的数据分析时未将其纳入统计范围。三是开放性问题,请受访者提出对上海市政府信息公开的建议,鼓励受调查者提出意见。

(四)存在的不足和弥补的方法

受调研组知识水平和时间所限,本次调查存在一些不足之处。

1. 满意度问卷调查样本分布不符合实际情况

问卷调查应当遵循社会学调查统计的相关理论,对于样本控制都有一定程序。理想情况下,将调查对象按照地域或职业分层进行抽样调查比简单随机抽样调查更具有科学性,调研组往年的上海法治满意度调查就使用了多阶概率抽样法,对调查样本有很好的控制。但是本次问卷调查由于时间所限,并没有对样本分布进行更好地控制,虽然从样本的年龄结构和职业分布结构来看,被调查者在社会各领域的分布大致均衡,其数据代表性毋庸置疑,但是从受教育程度的分布情况看,大专及本科以上学历的样本占了样本总量的90%以上,这不仅与整个社会的受教育程度不符,也与网民群体的受教育情况差异很大。客观上由于本次评估涉及政府网站的信息公开,对被调查者相关知识水平有一定要求限制,受教育水平较高的调查者填写的问卷客观性较好,但是这种情况的确影响了抽样调查的代表性。同时,本次调查也没有统计被调查者的性别和是否为上海户籍,这对接下来的数据分析造成了困难。

2. 调研组评价标准的统一性把握难度较大

在对各级政府门户网站进行的具体评估中,虽然调研组通过多次召开小组会议,以及采取小组内部组员互相讨论与督促等方式尽量统一了调研小组的评估标准,但是不可避免的是评估小组不同成员在具体细节上存在一定的主观判断。如对政府网站信息实用性的评价就比较依赖主观判断。事实上,完全排除主观判断的评估工作是不可能做到的,如果把客观评价标准制定得过于刻板,会导致评估工作过于机械化,并极大地降低评估工作效率。对于这种情况,只有采取多人评价并综合他们的意见以及不间断地进行讨论的方式来弥补缺陷。

3. 信息公开有关数据难以获取

本次评估是根据社会公众所能获取的政府门户网站有关信息数据而开展的，这种方式存在一定的局限性。如信息技术支持方面，原本还应当评估信息安全保障等有关信息，但是这方面数据只能从网站后台看到，限于调研组的能力，没有获得这方面的信息。又如信息公开的制度支持方面，由于不清楚每一个市属部门和区（县）的具体信息公开监督制度和评议制度的进展状况，调研组只能以其门户网站对外公布的信息公开年报为基础，结合网站其他部分透露的有关信息来进行评价。此外，微观评估对象众多，使得无法通过问卷的形式获取公众满意度情况，只能通过调研组的评估结果结合志愿者的体验情况进行评估。

4. 志愿者体验过程与用户实际使用情况有所出入

志愿者体验效果总体上是令人满意的，但是不可否认的是志愿者体验网站的过程与用户实际使用网站的情况不同，这种差异主要体现在体验者的心理状态上，即体验者只是作为一个局外人来使用网站，而非有目的地在政府网站中办理某件事情或者查询某类信息，因此在专注力等方面都必然比不上实际的网站使用者。再者，志愿者连续体验了数个网站之后，会不可避免地进入某种疲劳状态，这样就大大影响之后体验的效果和对网站评价的真实性。个别志愿者到最后就出现了敷衍了事、草草评价的情况。当然，从体验过程的角度来看，体验者的这种情绪也是值得调研组记录的，也就是说，评估对象网站让体验者感到烦躁的具体原因有哪些，这同样是一个值得思考的问题。此外，为了防止志愿者体验过程中对信息公开的申请操作导致的行政资源不必要的浪费，志愿者在进行申请公开指令时都采取了模拟申请的策略，即让志愿者感受网站申请公开的大致方式并试着填写申请表，但不发送申请的方法，这也一定程度上影响了操作过程中的真实体验。

5. 评估结论缺乏参照系

本次评估主要针对的是上海市各级政府门户网站的信息公开情况，进行比较的主要是区（县）之间的信息公开比较和市属部门之间的信息公开比较。这种比较将研究范围限定在上海市范围内，缺少相应的参照物。为了弥补这一缺陷，调研组又按照本次评估的主要方法评估了北京、天津、重庆三个直辖市的市级政府网站信息公开情况，并估算具体三级指标的分值。但是由于调研组的时间精力所限，并没有将参照对象的范围进一步扩大，如进一步比较南京、杭州等长三角地区主要城市的政府门户网站，或者与香港等社会治理比较成熟的城市公众网站的信息公开情况相对照。

三 上海市政府门户网站信息公开评估指标体系

（一）基于层次分析法的建构步骤

美国匹兹堡大学教授 T. L. Saaty 在 20 世纪 70 年代中期提出利用层次分析法（Analytic Hierarchy Process，简称 AHP）来解决多目标决策分析问题。层次分析法提出，将复杂问题分解为多个组成因素，并将这些因素按支配和从属关系进一步分解，按目标层、准则层、指标层按递阶顺序渐次排列，最终形成一个多目标、多层次的模型。利用层次分析法建立指标体系，是通过两两比较的方式确定同一层次中诸因素的相对重要性，然后构造判断矩阵，请专家对各因素进行客观判断，综合专家们的判断确定诸指标的权重。层次分析法的基本思想就是将组成复杂问题的多个元素权重的整体判断转变为对这些元素进行"两两比较"，然后再转为对这些元素的整体权重进行排序判断，最后确立各元素的权重。① 其具体步骤如下。

1. 建立递阶层次结构

将所要解决的总目标涉及的各项因素进行分类，构造各个影响因素互为关系的递阶层次结构。处于最上部的是目标层，即整个层次结构的最终目标；目标层之下则是包含了若干个层级的准则层和子准则层，在准则层中，上层对下层有支配作用，而同一层的几个因素之间相互独立；最低层一般是方案层。经过充分的讨论和分析，划出相应的分层结构图。

---

① 胡运权：《运筹学教程》，清华大学出版社，2007，第422页。

2. 构造判断矩阵

构造判断矩阵是层次分析法的关键。这首先需要对每一层次的指标进行重要性分析比较，并进行重要性排序。这个比较来自编制指标重要性问卷并交由专家打分所得到的结果。得到专家评估得分后，在该层次上，将各指标逐对进行比较，采用 Saaty 提出的 1~9 标度法进行赋值（标度法见表 3），将这些值填入矩阵，就构成了数值判断矩阵 A。

表 3 两两比较法的尺度

相对重要度	定义（比较因素 i 与 j）	解释
1	同等重要	因素 i 与 j 同等重要
3	稍微重要	因素 i 比 j 稍微重要
5	相当重要	因素 i 比 j 重要
7	明显重要	因素 i 比 j 强烈重要
9	绝对重要	因素 i 比 j 绝对重要
2,4,6,8	两相邻判断的中间值	

3. 确定各层相对权重

对专家所做的调查问卷的结果进行分析，采用方根法计算相对权重，将各层判断矩阵的行向量求几何平均后归一化，可近似作为权重，即

首先，计算判断矩阵每一行元素的乘积 m_i：

$$m_i = \prod_{j=1}^{n} a_{ij} \qquad (i,j = 1,2,3,\cdots,n)$$

其次，计算 m_i 的 n 次方根：

$$\overline{W}_i = \sqrt[n]{m_i}$$

最后，对向量 $\overline{W} = [\overline{W}_1 \cdot \overline{W}_2 \cdots \overline{W}_n]^T$ 进行归一化处理，即

$$W_i = \overline{W} / [\sum_{j=1}^{n} \overline{W}]$$

则向量 $W = [\overline{W}_1 \cdot \overline{W}_2 \cdots \overline{W}_n]^T$ 即所求特征向量，其中 W_i 为第 i 个因

素的相对权重。

进行归一化处理后，计算判断矩阵的最大特征根 λ_{max}：

$$\lambda_{max} = \sum_{i=1}^{n}(PW_i)/nW_i$$

其中，$(PW)i$ 表示向量 PW 的第 i 个元素。

$$PW = \begin{vmatrix} (PW)_1 \\ (PW)_2 \\ \cdots \\ (PW)_n \end{vmatrix} = \begin{vmatrix} B_{11} & B_{12} & \cdots & B_{1n} \\ B_{21} & B_{22} & \cdots & B_{2n} \\ \cdots & \cdots & \cdots & \cdots \\ B_{21} & B_{22} & \cdots & B_{2n} \end{vmatrix} \cdot \begin{vmatrix} W_1 \\ W_2 \\ \cdots \\ W_n \end{vmatrix}$$

4. 一致性检验

层次分析法要求判断矩阵 A 有大体上的一致性，以使计算结果基本合理，一致性指标 CI 的值为：

$$CI = \frac{\lambda_{max} - n}{n - 1}$$

在式中，λ_{max} 为判断矩阵的最大特征根，n 为判断矩阵的阶数。当 $CI = 0$ 时，判断矩阵具有完全的一致性。CI 愈大，那么判断矩阵 A 的一致性就愈差。检验判断矩阵是否具有满意的一致性，需要引进平均随机一致性指标 RI，RI 值如表4所示。

表4　矩阵平均随机一致性指标

矩阵阶数	1	2	3	4	5	6	7	8	9
RI	0	0	0.58	0.90	1.12	1.24	1.32	1.41	1.45

CI 与 RI 的比值即判断矩阵 A 的一致性比率。如果一致性比率 $CR = CI/RI < 0.10$ 时，可以认为判断矩阵 A 具有了满意的一致性，评估结果是可靠的。反之，则将问卷反馈给专家，重新构造判断矩阵，直到通过一致性检验为止。

（二）门户网站信息公开评估指标体系的建构

政府网站信息公开情况的衡量标准很大程度上取决于政府信息公开工作

的衡量标准。关于政府信息公开工作的评价要素，实务界和理论界一直在讨论。如上海市在2008年开展的本市42个市属部门和19个区（县）信息公开检查评估工作中，评估指标是由基础工作（30%）、主动公开政府信息工作（25%）、依申请公开政府信息工作（10%）、年度重点工作（18%）、其他（17%）五个方面构成的。[①] 也有学者认为，政府信息公开评估可以通过政府信息公开基本能力、政府信息公开政务环境和政府信息公开绩效情况三个指标进行衡量。[②] 在这些评论中大致可以看出有三类信息是十分重要的，即政府信息公开的内容、信息公开的实际效果和信息公开的制度环境。另外，对政务网站信息公开评估也牵涉网站的建设情况，对这一方面的评估，2014年中国政府网站绩效评估具有代表性，该评估的指标体系包括了信息公开、办事服务、互动交流、舆论引导、网站功能与管理、新媒体应用、用户满意度和数据开放八个一级指标。[③] 其中，与政府信息公开有关的内容还主要包括了办事的便捷度、公众的参与度以及网站的技术管理等相关要素。综上所述，整合政府门户网站信息公开的各方面评价标准，调研组设置了信息内容、网站便民度、公众参与、信息技术支持和制度支持五个一级指标。

第一，信息内容是整个门户网站信息公开的基础，没有这一基础，政府网站就成了空架子，从某种意义上说，公众真正需要的就是门户网站公布的这些信息内容，而门户网站本身只是信息内容的载体。信息内容包括了信息完整性和信息优质性，分别考察公开信息的量与质。借鉴国务院发布的《2014年政府信息公开工作要点》中的分类方法，信息完整性可以大致分为权力运行信息公开、财政资金信息公开、公共资源配置信息公开、公共服务信息公开、公共监管信息公开五大部分；考虑到评估可行性，信息优质性仅围绕其公开状况进行形式上的评估，包括更新及时性、信息真实性、信息实用

[①] 《2008年度本市政府信息公开检查评估结果》，http://www.shanghai.gov.cn/shanghai/node2314/node2319/node22421/userobject21ai340228.html，2009年4月15日。
[②] 姜明敏、孙建华：《借鉴EGAEI法改进政府信息公开评价的思考》，《盐城工学院学报》（社会科学版）2009年第3期。
[③] 《2014年中国政府网站绩效评估》，http://www.mofcom.gov.cn/article/zt_jxpg2014/，2014年12月3日。

性和信息规范性四个三级指标。第二，网站便民度是政府信息公开工作最直观的表现，是政府完善其信息公开工作的必然要求，也是政府高效便民原则的体现，该指标下设主动公开便捷性、依申请公开便捷性和在线服务三个二级指标。其中，主动公开便捷性指标通过信息公开指南和信息公开目录两方面来衡量；依申请公开便捷性则不仅包括了指南信息，还包括了申请公开渠道的畅通度和在申请过程中查询进程功能；在线服务主要考察公众通过网络获取信息、在线办事过程中政府的服务质量，因此不仅涉及个性化服务功能这一硬性设施条件，还与软件设施的完备性，即服务整合度与便捷度、用户体验等方面有关。第三，制度支持是政府信息公开工作的最有效保障，建立完备的相关制度保障机制能有效地维护现有的信息公开机制，保证政府信息公开健康良好地运行；制度支持下设制度保障和内容保障两个二级指标，前者包括了政府网站信息公开年报机制和《信息公开条例》中要求的工作考核制度、社会评议制度和责任追究制度以及其他制度的支持，后者是指门户网站中的内容与上级政府门户网站内容的协同。第四，公众参与是对政府进一步优化信息公开工作的更高要求，遵循公正、公平、便民的原则，政府有义务保障社会公众的知情权，为市民提供更多便利，开设各种政民互动渠道是信息公开的应有之义，该指标下设互动渠道、社会影响两个二级指标，互动渠道随着网络的发展日趋多样，由于调研组能力所限，仅选取信箱渠道、线上互动、民意征集和互动透明四方面进行考察。第五，信息技术支持是维护网站信息公开的重要基础，现代行政依赖信息技术为治理便利性提供客观支持，有效的信息表达、良好的信息组织和稳定的信息安全都是维护政府门户网站的必要要求。信息表达包括支持多语言、无障碍浏览服务、页面美观度、手机浏览体验等方面，信息组织包括导航系统、相关链接和站内搜索等方面，信息安全则由于相关资料的缺失，仅选取网页可读性作为衡量标准（见图1）。

综上所述，调研组建立了上海市门户网站信息公开评估指标体系，政府门户网站信息公开指标以下，设立了三个层级的评估指标体系。表5为上海市政府及各区（县）门户网站信息公开指标体系，市属政府部门的指标体系由于其特殊性而有所调整。

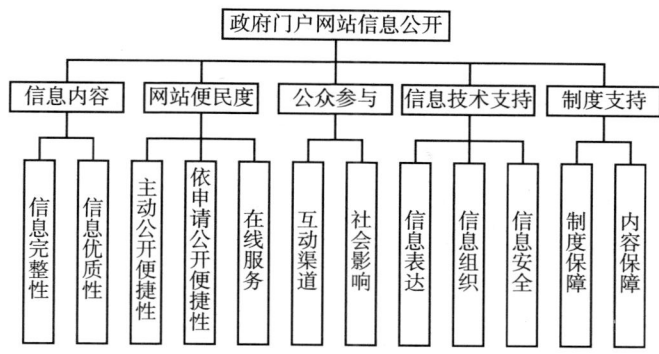

图1　上海政府门户网站信息公开概念化模型

表5　上海政府门户网站信息公开指标体系

一级指标	二级指标	三级指标	指标说明
信息内容 A1	信息完整性 B1	权力运行信息公开 C1	本级政府的机构设置、规划计划、统计数据及法律法规
		财政资金信息公开 C2	本级政府财政预决算、行政收费及政府采购等信息
		公共资源配置信息公开 C3	本级政府各类行政许可、行政审批及重大项目实施等信息
		公共服务信息公开 C4	本级政府扶贫、教育、医疗、社会保障、促进就业等信息
		公共监管信息公开 C5	本级政府公共应急预案、救灾救助及其他监管信息
	信息优质性 B2	更新及时性 C6	门户网站信息及时得到更新
		信息真实性 C7	门户网站信息真实可靠
		信息实用性 C8	门户网站能提供公众切实需要的信息
		信息规范性 C9	门户网站信息内容体例规范、协调统一
网站便民度 A2	主动公开便捷性 B3	信息公开指南 C10	信息公开指南内容完整,逻辑清晰,通俗易懂
		信息公开目录 C11	信息公开目录体例完整,标准规范,并在网页中处于醒目位置
	依申请公开便捷性 B4	申请公开指南 C12	申请公开指南内容完整,逻辑清晰,通俗易懂
		渠道畅通度 C13	公众能比较顺畅地在门户网站申请所需信息
		进程查询 C14	公众能在网站中查询到申请信息公开的进度情况
	在线服务 B5	查询覆盖度 C15	门户网站能够提供各类实用的网上查询服务
		服务整合度 C16	门户网站能深度整合本部门各类公共服务信息资源
		服务便捷度 C17	门户网站能方便用户获取相关信息,且服务效果好
		个性化服务 C18	门户网站能提供开通账号、保存操作信息等自定义服务
		用户体验 C19	门户网站交互性好,用户体验良好

续表

一级指标	二级指标	三级指标	指标说明
公众参与 A3	互动渠道 B6	信箱渠道 C20	门户网站提供意见信箱渠道,方便公众提出意见
		线上互动 C21	公众可以通过门户网站与政府官员或工作人员互动
		民意征集 C22	门户网站提供意见征集、网上调查等民意征集渠道
		互动透明 C23	其他用户反映的明显具有公众性质的问题或者意见,在网站中有所显示
	社会影响 B7	影响力 C24	门户网站得到社会公众的关注并有效使用
信息技术支持 A4	信息表达 B8	无障碍浏览服务 C25	门户网站能为视听障碍的公众提供方便浏览渠道
		支持多语言 C26	门户网站能提供英语、日语等多语言版本
		页面美观度 C27	门户网站页面能给予使用者较好的审美体验
		手机浏览体验 C28	门户网站通过不同版本手机端显示正常
	信息组织 B9	导航系统 C29	门户网站有网站地图和站内导航以及订阅服务
		相关链接 C30	门户网站提供上下级政府及相关媒体的信息
		站内搜索 C31	站内搜索功能使用正常,能快捷查找指定信息
	信息安全 B10	网页可读性 C32	门户网站页面不会因服务器故障等显示出错
制度支持 A5	制度保障 B11	信息公开年度报告 C33	门户网站及时公布较高质量的信息公开年报
		相关制度支持 C34	信息公开工作考核制度、社会评议制度和责任追究制度以及其他制度的支持
	内容保障 B12	网站协同性 C35	门户网站与上级政府门户网站保持内容上的协同

(三)指标体系权重的确定

根据层次分析法计算指标的步骤,调研组邀请了11名对政府信息公开方面有所研究的法学专家填写指标重要性问卷,请专家对每一层次的若干组指标进行重要性排序并基于重要性差异进行赋值,然后综合专家意见构造了判断矩阵,最终计算出各指标的权重系数。指标体系的总体一致性比率 $CI=0.0537<0.10$,其余单层一致性比率也均通过了一致性检验,这样就得出了指标组合权重,各指标的相对权重和组合权重如表6所示。

表6 上海政府门户网站信息公开指标体系的组合权重

一级指标	一级指标权重	二级指标	二级指标权重	三级指标	三级指标权重	组合权重
信息内容A1	0.5685	信息完整性B1	0.7647	权力运行信息公开C1	0.2708	0.1177
				财政资金信息公开C2	0.2092	0.0909
				公共资源配置信息公开C3	0.1455	0.0633
				公共服务信息公开C4	0.1782	0.0775
				公共监管信息公开C5	0.1963	0.0853
		信息优质性B2	0.2353	更新及时性C6	0.2139	0.0286
				信息真实性C7	0.2874	0.0384
				信息实用性C8	0.2693	0.0360
				信息规范性C9	0.2294	0.0307
网站便民度A2	0.1488	主动公开便捷性B3	0.3529	信息公开指南C10	0.3789	0.0199
				信息公开目录C11	0.6211	0.0326
		依申请公开便捷性B4	0.4104	申请公开指南C12	0.4699	0.0287
				渠道畅通度C13	0.3336	0.0204
				进程查询C14	0.1965	0.0120
		在线服务B5	0.2367	查询覆盖度C15	0.2813	0.0099
				服务整合度C16	0.1947	0.0069
				服务便捷度C17	0.1504	0.0053
				个性化服务C18	0.1081	0.0038
				用户体验C19	0.2655	0.0094
公众参与A3	0.0979	互动渠道B6	0.7427	信箱渠道C20	0.3029	0.0220
				线上互动C21	0.1825	0.0133
				民意征集C22	0.4476	0.0325
				互动透明C23	0.0670	0.0049
		社会影响B7	0.2573	影响力C24	1.0000	0.0252
信息技术支持A4	0.0586	信息表达B8	0.6248	无障碍浏览服务C25	0.1632	0.0060
				支持多语言C26	0.1929	0.0071
				页面美观度C27	0.1887	0.0069
				手机浏览体验C28	0.4552	0.0167
		信息组织B9	0.2209	导航系统C29	0.4259	0.0055
				相关链接C30	0.1340	0.0017
				站内搜索C31	0.4401	0.0057
		信息安全B10	0.1543	网页可读性C32	1.0000	0.0090
制度支持A5	0.1262	制度保障B11	0.7504	信息公开年度报告C33	0.5618	0.0532
				相关制度支持C34	0.4382	0.0415
		内容保障B12	0.2496	网站协同性C35	1.0000	0.0315

四 中国上海网信息公开状况评估结果

使用这个指标体系,调研组对中国上海网进行了信息公开状况评估,评估标准相对于区(县)和市属政府部门政府网站来说较严格,在便捷性、公众参与等方面都提高了标准。最终的评估结果显示,中国上海网的信息公开指数为4.42分,总分5分,整体达到了良好水平。具体结果如表7所示。此外,调研组还使用此种评估方式对各个市属政府部门和区(县)政府门户网站进行了评估,得出各市属部门的平均得分为3.77分,各区(县)的平均得分为3.85分。可见,中国上海网的信息公开情况整体优于其下属部门。关于市属部门和区(县)门户网站信息公开情况详见后面的报告。

表7 中国上海网信息公开评估结果

单位:分

一级指标	指标得分	二级指标	加权平均得分	三级指标	指标得分	加权得分
信息内容A1	4.3747	信息完整性B1	4.3865	权力运行信息公开C1	4.63	0.5445
				财政资金信息公开C2	4.17	0.3792
				公共资源配置信息公开C3	4.34	0.2745
				公共服务信息公开C4	4.65	0.3602
				公共监管信息公开C5	4.08	0.3485
		信息优质性B2	4.3364	更新及时性C6	4.50	0.1288
				信息真实性C7	4.00	0.1538
				信息实用性C8	4.00	0.1441
				信息规范性C9	5.00	0.1534
网站便民度A2	4.8076	主动公开便捷性B3	4.6895	信息公开指南C10	5.00	0.0995
				信息公开目录C11	4.50	0.1468
		依申请公开便捷性B4	5.0000	申请公开指南C12	5.00	0.1435
				渠道畅通度C13	5.00	0.1019
				进程查询C14	5.00	0.0600
		在线服务B5	4.6500	查询覆盖度C15	4.75	0.0471
				服务整合度C16	4.50	0.0309
				服务便捷度C17	4.50	0.0238
				个性化服务C18	4.50	0.0171
				用户体验C19	4.80	0.0449

续表

一级指标	指标得分	二级指标	加权平均得分	三级指标	指标得分	加权得分
公众参与 A3	3.9916	互动渠道 B6	4.1066	信箱渠道 C20	4.50	0.0991
				线上互动 C21	4.00	0.0531
				民意征集 C22	3.75	0.1220
				互动透明 C23	5.00	0.0244
		社会影响 B7	3.6600	影响力 C24	4.33	0.1091
信息技术支持 A4	4.8705	信息表达 B8	4.7927	无障碍浏览服务 C25	4.25	0.0254
				支持多语言 C26	5.00	0.0353
				页面美观度 C27	4.55	0.0314
				手机浏览体验 C28	5.00	0.0833
		信息组织 B9	5.0000	导航系统 C29	5.00	0.0276
				相关链接 C30	5.00	0.0087
				站内搜索 C31	5.00	0.0285
		信息安全 B10	5.0000	网页可读性 C32	4.50	0.0407
制度支持 A5	4.2496	制度保障 B11	4.0000	信息公开年度报告 C33	4.00	0.2128
				相关制度支持 C34	4.00	0.1660
		内容保障 B12	5.0000	网站协同性 C35	5.00	0.1575

（一）总体评价

在五个一级指标中，得分最高的是信息技术支持指标，其中信息组织、信息安全两个二级指标达到了满分，可见中国上海网的技术水平是令人满意的，在信息表达方面也保持了较高水平，参与体验的志愿者大多也对网站的技术水平表示肯定。得分排第二的是网站便民度，这有赖于近年来上海市政府大力支持下的网站建设，如今中国上海网已经具备了齐全的功能，社会公众能通过网站及时地获取相关信息资讯。如调研组尝试以个人名义申请公开"2014年市委一号课题'6+1'文件"，7日后收到了审查回复，被告知获取信息不属于《信息公开条例》和《上海市政府信息公开规定》所指的信息，但是"基于便民原则"，将申请涉及的其他7份文件以快件方式免费寄给了调研组。得分排第三的是信息内容指标，中国上海网信息内容十分齐全，涵盖了政府规章文件、政府会议、机构职责、人事任免、规划计划、统计资料、财政信息、行政收费、实事项目、政府采购、信访接待、行政处罚等29个大类的内容，不仅囊括了《信息公开条例》要求主动公开的政府信息，还主动公开了政府黄页、信访等没有要求必须公开的内容。排在第四位的是制度支持指标，需要肯定的是网站的内容协同性，依靠着良好的维护，中国上海网在法律法规、政府工作报告等方面的信息协同表现良好，不足之处在于制度保障，信息公开年报方面，时至2015年3月17日，上一年度的信息公开工作年度报告依旧没有公布；其他制度支持方面的信息在网上也公布甚少。排在最后一位的是公众参与指标，值得肯定的是中国上海网齐全的互动渠道，包括了意见信箱、网上评议、意见征集、在线访谈、草案征询等多个种类，其中意见信箱直接与市政府信访工作和人民意见征集工作挂钩，保持了良好的反馈状况，而主要失分项是社会影响力和民意征集。中国上海网的民意征集渠道相对单一，网站的社会普及度也相对有限。

（二）存在问题

在三级指标中，后十位排名如图2所示。

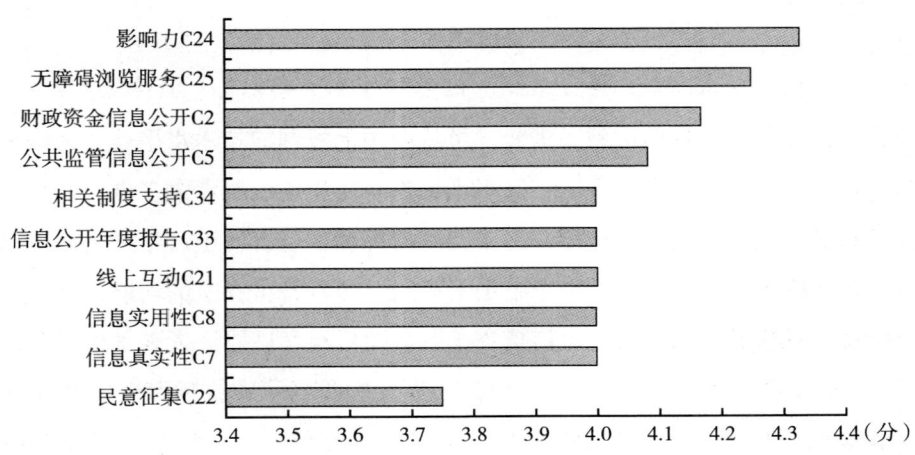

图2　中国上海网信息公开得分后十位指标排名

1. 影响力

影响力方面，网站信息并没有实现完全的电子化。上海市政府信息公开年报信息数量多，虽然从市、县两级政府信息公开年报公布的数据看，有5个区31个市属部门的信息电子化率达到100%，但是从上海市信息总量来看，实现全部信息的电子化还有很长一段路要走。

2. 无障碍浏览服务

无障碍浏览服务方面，在2014年底调研组测试的网络页面上取消了网页内容的语音朗读功能（在2015年初调研组复查时这一功能又再次恢复），这客观上给有视觉障碍的使用者造成不便。失去这一功能，将对视觉存在障碍的市民访问浏览门户网站造成极大的不便。

3. 财政资金信息公开

财政资金信息公开指标的欠缺处是政府采购信息，中国上海网的政府采购信息较少，主要内容都在上海政府采购网，但是这个网站与门户网相比硬件设施较差、网页难以加载，客观上为公众监督政府采购行为设置了障碍。

4. 公共监管信息公开

公共监管信息公开方面，中国上海网整体公布的信息较少，如行政处罚方面的公示，至今只公开了9个市属部门合计24条行政处罚情况。同时，有关突发事件的应急预案虽然在市属部门网站上有所公布，但是鉴于近年来诸如胶州路居民楼火灾事件、外滩踩踏事件等突发事件中政府应对存在的种种问题，中国上海网也应当公布突发事件应急预案，尽可能地使更多公众了解这一方面的情况。

5. 相关制度支持

相关制度支持方面，问题主要体现为监督保障机制不完整，至少是在网站中表达得不完整。如2006年、2008年上海市政府都对其下属各委办局和区（县）政府的信息公开检查评估结果进行公开，并公布表现优秀的政府部门和区（县）名单，但是2008年之后就没有将这一制度持续下去。这并不意味着上海市没有进行近几年的信息公开检查评估，然而公众在2008年之后就无法得知接下来的信息公开监督保障工作的重要信息了。

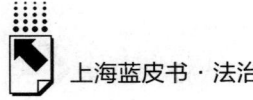

6. 信息公开年度报告

信息公开年度报告方面，2015年公开年报直到三月底都没有公布，这暴露了上海市信息公开工作中的一大漏洞，因此在这一点上失分。

7. 线上互动

线上互动方面，中国上海网虽然设置了便民问答板块，但是问答的内容是网站方单方面推出的，网民无法向网站咨询问题，限制了线上交流的渠道。

8. 信息实用性

信息实用性方面，调研组发现网站开通的信息查询功能中一些项目无法打开或无法正常查询。不管是因为技术上的原因还是其他方面的原因，政府应当公开的信息无法被公众正常查询，都会大大影响信息的实用性。

9. 信息真实性

调研组判断信息真实性的标准主要是选取网站公布的某些数据，将其与调研组掌握的信息进行对比。虽然网站中绝大部分政务、社会、民生等方面的信息都是真实可靠的，但是几个细节上的矛盾影响了真实性指标的得分。

10. 民意征集

民意征集方面，问题主要体现在网站没有将调查结果以及政府对结果的分析、采纳情况进行公开。对于大多数可以通过网络征集民意的议题，公众都具有知情权，事实上，如果将调查结果以及政府对结果的反馈情况公开，会大大增强浏览者参与民意征集的积极性。

五　基于社会对信息公开满意度评价的基本结论

（一）社会公众对政府门户网站的使用习惯

从问卷调查得出的数据资料，可以基本得到社会公众（主要是网民）对上海市各级政府门户网站的使用习惯。

1. 使用频率

图 3 显示了受访者使用上海政府网站的频率，可以看到，近 80% 的受访者或多或少地使用过政府门户网站。受访者中从来没有上过政府门户网站的人只占 7.6%，从这里可以得出政府门户网站在社会公众中已经基本得到普及的结论。但是这个结果与参与过网站使用体验的志愿者的反馈情况有所出入（见图 4）。这与问卷调查样本的整体受教育水平高于参与体验的志愿者有关，受教育水平更高的受访者更懂得利用政府门户网站来查询相关信息，并且更加关心政府的信息公开状况。

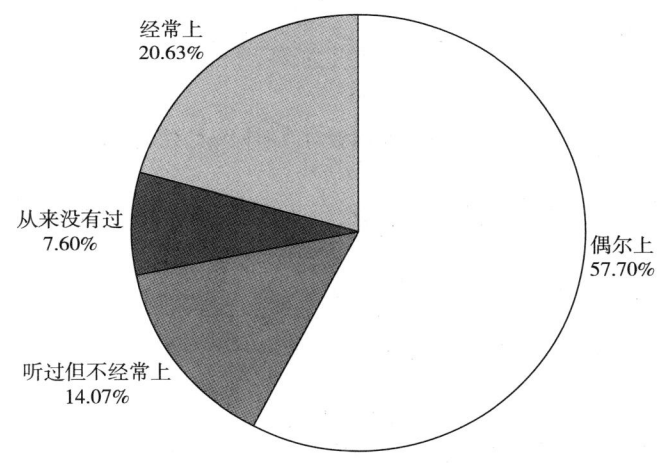

图 3　问卷调查受访者对政府网站的使用情况

在分析这一指标的相关数据时，调研组发现了在上海居住时间的长短与使用上海市政府门户网站的频率之间的相互关系，如图 5 所示，在上海连续居住 3~7 年的社会群体使用上海市政府网站最为频繁，作为来上海求学或就业已经有一定时间的人群，他们既对上海市政府信息公开渠道有了一定的了解和使用经验，又在就业、落户、寻求社会保障等方面对政府信息有着较强的需求，因此他们更多地登录、使用政府网站。相反，刚来上海不久的外来人员因为对具体情况缺乏了解，在上海生活 7 年以上的群体

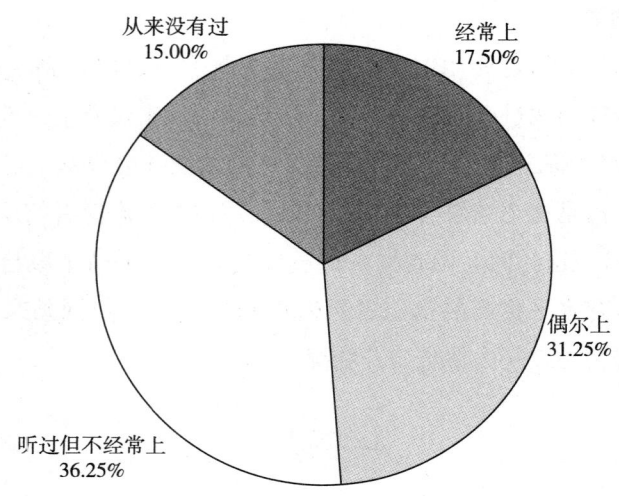

图 4 参与体验的志愿者对政府网站的使用情况

则因为已经有了稳定的生活环境，使用门户网站的频率相对都低于居住 3~7 年的群体。

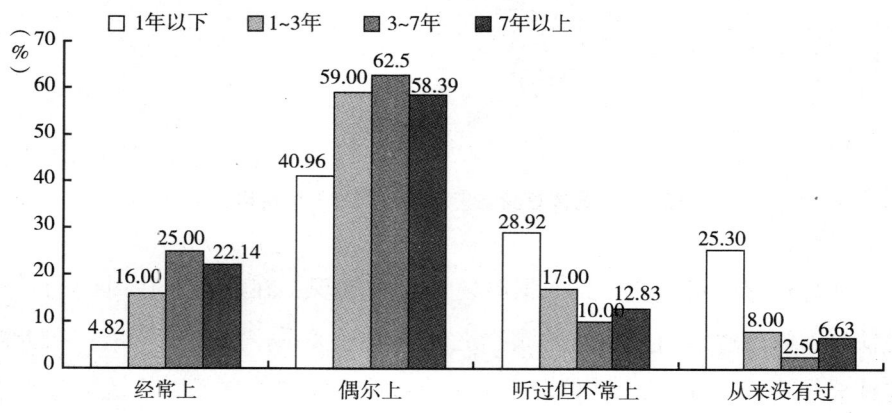

图 5 在沪居住不同时间者对上海政府门户网站的使用频率

2. 获取信息主要种类

统计显示，市民主要获取政府信息的渠道是公开媒体，其次才是政府网站，这两项渠道占了所有渠道的85%以上，而图书馆和档案馆、政府公告和其他途径只占了14.31%（见图6）。可见，新闻媒体作为现代社会的大众传播媒介，在政府信息传播方面起着举足轻重的作用。微博、微信等自媒体在互联网迅速发展的今天也起着越来越重要的作用。政府网站这一渠道与之相比虽然有所不及，但还是承担着相当重要的作用。事实上，许多被调查者都无意中忽略了使用政府网站的另一种情况，那就是在办理行政事项时查找有关信息的环节，大量信息的提供者都是政府门户网站，如果把这种情况计算进去的话，情况会有很大的不同。

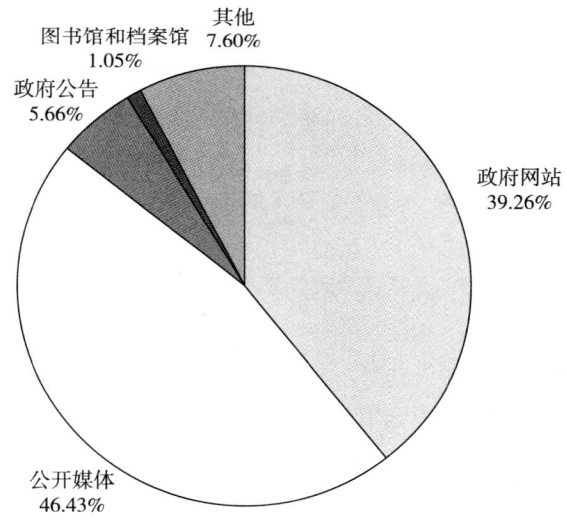

图6 公众获取政府公开信息的渠道统计

对于政府公开的信息，公众获取最多的是政府权力运行信息（24.53%），包括了政府权力清单、规划计划以及相关法律法规信息。其次是公共服务信息（22.69%），包括扶贫、就业、教育、医疗社会保障等方面。再次是公共资源配置信息（18.69%），包括了行政许可和行政审批事项以及重大项目的实施情况。相比之下，公共监管信息（15.59%）和政府财政信息（12.36%）之所以受到的关注较少，这与该类信息并不与公众生活有直接联系，而且与了解这一方面信息需要一定专业知识有关（见图7）。

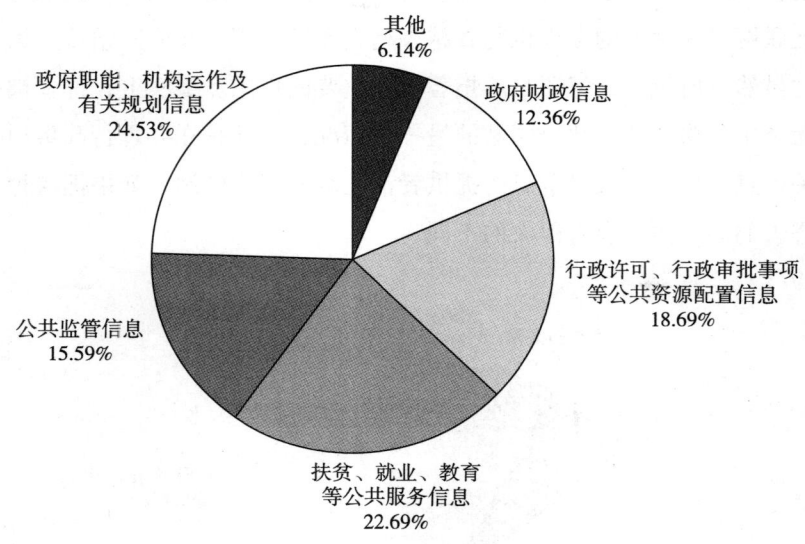

图7　公众获取政府公开信息的主要种类

3. 公众希望获取的信息种类

公众希望从政府网站中获取的信息主要包括以下几个方面：最希望获得的是与公众生活切实相关的民生信息，包括教育、医疗、卫生等措施（67.11%）和社会保障制度有关信息（65.30%），民生信息包揽了公众希望获得信息的头两名。其次是政府权力运行信息，包括政策法规及其变动信息（60.46%）、政府机构职能和联系方式（53.23%）以及政府计划规划（47.24%），从这里也可以看出公众日益迫切的对政府权力实施监督的期望。此外，财政收支、年度统计数据等信息也是公众迫切希望通过政府网站获取的信息（见图8）。

（二）社会公众对网站信息公开情况的基本评价

基于问卷调查得到的满意度情况，可以对上海市政府门户网站信息公开

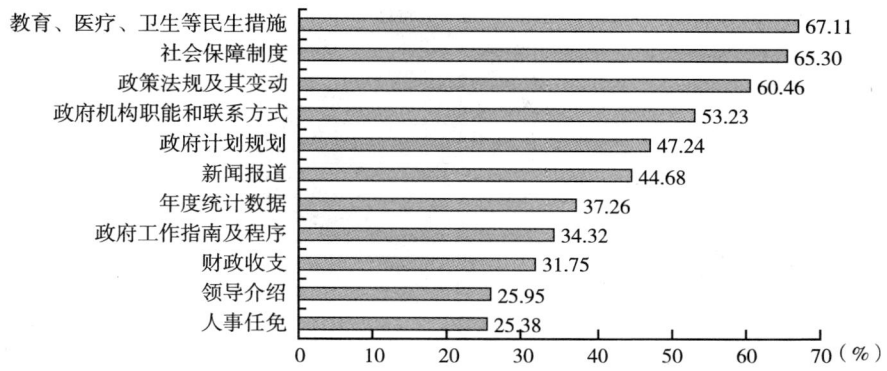

图8 公众希望从政府网站中获取公开信息的种类

的状况做如下结论。

1. 社会公众对上海市政府网站信息公开的总体状况持正面评价

虽然54%的"从来没有登录过"政府门户网站的受访者在满意度选项中选择了"不清楚",但还是有人在满意度评价中作答,本着严谨的态度调研组剔除这部分样本,得到的总体满意度评价如图9所示。900个有效作答的样本中,约16%的受访者对门户网站信息公开总体情况非常满意,约44%的受访者表示比较满意,36%的受访者表示一般满意,约3%的受访者表示非常不满意,0.56%的受访者表示不满意。

如果采用李克特式(Likert Scale)5点量表法设置对信息公开状况的满意度指数,将满意度情况按区间量化,分值越高代表公众的满意度越高,以"非常满意"选项为"5分",以"比较满意"选项为"4分",以"一般满意"选项为"3分",以"不满意"选项为"2分",以"非常不满意"选项为"1分"。各项满意度分值由各满意度等级所对应的受访者比例与该满意度等级对应的分值之间的乘积加总计算。公众对上海政府门户网站的总体满意度为3.7298分。

2. 社会公众对市属政府部门和各区(县)政府网站信息公开总体状况评价持平

图10反映了公众对市属政府部门和各区(县)门户网站信息公开状况

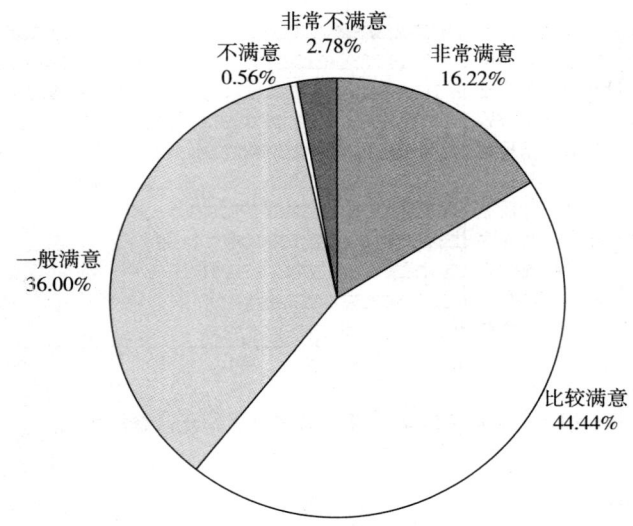

图 9 公众对上海政府门户网站满意度状况

的评价,从图 10 中可以比较直观地看到,公众对两者的评价大致相等。从满意度指数来看,区(县)门户网站的满意度为 3.42 分,而市属部门门户网站的满意度为 3.33 分,区(县)比市属部门略高,但两者相差不大,属于同一个数量级。这表明区(县)和市属部门的网站信息公开水平大致相当,而区(县)略优于市属部门。这与调研组结合自身评估和志愿者体验最终得出的各区(县)和各市属部门网站信息公开状况得分情况类似,各区(县)的平均得分为 3.85 分,各市属部门的平均得分为 3.77 分。可见,整体来看区(县)门户网站的信息公开建设优于市属部门。此外,调研组评估得分总体高于公众满意度得分,这主要是因为两项评估过程中采用了不同的方式和标准,并不具有可比性。

3. 不同年龄、职业、教育水平和在沪居住时间的公众评价有所差异

调研组还请受访者分别对上海门户网站信息公开状况中的信息完整性、信息优质性、公开便捷性和设计合理性进行满意度评价,如表 8 所示,各指标的整体满意度大致持平,满意度指数最高的是公开便捷性,满意度为 4.17 分,其次是信息优质性,满意度指数为 4.15 分。四个指标的总体满意

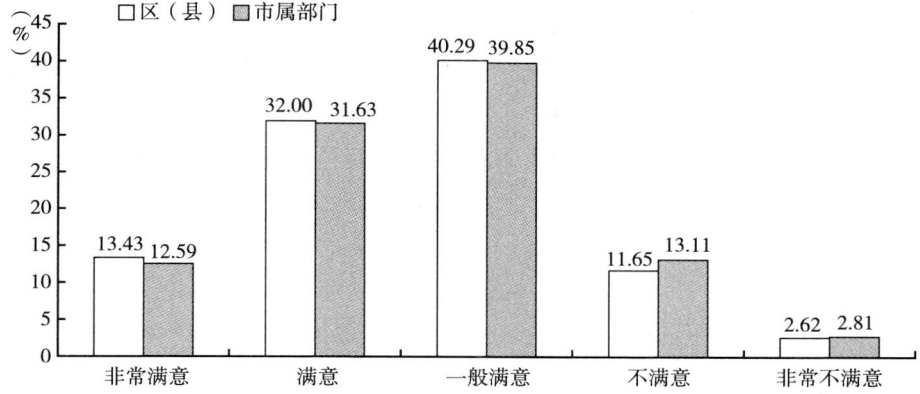

图10 公众对市属部门和区（县）门户网站信息公开满意度

度得分因为十分近似而不具有可比性，但是从不同年龄、职业、教育水平和在沪居住时间的受访者的评价看，其还是存在一定的差异。

表8 公众对上海市门户网站信息公开各方面的总体满意度评价

单位：%，分

选项	信息完整性	信息优质性	设计合理性	公开便捷性
非常满意	10.36	11.5	10.84	12.45
满意	32.89	31.94	34.41	32.89
一般满意	34.89	34.98	31.94	33.46
不满意	10.93	10.93	11.12	9.51
非常不满意	3.04	2.66	3.61	3.9
满意度指数	4.13	4.15	4.13	4.17

比较不同年龄群体对门户网站信息公开各方面的评价可以看出，评价最高的是20~40岁这一群体，其次是41~60岁的人群，再次是20岁以下人群，评分最低的是60岁以上人群（见图11）。每个年龄层对每个指标的平均满意度评价都绝对高出其下一个年龄层的评价。从这一数据可以看出，评价分数高的年龄层，是与政府信息公开相关性最大的人群，相反，评价分数较低的年龄层，恰恰是平时通过政府网站接触政府公开信息较少的群体。根据本次调查结果，20~40岁和41~60岁的人群分别有约80%和90%的人经

常上政府门户网，而20岁以下和60岁以上的人群则分别只有约45%和85%的人经常上政府门户网，而且作为尚未工作和已经退休的人群，其网上办事的机会也相对较少，对政府门户网站信息公开最新状况了解较少。而20岁到60岁的群体因为对近况了解更多，整体上就做出了更为积极的评价。

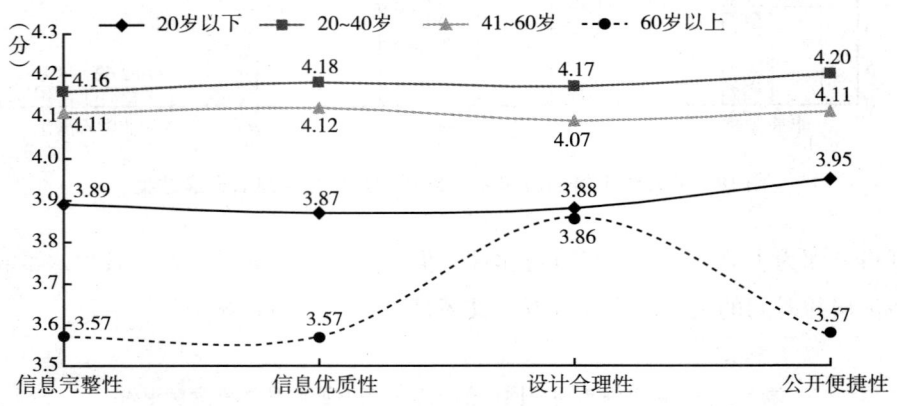

图11　不同年龄的受访者对门户网站信息公开情况的满意度评价

比较不同职业受访者的满意度评价可以看出，不同职业群体对门户网站的评价也有差异。评价最高的是党政机关工作人员，其站在体制内，对门户网站信息公开情况的一些问题往往没有估计到，因此评价最高。事业单位工作人员、离退休人员、企业工作人员和学生的评价大致相当，位于第二档次，其站在社会公众的角度对政府信息公开状况进行评价，虽然较之体制内人士评价较低，但还是给出了比较满意的答案。而学生的评价在这四者中相对更低一些，这可能与学生更习惯于站在理想化的角度评价政府工作有关。除了其他职业者以外，自由职业者对门户网站信息公开的评价最低，自由职业者除了一些SOHO办公或者个体经营者以外，还有一定数量的失业人群，相当数量的人群位于社会中下层，更多地看到政府工作中出现的各种缺陷及其带来的消极效果，因此对政府信息公开也给予了相对更加消极的评价（见图12）。

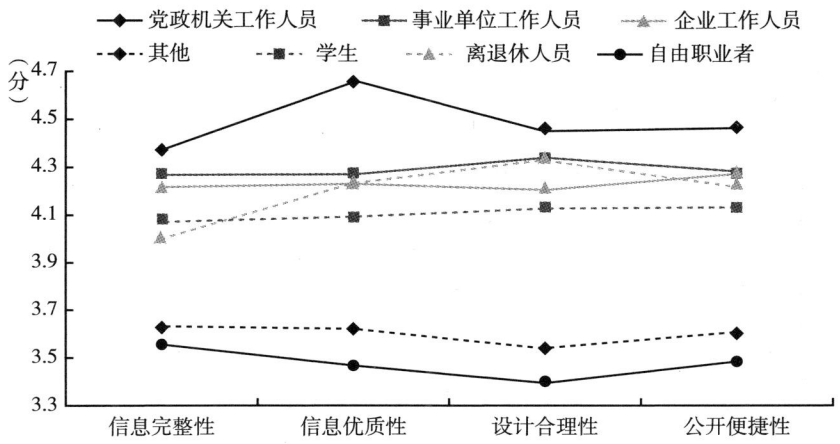

图12 不同职业的受访者对门户网站信息公开的满意度评价

不同受教育水平的受访者的满意度评价也呈现了比较大的差异，评价更高的群体整体满意度指数绝对高于评价更低的群体。如图13所示，评价最高的是本科学历的受访者，其次是专科学历的受访者，两者相差不大。再次是研究生及以上学历的受访者，整体满意度最低的是高中、中专及以下学历受访者的评价。除了研究生以外，呈现教育水平越高满意度水平越高的情况，这可以解释为受教育水平越高的群体越能比较好地使用政府门户网站中公开的政府信息，从而也会有更高的满意度。这也能很好地解释研究生及以上学历群体对政府网站信息公开的评价较低的现象：当用户的受教育水平较高时，也会相应地更具有批判性思维，因而对政府网站信息公开工作中的一些问题评价更低，研究生及以上学历受访者对信息优质性和设计合理性两方面的评价最低，也正是由于这两项指标更加带有价值评价的色彩，因而会有更低的评价。

在上海连续居住时间的长短也会影响受访者对网站信息公开状况的满意度评价。评价最高的是在沪居住3~7年的群体，居住1~3年和居住7年以上群体位居其后，最低的是居住1年以下的群体。在沪居住不同时间的群体的满意度呈现了"几"字形的变化趋势。在最初进入上海学习和就业时对具体政府信息制度不了解和对网站不熟悉，因此会给出较低的满意度评价；

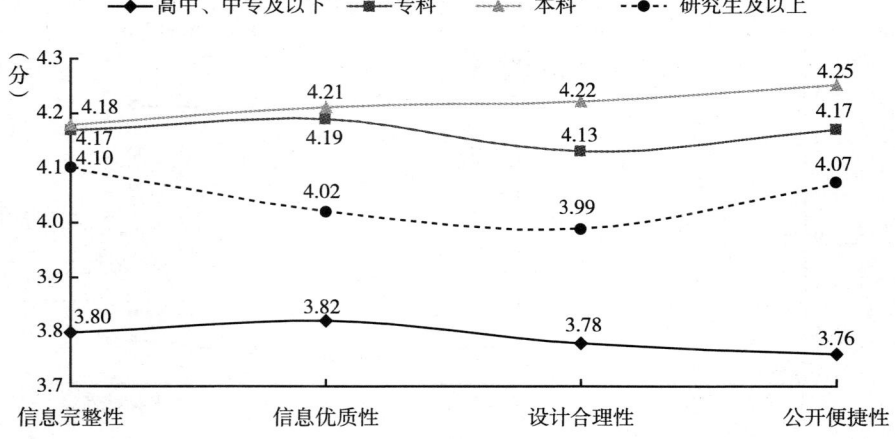

图 13　不同受教育水平的受访者对门户网站信息公开满意度评价

然而随着在上海居住时间的增长，人们对具体制度和相应网站有了更多的了解，因此会逐渐肯定上海市门户网站的便捷性和信息内容状况；而居住时间更久以后，居民会在熟悉和了解中发现上海门户网站信息公开建设具体细节中存在的问题，因而对上海门户网站信息公开状况的评价也会随之降低（见图14）。

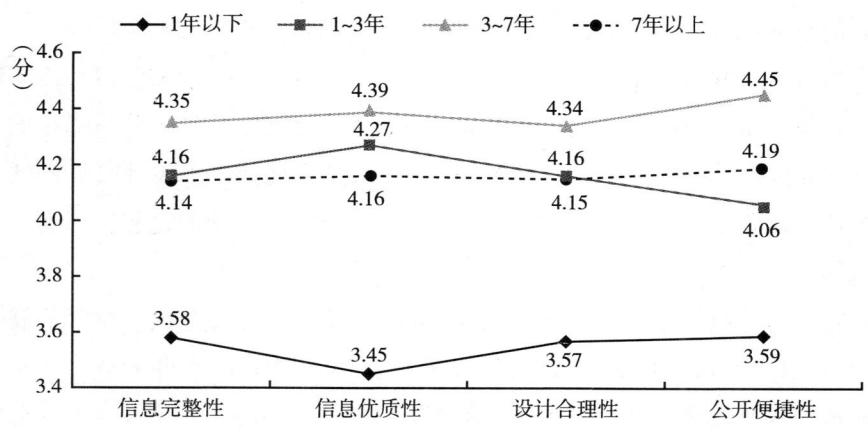

图 14　在上海连续居住不同时间的受访者对门户网站信息公开满意度评价

六 基于志愿者体验的基本结论

在本次评估中,调研组组织志愿者对中国上海网以及市属部门、区(县)政府共计66个门户网站进行了体验,体验结果分别显示在本报告和区(县)与市属部门的两篇报告中,在这里,本文总结了志愿者体验的主要特点。

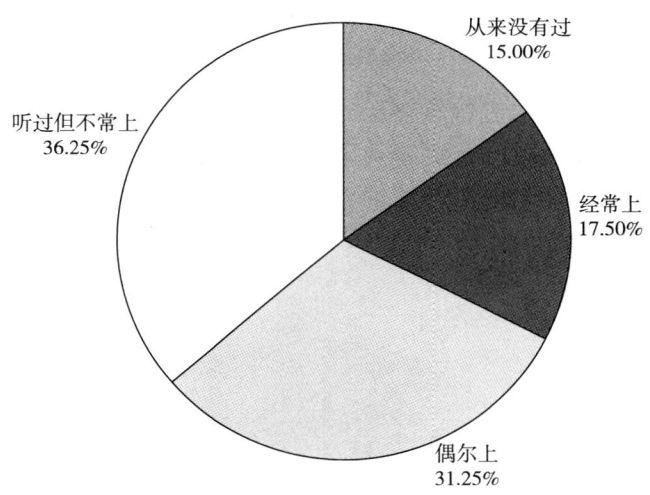

图15 参与体验的志愿者对政府网站的使用情况

(一)年龄较大的体验者在使用政府网站过程中存在更多困难

在志愿者体验过程中,只有不到50%的志愿者经常或者偶尔上过上海市各类政府网站,因此体验最初几个网站时由于没有经验,志愿者在执行查找信息、申请公开等步骤时普遍有些生疏。而在体验了2~3个网站以后,30岁以下的志愿者很快掌握了政府网站的大致套路和模式,之后执行的操作就比较顺畅了。30岁以上志愿者的学习能力不如较年轻的志愿者，尤其是50岁以上的中老年志愿者，不仅在查找信息过程中反应比较迟钝，在体验了6~7个网站后，许多中老年志愿者依旧需要在调研组工作人员的协助下才能找到网站中的搜索引擎或申请信息公开的窗口。这种现象的出现大致有两方面的原因：一是年龄较大群体接受新事物的能力整体不如年龄较小的群体，反映在网站体验上，对网络的使用度明显比年轻人群体要低。二是调研组30岁以上志愿者群体的样本选取整体受教育水平不高，在21名30岁以上的志愿者中，初中及以下学历的人群就有17人，学历水平是志愿者学习能力的主要体现，学习能力强，在网站使用上的学习就能很快地取得进展。调研组在志愿者的体验过程中也感觉到不同学历水平的志愿者在使用网站的学习能力上的差异，但是这种差异不如年龄上的学习能力差异那么明显，比如学历水平不高的理发店年轻学徒，也可以比较快地掌握政府网站的大致模式，掌握体验的基本规律（见图16、图17）。

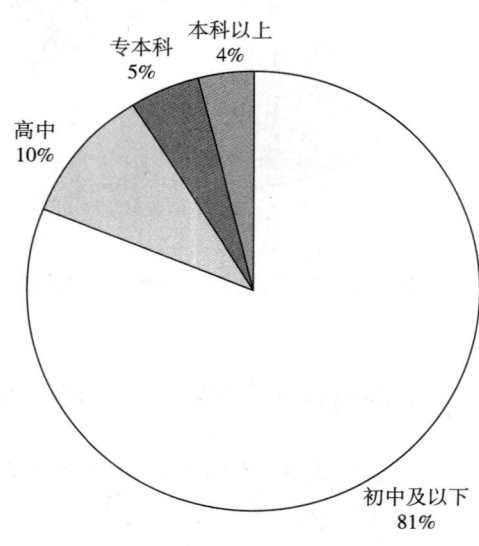

图16　30岁以上志愿者的学历分布

上海市政府机关门户网站信息公开状况分析报告

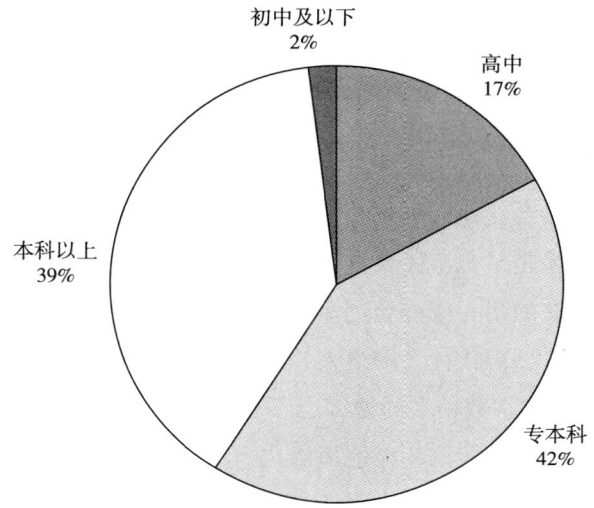

图17 30岁以下志愿者的学历分布

（二）界面设计不统一导致了查找信息的不便

许多志愿者在查找信息的过程中认为某些政府网站不够便民，总结其认为网站缺乏便民性的原因，主要是不同政府网站在界面设计上的不统一。虽然上海市各类政府网站在分类上大同小异，主要包括了最新新闻、信息公开、网上办事、交流互动等几个比较大的模块，但是在细节上差异十分明显，不仅有申请信息公开的点击通道不同等小细节上的差异，而且信息公开的有关内容在网站中的位置各不相同，搜索引擎有时在网站最上部，有时又在页面最下方。这造成了用户查找信息时往往不知所措，十分不方便。调研组认为，至少在上海市属各政府部门门户网站上制作统一的网站模板，规定好各类信息和功能的具体名称及其网站中的大致位置，从而更好地方便公众查找信息。

（三）对于信息公开指南，大多数志愿者不会读完

信息公开指南往往内容复杂、字数繁多，如中国上海网的信息公开指南

有1800字，有的门户网站信息公开指南近3000字，这相当于一篇中等篇幅的新闻报道了，而且大多数的信息公开指南虽然有流程图等辅助工具帮助使用者理解，但是总体内容上仍旧十分枯燥。志愿者体验时，往往一开始读了几句就不愿意再读下去，宁愿通过直接在网站上实际操作来熟悉流程——尽管盲目点击也未必会让他们更熟悉这个网站。这客观上与志愿者体验网站数量较多有关，如果是某个市民要具体进入某个政府网查询一项信息，那么其阅读信息公开指南的耐心或许会更多一些。但这也反映了政府信息公开指南不够人性化的事实，现代社会网络大趋势就是内容的简洁化。当人们习惯了140字的微博，便连字数稍多的博客也不愿意阅读了，在这一趋势下，政府网站的信息公开指南也应该相应地简洁化，适应公众变化中的阅读习惯，并通过视觉、听觉等不同渠道提供用户使用指导，在这方面上海市民政局的"民政百事通"功能为公众提供双向互动渠道的做法就值得肯定。

（四）对于网站美观度的评价，不同年龄段志愿者有不同判断

审美是具有一定主观色彩的活动，对于审美对象，不同性别、年龄、阶层的人会有差别较大的评价。在志愿者对每个网站的页面美观度进行评价的过程中，调研组发现对于某个网站的页面设计，不同志愿者的判断不同。如中国上海网的页面，一些志愿者肯定了红色主色调的页面风格，但一部分志愿者认为页面比较杂乱，让人觉得烦躁。以年龄为例，年龄较小的志愿者比较喜欢市经济与信息化委员会、黄浦区政府网等类似Windows 8系统那样的Metro界面风格，而年龄较大的志愿者则喜欢市口岸办、普陀区政府网等以蓝天白云为底色、港口船舶等现代化设施为点缀的传统界面设计风格。这种现象的出现既是不同人的性格特点所致，也是不同人的审美习惯所致，对于这种现象，可以鼓励网站设计者在保持模式一致性的同时在设计风格上有更多创新尝试。

七 完善上海市信息公开工作的建议

调查问卷最后还向受访者征求其对完善门户网站信息公开工作的意见和

建议,最终得到了 935 条受访者的建议,涉及信息内容、网站服务、页面设计、公众参与等各个方面,调研组通过筛选关键词的方式将各类建议进行简单的梳理,具体如表 9 所示。结合受访者评价的内容和调研组具体评估总结的感受,本文提出以下五点建议,这既是调研组结合调查研究经验对政府进一步提高信息公开水平的期许,也是社会公众对阳光政府的展望。

表 9 按关键词统计的被调查者

单位:次

关键词(含类似关键词)	频率	关键词(含类似关键词)	频率
公开	168	宣传	31
及时	132	真实	28
透明	117	便捷	22
互动	83	亲民	17
页面	34	手机	13

(一)进一步扩大信息公开范围,提高政府公开透明度

受防者所提建议中,关键词"公开"出现了 168 次,而关键词"透明"出现了 117 次。政府信息公开工作最基本的就是做到公开。首先,政府要进一步提高信息完整性,依法主动公开法律法规规定的相关信息,依法积极公开通过公民申请可以公开的信息,提高市、各区(县)、各委办局的信息公开度。只有进一步提高政府透明度,让政府信息公开出去,并形成有效的公开机制,权力才能在阳光下运行。其次,政府不仅应在工作程序上保持透明,在信息公开工作中也要做到过程透明,让社会公众看到政府公开信息的实际内容及其可能带来的实际意义,而不是按照形式主义只做到公开某项信息,不将信息以公众能够理解的方式传递到社会。最后,保证政府权力运行中的透明度,还应当重视并保证公开信息的真实性,调研组评估结果显示上海市属部门和各区(县)整体上存在信息真实性欠佳的问题,这意味着政府既要杜绝信息造假,真正向公众公开真实的信息,又要提高政府公信力,努力使社会公众接受政府提供的信息,并把

政府公布的信息数据作为可靠信息来使用。信息时代人们通过互联网能够很快地获取信息，但是获取信息的真实性难以把握。在这种情况下，政府因其公共领域的权威地位，最有能力来保证信息的真实可靠，政府只有增强其公信力，保证其提供信息的真实性，才有能力保证社会真实信息的有效传播，避免各种爆发性的"谣言"影响社会稳定。总体而言，提高政府公开透明度是一项艰巨的任务，需要各级政府机关端正态度，切实有效地推动政府信息公开工作。

（二）进一步提高网上互动质量，促进信息公开民主参与

关键词"互动"出现了83次。受访者在这方面提出了许多具有建设性的意见，如要求政府提高在门户网站互动问答中的效率和质量，又如建议政府通过微博、微信公众平台等新媒体渠道与社会公众进行互动。同时，在要求政府提高互动中的回复速度之外，还要求政府将互动过程中所承诺的内容加以兑现，并将其结果通过网络向社会公开。关于社会意见的征集类互动，不仅要鼓励开展，并且还要鼓励网站将征集结果及时公布。网上办事和互动中还存在政府回应迟缓的问题，也正因如此，关键词"及时"被提到了132次。许多受访者表示，他们通过网站提交的申请或意见投诉如石沉大海，得不到有关部门的及时回应。尤其是网上信访信息，普遍存在回复不及时的现象。这当然也是因为许多网站访问量巨大，许多意见建议或者信访信息根本来不及回复。如果用户得不到回应，并且无法查询到自己申请或提交内容的进度时，重复提交申请或意见，又给有关部门制造了新的工作负担，从而形成一种恶性循环。相反，只有政府及时地处理网上信息，才能及时掌握社会目前的讯息，并及时解决自身工作中的问题，化解社会矛盾。正如参与者提出的，门户网站应当公布有关单位及其主要负责人的联系方式，以便有此需要的社会公众能够更加方便地反映问题、交流意见。此外，受访者还希望政府通过提高信息公开民主性的方式使信息公开工作更加亲民。从政府自身的角度来看，政府要更加注重公开与社会公众相关性更强的内容，如社会、民生方面的信息可以增加其内容比重，从而使政府信息公开能更"接地气"。

（三）进一步加强门户网站宣传工作，提高网站社会普及度

关键词"宣传"被受访者提到了 31 次。政府门户网站建设不仅要注重信息公开内容的增加和质量的提升，还要做好对外宣传工作，让政府网站尽可能地在公众中普及。许多受访者表示，他们在接受调查之前还没有登录过或好好使用过政府网站。现代社会信息的传播日益多元化，通过建设和宣传政府门户网站，提高其社会普及率，使信息不再经过媒体进行二手传输，而是直接通过网站传播给市民，也是提高政府社会治理能力的重要手段。更重要的是，宣传方式应当随着社会具体情况的变化做出相应改变，随着移动通信时代的到来，手机作为移动终端，在人们工作生活中发挥着越来越重要的作用，制作手机应用以发布政府信息是最方便的消息传播途径之一。13 名受访者提到了"手机"或者"App"等类似关键词。虽然中国上海网以及其他部分政府门户网站都已经发布了相关的手机应用，但是这些应用的社会知晓度和内容整合度都较低。如果政府能建设好中国上海公共信息方面的手机App，并在上海市民中普及，可以更快更及时地将政府发布的通知告示传递给市民，试想如果 2014 年 12 月底外滩的大型活动取消的消息能及时传递给市民，踩踏事件这一悲剧也许就不会发生。

（四）进一步注重用户体验，提高网站页面美观度

与"页面"有关的关键词被提到了 34 次。政府的网站页面是信息公开的窗口，不仅起到展示作用，还承担着重要的社会服务功能。但是许多受访者表示，包括中国上海网在内的许多政府网站页面设计老套，页面内容过多，而且缺乏逻辑性，用户体验效果并不好。这个问题在前文也有提到，页面设计诚然是一件众口难调的工作，但政府部门还是应做到以下几点。首先，上海市政府门户网站首页内容可以进行一定简化，使页面更加清晰简洁，为了更好地解决美观性问题，政府可以进一步将网站技术维护和设计工作外包给专业性较强的企业，依靠市场机制提高网站运营效率。其次，上海市政府可以考虑制定统一的政府门户网站规范，对市属政府部门的界面进行

适当的统一。因为区（县）政府公开的信息内容大体一致，规定统一的区（县）信息公开目录，可以方便用户更好地查询信息。通过此类方式，尽可能地提高公众的使用体验度以及为公众提供便捷服务。同时，网站也应当进一步增强硬件设施，解决经常出现的页面响应速度慢的问题，加强网站信息技术建设，通过技术手段提高政府门户网站服务的便捷性。

（五）进一步加强制度保障，保证信息公开机制的健康运行

虽然受访者中提出要加强"监管"、完善制度支持的只有4人，但是调研组认为加强制度建设，坚持和完善信息公开监管机制十分重要。从本次调研可以看出，政府信息公开的薄弱环节就是相关制度的问题。对此，上海市政府首先应进一步完善法律法规规定的监管机制，并创新制度支持，探索信息公开监督管理的新思路，市、县两级政府都应该至少每两年进行一次对下级政府信息公开的评估工作，同时在信息公开监管机制中引入第三方的参与，邀请第三方机构共同对信息公开状况进行评价，并接受和吸纳第三方机构提出的合理建议。其次，要将相关的监管信息及时公布，带动社会的共同监督，在上海市各级政府机构网站中，信息公开监管制度都表现得不理想，应将监管信息展现在阳光下，带动社会公众共同关注和督促政府的信息公开工作。最后，要将合理可行的公开监管制度坚持下去，在实践中信息公开方面许多可圈可点的机制都没有得到持久的坚持，如上海市公安局曾一度每两周公开全市近期的治安状况，可惜的是在调研组进行评估时这项制度已经停止，诸如此类的促进信息公开工作的监督制度，理应得到持久的坚持。

B.3
上海市各区（县）信息公开评估报告

上海法治市情调研组*

摘　要： 调研组通过设计指标体系对上海市各区（县）门户网站进行量化评估并征集志愿者进行网站体验，结果显示：上海市各区（县）门户网站的信息公开执行情况总体良好。但是在信息内容、网站便民度、公众参与、信息技术支持、制度支持五个一级指标方面，各区（县）都或多或少地存在问题。针对各区（县）存在的一些共性问题，调研组进行认真总结，提出了一些对策建议，以期进一步推动上海市各区（县）政府信息公开工作的完善。

关键词： 上海　政府门户网站　信息公开

一　总体情况说明

（一）上海市各区（县）门户网站信息公开评估的目的

在信息化的时代，政府信息的最重要载体是各政府机关的门户网站。政府门户网站信息内容是刻录机，刻录了政府权力运行的界限、公共服务

---

* 上海法治市情调研组组长：史建三；成员：王海峰、孟祥沛、孙大伟、张晓栋、范政强、何家华、王涛、张建勋、洪安祺、谢欢欢、李雪红、房新、张盛嘉、庄燕玉、张洁、刘恋、孟炜、陈强、丁佳佳、吴涛、唐颖芳。本文由何家华执笔。

的质量、公共资源的配置等各个方面；政府门户网站信息是媒介器，连接政府和民众，是公民政治参与的新方式，塑造着政府的决策；政府门户网站信息是寒暑表，标识着民众对政府的满意度。政府门户网站信息公开是法治政府的必然要求，是开放型政府的一个重要标准，是服务型政府服务的目标和方向。区（县）处于落实政府信息公开的前沿，区（县）政府门户网站信息的形成、制作、发布、传播、反馈反映了政府权力运作的全过程及政府与民众的关系。政府信息公开工作不仅要落实，更要通过检测加以监督。检测体现的是政府的执行效果，对政府信息公开工作的执行和检测都是《政府信息公开条例》的具体体现。对区（县）政府门户网站信息公开的执行情况进行对比，能评判政府信息公开的具体优劣程度。对区（县）政府信息公开评估的目的是：第一，检测各区（县）政府信息公开的执行情况；第二，对各区（县）政府信息公开的执行情况进行对比；第三，鉴别出各区（县）政府信息公开工作的优势与劣势。通过比较，各区（县）能取长补短、去劣存优，从而进一步推动政府信息公开工作的完善。

（二）上海市各区（县）门户网站信息公开评估的依据

上海市各区（县）政府的信息公开是对国务院和上海市地方法规及国务院规定的具体执行，追本溯源，上海市各区（县）政府信息公开评估依据的规范性文件如下：①2007年国务院制定的《中华人民共和国政府信息公开条例》；②《上海市政府信息公开规定》（2008年4月28日上海市人民政府令第2号公布）；③《国务院办公厅关于印发2014年政府信息公开工作要点的通知》（国办发〔2014〕12号）；④《国务院办公厅关于加强政府网站信息内容建设的意见》（国办发〔2014〕57号）；⑤《国务院办公厅关于进一步加强政府信息公开回应社会关切提升政府公信力的意见》（国办发〔2013〕100号）；⑥《国务院办公厅转发全国政务公开领导小组关于开展依托电子政务平台加强县级政府政务公开和政务服务试点工作意见的通知》（国办函〔2011〕99号）；⑦《国务院办公厅关于进一步加强政府网站管理工作的通知》（国办函〔2011〕40号）；⑧《国务院办公厅政府信息公开指南（试行）》。

（三）上海市各区（县）门户网站信息公开评估采用的方法

评估采用了指标分析方法、问卷调查法、体验测试法。指标分析法，就是为评估政府门户网站信息的需要，对评估的政府门户网站信息内容的构成要素进行量化分析。① 问卷调查法，通过人工问卷和问卷星进行网上问卷两种方式对各区（县）的政府信息公开的满意度进行调查。按照以往调研组获得的样本受教育信息，专科以下和专科以上的比为4∶6，人工问卷环节的问卷发放也按照这个比例进行。体验测试法，通过请志愿者根据设定的相应问题对各区（县）政府门户网站体验来对政府门户网站信息公开进行评价。

（四）建立上海市各区（县）门户网站信息公开指标的依据

对于各区（县）门户网站信息公开评估而言，建立什么样的指标体系，与国家和上海市关于政府信息公开的法规和规定有关，与上海市政府具体域情有关，与其他地区的政府信息公开评估的实践有关，也受研究者主观价值的影响。建立科学的评价指标体系不仅能客观地呈现上海市政府信息公开制度的实施状况，也能发现实施过程中存在的问题，有益于完善上海市政府信息公开制度。② 因此，调研组从与之相关的基本法规、规定出发，结合上海市10年的政府信息公开实践和相关上海市政府信息公开评估报告，参考其他地区政府信息公开的指标体系以及政府门户网站信息需要的用户参与、用

---

① 钱弘道教授对法治指数和法治指标做出了区分，提出指标是为了评估的需要，对评估的内容或者要素做的进一步解释，而指数是以量化的方式确定指标的权重及等级，并以一定的公式计算出法治水平的分值作为评估结果。参见钱弘道、戈含锋、王朝霞、刘大伟《法治评估及其中国应用》，《中国社会科学》2012年第4期；杨小军：《法治政府指标建设的理论思考》，《国家行政学院学报》2014年第1期。

② 李瑜青、张善根、陈琦华、祝宁波、吴玲、张福祥、曹慧：《上海政府信息公开制度实施的社会评估》，《政府法制研究》2009年第4期。

户要求、信息技术支持、制度支持及测评实验的评估情况,建立上海市各区(县)门户网站信息公开的指标。①

(五)上海市各区(县)门户网站信息公开三级指标评分标准

上海市各区(县)门户网站信息公开指标体系的构建涉及对指标体系构成要素的科学划分,根据上述指标设定的依据,调研组设定从概括到具体的三级评估指标体系,其中一级指标5项、二级指标12项、三级指标35项,用来评价上海市各区(县)门户网站信息公开实施情况,具体参照总报告中上海市各区(县)门户网站信息公开评估指标体系及其权重一览表。这里只补充给出三级指标评分标准一览表(见表1)。

表1 三级指标评分标准

三级指标	评分标准
权力运行信息公开 C1	(1)反映本行政机关机构设置、职能的行政法规、规章和规范性文件
	(2)反映本行政机关机构办事程序等情况的行政法规、规章和规范性文件
	(3)国民经济和社会发展规划、专项规划、区域规划及相关政策
	(4)国民经济和社会发展统计信息
财政资金信息公开 C2	(1)财政预算、决算报告
	(2)行政事业性收费的项目、依据、标准
	(3)政府集中采购项目的目录、标准及实施情况
公共资源配置信息公开 C3	(1)行政许可的事项、依据、条件、数量、程序、期限以及申请行政许可需要提交的全部材料目录及办理情况
	(2)重大建设项目的批准和实施情况
	(3)(区、县)征收或者征用土地、房屋拆迁及其补偿、补助费用的发放、使用情况

---

① 同注上页②是相关的上海市政府信息公开评估报告,同时还可以参见李瑜青、张善根《政府信息公开制度实施的问题及对策建议——以上海为例》,《北京行政学院学报》2010年第3期;其他地区政府信息公开的指标体系参见《广西壮族自治区人民政府办公厅关于印发2013年全区依托政府网站推进政务服务政务公开政府信息公开绩效评估实施方案的通知》,桂政办发〔2013〕101号;测评实验评估的情况,指标体系设定后,调研组通过反复的测评来调整指标体系。

续表

三级指标	评分标准
公共服务信息公开 C4	（1）扶贫方面的政策、措施及其实施情况
	（2）教育方面的政策、措施及其实施情况
	（3）医疗方面的政策、措施及其实施情况
	（4）社会保障方面的政策、措施及其实施情况
	（5）促进就业方面的政策、措施及其实施情况
公共监管信息公开 C5	（1）突发公共事件的应急预案、预警信息及应对情况
	（2）环境保护、公共卫生、安全生产、食品药品、产品质量的监督检查情况
	（3）（区县）抢险救灾、优抚、救济、社会捐助等款物的管理、使用和分配情况
更新及时性 C6	（1）工作动态类栏目的信息更新是否及时
	（2）年度工作计划公布是否及时
	（3）年度总结信息公布是否及时
	（4）财政预决算信息公布是否及时
信息真实性 C7	（1）信息公开年报中的行政复议维持率与行政复议机关公布数据一致
	（2）信息公开年报中的行政诉讼维持率与法院网公布数据一致
	（3）其他信息中没有明显与常识冲突的内容
信息实用性 C8	（1）公共便民服务等内容是否存在链接错误
	（2）是否存在有栏目无内容等情况
	（3）是否公布了民众切身实用的相关政府信息
信息规范性 C9	（1）网站语言是否准确有条理
	（2）资讯栏目是否存在错别字情况
	（3）检查文字排版与格式是否统一规范
	（4）是否存在乱码、字号不一致等情况
信息公开指南 C10	（1）信息公开指南是否内容完整，逻辑清晰
	（2）一般文化水平的普通群众是否对这一指南存在理解困难
信息公开目录 C11	（1）信息公开目录体例是否标准规范
	（2）目录涵盖内容是否完整
	（3）在网站首页，信息公开目录是否处于浏览者显然可以看到的醒目位置
申请公开指南 C12	（1）普通知识水平的用户是否能根据指南信息无障碍地查询内容

续表

三级指标	评分标准
渠道畅通度 C13	(1)是否能够在线递交身份确认信息、申请表单等相关材料
	(2)是否提供依申请公开结果查询渠道及依申请公开表格下载服务
	(3)信息公开年报中是否提供对依申请公开结果统计的公开情况
	(4)是否能够对信息的申请在制定工作日内给予回复或反馈,无敷衍、推诿、答非所问等情况
进程查询 C14	(1)用户是否能通过网站内容及时了解到对政府信息的公开申请的受理情况
查询覆盖度 C15	(1)网站是否能够提供教育培训的网上查询(或提供有效链接)服务
	(2)网站是否能够提供交通出行方面的网上查询服务
	(3)网站是否能够提供医疗社保、劳动就业方面的网上查询(或提供有效链接)服务
	(4)网站是否能够提供公用事业、房屋地产、财务金融、城市建设等实用的网上查询(或提供有效链接)服务
服务整合度 C16	(1)是否深度整合本部门各类公共服务信息资源(包括教育、社保、就业、医疗、住房、交通、公用事业、证件办理、企业开办、资质认定、婚育收养、经营纳税等领域),重点考核各项服务资源的整合程度。如证件办理:对户籍身份,驾驶证件、出境入境,以及教育培训、医疗卫生、交通旅游、贸易物流等行业从业相关证件办理服务的整合提供情况
	(2)是否可以网上查询办事进度
服务便捷度 C17	(1)网站是否能够开设民生服务专题或公共信息服务平台等个性化服务
	(2)是否方便用户获取相关信息,且服务效果好
个性化服务 C18	(1)网站提供个性化服务
	(2)在个性化服务功能中能显示用户自己的信访、投诉、咨询信息
	(3)网站设有微博、微信等站外分享功能
用户体验 C19	(1)志愿者体验打分
信箱渠道 C20	(1)是否提供在线信箱类互动渠道
	(2)功能是否可用,是否提供操作说明
	(3)是否能够对信件在规定工作日内给予回复或反馈,无敷衍、推诿、答非所问等情况
	(4)是否开设信件查询功能,用户可根据密码、信件编号查询信件的处理情况
	(5)是否开设答复满意度评价功能

续表

三级指标	评分标准
线上互动 C21	（1）网站是否开设在线咨询功能,回答用户提问
	（2）提问回复是否及时
	（3）在线咨询回答是否准确,并能够有效解决用户问题
	（4）是否开设在线访谈渠道
	（5）在线访谈的同时,公民是否可以参与评论交流
民意征集 C22	（1）是否提供意见征集、网上调查等民意征集渠道
	（2）调查征集主题是否明确
	（3）是否能够对调查结果进行统计、分析并对采纳情况进行公开
互动透明 C23	（1）其他用户所反映的明显具有公众性质的问题或者意见,在网站中是否能显示
	（2）下级政府部门主要领导人的互动渠道,在网站上是否一并公布
影响力 C24	（1）全文电子化政府信息率
	（2）信息公开年报中,通过网络申请信息公开的数量占申请信息公开总量的比
无障碍浏览服务 C25	（1）网页在原有基础上是否支持字体放大功能
	（2）网页是否支持特殊界面设置功能
	（3）网页是否支持辅助线添加、色调调节功能
	（4）网页是否支持语音等功能
支持多语言 C26	（1）网站是否支持中英文切换
	（2）网站是否支持汉字繁简体或其他语言切换
页面美观度 C27	（1）志愿者体验打分
手机浏览体验 C28	（1）WAP 手机版网页在 IOS 系统、Android 系统以及普通手机浏览器中显示正常
导航系统 C29	（1）是否有网站地图和站内导航,方便用户定位
	（2）是否支持短信订阅服务
	（3）是否支持 RSS 订阅服务
相关链接 C30	（1）能够提供上级政府网站、下级所属政府或部门网站和平级政府网站的链接
	（2）网站是否提供相关媒体的网站链接
	（3）是否提供相关政务微博链接

续表

三级指标	评分标准
站内搜索 C31	(1)网站是否支持站内搜索功能
	(2)站内搜索功能是否支持个性化搜索
	(3)站内搜索结果搜集性是否较好
	(4)站内搜索功能的搜索速度
网页可读性 C32	(1)是否存在网页空白、无法加载的情况
	(2)是否存在网页图片无法加载、视频无法播放的情况
	(3)以往信息是否能够有效被查询
信息公开年度报告 C33	(1)年度报告中提供信息公开咨询方面数据
	(2)年度报告中提供申请公开类行政复议、行政诉讼方面数据
	(3)年度报告中存在问题、解决方案方面的反思程度(定性分析)
相关制度支持 C34	(1)每年按时公布信息公开有关支出
	(2)网站中含有信息公开社会评议制度方面的内容
	(3)网站公布对自身或下级部门的信息公开工作考核情况
网站协同性 C35	(1)日常向市政府门户网站公告公示、县(区)动态等栏目报送信息内容的情况
	(2)国务院、上级地方政府批量修改的法令,能在网站中实现同步更新

(六)上海市各区(县)门户网站信息公开三级指标平均得分情况

本评估数据主要来自调研组对每个上海市各区(县)门户网站进行的评估,评估17个区(县)的门户网站是一个既烦琐又具有较强专业性的工作,是最能够保证科学性的方法。为了减少评价中的主观性,调研组将35个三级指标进一步细化,拆分成101个能够进行量化评价的具体标准,针对每个区(县)门户网站的具体情况进行评价,每一个指标的得分都经过了多人的讨论。从图1的三级指标平均得分来看,82.86%的三级指标分数都在3分以上,这说明上海市各区(县)政府的信息公开情况总体良好。上海市各区(县)政府信息公开的薄弱点是公共监管信息公开、信息真实性、线上互动、民意征集、影响力、导航系统。

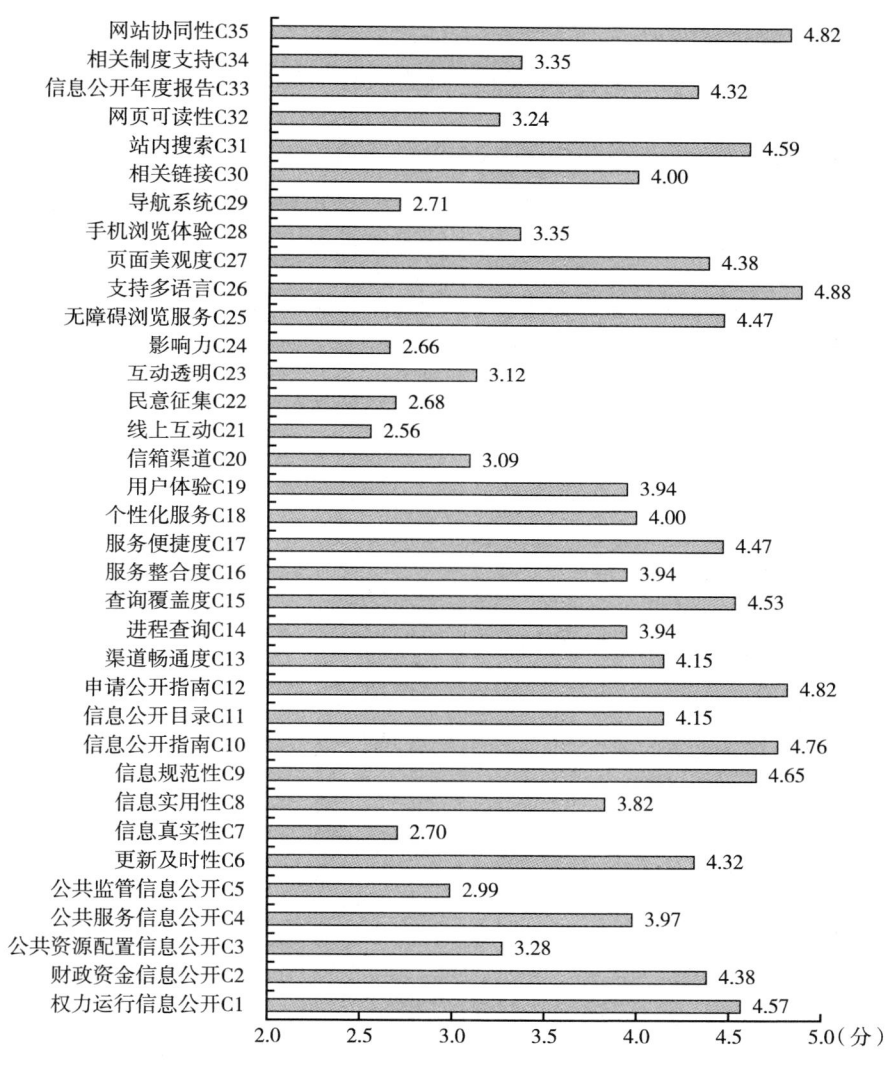

图1　门户网站信息公开评估体系第三级指标
上海市各区（县）平均得分统计

二 数据处理分析

(一)上海市各区(县)门户网站政府信息公开排名

根据调研组成员对各指标体系进行打分的情况以及对指标体系权重的问卷调查,调研得出上海市17个区(县)政府门户网站信息公开的排名如图2所示。16个区(县)的政府信息公开成绩都在3分以上,达到良好,仅松江区没有达到良好。这说明上海市各区(县)政府门户网站信息公开的执行情况总体良好。为进一步完善上海市各区(县)政府门户网站信息公开,调研组突出典型,制作了松江区在政府门户网站信息公开存在问题一览表(见表2)。

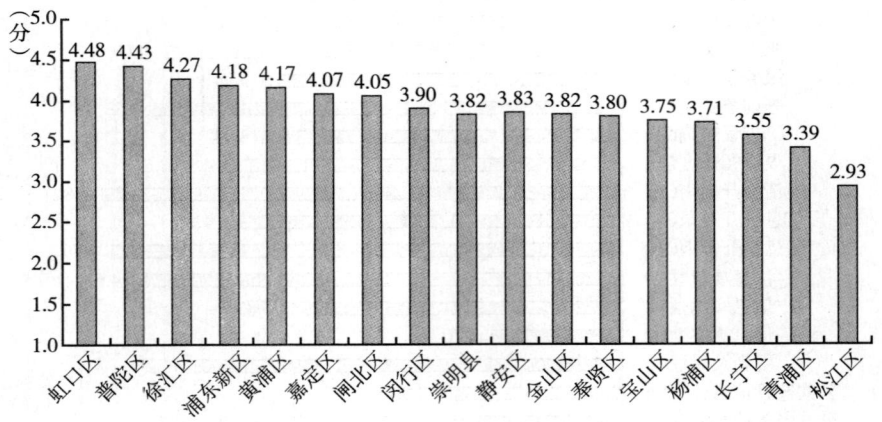

图2 上海市各区(县)政府门户网站信息公开排名

表2 松江区在政府门户网站信息公开存在问题一览

信息完整性	(1)行政事业性收费的项目、依据、标准;(2)行政许可的事项、依据、条件、数量、程序、期限以及申请行政许可需要提交的全部材料目录及办理情况(存在信息整合能力差、信息更新不及时的问题,未能完整列出行政许可的所有相关信息,仅能通过检索查到少量信息,亟须改进);(3)关于公共服务信息和公共监管信息公开,松江区差强人意、相关信息根本检索不到,亟须改进

续表

信息优质性	松江区经过政府信息公开目录以及搜索的方法查找,都没有查询到年度工作计划和年度总结信息。更为严重的是,缺乏政府信息年度公开报告,打开链接之后是空白,属于典型的有栏目无内容。这些问题让松江区在更新及时性和信息实用性的评估上都有失分,亟须改进
网站便民度	(1)信息公开目录的目录建设上均存在不规范;(2)因松江区无信息公开年报,无法查询申请公开结果统计的公开情况,因此信息公开年报中是否提供对依申请公开结果统计的公开情况失分;(3)网站未设有微博、微信等站外分享功能
公众参与	信箱渠道未开设答复满意度评价功能。松江的民意征集情况只有少量文件涉及
信息技术支持	(1)导航系统中,松江无短信订阅功能;(2)一定程度的信息不安全问题,包括存在网页空白、无法加载的情况以及网页图片无法加载、视频无法播放的情况
制度支持	(1)松江区缺乏信息公开年度报告且无法查询相关信息;(2)相关制度支持松江区无法通过检索或者政府网站目录查询到相关信息,在该项指标上得零分

(二)信息完整性

从上海市各区(县)信息完整性三级指标评估结果来看,权力运行信息公开的指标得分最高,这得力于上海市各区(县)及时梳理和公布权力清单。财政信息公开中财政预决算报告公开情况良好,各区(县)的财政预决算基本都能及时地公开;行政事业性收费的项目、依据、标准信息公开不完全,政府集中采购项目的目录、标准及实施情况查找不便利,各区(县)很少单列出来,各区(县)政府采购信息基本上只能在上海市财政局的门户网站上搜到。公共资源配置信息公开、公共监管信息公开是信息公开的薄弱环节,这都涉及各区(县)政府重要权力的行使,是考验政府依法行政的重要指标,在这里存在(行政许可的事项、依据、条件、数量、程序、期限以及申请行政许可需要提交的全部材料目录及办理情况)信息整合能力差、信息更新不及时的问题,未能完整列出行政许可的所有相关信息,仅能通过检索查到少量信息。有的区(县)的重大建设项目的实施情况及征收或者征用土地、房屋拆迁及其补偿、补助费用的使用情况信息存在有栏目无内容,(区县)抢险救灾、优抚、救济、社会捐助等款物的管理、使用和分配情况信息公开的不充分。公共服务信息公开是每个区（县）都极力打造的一块，每个区（县）在这方面各有其特色、优势，也有其缺点，各区（县）通过相互学习、取长补短，将展现更佳面貌（见图3）。

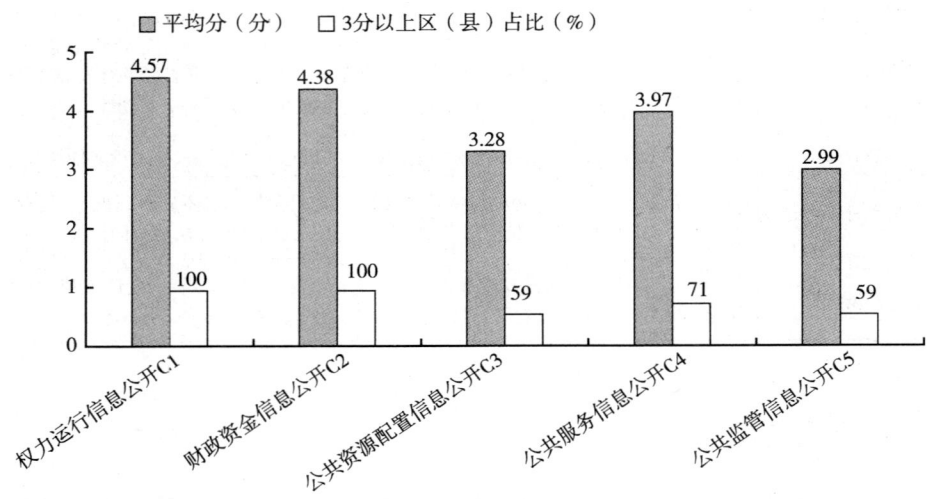

图3 上海市各区（县）信息完整性指标下的第三级指标平均得分情况评估结果

（三）信息优质性

信息优质性分为四个三级指标进行评估：更新及时性、信息真实性、信息实用性和信息规范性。因为政府应当公开的信息不仅要范围完整，而且要确保公开信息的质量，信息真实、实用并且及时、规范，这是对信息质量的基本要求。应当承认，评价信息质量难度较大，而且其取决于评价者的立场与角度，本次对信息优质性的评价主要是形式上的评价，针对政府信息在形式上是否符合规范，择取几个指标进行评估。从上海市各区（县）信息优质性三级指标平均得分情况来看，信息规范性、更新及时性得分较高，这主要得益于上海市发达的传媒和信息公开部门的认真工作。各区（县）的门户网站在信息实用性方面的平均得分没有达到4分，主要是因为各区（县）的门户网站普遍存在有栏目无内容的情况。做得最不好的是信息真实性，对于信息的真实性很难量化评估，在这里调研组只选取了可以比对的信息公开年报中的行政复议维持率与行政复议机关公布数据一致、信息公开年报中的行政诉讼维持率与法院网公布数据一致两组数据。从评估得分的结果来看：政府门户网站信息真实性得分很低，这说明上海市政府信息公开的优质性有问题，如果不能保障信息的真实，信息的优质也不可能达到。调研组只是选取两个点，选取更多的点可能会发现更多问题。有些客观原因需要说明：一是课题组获取的有关部门数据不完整，因为很多区（县）的行政复议数据都没有及时报送上级机关，但比对数据时又发现这里面各机关内部报送的数据与信息公开年报里公布的数据不一致；二是分类、统计的口径有问题；三是评分标准中选取的两组数据的片面性（见图4）。

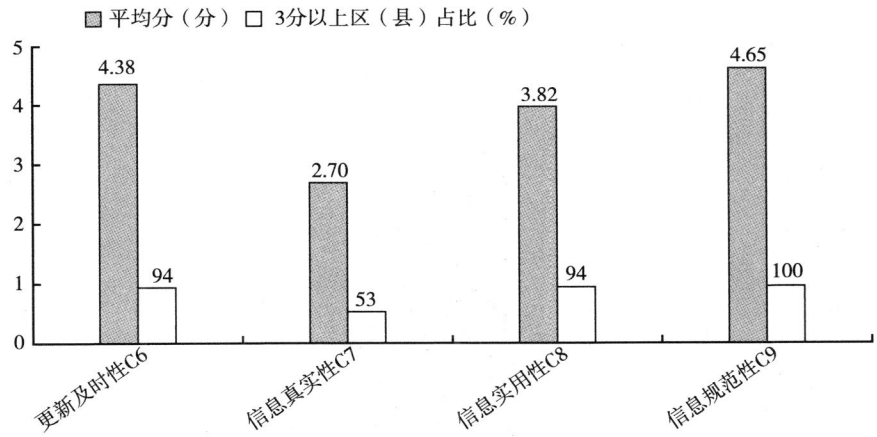

图4　上海市各区（县）信息优质性指标下的第三级指标平均得分结果

（四）网站便民度

信息公开不仅要完整、优质还要人性化，即门户网站的信息公开要便民。因此，调研组选取了10个指标来进行评价，其中除用户体验是由志愿者体验测评得分之外，其余均由调研组成员讨论、打分得出（见图5）。从上海市各区（县）网站便民度下的三级指标平均得分结果来看，各区（县）总体情况都不错，3分以上的得分率为100%。但在各区（县）具体信息公开中有的区（县）信息公开目录的目录体例不规范，这一方面是由于上海市没有统一的信息公开目录体例，另一方面是由于各区（县）想突出自身信息公开的特色，反而弄巧成拙；在渠道畅通度方面存在不能够对信息的申请在特定工作日内给予回复或反馈，但无敷衍、推诿、答非所问等情况；很多区（县）无法进行进程查询；有些区（县）服务整合度的情况是有整合但没有进行深度整合，内容相对来说比较分散，各区（县）应鉴往之不足，自省改进。突出的优点是上海区（县）的信息公开服务便捷度很高、很有效率，其次是每个区（县）都联系自己区（县）的实际情况，在个性化服务方面体现自身特色。

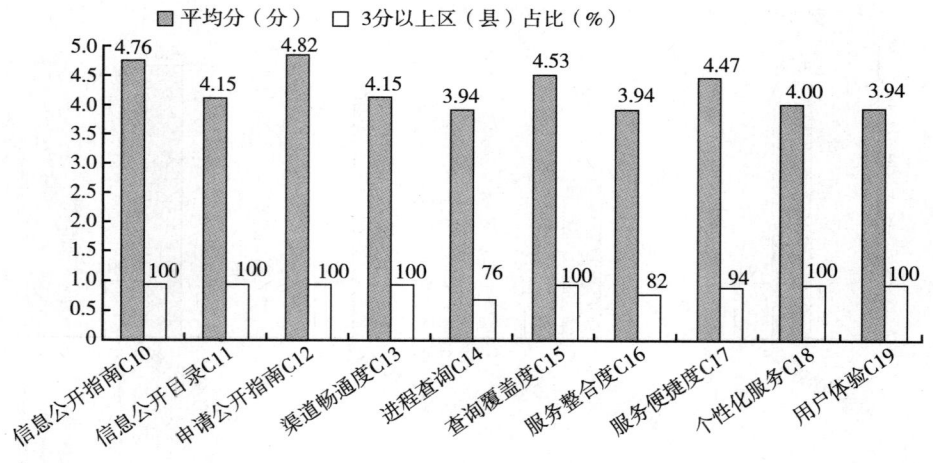

图5　上海市各区（县）网站便民度指标下的第三级指标平均得分结果

（五）公众参与

政府信息公开不应是单向的，还应有政府和民众的互动，有政府的主动交流，也有民众对政府信息的反馈。调研组认为，公众的参与度取决于政府的信息化程度（即影响力指标），取决于便捷的交流渠道（即信箱渠道、线上互动、民意征集指标），还取决于互动的透明度（即互动透明指标）。从上海市各区（县）公众参与三级指标平均得分结果来看，公众参与的信息公开总体上做得一般，3分以上的指标只有信箱渠道和互动透明指标。信箱渠道的失分项主要是未开设答复满意度评价。线上互动存在各区（县）虽然提供了在线咨询，但是回复不及时、不能有效解决问题的情况。民意征集指标没有对调查结果的统计、分析及采纳情况进行公开，甚至有些区（县）没有民意征集的渠道。影响力指标主要是很多区（县）信息公开电子化率低和缺乏相关数据，导致得分低（见图6）。

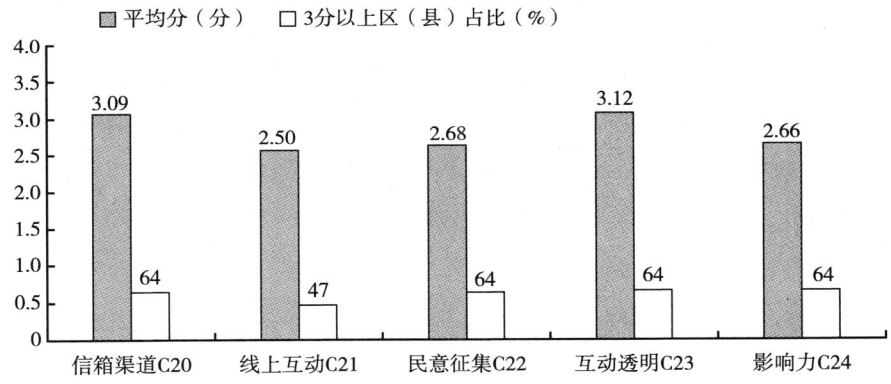

图6　上海市各区（县）公众参与指标下的第三级指标平均得分结果

（六）信息技术支持

门户网站的信息公开离不开信息技术的支持，门户网站的有效运转、功能的充分发挥都有赖于信息技术，因此，信息技术支持对门户网站信息公开意义重大。对信息技术的测评，调研组采取了志愿者体验门户网站的页面美观度的测评方式，除此之外，其他指标由调研组成员讨论打分。从上海市各区（县）信息技术支持三级指标平均得分结果来看，各区（县）的信息技术支持做得很好，有的区（县）在所有指标均获得满分。各区（县）在无障碍浏览服务、支持多语言、站内搜索、相关链接、页面美观度方面做得很好。导航系统指标得分低是由于很多区（县）不支持短信订阅服务和 RSS 订阅服务，网页可读性方面各区（县）都普遍存在有栏目无内容，网页空白、无法加载，以往信息无法有效查询的情况（见图7）。

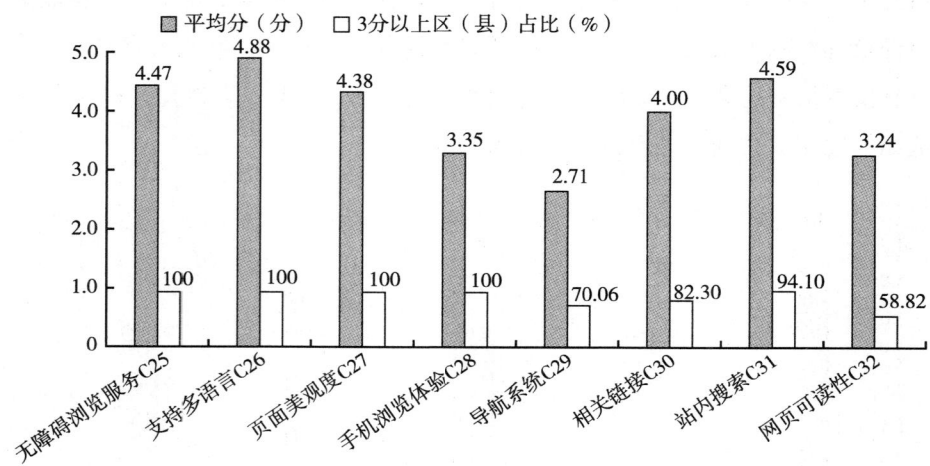

图7　上海市各区县信息技术支持指标下的第三级指标平均得分结果

（七）制度支持

政府信息公开需要信息技术的支持，也需要有效的监督与保障。如《信息公开条例》规定："各级人民政府应当建立健全政府信息公开工作考核制度、社会评议制度和责任追究制度，定期对政府信息公开工作进行考核、评议。"从上海市各区（县）制度支持三级指标平均得分结果来看，制度支持方面上海各区（县）做得很好，尤其是与上级政府门户网站内容协同方面很多区（县）都是满分，但相关制度支持指标很多区（县）存在不足：有的区（县）缺乏信息公开社会评议制度方面的内容、自身或下级部门的信息公开工作考核情况的信息。信息公开年度报告很多区（县）都是满分，但是各区（县）年度报告中对存在问题、解决方案方面的反思程度不够，还有的区（县）甚至缺乏信息公开年度报告，如松江区（见图8）。

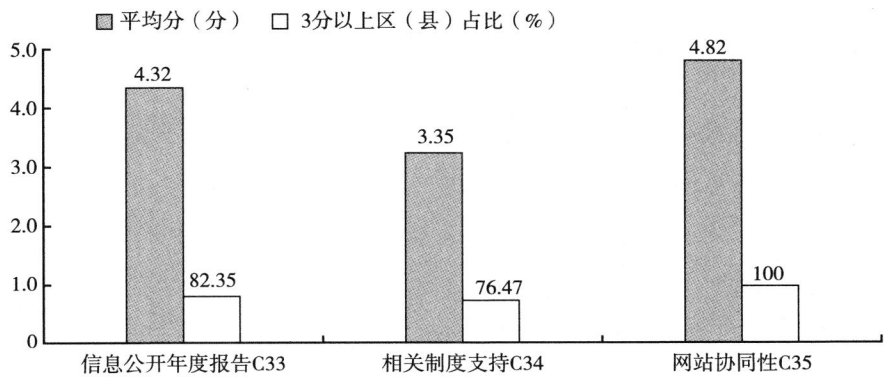

图8 上海市各区（县）制度支持指标下的第三级指标平均得分结果

三 小结与建议

党的十八届四中全会《决定》指出：全面推进政务公开，坚持以公开为常态、不公开为例外原则，推进决策公开、执行公开、管理公开、服务公开、结果公开是法治政府建设的重要方面。[①] 因此，全面推进政务公开成为不可逆转的局势。而上海市在2004年率先制定了《上海市政府信息公开规定》，十年来，对政务公开有着丰富的实践经验积累，并且一直作为改革的排头兵，上海政府信息公开存在的问题不仅是全国政府信息公开现状的一个注脚，也是推进政府信息公开过程中亟待解决的难题。因此，根据评估结果及评估中出现的问题，调研组提出了以下具体对策建议。

（1）转变政府信息公开的观念。第一，坚持以公开为常态、不公开为例外原则；第二，各区（县）政府作为政府信息公开的组织者，应当具有

---

① 《中共中央关于全面推进依法治国若干重大问题的决定》，《人民日报》2014年10月24日。

"以服务为导向，以公民为导向"的观念，真正确立公民的主体地位，将行政理念从"权力本位"向"权利本位"转变，将行政职能从"全能型政府"向"服务型政府"转变，进一步提高政府行为的透明度，赋予公众更多的知情权，彻底实现政府信息公开从政府权力型向民众权利型的转变，围绕民众需求构建电子政府。

（2）扎扎实实落实国务院《政府信息公开条例》和其他有关政府信息公开的规定。从评估结果来看，各区（县）都或多或少地存在对国务院《政府信息公开条例》和其他有关政府信息公开的规定落实不到位的情况。完善有关政府政策实施情况的信息，尤其重要的是落实对政府信息公开的考核机制，各区（县）的门户网站缺少政府信息公开工作的自我检查和其他机关对政府信息公开工作监督检查的信息。因此，如何落实政府信息公开制度成为重点问题。

（3）各区（县）应建立政府信息公开的沟通交流机制。各区（县）及区（县）各部门之间应加强协调合作，对相关信息进行整合，便于公民在政府信息公开网站及时高效地获取相关信息。

（4）完善公开目录。上海市政府应在广泛吸收上海市各区（县）政府信息公开目录优益之处，参照全国和其他省市政府信息公开目录的情况下，制订统一的政府信息公开目录，下发各区（县）、委办局执行。统一的政府信息公开目录，一方面能够提高政府信息公开和对政府信息公开考核的效能；另一方面能增加社会公众对政府信息公开的认知度，同时也给用户带来方便，可以更高效地检索自己需要的政府信息内容。在此基础上完善目录导航，切实避免目录导航的有栏目无内容。目录导航是网上政府信息公开的大门，代表着政府的形象，目录导航的有栏目无内容在现实中寓意着政府机关"门不让进，事不给办"。

（5）推进政府门户网站信息传播，使政府信息成为普通群众生活的一部分。第一，对政府门户网站进行技术升级，尤其是升级网络服务器功能，测评过程中有些政府门户网站网速太慢，网页打开时间太长，这既限制了访问的流量，又降低服务的效率；第二，门户网站的主网页上应主动提供上级政府网站、下级所属政府或部门网站和平级政府及相关媒体的链接；第三，研发政府门户网站的 App，使用户访问、申请、咨询更便捷；第四，用户需要的功能应及时添加，例如短信、RSS 订阅服务；第五，各区（县）门户网站应开通微博、微信公众账号，方便政府发布重大的政府信息，也方便人民群众获取政府信息。

（6）对依申请的信息公开应更加便利申请人。志愿者对政府门户网站体验后认为：一是申请政府信息的注册登录等环节不是特别便利，对此可在现有基础上简化步骤；二是有关部门也没有给出答复的期限，对此要进一步规范接受申请答复程序。

（7）进一步完善公众参与中的互动渠道。第一，对于互动渠道的各种形式应落实到位，从事前的功能操作说明到事后的统计、分析及采纳情况的公开都要进行落实，保证透明性、主动性、有效性。第二，整合互动资源，如可以开展就社会热点问题的专题互动，提高公众参与程度。第三，要认真对待网站用户的意见和建议，政府应予以反馈。

（8）加强信息更新的及时性。信息更新的及时性体现政府工作的效率和充分保障大众获取信息的知情权。

（9）增加对政府信息公开工作在人力、物力方面的投入。在调查中发现，有些政府门户网站的邮件经常出现无人回复、回复迟缓现象，这一现象除了与工作态度有关之外也反映了一个问题，那就是个别政府用于处理信息公开事务的人力、物力资源有限。这也一定程度上反映一些政府对于政府信息公开工作的重视程度不够。要做好政府信息公开工作必要的投入是需要的。因此，建议根据实际情况配备专门的工作人员，同时投入必要的经费，从而加强政府信息的管理工作，以应对日益增多的公众申请与咨询，进而保障政府信息公开工作的正常开展。

（10）进一步对政府信息进行整合。随着上海市政府门户网站建设的不断完善，上海市级政府门户网站也能够做到在其醒目位置提供下属各区（县）和所属部门的网站链接，但还是会出现信息不一致、不集中的问题。因此，有关政府部门应更好地对政府信息进行整合。

（11）提高在线服务的能力，增强在线办事的效率，健全在线服务的运作保障机制，增强网上服务能力；拓展在线访谈过程中公众参与互动的渠道，促进访谈中的意见交流，切实做到真正的在线访谈。

（12）各区（县）应根据具体的域情调整公共服务信息资源，突出各区（县）在公共服务方面的特色。

B.4
上海市各委办局信息公开评估报告

上海市法治市情调研组*

摘　要： 根据门户网站的量化评估、征集志愿者进行网站体验以及向社会征集的满意度问卷显示，上海市直属政府部门门户网站的信息公开情况总体良好，但是存在部分信息完整性缺失、服务便捷性有限等问题。市属政府部门网站的公众访问量巨大，进一步优化市属委办局的信息公开情况，对提高上海市行政体系的法治化水平有着深远的意义。

关键词： 市属部门　政府门户网站　信息公开　分析报告　上海

一　总体情况说明

上海市市属48个委办局的信息公开评估指标体系与区（县）评估体系基本一致，但由于委办局的自身特点，评估体系也有了相应的调整。依照对政府网站信息公开所必须具备的几项要素，课题组设计了信息内容、网站便民度、公众参与、信息技术支持和制度支持五个一级指标，并将这些指标进一步细化，最终形成了包括12个二级指标，37个三级指标的评估体系。诚然，这个评价体系没有能够完全涵盖评价政府信息公开的所有方面，这是因为评估过程受限于课题组的能力与精力和具体指标的评估可行性，如评价信

---

* 上海法治市情调研组组长：史建三；成员：王海峰、孟祥沛、孙大伟、张晓栋、范政强、何家华、王涛、张建勋、洪安祺、谢欢欢、李雪红、房新、张盛嘉、庄燕玉、张洁、刘恋、孟炜、陈强、丁佳佳、吴涛、唐颖芳。本文由范政强执笔。

息的优质性不仅包括了及时性、真实性、实用性、规范性，还包括了信息的客观性，然而对信息的客观性评价取决于具体信息中是否存在"偏见"，美国信息质量审查制度中的审查方式是判断信息是否已受到正式的、独立的外部同行审查，①而这种评价方式对我们来说是不可行的，因此就没有将其列入评价体系。鉴于现实因素的考虑，我们最终得到了现在的评估体系（见表1）。

表1 市属部门门户网站信息公开评估体系及指标权重

一级指标	一级指标权重	二级指标	二级指标权重	三级指标	三级指标权重	组合权重
信息内容 A1	0.5685	信息完整性 B1	0.7647	政府职能信息公开 C1	0.1171	0.0509
				法律法规信息公开 C2	0.0842	0.0366
				规划统计信息公开 C3	0.0695	0.0302
				财政资金信息公开 C4	0.1324	0.0576
				政府采购信息公开 C5	0.1455	0.0633
				行政收费信息公开 C6	0.0768	0.0334
				许可审批信息公开 C7	0.1782	0.0775
				公共监管信息公开 C8	0.1963	0.0853
		信息优质性 B2	0.2353	更新及时性 C9	0.2139	0.0286
				信息真实性 C10	0.2874	0.0384
				信息实用性 C11	0.2693	0.0360
				信息规范性 C12	0.2294	0.0307
网站便民度 A2	0.1488	主动公开便捷性 B3	0.3529	信息公开指南 C13	0.3789	0.0199
				信息公开目录 C14	0.6211	0.0326
		依申请公开便捷性 B4	0.4104	申请公开指南 C15	0.4699	0.0287
				渠道畅通度 C16	0.3336	0.0204
				进程查询 C17	0.1965	0.0120
		在线服务 B5	0.2367	服务整合度 C18	0.2809	0.0099
				服务便捷度 C19	0.2136	0.0075
				个性化服务 C20	0.1509	0.0053
				用户体验 C21	0.3546	0.0125
公众参与 A3	0.0979	互动渠道 B6	0.7427	信箱渠道 C22	0.3029	0.0220
				线上互动 C23	0.1825	0.0133
				民意征集 C24	0.4476	0.0325
				互动透明 C25	0.0670	0.0049

---

① 宋立荣、彭洁：《美国政府"信息质量法"的介绍及其启示》，《情报杂志》2012年第2期。

续表

一级指标	一级指标权重	二级指标	二级指标权重	三级指标	三级指标权重	组合权重
公众参与 A3	0.0979	影响力程度 B7	0.2573	影响力 C26	1.0000	0.0252
信息技术支持 A4	0.0586	信息表达 B8	0.6248	无障碍浏览服务 C27	0.1632	0.0060
				支持多语言 C28	0.1929	0.0071
				页面美观度 C29	0.1887	0.0069
				手机浏览体验 C30	0.4552	0.0167
		信息组织 B9	0.2209	导航系统 C31	0.4259	0.0055
				相关链接 C32	0.1340	0.0017
				站内搜索 C33	0.4401	0.0057
		信息安全 B10	0.1543	网页可读性 C34	1.0000	0.0090
制度支持 A5	0.1262	制度保障 B11	0.7504	信息公开年报机制 C35	0.5618	0.0532
				相关制度支持 C36	0.4382	0.0415
		内容保障 B12	0.2496	内容协同性 C37	1.0000	0.0315

与上海市政府门户网及各区（县）评估体系相比，各市属政府部门评估体系的变动主要体现在评估信息完整性方面，与区（县）政府门户网站不同，市属部门的门户网站所公开的信息内容一般只涉及其自身职能所包含的领域，这是委办局网站自身性质所决定的。因此，各委办局网站信息公开完整性指标要评价的是网站在其职能领域是否完整地公开其自身信息。国务院公布的《信息公开条例》规定了行政规范、经济规划等11个方面的必须主动公开的信息和城乡建设管理事项、社会公益事业等县（市）政府重点公开的信息，调研组选择了各市属部门都应当具备的八个方面政府信息作为信息完整性的三级指标。各指标权重也大致与区（县）指标权重相同，其中信息完整性指标重要性评价由调研组3名成员小范围内进行估值排序，随后按层次分析法进行了赋值，最后得到了B1级指标的权重。结合调研组的评估结果和80名志愿者的体验结果，我们最终得到了各市属部门网站的信息公开指数。由于市人民政府法制办、市人民政府外事办等市政府办直属办公室承担的主要为政府内务性质的工作，与其他市政府下属部门职能有别，因此不计入统计，其余42个市属部门网站信息公开平均指数为3.77分，略低于各区（县）门户网站信息公开平均指数的3.85分，排名最高的五个市属部门依次为市商务委员会（4.46分）、市新闻出版局（4.43分）、市经济和信

息化委员会（4.37分）、市粮食局（4.34分）和市民政局（4.50分），排名最低的五个市属部门依次为市财政局（3.06分）、市口岸办（3.01分）、市文化广播影视管理局（2.83分）、市机关事务管理局（2.78分）和市公务员局（2.78分）。本次评估重在研究市属各部门在网站信息公开过程中的主要成就和存在问题，因此下文将分指标分析上海市属部门的总体状况，各三级指标平均得分（满分5分）如图1所示。

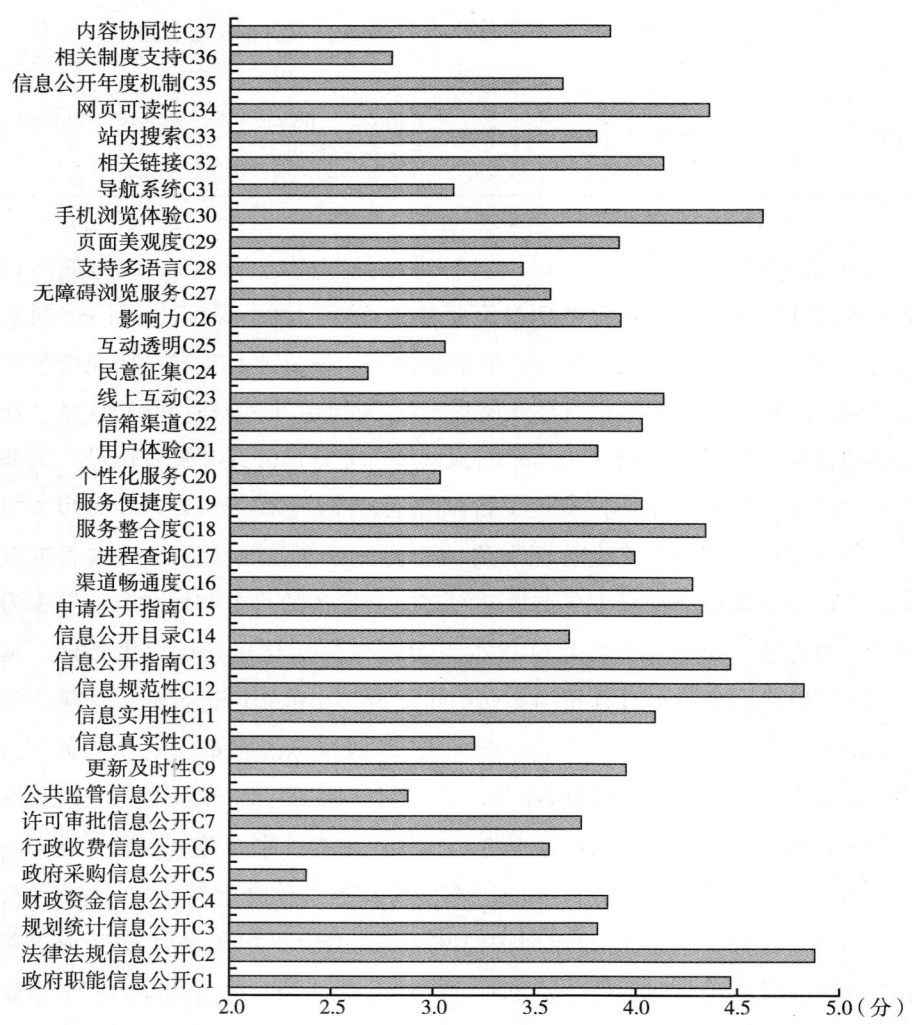

图1 门户网站信息公开评估体系第三级指标上海市属委办局平均得分统计

二 数据处理结果分析

(一)信息内容

1. 信息完整性指标分析

信息完整性主要考察的是政府所公开的信息是否全面,是否覆盖了所有依法应当公开的信息范围。创建阳光下的政府,关键就是提高政府透明度,而信息完整性正是衡量政府透明度最为重要的指标,政府是否透明,关键就在于政府所公开的信息是否完整全面。国务院公布的《信息公开条例》规定了行政规范、经济规划等11个方面的必须主动公开的信息和城乡建设管理事项、社会公益事业等县(市)政府重点公开的信息,根据这一行政法规,课题组设计了八个三级指标:政府职能信息公开、法律法规信息公开、规划统计信息公开、财政资金信息公开、政府采购信息公开、行政收费信息公开、许可审批信息公开和公共监管信息公开。所得结果如图2所示,如果将3分以上的得分视为合格,图2也统计了3分及以上的委办局所占比例。通过比较48个委办局在各个指标上的平均得分可以看到,委办局门户网站所公开的政府信息中,政府职能信息、相关领域的法律法规信息公开情况最好,不仅评估得分都在4.5分以上,而且没有一家市属部门低于3分,这应该归功于上海市政府近年来的权力清单建设,随着越来越多的政府及其部门制定和公布了权力清单,政府各个部门的职能进一步明确和清晰,职能领域内的法律法规、行政规范也得到了梳理和完善。随后位于3分档的是规划统计信息、财政资金信息、行政收费信息和许可审批信息。完整性较为欠缺的是公共监管信息和政府采购信息,这两个指标全都低于3分。当然,政府采购信息主要在上海市政府采购网中,各委办局网站中基本不会录入,这一定程度上也影响了得分,但是上海市政府采购网内容本身也并不齐全,还偶尔出现页面无法正常显示的现象。[①] 而公共监管信息则出现了将近55%的委办

---

① 详情见上海市政府采购网,http://www.zfcg.sh.gov.cn/。

局未能合格的情况，9个委办局根本没有相关的监管信息，这也恰恰反映了上海市属委办局在这方面工作的缺失。

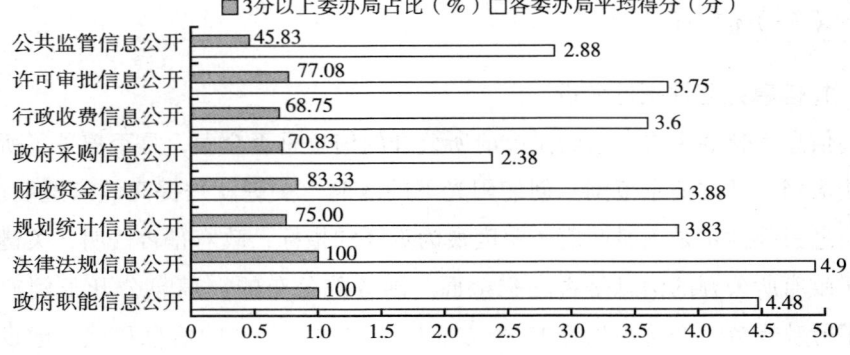

图2 信息完整性指标评估结果

2. 信息优质性指标分析

信息优质性分为四个三级指标进行评估：更新及时性、信息真实性、信息实用性和信息规范性。因为政府所应当公开的信息不仅要范围完整，而且要确保公开信息的质量，信息真实、实用并且及时、规范，是对信息质量的基本要求。应当承认，评价信息质量难度较大，而且取决于评价者的立场与角度，考虑到评估的可量化性和许多委办局有关信息的专业化较强的情况，本次对信息优质性的评价主要是形式上的评价，该评价针对的是政府信息在形式上是否符合规范。如图3显示，4分以上的指标依次是信息规范性（4.83分）和信息实用性（4.11分）。信息规范性能取得较高分数有赖于有关信息科室的有效维护。信息实用性方面，市属委办局网站中都有丰富的便民内容，不仅包括政府职能之内的信息，还包括了与该职能有关的一些信息，这极大丰富了市民们及时有效地对这些信息的利用。相比之下，更新及时性（3.22分）和信息真实性（3.96分）得分较低。以信息公开年报为例，截止到2015年3月22日，48个市属部门中有12个部门还没有发布上一年度的信息公开年度报告。除此之外，财政预算和决算也都有类似的迟延现象。信息真实性方面也同样存在问题，本指标的评估方式是将某委办局信息公开年报上公布的信息公开行政复议数据和信息公开行政诉讼数据与调研组从上级机关获得的相关数据进行比较、判断，评估结果显示，许多委办局所公布数据与实际情况有所不符。这也反映了部分政府信息中存在的真实性问题。

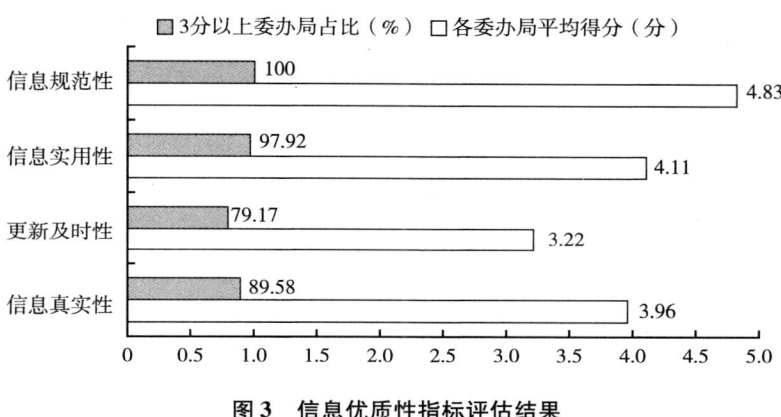

图3　信息优质性指标评估结果

（二）网站便民度

1. 主动公开便捷性指标分析

公众一般是通过阅读公开指南、信息公开目录查询政府主动公开的信息，因此主动公开便捷性指标包括信息公开指南和信息公开目录两个部分。各委办局的信息公开指南大同小异，志愿者对其满意度较高，已经形成了一种比较容易理解的标准化的格式，当然，在志愿者体验过程中课题组发现，无论是高学历的还是低学历的志愿者，在查询信息时基本不需要阅读信息公开指南。信息公开目录则是对网站浏览者十分重要的部分，查询有关信息基本上都是从目录当中寻找其所要找的内容，但是这一指标的得分只有3.68分（见图4），虽然基本合格但并不算是很高的分数，这是因为一些委办局并没有一个逻辑性较强并且放在网站醒目位置的信息公开目录，一些委办局网站的信息公开目录过于简单，使用者往往难以通过目录的分类查找到所需信息。

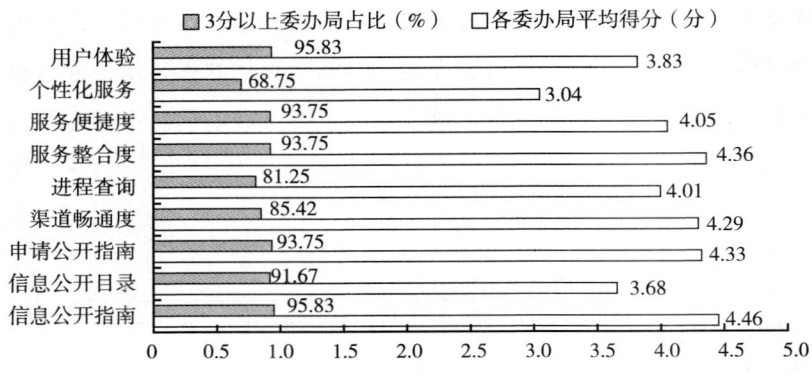

图 4 网站便民度指标评估结果

2. 依申请公开便捷性指标分析

公众申请信息公开的过程较查询主动公开的信息更为烦琐，我们通过申请公开指南、渠道畅通度、进程查询三个三级指标进行评估（见图4）。申请公开指南与主动公开信息指南类似，其体例与结构已经有了成熟的模板；渠道畅通度指标主要考察通过门户网站进行申请的信息公开的畅通情况，调查显示上海市属委办局基本已经有了完善的信息申请渠道，调查组向每个委办局申请公开一项信息，有41个委办局在法规要求的10个工作日内给予了答复，其中有9个委办局做出了不予公开的决定，原因有查无此信息、信息涉及隐私或机密，等等。进程查询指标得分为4.01，超过80%的委办局网站提供了申请信息公开过程中查询申请程序进度的功能，但是一些委办局的进程查询并不是特别方便，除金融办、社团管理局未及时开通进程查询功能外，口岸办、外事办等网站较难使用该功能。

3. 在线服务指标分析

在线服务指标包括服务整合度、服务便捷度、个性化服务和用户体验四个三级指标。服务整合度（4.36分）和服务便捷度（4.05分）两方面各委办局表现中等，各委办局将网站中的便民信息都进行了规范化的整理，同时也提供了社会公共服务设施的联系渠道。依申请公开作为信息公开工作的重点之一，并没有颁布《信息公开条例》时预期的好。虽然委办局都有提供依申请公开流程的示意图或简介，但申请步骤、手续、所需递交的材料均有出入，有些需要自行下载表格，有些可以在线填写信息，有些需要以邮件的方式递交申请，这些都造成了很大的不便。

个性化服务指标（3.04分）和用户体验指标（3.83分）得分相对较低。个性化服务指的是网站为用户提供通过建立个人账号从而更加方便地查询信息、办理业务的服务，但是只有不到70%的委办局提供了这项服务，这有可能是许多委办局网站，如新闻办、农业委员会等并不具有太强的公众参与性，因此就没有考虑花费精力进行这方面的维护。并且不同的委办局门户网站都需要独立注册一个账号，这既不方便用户的使用，也不方便信息的统计分析，事实上完全可以根据提供服务的性质，确立一个统一、规范的个性化服务框架、标准，统一所有门户网站的个性化服务格式和数据资料。此外，经过志愿者的网站使用体验，借鉴了"鼠标点读法"，要求志愿者在进行出声思维中体验每一个委办局网站，[①] 统计志愿者的评价后最终得出3.83分的平均成绩，几乎所有的委办局都在合格线以上，这显示了各委办局网站体验效果基本平均，但是综合水平不高的现象。

（三）公众参与

1. 互动渠道指标分析

互动渠道这一指标包括了公众一般情况下参与政府门户网站信息公开的几种方式：信箱渠道、线上互动、民意征集，还包括了整体衡量公众参与透明度的一个三级指标。因为《信息公开条例》虽然规定了公众参与原则，但是并没有明确要求政府要采取哪几种方式进行信息公开，我们也就只能选取几种主要的公开方式作为标准。其中，效果最为良好的是信箱渠道（4.04分）和线上互动（4.16分），除去个别几家没有此类功能以外，其他的委办局都有这一服务。线上互动包括了在线访谈、在线咨询等功能服务，随着越来越多的行政机构领导人主动在线接受访谈，大部分的委办局都已经

[①] 张秋云：《鼠标点读法——网站用户体验评估新方法》，《艺术与设计》2011年第12期。

或多或少地进行了在线访谈环节,线上咨询也成了上海委办局网站一般都会有的内容。但是,线上咨询等功能的透明度相对缺乏,C25互动透明得分显示超过1/4的委办局未能达到标准,用户无法通过网站看到其他用户的提问和回答,这在一定程度上造成了行政资源的浪费,因为这无法避免多个用户同时提出一个问题的现象。民意征集(2.69分)功能的分布相对不广,近一半的网站没有该种功能(见图5)。总体而言,各门户网站在互动渠道的完备性方面都有各自的缺失,在48个委办局中,只有少部分委办局设置了较为全面的互动渠道,包括:局长信箱、在线访谈、在线咨询、民意征集等。而大部分委办局只提供一种方式,甚至不提供。在进行测评时,还遇到过虽设置了互动渠道的链接,但点击进入后内容是空白的,且对这个问题也不能进行反馈的情况。

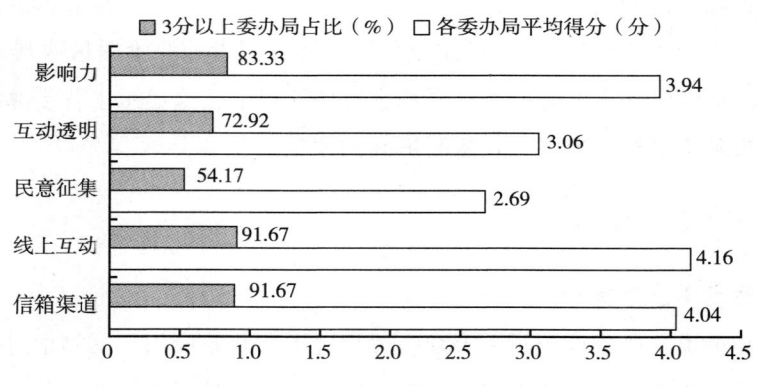

图5 公众参与指标评估结果

2. 影响力程度指标分析

门户网站的影响力也是评价公众参与情况的重要指标,由于不同部门的职能性质区别较大,研究组选取了信息公开电子化率与申请公开电子化率数据相结合的方式作为评价途径,前者是信息公开年报中显示的政府公开信息电子化数量占总的信息数量的比重,后者是指通过政府网站申请信息公开占所有公开申请的比重。经统计,相比于许多区(县)政府都没有实现所有公开信息的电子化的情况,绝大多数市属部门的信息电子化率都达到

100%，但是相比之下申请信息公开电子化率则普遍不高，这一方面是因为许多委办局网站并不提供在线申请，另一方面是因为大部分市属部门接受的信息公开申请数量都不多，往往只有几条或几十条。如果申请信息公开电子化率比重不高，说明该网站的使用在相关公众中普及度有限，这也就大大限制了门户网站的社会影响力。

（四）信息技术支持

1. 信息表达指标分析

技术支持是一个网站不可或缺的因素，对于衡量一个网站的信息公开水平有着重要意义，如果一个网站没有良好的设计水平、服务器质量等软件硬件设施的支持，就容易对公众获取信息的渠道造成消极影响，从而引起便捷性受损、信息质量下降等一连串影响。衡量技术水平则需要涉及信息表达、信息组织度和信息安全度。信息表达指的是网站信息表达的顺畅情况，因此我们设计了无障碍浏览服务、支持多语言、页面美观度和手机浏览体验四个三级指标来衡量委办局门户网站的信息技术。其中手机浏览体验得分最高（4.65分），基本上所有委办局网站都可在Ios、Androids等手机系统上顺畅地操作，不会出现技术错误。页面美观度也处于较好水平（3.94分），100%的委办局都达到了合格线，因为上海市属各委办局基本将其网站委托科技公司进行后台维护，因此各个网站都能够符合基本的审美规律，但也正因如此，各个网站设计大同小异，除了经信委、交通委、食药监局等网站具有一些设计特色外，委办局网站与区（县）网站相比普遍缺乏亮点。无障碍浏览服务（3.58分）和支持多语言（3.44分）两个指标也基本令人满意，大多数网站都能设计出无障碍浏览通道，提供字体放大、颜色变更等功能，方便具有视觉障碍的用户进行信息浏览；同时七成左右的委办局网站都有英语、日语、法语等其他语言的版本以及繁体字版页面，这些委办局主要都是与社会公众关联性较强的政府部门。当然，其他语言的版本普遍存在实时性较差的情况，往往滞后于中文版页面的信息1~2天，信息完整性也相对较差，有的委办局的外语版本只有一些法律法规内容的信息（见图6）。

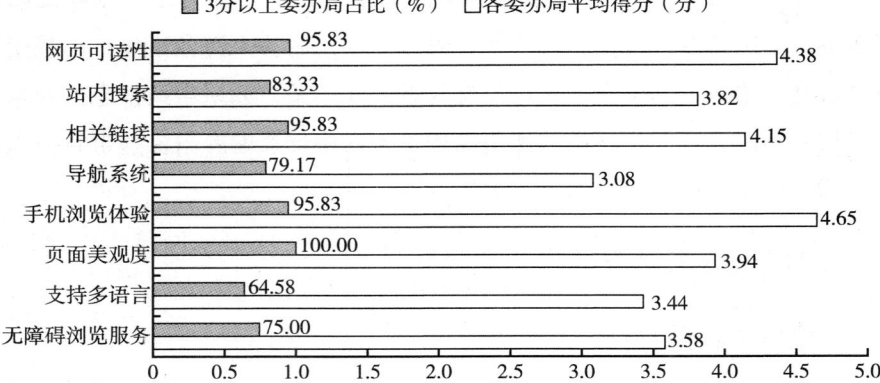

图6 技术支持指标评估结果

2. 信息组织度指标分析

信息组织度指的是门户网站信息组织的完善情况，包括三个三级指标：导航系统、相关链接、站内搜索。网站地图是整个门户网站的站内导航页面，以方便用户更快地找到目标信息，这一项指标的得分只有3.08分，因为许多网站的导航系统设计得比较简单，常常有内容不全的情况。相关链接指标（4.15分）主要考察网站是否提供上下级政府网站、相关媒体网站和政务微博的链接，所有网站都提供了友情链接，但是内容参差不齐，有的委办局只提供了上级政府的链接。站内搜索功能在志愿者的体验测试后得分为3.82分，83%的委办局达到了合格线（见图6）。搜索功能十分考验一个网站的技术水平，因为搜索引擎的算法不同，所以搜索结果的内容有所差异，而且其排列次序也差别较大，许多委办局网站出现了搜索结果内容不全的现象，如市商务委网站的搜索引擎，搜索"信息公开年报"时就只能找到过往几年的信息公开年报，而许多年份的公开年报无法在搜索引擎中显示。

3. 信息安全指标分析

技术支持比较难以从外在表现来衡量，由于能力所限，难以获取政府网站信息安全方面的资料，课题组仅采用网页可读性一个三级指标来衡量。通过在每个网站随机打开15个页面来检测网页中是否出现文字、图片或者视频无法加载的情况，基本所有的委办局网站都能够正常显示页面，可见网页可读性这一指标处于较好水平（4.38分）（见图6）。但是一些个别网站也存在暂时性的无法加载情况，还出现了点击链接后页面跳出慢或者页面内容不能加载，检索工具栏只在首页有，没有高级搜索功能等情况，可能是服务器有时出现故障所造成的。还有诸如市工商行政管理局的网站，包括IE在内的浏览器无法正常显示内容，只有在个别浏览器中才有显示。

（五）制度支持

1. 制度保障指标分析

制度保障指标所要考虑的是现行的各种制度对门户网站信息公开的控制情况，信息公开需要有效的监督与保障，这就需要相关制度诸如信息公开年报和其他制度诸如信息公开检查制度等发挥作用。《信息公开条例》规定："各级人民政府应当建立健全政府信息公开工作考核制度、社会评议制度和责任追究制度，定期对政府信息公开工作进行考核、评议。"由于委办局网站信息内容相对不全面，对外公布的信息公开监督制度等制度普遍缺失，我们只能从政府信息公开年报中探究信息公开相关制度的运行状况。除了极个别的委办局因为网站体例的特殊性（如市新闻办等）或者其他原因（如地税局）而没有信息公开年报，市属各委办局都对外公布了信息公开年报，但是年报的质量各有不同，考察各委办局信息公开年报的更新效率以及内容，市属各委办局平均得分为3.63分，39个委办局达到了合格线。虽然年报机制已经基本建立并总体运行良好，但是个别委办局信息公开年报存在具文化的倾向，体现在对信息公开情况的反思和进一步改进计划方面的内容几年中大同小异。在一些委办局的信息公开年报中，提到了本部门近年来正在实施的一些相关制度，如信息公开审查、公开考评等，但是近半数的委办局都没有公布其信息公开相关监督保障制度的运行情况，因此相关制度支持指标得分仅为2.77分，其中，经济与信息化委员会、机关事务管理局、环境保护局等部门对相关制度的公布较为详细（见图7）。

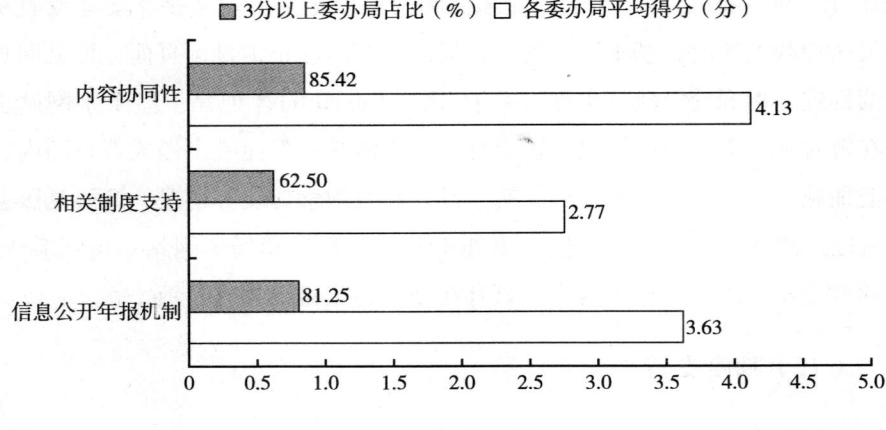

图7 制度支持指标评估结果

2. 内容保障指标分析

内容保障，主要是指该市属部门网站上的相关法规等信息是否与上级政府网站所公布修改的信息相一致。因为近年来各级人大和各级行政机关的立法部门通常采取一种批量修改法律规范的方式进行法规修改，因此就有可能出现委办局法律法规部门的内容没有及时更新的情况。经统计该指标的平均得分为4.13分，超过80%的市属委办局达到了合格线（见图7）。

三 小结与建议

政府信息公开工作涉及了整合信息资源、提供便捷服务、拓展公众参与渠道、优化信息技术硬件和完善监督管控制度等方面，从总体上看，上海市属各个委办局表现良好，目前已经形成了较为成熟的信息公开体系，社会公众可以较为方便地获取信息和参与政府工作过程。在信息公开评估过程中，可以看到各委办局网站在自身建设和定位中各有不同，并且立足自身的行政机关职能，有针对性地建设门户网站，形成了个性鲜明的特征和特色。如，市审计局在审计结果的通报方面做得比较详尽；市国有资产监督管理委员会在互动渠道的建立与意见征集方面做得比较完善。但是应当看到市属委办局在信息公开工作方面与上海各区（县）的总体情况之间存在差距，这当然也存在客观因素的制约，区（县）门户网站和市属委办局门户网站各自所承担社会作用不同，委办局与区（县）相比，功能性、专业性更强，而窗口性、展示性更弱。因此，市属委办局今后的改进方向应当立足于自身专业性更高的特点，把重点继续放在信息完整性和优质性的提高上，并更加重视用户的使用体验。针对评估过程中所发现的一些问题，本文现提出以下几点建议。

第一，完善主动公开信息内容，加强重点领域信息公开。目前上海市属各委办局的政府职能信息和法律法规信息完整性较强，而涉及社会监督、行政收费和行政开支的信息公开则是短板。然而信息公开的意义就在于保障公众对政府行使权力过程的知情权，从而使政府在社会监督下避免权力的滥用，而这三个方面的政府信息恰恰是信息公开工作的关键。一方面，政府要逐步完善委办局门户网站中的政府采购、行政收费等有关内容，并完善政府采购网站中的公开内容，加强其真实性；另一方面，不仅要公开社会监督政府的方式以及其他信息，还要在最大限度上公开社会公众对政府监督的动态新闻，用户在门户网站上的线上投诉，也应当作为主动公开的信息内容。同时，要加强信息整合工作，各委办局虽职能不同，但在信息公开的层面上具有相应的类似性，建议对这种共性的需公开事项进行梳理，使用统一的模板，在门户网站上固定专门板块的位置，在便于管理的同时，更便于百姓查询。

第二，提高服务便捷性，增强用户体验。截止到2015年3月，市属委办局门户网站的总浏览量为14794246次，而区（县）门户网站的总浏览量合计仅为4335575次，① 市属委办局在访问量上要高出区（县）许多，面对如此庞大的公众访问量，优化网站服务，增强用户体验成为当务之急。优化用户体验，首先要使申请信息公开、网上办事的渠道更加畅通便捷，简化程

---

① 详情见"上海市部门网站群页面浏览量排名"，http：//www.shanghai.gov.cn/shanghai/include/fwtj/wbpvall.html，2015年3月7日。

序，剔除不必要的步骤；其次，增加网站维护的经费投入，尽最大可能避免页面错误、网站响应慢等问题，因为网上办事过程中的几次错误，很可能给用户造成难以计数的损失，只有定期进行信息技术检查与更新，才能避免意想不到的差错，给公众提供最大的便利；再次，优化页面设计，使用户体验更加人性化，适当地借鉴国内外优秀的网站设计经验，使门户网站的页面设计更加风格化、特色化；最后，要树立"以公众为中心"的服务理念，完善公众参与互动渠道的制度建设，提高公众参与程度，认真处理好网站用户的意见和建议。

第三，完善信息公开监督保障制度，促进制度运行公开化。目前市属委办局的信息公开监督保障制度主要体现在信息公开年报机制上，通过年报向社会公众公布其监管信息确实是信息公开监督保障机制应有的一部分，但是也决不仅限于此。在接下来的改进中，不仅要进一步优化信息公开年报机制，防止信息公开年报变成每年重复相同内容的具文，上级政府要把信息公开年报机制纳入信息公开考核，社会媒体也要对信息公开年报给予更多的关注，而且还要在信息公开年报之外实时地公开信息公开考核制度、责任追究制度、社会评议制度的运行信息。这可以借鉴上海市政府门户网站，该网站在信息公开目录当中专门设置了"监督保障机制"栏目，专门公布监督保障制度的有关信息，市属委办局也可以专门设置制度支持进展情况方面的专门栏目，不间断地如实公开对本级政府部门和下级区（县）政府部门的考核、问责等内容。通过对制度的完善，实现对整个政府信息公开体制的完善。

B.5
京津沪渝四直辖市政府门户网站信息公开评估报告

上海法治市情调研组*

摘　要： 政府门户网站作为政府信息公开的重要载体，对于公民和其他社会组织有效行使知情权，推进依法行政、打造"阳光政府"、提升政府公信力具有深远意义。本文利用课题小组构建的直辖市政府门户网站信息公开评估指标体系，对直辖市政府门户网站进行量化评估，得知京津沪渝四直辖市政府门户网站的信息公开情况总体良好，但仍存在部分信息完整性缺失、重点领域信息公开不够详尽、网站服务便捷性有限等问题。本文针对这些问题提出相关对策，旨在完善上海市政府门户网站建设，提高上海市行政体系的法治化水平。

关键词： 直辖市　政府门户网站　信息公开　评估报告

政府信息公开不仅是实现宪法和法律赋予公民和其他社会主体知情权的重要途径，而且是现代政府的内在必然要求，是推进依法行政、打造"阳光政府"、提升政府公信力的重要举措。党的十八届四中全会《中共中央关于全面推进依法治国若干重大问题的决定》（以下简称《决定》）从政务公开的原则、制度、重点、载体等方面，对全面推进政务公开工作提出了明确要求、进行了系统部署。《决定》要求全面推进政务公开，坚持以公开为常

---

* 上海法治市情调研组组长：史建三；成员：范政强、何家华、王涛。本文由王涛执笔。

态、不公开为例外原则,推进决策公开、执行公开、管理公开、服务公开、结果公开。各级政府及其工作部门依据权力清单,向社会全面公开政府职能、法律依据、实施主体、职责权限、管理流程、监督方式等事项。重点推进财政预算、公共资源配置、重大建设项目批准和实施、社会公益事业建设等领域的政府信息公开。涉及公民、法人或其他组织权利和义务的规范性文件,按照政府信息公开要求和程序予以公布。推行行政执法公示制度。推进政务公开信息化,加强互联网政务信息数据服务平台和便民服务平台建设。

随着计算机技术和网络技术的迅速发展,人们越来越多地通过网络来获取所需信息。政府门户网站作为政府信息公开的重要载体,对于公民和其他社会组织有效行使知情权,各级政府贯彻落实党的十八届四中全会精神,全面推进政务公开具有深远意义。本评估报告以政府门户网站的信息公开作为切入点,构建相应的政府门户网站信息公开评估指标体系,对北京、上海、天津、重庆四个直辖市政府门户网站的信息公开部分进行了横向比较,在此基础之上形成此报告。

一 总体情况说明

依照国务院 2008 年颁布的《中华人民共和国政府信息公开条例》中关于政府信息公开的相关规定,参照上海各区(县)、市属委办局政府门户网站信息公开评估指标体系,结合当前学术领域针对政府信息公开的研究①,本着评估指标系统性、指标构建科学性、评估全面性、评估内容可比性、指标体系可操作性的原则,课题组对相关指标进行相关调整进而形成此次直辖市政府门户网站信息公开评估指标体系。

(一)评估指标体系的构建

依照《中华人民共和国信息公开条例》中对政府网站信息公开所必须

---

① 参见李瑜青、张善根、陈琦华、祝宁波、吴玲、张福祥、曹慧《上海政府信息公开制度实施的社会评估》,《政府法制研究》2009 年第 4 期。

具备的几项要素，课题组设计了信息内容、网站便民度、公众参与度、技术支持度和制度支持度五个一级指标，并将这些指标逐步细化，最终形成12个二级指标，35个三级指标的评估指标体系（见图1）。

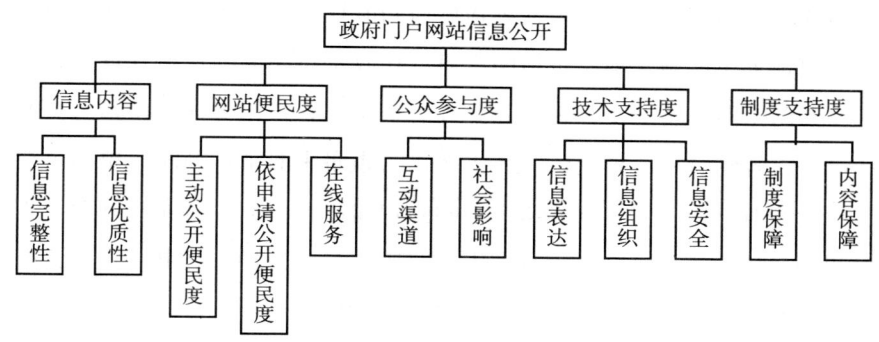

图1 直辖市政府门户网站信息公开评估指标体系

（二）评估指标系统数据来源

本次直辖市政府门户网站信息公开评估体系数据来源为课题研究小组依照评估指标体系对京、津、沪、渝四个直辖市门户网站进行的评估。评估过程中课题小组以第三方的角度，本着科学研究的态度对四个直辖市的门户网站进行评价。同时为了尽力保持评估的客观中立，减少评价者在打分上的主观随意性，课题组将35个三级指标进一步细化拆分成105个能够进行量化评价的具体标准，如在信息更新及时性（C6）方面就具体规定了工作动态类栏目的信息更新、年度工作计划的更新、年度总结信息的更新、财政预决算信息的更新、信息公开年报的更新这五个方面的具体指标。课题组在评价每个直辖市政府门户网站的具体情况后进行打分，每项指标的得分经过多人讨论后取其数据的平均值得出最终结果。

与此同时，由于课题组在时间和经验方面的限制，以及三级评估指标的细化设定在具体操作过程中受评估人主观因素影响，我们不可否认这个评价体系并未能够完全涉及政府信息公开的所有因素，仍存在相应不足：如公共资源配置信息公开（C3）里面的具体细化指标：行政许可的事项、依据、条件、数量、程序、期限以及申请行政许可需要提交的全部材料目录及办理情况。此指标可能需要具体查询直辖市下属各委办局的规定，因此在操作程序上较为烦琐并可能影响评估人员的打分。

课题组在依照评估体系对直辖市政府门户网站进行评估后，得出四个直辖市三级指标平均得分如图2所示。

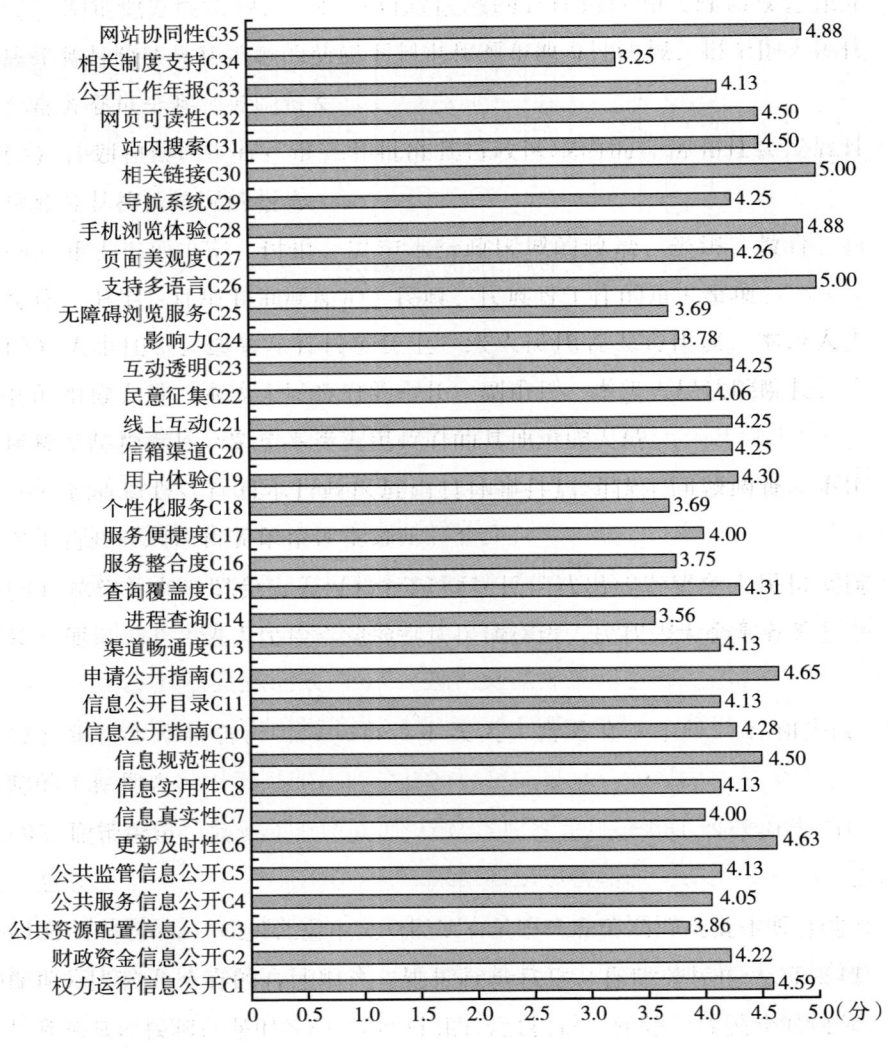

图2 门户网站信息公开评估体系第三级指标四个直辖市平均得分统计

二 评估指标分析

(一) 信息内容

1. 信息完整性指标分析

信息完整性指标主要评价直辖市政府门户网站在其职能领域是否完整地公开其自身信息,依照《中华人民共和国政府信息公开条例》规定在行政规范、经济规划等11个方面必须主动公开的信息以及城乡建设管理事项、社会公益事业等重点领域需要公开的信息,课题组设计了五项三级指标:权力运行信息公开C1、财政资金信息公开C2、公共资源配置信息公开C3、公共服务信息公开C4、公共监管信息公开C5,并在每个三级指标下细化拆分了具体的量化标准,所得结果如图3所示。

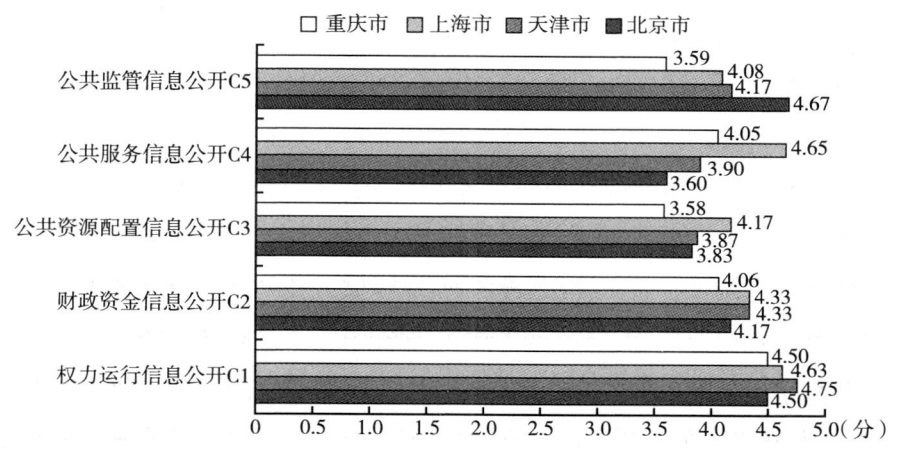

图3 信息完整性指标评估结果

在权力运行信息公开方面,课题组制定了反映本级行政机关机构设置、职能的行政法规、规章和规范性文件;反映本级行政机关机构办事程序等情况行政法规、规章和规范性文件;国民经济和社会发展规划、专项规划、区域规划及相关政策；国民经济和社会发展统计信息四个具体量化标准，此项指标统计结果为北京4.5分、天津4.75分、上海4.63分、重庆4.5分。上海市政府网站在权力运行公开方面整体较好，在公开国民经济和社会发展规划、专项规划、区域规划及相关政策内容方面需要进一步完善。

在财政资金信息公开方面，课题组制定了财政预算、决算报告；行政事业性收费的项目、依据、标准；政府集中采购项目的目录、标准及实施情况三个具体量化标准，此项指标统计结果为北京4.17分、天津4.33分、上海4.33分、重庆4.06分。在此项评估指标中，天津和上海市政府网站在政府集中采购项目的实施情况信息公开方面做得较好，同时针对政府集中采购项目的实施情况信息公开方面有待提升。

在公共资源配置信息公开方面，课题组制定了行政许可的事项、依据、条件、数量、程序、期限以及申请行政许可需要提交的全部材料目录及办理情况；重大建设项目的批准和实施情况；征收或者征用土地、房屋拆迁及其补偿、补助费用的发放、使用情况三个具体量化标准，此项指标统计结果为北京3.83分、天津3.87分、上海4.17分、重庆3.58分。在此项评估中，由于行政许可的事项、依据、条件、数量、程序、期限以及申请行政许可需要提交的全部材料目录及办理情况评估标准的制订，需要到直辖市下属各委办局网站查询，而北京和上海在门户网站信息公开指南目录里直接列出了行政许可专栏，方便网民直接进行相关查询，提高了搜寻的便捷度，值得天津和重庆学习；在征收或者征用土地、房屋拆迁及其补偿、补助费用的发放、使用情况这一标准中，关于补偿、补助费用的发放、使用情况，四个直辖市网站中均未公开相应的情况，而依照《中华人民共和国政府信息公开条例》此项属于信息公开的范围，亟须四个直辖市进一步改善。

在公共服务信息公开方面，课题组制定了扶贫、教育、医疗、社会保障、促进就业方面的政策、措施及其实施情况等五个具体的量化标准，此项指标统计结果为北京3.60分、天津3.90分、上海4.65分、重庆4.05分。在此项评估指标中，上海市政府网站在医疗政策措施及实施情况方面信息公开的程度有待提高；扶贫、教育、医疗、社会保障、促进就业方面的政策未公布具体的实施情况，还需进一步落实实施情况。

在公共监管信息公开方面，课题组制定了突发公共事件的应急预案、预警信息及应对情况，环境保护、公共卫生、安全生产、食品药品、产品质量的监督检查情况，抢险救灾、优抚、救济、社会捐助等款物的管理、使用和分配情况三个具体量化标准，此项指标统计结果为北京4.67分、天津4.17分、上海4.08分、重庆3.59分。重庆政府网站在环境保护、公共卫生、安全生产、食品药品、产品质量方面监督检查情况的信息公开不详尽，很多规定需要到下属的委办局网站查询，便捷程度不高。另外在抢险救灾、优抚、救济、社会捐助等款物的管理、使用和分配情况方面，四个直辖市均未公布相应的信息，需要加大对抢险救灾、优抚、救济、社会捐助等款物的管理、使用和分配情况的信息公布力度。

2. 信息优质性指标分析

政府除应当在规定的范围内公布相关政府信息，而且应同时确保公开信息的质量，力求信息真实、实用、及时、规范。信息优质性方面，课题组设计了四个三级指标进行评估：分别为更新及时性C6、信息真实性C7、信息实用性C8和信息规范性C9，并在每个三级指标下细化拆分了具体的量化标准，所得结果如图4所示。

在更新及时性方面，课题组制定了工作动态类栏目的信息更新；年度工作计划公布；年度总结信息公布；财政预决算信息公布；检查信息公开年度报告公布五个具体量化标准。在此项评估标准中重庆和天津两市达到了满分5分，说明两市的市政府网站在信息更新及时性方面做得很好。

信息真实性方面，课题组制定了信息年报中的行政复议维持率与行政复议机关公布数据一致；信息公开年报中的行政诉讼维持率与法院网公布数据一致；其他信息中没有明显与常识冲突的内容三个具体量化标准，此项指标评估结果显示北京做得较好，值得上海学习和借鉴。

信息实用性方面，课题组制定了公共便民服务等内容是否存在链接错误；是否存在有栏目无内容等情况；是否公布了民众切身实用的相关政府信

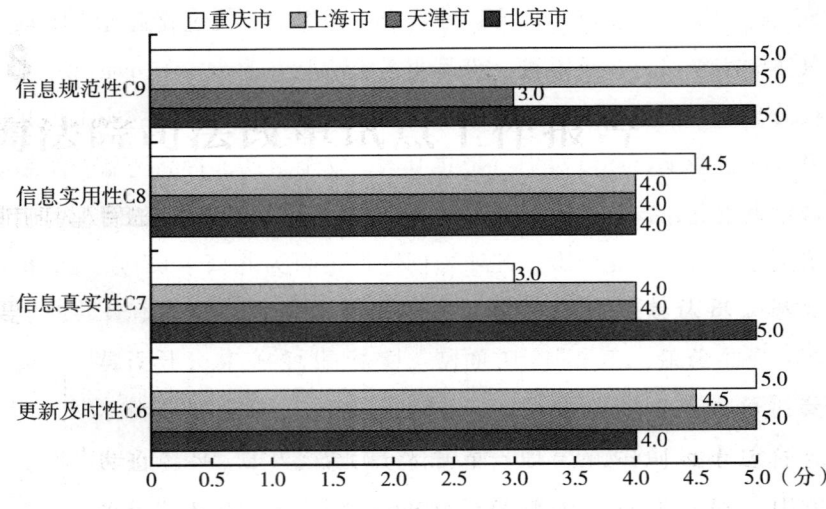

图4 信息优质性指标评估结果

息三个具体量化标准,上海市政府网站在信息实用性方面整体较好,在公布民众切身实用的相关政府信息方面则需进一步完善,应做到切实关注民生,情为民所系。

信息规范性方面,课题组制定了网站语言是否准确有条理;资讯栏目是否存在错别字情况;检查文字排版与格式是否统一规范三个具体量化指标,上海市达到满分5分,说明上海市政府门户网站信息规范性方面做得很好。

(二)网站便民度

1. 主动公开便捷性指标分析

在主动公开便捷性指标方面,课题组设计了两个三级指标进行评估:信息公开指南C10和信息公开目录C11。信息公开指南和信息公开目录是社会公众浏览政府网站信息公开板块时通常首先查阅的内容,因此具有提纲挈领的作用。在信息公开指南方面,课题组制定了信息公开指南是否内容完整、逻辑清晰;一般文化水平的普通群众是否对这一指南存在理解困难两个具体量化标准,这一评估指标上海市达到满分5分。在信息公开目录方面,课题组设计了信息公开目录体例是否标准规范;目录涵盖内容是否完整;在网站首页上，信息公开目录是否处于浏览者显然可以看到的醒目位置三个具体量化标准，上海市政府网站在目录涵盖内容方面需要改善，应方便民众及时获取所需政府信息。

2. 依申请公开便捷性指标分析

依申请公开便捷性指标方面，课题组设计了三个三级指标进行评估：申请公开指南C12、渠道畅通度C13和进程查询C14，评估结果如图5所示。

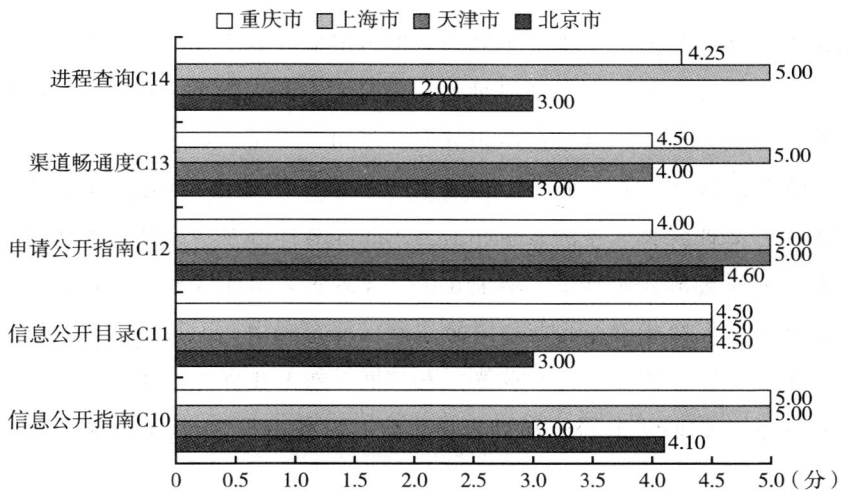

图5 主动公开及依申请公开便捷性各指标评估结果

在申请公开指南方面，课题组制定了普通知识水平的用户是否能根据指南信息无障碍地查询内容一个具体量化标准，此项指标统计结果为北京4.6分、天津5分、上海5分、重庆4分。在此项评估指标中上海市为满分，需继续保持。

在渠道畅通度方面，课题组制定了是否可以在线递交身份确认信息、申请表单等相关材料，是否提供依申请公开结果查询渠道及依申请公开表格下载服务，信息年报中是否提供对依申请公开结果统计的公开情况，是否可以对信息的申请在制定工作日内给予回复或反馈，无敷衍、推诿、答非所问等情况四个具体量化标准，此项评估指标中上海市得到满分5分。

在进程查询方面，课题组制定了用户是否可以通过网站内容及时了解对政府信息的公开申请的受理情况的具体量化标准，此项指标统计结果为北京3分、天津2分、上海5分、重庆4.25分。上海市政府网站在此方面值得其他三市借鉴。

3. 在线服务指标分析

在线服务指标分析方面，课题组设计了四个三级指标：查询覆盖度C15、服务整合度C16、服务便捷度C17、个性化服务C18和用户体验C19，评估结果如图6所示。

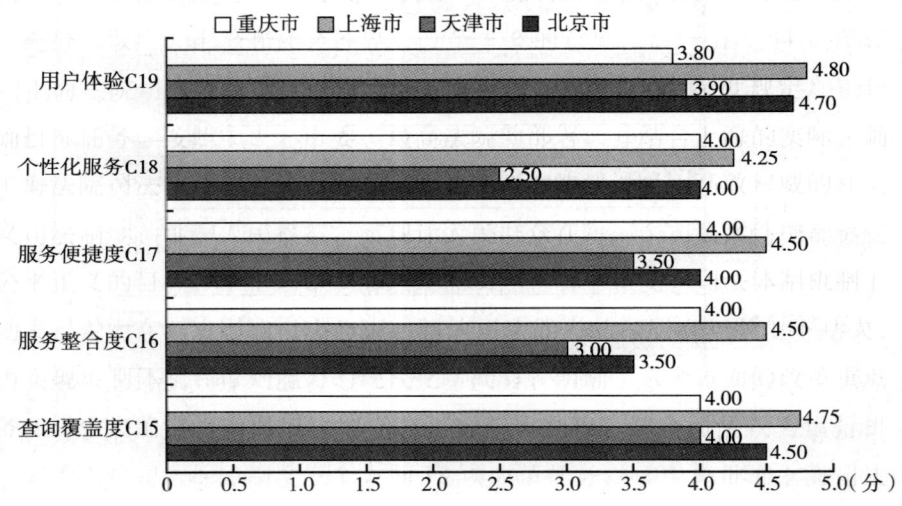

图6　在线服务指标评估结果

查询覆盖度方面，课题组制定了网站是否可以提供教育培训的网上查询（或提供有效链接）服务；网站是否可以提供交通出行方面的网上查询服务；网站是否可以提供医疗社保、劳动就业方面的网上查询（或提供有效链接）服务；网站是否可以提供食品药品、餐饮娱乐等方面的网上查询（或提供有效链接）服务；网站是否可以提供公用事业、房屋地产、财务金融、城市建设等实用的网上查询（或提供有效链接）服务五个具体的量化标准，此项指标统计结果为北京4.5分、天津4分、上海4.75分、重庆4

分。上海市政府网站值得其他三市学习和借鉴。

服务整合度方面，课题组制定了是否深度整合本级政府各类公共服务信息资源，是否可以网上查询办事进度两个具体量化标准，此项指标统计结果为北京 3.5 分、天津 3 分、上海 4.5 分、重庆 4 分。四个直辖市均出现各类公共服务信息资源提供不详尽的情况，在下一步的政府网站建设中应着重加大对各类公共服务信息资源的公开力度。

服务便捷度方面，课题组制定了网站是否可以开设民生服务专题或公共信息服务平台等个性化服务，是否方便用户获取相关信息且服务效果好两个具体量化标准，此项指标统计结果为北京 4 分、天津 3.5 分、上海 4.5 分、重庆 4 分。上海市政府网站在服务便捷度方面成绩较好，需继续保持。

个性化服务方面课题组制定了网站提供个性化服务；在个性化服务功能中能显示用户自己的信访、投诉、咨询信息；网站设有微博、微信等站外分享功能三个具体量化标准，此项指标统计结果为北京 4 分、天津 2.5 分、上海 4.25 分、重庆 4 分。在网站提供个性化服务中，北京、上海政府网站均提供了 App 应用，保证了手机终端用户也可以随时浏览政府网站，此项做法值得天津和重庆借鉴。

（三）公众参与度

1. 互动渠道指标分析

互动渠道指标方面，课题组设计了四个三级指标：信箱渠道 C20、线上互动 C21、民意征集 C22、互动透明 C23，评估结果如图 7 所示。

信箱渠道方面，统计结果为北京 4 分、天津 4 分、上海 4.5 分、重庆 4.5 分，评估结果说明了当前直辖市政府门户网站均将信箱渠道作为与社会公众进行互动的一条重要途径。在线互动方面，课题组制定了网站是否开设在线咨询功能，回答用户提问；提问回复是否及时；在线咨询回答是否准确，能够有效解决用户问题；是否开设在线访谈渠道；在线访谈的同时，公民是否可以参与评论交流五个具体量化标准，通过评估发现，当前四个直辖市政府网站均未开通在线咨询功能,但取而代之的,四个直辖市均开设了市长热线或者市民热线,作为社会公众进行政务询问、与政府交流互动的重要平台。民意征集方面,课题组制定了是否提供意见征集、网上调查等民意征集渠道;调查征集主题是否明确;是否可以对调查结果进行统计、分析及采纳情况进行公开三个具体量化标准,此项指标中,上海、北京未对调查结果进行统计、分析及采纳情况进行公开导致被扣分,需要在接下来对相应部分进行完善。

2. 社会影响力程度指标分析

社会影响力程度指标方面,课题组以信息公开年报为基础,通过计算全文信息电子化率,即政府所有公开信息中电子化信息所占的比率,与依申请公开电子化率,即通过网络申请信息公开的数量占依申请信息公开总量之比,进行结合评估。评估发现当前直辖市政府网站均为完全实现公开信息的电子化,同时通过网站申请信息公开比重也普遍较低,重庆市信息公开年报中的相关信息也有所缺省。相比之下,北京、上海的总体情况优于重庆和天津。

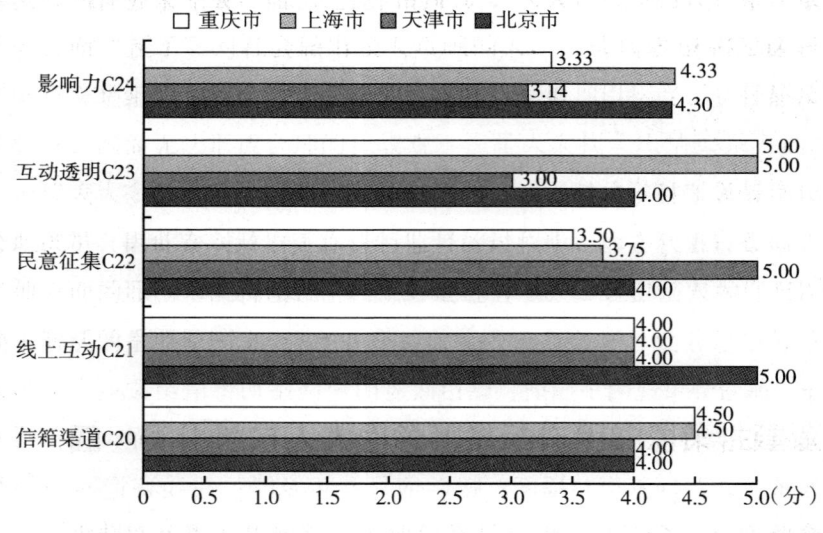

图7 公众参与指标评估结果

（四）技术支持度

技术支持是一个网站不可或缺的因素，对于衡量一个网站的信息公开水平有着重要意义，如果一个网站没有良好的设计水平、服务器质量等软件硬件设施的支持，就容易对公众获取信息的渠道造成消极影响，从而导致便捷性受损、信息质量下降等一连串的影响。

1. 信息表达指标分析

信息表达指的是网站信息表达的顺畅情况，在此课题组设计了四个三级指标：无障碍浏览服务C25、支持多语言C26、页面美观度C27和手机浏览体验C28（见图8）。无障碍浏览服务指标中，课题组进一步制定了网页在原有基础上是否支持字体放大功能；网页是否支持特殊界面设置功能；网页是否支持辅助线添加、色调调节功能；网页是否支持语音等功能四个具体量化标准，此项评估中，重庆、上海、天津三个直辖市政府网站不支持语音功能而导致扣分。支持多语言和手机浏览体验两项指标中，四个直辖市均得到较高分数，直辖市政府网站在此方面相对较为完善。

2. 信息组织度指标分析

信息组织度指门户网站信息组织的完善情况，包括导航系统C29、相关链接C30、站内搜索C31三个三级指标（见图8）。导航系统方面，课题组制定了是否有网站地图和站内导航方便用户定位；是否支持短信订阅服务；是否支持RSS订阅服务三个具体量化标准，此项指标上海得到满分，天津和重庆的网站不支持短信订阅服务和RSS订阅服务导致相应扣分。相关链接指标四个直辖市均达到满分，站内搜索指标中，四直辖市的站内搜索功能的搜索速度均有待提高。

3. 技术支持指标分析

技术支持比较难以从外在表现来衡量，由于能力所限，难以获取政府网站信息安全方面的资料，课题组仅采用网页可读性C32一个三级指标进行衡量（见图8）。其包括是否存在网页空白、无法加载的情况；是否存在网页图片无法加载、视频无法播放的情况；以往信息是否可以被有效查询三个具体

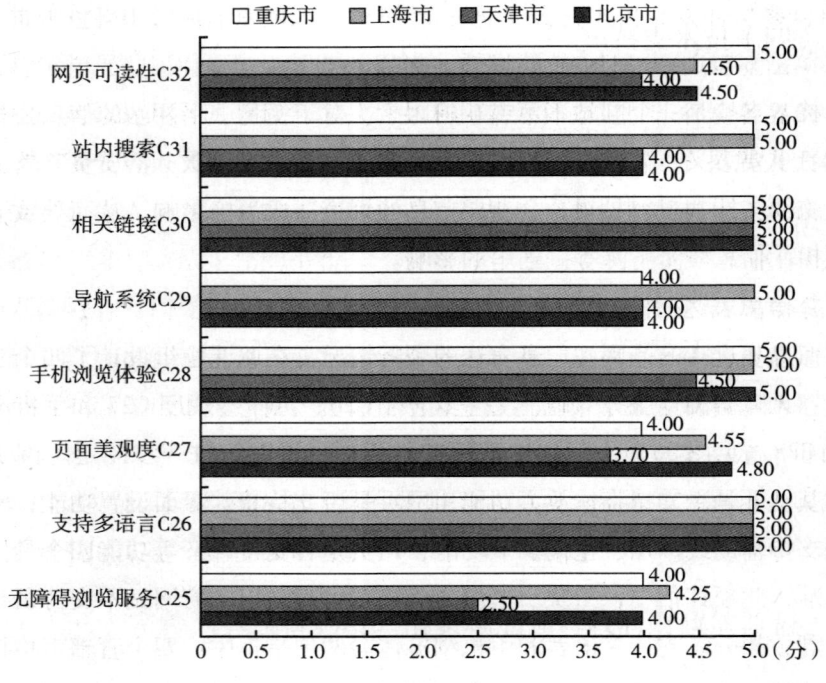

图8　信息技术支持评估指标结果

量化标准。课题组通过在每个政府网站随机打开15个页面来检测网页中是否出现文字、图片或者视频无法加载的情况，基本所有的网站都能够正常显示页面，可见网页可读性这一指标处于较好水平。

（五）制度支持度

1. 制度保障度指标分析

制度保障度所要考虑的是现行的各种制度对门户网站信息公开的控制情况，信息公开需要有效的监督与保障，这就需要相关制度诸如信息公开年报和其他制度诸如信息公开检查制度等发挥作用。制度保障度指标分为信息公开工作年度报告C33、相关制度支持C34两个三级指标，信息公开工作年度报告中制定了年度报告中提供信息公开咨询方面数据；年度报告中提供申请公开类行政复议、行政诉讼方面数据；年度报告中存在问题、解决方案方面的反思程度三个具体量化指标，此项指标四个直辖市均得到满分。相关制度支持方面包括了每年按时公布信息公开有关支出；网站中含有信息公开社会评议制度方面的内容；相关制度支持网站公布对自身或下级部门的信息公开工作考核情况三个具体量化标准，通过评估发现北京、天津、上海、重庆四个直辖市在公开含有信息公开社会评议制度方面均未提供相应信息，需要进一步完善。

2. 内容保障度指标分析

内容保障，主要是指该市属部门网站上的相关法规等信息是否与上级政府网站所公布修改的信息相协同。近年来各级人大和各级行政机关的立法部门通常采取一种批量修改法律规范的方式进行法规修改，因此就有可能出现委办局法律法规部门的内容没有及时更新的情况。此项指标中四个直辖市均得到满分。

三　小结与建议

如前文所述，随着计算机技术和网络技术的迅速发展，社会大众越来越多地通过网络来获取所需信息。政府门户网站作为政府信息公开的重要载体，对于公民和其他社会组织有效行使知情权，推进政府依法行政、打造"阳光政府"、提升政府公信力具有深远意义。党中央和国务院一直高度重视信息化工作，早在1997年，全国召开信息化工作会议，"十五"期间，国家信息化领导小组对信息化发展重点进行了全面部署，做出了推行电子政务、振兴软件产业、加强信息安全保障、加强信息资源开发利用、加快发展电子商务等一系列重要举措。自此开始，政府部门开始利用信息技术，扩大信息公开，促进信息资源共享，有效推动了政府职能的转变。至今我国政府门户网站的建设已进行了20多年，电子政务取得了长足发展，积累了丰富经验。党的十八届四中全会决定指出：全面推进政务公开，坚持以公开为常态、不公开为例外原则，推进决策公开、执行公开、管理公开、服务公开、结果公开是法治政府建设的重要方面①。

通过对京津沪渝四个直辖市政府信息公开的评估，我们发现直辖市政府网站得分要普遍高于上海市各区（县）及下属委办局，这反映当前我国直辖市政府门户网站建设已经达到了比较高的水平，尤其上海市在2004年率先制定了《上海市政府信息公开规定》，十年来在政务公开方面积累了丰富的实践经验。然而面对成绩，我们也应该冷静地注意到本次评估中各直辖市政府网站存在的一些问题。课题组对这些问题进行整理分析后，对上海市政府门户网站提出如下建议。

（1）严格贯彻落实国务院《政府信息公开条例》和其他有关政府信息公开的规定，加强重点领域信息公开。从评估结果上来看，各直辖市政府网站都或多或少存在对国务院《政府信息公开条例》和其他有关政府信息公开的规定落实不到位的情况。完善政府政策实施情况的信息，尤其重要的是落实对政府信息公开的考核机制，并加强政府信息公开工作的自我检查。

（2）完善政府信息公开目录。上海市政府应在广泛吸收其他直辖市政府信息公开目录的长处及参照全国和其他省（市）政府信息公开目录的情况下制定统一的政府信息公开目录，并下发各区（县）、委办局执行。统一的政府信息公开目录一方面能够提高政府信息公开和对政府信息公开考核的效能；另一方面可以增加社会公众对政府信息公开的认知度，同时也给用户带来方便，更高效地检索自己需要的政府信息内容。

（3）进一步完善公众参与的互动渠道。第一，对于互动渠道的各种形式应落实到位，从事前的功能操作说明到事后的统计、分析及采纳情况都要进行公开、落实，保证透明性、主动性、有效性。第二，整合互动资源，譬如，可以就社会热点问题开展互动，提高公众参与程度。第三，要认真对待网站用户的意见和建议，希望政府予以反馈。

---

① 参见《中共中央关于全面推进依法治国若干重大问题的决定》，《人民日报》2014年10月24日。

（4）提高在线服务的能力，健全在线服务的运作保障机制；切实做到真正的在线访谈。同时在下一步网站建设中，在在线访谈部分加入社会公众的交流评论专区，方便公众对访谈内容进行及时评论，增强政民互动。

（5）提高服务便捷性，优化用户体验。在下一步的网站建设中首先要使申请信息公开、网上办事的渠道更加畅通便捷，简化程序，剔除不必要的步骤；其次，增加网站维护的经费投入，尽最大可能避免页面错误、网站响应慢等问题，网上办事过程中的几次错误，很可能给用户造成难以计数的损失，只有定期进行信息技术检查与更新，才能避免意想不到的差错出现，给公众提供最大可能的便利；最后，优化页面设计，使用户体验更加人性化，适当借鉴国内外优秀的网站设计经验，使门户网站的页面设计更加风格化、特色化。

专题篇

Special Reports

B.6 在创新社会治理中搭建攻坚克难的平台

汤啸天　张志军　程　维*

摘　要： 上海市法学会为创新社会治理，针对城市管理中的"顽症"，在2014年组织理论界和实务界的专家学者，共同聚焦"破解拆除违法建筑的法律困境""治理非法客运综合对策""治理'群租'法律疑难问题研究""来沪人员服务管理与城市法治""医患纠纷人民调解的法律保障"5个专题，共同研究破解难题的对策措施，取得了良好的效果。

关键词： 创新　社会治理　上海

---

* 汤啸天，编审，上海市法学会副秘书长；张志军，上海市法学会研究部副主任；程维，上海市法学会研究部主任科员。

党的十八届三中全会通过的《中共中央关于全面深化改革若干重大问题的决定》提出了"创新社会治理体制"的任务。2014年2月，市委部署启动了"创新社会治理、加强基层建设"一号调研课题。市法学会认识到，创新社会治理、加强基层建设是事关上海当前改革和未来发展的全局性大事，也是法学会服务地方法治建设的重要契机。因此，市法学会紧紧抓住市委一号调研课题，在深入调查研究的基础上，组织开展"创新社会治理"系列研讨活动，以此为平台聚焦城市管理中的"顽症"。组织理论界和实务界的专家学者，共同研讨破解难题的对策措施，取得了良好的效果。

一 全面推进依法治国不能忽视对"顽症"的治理

在上海的城市管理中，拆除违法建筑、整治"黑车"、治理"群租"、遏制"乱设摊"、处理"医闹"等难题由来已久。长期以来，突击式、运动式的整治对此类"顽症"收效甚微，公众反映强烈，亟待通过社会治理创新找到务实管用的治理对策。改革开放以来，社会治理和基层的情况发生了很大的变化，社会治理能力的不足造成了"顽症"的聚集。创新社会治理就是要以最广大人民根本利益为根本坐标，从人民群众最关心、最直接、最现实的利益问题入手，把法治落到实处。"顽症"的治理，一方面涉及全市各方面的工作，任务重、难度大；另一方面也为政法院校、科研机构提供了运用理论知识破解难题、"接地气"的良机。

2014年，市法学会在回顾总结以往系列专题研讨经验的基础上，紧紧围绕市委一号调研课题确定以"创新社会治理"为专题开展系列研讨活动（以下简称系列研讨）。系列研讨秉持多方合作、多种形式、求真务实、成果转化的基本原则，进一步加强与院校、研究机构和政府相关部门（尤其是主抓"顽症"治理工作的职能部门）合作。系列研讨聚焦"破解拆除违法建筑的法律困境""治理非法客运综合对策""治理'群租'法律疑难问题研究""来沪人员服务管理与城市法治""医患纠纷人民调解的法律保障"5个专题，先后举办了5次专题研讨会。这些专题研讨会旨在通过研讨交流,形成有价值、可参考、可操作的破解实际问题的法律对策建议。根据系列研讨的共识,编发了2份《上海法学专报》,发表了5篇学术综述,对破解社会治理中的"顽症"起到了积极的引导作用,为法治治顽、制度治顽、常态化治顽提供了目标路径。

二 "创新社会治理"系列研讨概况

2014年7月31日下午,由市法学会与市行政法制研究所共同主办的以"破解拆除违法建筑的法律困境"为主题的"创新社会治理"系列研讨第一次专题会在市法学会召开。会议由市法学会副秘书长汤啸天主持。市法学会常务副会长林国平、专职副会长施基雄出席会议并讲话。会议邀请了市政府法制办、综治办、规土局、房管局、城管、工商、食药监、法院、检察院、公安、法律院校、科研机构、法律服务机构等方面的30余位专家学者参会。

8月20日下午,由市法学会、市行政法制研究所、市交通执法总队共同主办,市法学会社会管理综合治理研究会协办,以"治理非法客运综合对策"为主题的第二次专题研讨会在市交通执法总队召开。会议由市法学会专职副会长施基雄主持。市法学会常务副会长林国平出席会议并致辞,上海社会科学院副院长、法学研究所所长叶青教授做会议总结。会议邀请了市政府法制办、综治办、交通执法总队、交警总队、法院、检察院、法律院校、科研机构、律师协会等方面的40余位专家学者参会。

9月18日下午,由市法学会与市住房保障和房屋管理局共同主办,市法学会社会管理综合治理研究会协办的以"治理'群租'法律疑难问题研究"为主题的第三次专题会在市委政法委召开。会议由市法学会专职副会长施基雄主持,市法学会常务副会长林国平出席会议并致辞,市法学会社会管理综合治理研究会副会长、上海政法学院闫立教授做会议总结。来自本市各法学院校、科研机构和房管、公安、综治、工商、法院、检察、律协等实务部门的专家学者40余人参加研讨。

10月15日下午,由市法学会和浦东新区人民法院联合主办,市法学会社会管理综合治理研究会协办的以"来沪人员服务管理与城市法治"为主题的第四次专题研讨会在浦东新区人民法院召开。会议由市法学会专职副会长施基雄和浦东新区人民法院副院长曹洁主持。浦东新区区委副书记吴福康、浦东新区人民法院院长张斌等领导出席会议并致辞。市法学会社会管理综合治理研究会副会长、上海海关学院院长肖建国教授做学术点评。市法学会常务副会长林国平做会议总结。来自本市各法学院校、科研院所和市人大、法制办、综治办、发改委、法院、公安等实务部门的专家学者40余人参加研讨。

11月19日下午，由市社会科学界联合会、市法学会、市司法局共同主办，浦东新区司法局承办的以"医患纠纷人民调解的法律保障"为主题的2014年法律实务专场暨"创新社会治理"系列研讨第五次专题会在浦东新区召开。会议由市法学会专职副会长施基雄主持，市法学会常务副会长林国平、市司法局副局长陈春兰、浦东新区副区长陆鸣等领导出席会议并致辞。市高级人民法院副院长邹碧华和上海政法学院副院长、市法学会人民调解法治研究会会长关保英教授分别对会议研讨进行学术点评。来自本市法院、市和区（县）司法局、医调委、法律高校、医疗机构、保险机构的近百名专家学者和医调工作者参加了研讨。

三　"创新社会治理"系列研讨的主要成果

（一）提出破解拆除违法建筑的对策建议

1. 浦东拆除违法建筑经验值得借鉴

首先，必须破解多个执法主体引起的推诿现象。在浦东，拆违只有一个执法主体即城管执法局，从而解决了相互扯皮的问题。其次，解决好司法执行难的问题。浦东在相关部门的支持下，拆违工作基本上适用《城乡规划法》，避免适用《土地管理法》。最后，区分情况，分别处理。对公职人员所为、为谋利抢搭抢建、正在搭建、影响重大工程建设、违法占用土地、群众反映强烈的违法建筑一定要及时拆除;对有公益性且无经营性质、居(村)民认可,以及已经征地尚未拆迁且确有居住困难的违法建筑,则创造条件拆除。

2. 拆除违法建筑要多措并举

专家学者充分肯定,市城乡建设和管理委员会等9个部门共同制定《关于进一步加强本市违法建筑治理工作的实施意见》的及时性,并认为,对正在搭建违法建筑的当事人拒不停止建设的,拆违实施部门除责令当事人停止建设、自行拆除外,还可以采取查封施工现场、暂扣施工工具和材料等强制措施,并应当充分利用《行政强制法》中有关代履行的规定。有学者建议,要发挥社区共治在拆违中的作用,不能把事情统统推到政府那里去。针对各种类型的违法建筑,社区要有共治和联动。要签好《社区管理规约》《物业服务合同》,妥善处理小区内在自治层面上产生的对抗和争议,防止搭建违法建筑之风的蔓延。

3. 用好用足拆除违法建筑的法律资源

专家学者对拆违的法律依据进行梳理后认为,还有一些法律资源可以利用。例如,新修订发布的《环境保护法》第63条第一款规定,"建设项目未依法进行环境影响评价,被责令停止建设,拒不执行的,公安机关有权对直接负责的主管人员和其他直接责任人员处以拘留。"这一规定适用于建造违法建筑开饭店等需要进行环评的情形。有专家建议,针对《行政强制法》第44条有关违法的建筑物、构筑物、设施等需要强制拆除的规定,可以通过市人大常委会,提请全国人大常委会或者其工作机构,进一步做出明确的解释。

4. 努力缩小拆违工作中立法与执法的差距

专家学者认为,本市违法建筑惊人存量的形成,与立法和执法存在一定差距有关。立法应当更加精细化,更具可操作性。在执法环节应当防止把对公权力的约束,人为地曲解为"依法不作为"的根据。拆除违法建筑的制度设计,一要进一步完善举报制度,加大举报渠道的宣传力度和体系建设,实行举报评价和反馈,并赋予举报人一定的监督权利;二要进一步梳理行政强制法、部门专门法、行政诉讼法之间的关系；三要进一步整合资源，建立各个执法主体共享互通的信息平台；四要强化公众监督，适时借鉴法院裁判文书全面上网接受公众监督的做法，将拆违立案的事项、处理流程等在网上公开。

（二）提出治理非法客运的对策建议

1. 查处非法客运要综合治理组合发力

专家学者建议：采用打、堵、疏结合的方式，综合治理非法客运，持续地将查处延伸到非法客运的上下游产业。一要从源头治理，减少非法客运的行为人。积极应对公众交通需求，优化交通布局规划，增加居民出行的公共交通供给量；探索开至郊区的小型巴士，改进出租车特许经营，额度审批权下放给区（县），研究出租车分类管理的方案等。二要依法治理，用足用好现有法律资源。严格执法，严厉打击"套牌车""克隆车"；建立长效机制，严禁下线出租车变身为"克隆车"，对暴力抗法要依法追究其刑事责任；延伸执法，对从事"黑车"经营者要扣减其社会福利待遇。三要系统治理，构建联动机制。推进社会管理领域的执法力量整合，在试点基础上推行交通秩序、社会治安等综合执法；谋划"大城管"，实施分大类综合执法管理，尽可能压缩部门之间扯皮推诿的空间；把治理非法客运纳入平安创建活动，号召市民抵制非法客运，开展无"黑车"小区创建活动，实行社区共治自治；交通执法总队获取的相关数据应当纳入交通、治安和居住证积分管理、个人信用系统，实现及时数据对接。

2. 查处非法客运要多方取证

专家学者认为，查处非法客运除了固定的视频监控外，还可以人工拍摄取证、现场简易笔录程序取证。招揽生意的名片可以作为非法客运的辅证，小区居民自发拍照或录像的蹲点黑车视频，也可以作为证据使用。有学者介绍，发达国家和地区都有"便衣取证"的案例，但便衣取证的合法性需要有法律授权为支撑。有学者认为，使用诱惑侦察的方式取证，必须高度谨慎，要满足三个前提：实施者的身份必须是执法人员；取证的违法犯罪行为本身具有隐蔽性，且对社会、公众利益和公共安全、公共政策有明显危害；一般的常规取证手段无法奏效。

3. 查处非法客运要着力把握合法有效证据的认定

有学者认为，对非法客运的事实认定必须有合法有效的证据。一是认定非法行为证据的合法有效性；二是对合法证据的判断，包括取证方式和证据形式合法两个方面；三是认定非法客运事实的标准。法官对证据标准的裁量原则是：对当事人利益侵害越大，对证据的证明标准要求就越高。如罚200元和罚10万元，法院对证据的要求肯定不一样。

（三）提出治理"群租"的对策建议

1. 探索对物行政行为理论在治理"群租"中的运用

有学者认为，一是要修订《上海市住宅物业管理规定》，用"相邻关系"诉讼遏制"群租"；二是要直接对违法的财产所有权人做出明确限制，如限制出境、冻结银行账号等；三是要将实际利益获得者拟制为权利人，降低执法难度；四是在保障申辩权的前提下，对财产所有权人可以应用对其不利的推定原则。

2. 建立治理"群租"的长效机制

有专家提出建立治理"群租"长效机制的关键。一是需要营造相应的法律环境，取得法律的支撑。要进一步整合执法力量，实现由单一执法向综合执法转变；将执法重点由转租人向出租人转移，同时，要进一步精简执法流程，简化取证、送达、听证等程序。在申请强制执行方面，要协调法院给予更多的支持，进一步缩短审理周期，提高执法效率；同时，要从不同角度依法处理违法行为。构成经营旅馆业的，由公安部门纳入旅馆业特许经营管理；构成非法经营行为的，由工商部门按照无照经营行为予以处罚；构成严重扰乱市场秩序的非法经营罪的，要追究其刑事责任。适时修改《消防条例》，明确业主的消防安全责任，弥补立法缺陷。二是要加强业主的自我管理。要厘清业主、居委会、业委会、物业服务企业等各个主体的定位和相互关系，落实出租房屋安全管理责任，明确相邻妨害诉讼主体资格，修订完善业主管理规约。

3. 四措并举进一步做好"群租"整治工作

一是完善法律法规，包括对"群租"概念的界定、相关部门职责的界定以及加重处罚等。二是强化执法管理。从其他法律资源的发掘上寻找破解难题的思路。三是注重堵疏结合。当前，"顽症"处于泛滥时期要以堵为主，同时也要寻找一些疏导措施，建立长效机制。四是着力于源头治理。要进一步调整产业结构，完善规划方案和布局；通过对城市"顽症"的治理，有效地挤出城市发展过程中的负能量，引导城市向有序运行的方向发展。

（四）提出强化来沪人员服务管理的对策建议

1. 转变理念、优化职能、完善服务

专家学者指出，进一步完善来沪人员的管理和服务，基石是"合法稳定就业、合法稳定居住"。要以居住证管理为载体，进一步完善来沪人员公共服务的供给制度。在现行的政策体系下，公共服务的供给方面划分为三个不同的层次：①向履行居住登记义务、有临时居住证的人员提供了更多便利化服务，包括计划生育、公共卫生以及一些基础性服务等；②对持有上海市居住证的来沪人员，实现国家规定的基本公共服务基本覆盖；③对积分达到标准分值的来沪人员，提供与户籍人员差异不大的公共服务。

在具体工作措施方面，明晰三个导向问题。一是通过优化产业结构，不断优化人口结构。主要通过对低效高耗能的产业做调整、集约利用土地等方面来优化人口结构。二是不断完善公共服务政策，结合居住证制度的调整和公共服务供给，从公共服务角度完善对来沪人员的管理，寓服务于管理之中。三是通过两个"合法稳定"加强社会管理，实现人口有序流动。从合法稳定就业角度，加大单位就业的检查、稽查力度，保护就业人员的合法权益。现已尝试在家政、医院护工、个体工商和务农人员四个领域建立了灵活就业登记制度，且正在进一步完善，探索通过准员工或注册的方式进一步规范化管理。从合法稳定居住角度，主要是从合法居住的行为、合法居住的房屋出发，加大改造"城中村"和打击"群租"的力度。

2. 合理调控人口数量，调整人口结构

有专家认为，从全球来看，目前正处于全球城市化加速发展阶段，特大城市是吸纳人口的主要地区，人口增长是城市发展的规律。上海进行人口调控是完全必要的，但调控中没必要追求绝对数量的减少，调控中人口数量可能还需要一定的增加，以填补日益增长的养老费用。首先，要加强人口调控，在控制总量的同时，着重调整人口结构。调整过程中要遵循国际大都市人口发展的一般规律。对上海来说，应该在靠近中心城区的轨道交通沿线多建设小户型的公寓，为外来人才提供过渡性住所，适应知识经济时代人口向中心城区回流的需要。其次，要进一步完善居住证制度，加大人才集聚，而不是把人才赶出上海。再次，公共服务要做出前瞻性的规划。缩小不同地区的公共服务差异，吸引人口的外迁。最后，轨道交通网络建设需要尽快修建一条外环线，连接放射性的新城。

3. 实现人口整合，完善依法行政

有学者指出，第一，城市病的实质不是人口过多，而是城市的管理和服务能力不足。城市病表现的是城市人口增长和城市发展的内在紧张关系，究其原因在于城市的管理和服务能力不足，导致供给不平等。第二，行政管理有其自身限度。在一个快速城镇化的过程中，巨型城市应对紧张关系单纯依靠行政是不能成功的。行政管理有自身的限度，必须遵循城市化发展的内在规律，在法治的框架下进行行政调控。第三，法治在治理体系中提供了人口管理服务的基础。现代城市的运行要突破全能政府的传统思路，通过法治和治理的强化来加强人口管理和服务，提高城市的运行水平和运行质量。

（五）提出强化医患纠纷人民调解法律保障的对策建议

1. 完善司法确认制度，提升人民调解协议法律效力

人民调解协议司法确认制度在保障人民调解应有功能、节约司法资源、提高司法效率方面具有十分重要的意义，但该制度仍需进一步完善。第一，需进一步明确可予司法确认的范围。《民事诉讼法》及《人民调解法》关于可以提起司法确认的协议类型，只规定了"经人民调解委员会调解达成调

解协议后,双方当事人认为有必要的"这一项内容,人民调解委员会的调解范围是民间纠纷,是否上述范围内的人民调解协议都可以进行司法确认,需要法院予以明确。根据实践经验,首先,人民调解协议的司法确认应以必要性为基本原则;其次,可确认的调解协议类型不应局限于民间纠纷。第二,坚持多种审查方式并重的原则。对民事调解协议司法确认申请的审查,应坚持简便快捷、依法审慎的原则。具体而言,简单的司法确认案件,以书面审查为主,而较为重大的司法确认案件,应当以庭审审查的方式为主,辅以必要的证据调查。当事人无正当理由未按时补充或者拒不接受询问的,可以按撤回司法确认申请处理。第三,进一步完善错误确认救济途径。法院在对司法确认案件做出裁定时,存在出现错误的可能性,主要表现为两种情形:一是司法确认裁定对当事人产生的错误;二是当事人调解协议涉及第三人的利益。针对第一种情况,若当事人事后发现确认裁定书确认了无效的调解协议、确认了不得确认的解决事项或者超出调解协议范围或者调解组织出现违反职业道德的行为时,法院不应按照再审程序加以救济。针对第二种情况,赋予案外人提起第三人撤诉是更合理的选择。

2. 进一步加强医患纠纷人民调解工作的法律保障

应当进一步发挥医患纠纷调解法律保障的引领和规范作用。一方面,在调解医患纠纷时,始终将法治宣传教育贯穿调解的全过程。通过法治宣传教育,使人们认识到法律既是保障自身权利的有力武器,也是必须遵守的行为规范。另一方面,用制度来规范医患纠纷人民调解工作。通过法律保障进一步规范队伍建设,提升调解工作的专业化水平。一是探索人民调解员职业化。按照行业性、专业性人民调解组织的内在要求,探索人民调解职业化路径。通过人民调解员选聘制度、职级报酬制度、定期考核升降制度的创新,不断提升医患纠纷人民调解的专业化水平。二是完善配套制度,为依法调解提供制度保障。依照现有医患纠纷人民调解的法律法规和政府规章,制定细化的操作制度和程序。确保医患纠纷人民调解从受理、调查、专家咨询、调解和协议签订都有章可循,使每一例医患纠纷的调解都做到事实清楚、责任明确、赔偿有据和合法、合理、合情。三是创新工作模式。探索利用互联

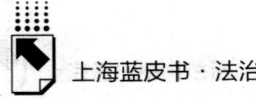

网、智能手机、自媒体等新兴技术创新医患纠纷人民调解新模式。建立纠纷受理、排查、专家咨询等平台,加快医患纠纷排查、反馈、沟通、调解流程,实现医患纠纷早发现、早受理、早调解。同时,广泛宣传医患纠纷人民调解法律法规,扩大医调委在群众中的知晓率,努力形成"有医患纠纷找人民调解"的氛围,通过人民调解有效化解医患纠纷,促进和谐医患关系形成。四是发挥人民调解工作的预防作用。医患纠纷的预防工作要和调解工作并重。进一步加强区(县)医调委同医疗机构的沟通联系,通过及时反馈信息等方式,发挥医调委在预防医患纠纷中的能动作用。

B.7 上海人大引领与推动法治政府建设的探索

"上海人大引领与推动法治政府建设的探索"课题组*

摘　要： 人大作为权力机关、立法机关和监督机关，对政府工作具有举足轻重的影响。上海市人大近年来通过行使立法权、监督权和重大事项决定权的方式，对上海市法治政府建设工作起到了重要的引领与推动作用。上海人大引领与推动法治政府建设尚在探索与发展中，今后人大可以采取完善立法机制、优化预算监督机制、接轨人民建议征集制度等多种方式，进一步增强其对行政法治化建设的影响作用。

关键词： 人大　法治政府　人大监督　上海

2013年《中共中央关于全面深化改革若干重大问题的决定》提出，全面深化改革的总目标是完善和发展中国特色社会主义制度，推进国家治理体系和治理能力现代化，建立科学的宏观调控、有效的政府治理是发挥社会主义市场经济体制优势的内在要求，必须切实转变政府职能，深化行政体制改革，创新行政管理方式，增强政府公信力和执行力，建设法治政府和服务型政府。2014年《中共中央关于全面推进依法治国若干重大问题的决定》提出，全面推进依法治国的总目标是建设具有中国特色的社会主义法治体系，

---

* 课题组组长史建三，上海社会科学院法学研究所研究员；课题组成员姚魏，上海社会科学院法学研究所助理研究员；课题组成员范政强、何家华、庄燕玉均为上海社会科学院法学研究所硕士研究生。本文由范政强、何家华、庄燕玉执笔。

建设社会主义法治国家。从上述文件可以看出依法治国一直在稳步深入推进：从依法治国到法治国家，从法治国家到国家治理体系和治理能力的现代化。专家学者一致指出："党的十八届四中全会以后，人大在依法治国中的作用和责任明显加强了。"[①] 建设具有中国特色的社会主义法治体系，必立法先行，发挥好立法在法治体系中的引领作用和推动作用。因此，上海市人大不仅以立法的方式直接引领和推动上海市法治政府建设，还以监督、重大事项决定等权能的有效发挥间接推动上海市法治政府建设。

一 人大引领推动法治政府建设的理论和法律基础

（一）人大是政府权力的来源

人大是人民行使民主专政的权力机关，我国政府由其产生、受其监督、对其负责，这是人大作为根本政治制度的体现，也是政府与人大关系的法律界定。政府机关的组织法即行政主体法，政府机关的行政行为法，政府机关的行政监督法，重要行政人员的任命、罢免，重大行政决策向人大报告制度等表明，人大在立法、监督、人事任免、重大事项决定的权能行使与政府关系密切。从我国的根本制度来看，人大与政府的关系密切，我国的人民代表大会制度不仅享有立法、监督的权力，并且还有构建的职能。比如，为推动政府职能转变，优化开放模式，继续探索深化体制改革的经验，依法推进中国（上海）自由贸易试验区建设，上海市第十四届人民代表大会常务委员会第八次会议决定：在中国（上海）自由贸易试验区暂停实施本市一部分地方性法规，进行上海自贸区的建设探索。[②]

[①] 汪闻生：《推进依法治市的挑战与人大的作用——市人大常委会党组"发挥人大在依法治市中的作用"专题调研专报之二》，《上海人大》2014年第12期。

[②] 《上海市人民代表大会常务委员会关于在中国（上海）自由贸易试验区暂时调整实施本市有关地方性法规规定的决定》，上海人大网，http://www.spcsc.sh.cn/shrdgzw/node4/node22/node36/n116/u1ai54870.html，2015年1月27日。

(二)加强外部监督是法治政府的内在要求

根据党的十八届四中全会对法治政府建设的阐释，法治政府包含了责任政府、有限政府、服务政府和诚信政府等多重内涵。责任政府和有限政府要求政府对其进行职能的科学划分及权责的设定；服务政府要求政府实现职能转变；诚信政府要求对政府全口径有效的监督。这些都表明法治政府建设不能再由单一的政府主体来推进，需要人大、司法机关、社会各方力量共同推进，使政府成为马克斯·韦伯所说的法理性政府，即政府主体在自身内部和面对各行政相对人时要保持客观性、中立性。[①] 而人民代表大会制度作为根本的政治制度，从政治来看：第一，一方面连接党委，另一方面连接政府，在党委和政府之间发挥对法治政府建设的枢纽作用，使法治政府建设更具整体性、协调性、前瞻性，发挥引领法治政府建设的作用；第二，一方面连接人民，另一方面连接政府，在人民和政府之间同样能对法治政府建设起到枢纽作用。从现有的人大代表的构成来看，很多人大代表都是退居二线的政府机关的领导，对政府的运作有切身的了解、切身的体会，如果人大代表能正确地处理人民意愿和政府机关的矛盾，能有效地融合政府机关和人民意愿的共识，这对增强政府的公信力、推进法治政府建设具有显著的作用。因此，《上海市依法行政"十二五"规划》提出，要"完善民主决策机制，进一步完善重大行政决策事项听取人大、政协意见制度"，并"自觉接受人大、政协监督，建立重大行政决策以及行政管理重要问题专题报告制度与沟通协商制度"。

(三)现有的法制框架下人大引领推动法治政府建设具有可行性

现有的宪法、法规赋予人大很多权能与职责，这不仅解决了上海市地方人大引领与推动上海市法治政府建设的合法性问题，还提供了上海市人大引领与推动上海市法治政府建设的法律制度框架。从宪法、法律法规来看，按

---

① 马克斯·韦伯：《论经济与社会中的法律》，张乃根译，中国大百科全书出版社，1998年。

照《中华人民共和国宪法》和《中华人民共和国各级人民代表大会和地方各级人民政府组织法》的规定，上海市人大具有以下对政府的制约权力。

（1）宪法法律保障：在本行政区域内，保证宪法、法律、行政法规和上级人民代表大会及其常务委员会决议的遵守和执行，保证国家计划和国家预算的执行。

（2）制定地方性法规：根据本行政区域的具体情况和实际需要，在宪法、法律和行政法规相抵触的前提下制定和颁布地方性法规，报全国人民代表大会常务委员会和国务院备案。

（3）计划和预算审查：审查和批准其行政区域内的经济和社会发展计划、预算及其执行情况的报告。

（4）重大事项决定：讨论、决定本行政区域的政治、经济、教育、科学、文化、卫生、环境和资源保护、民政、民族等工作的重大事项。

（5）人事任免：选举并有权罢免上一级人民代表大会代表，本级人大常委会的组成人员，本级人民政府的市长、副市长，本级人民法院院长，本级人民检察院检察长。罢免本级人民政府的其他组成人员。

（6）调查监督：针对本行政区域内具体事件启动特定问题调查。不定期地对本行政区域内机关单位视察调研。

（7）选举并有权罢免市人民检察院检察长：选出或者罢免人民检察院检察长，须报经上一级人民检察院检察长提请该级人民代表大会常务委员会批准。

（8）审核工作报告：听取和审议本级人大常委会、本级政府和法院、检察院的工作报告。

（9）撤销决定：撤销本级人民代表大会常务委员会和本级政府失当的决定、命令。

（10）权利保障：保护社会主义全民所有的财产和劳动群众集体所有的财产，保护公民私人所有的合法财产，维护社会秩序，保障公民的人身权利、民主权利和其他权利；保护各种经济组织的合法权益；保障少数民族的权利；保障宪法和法律赋予妇女的男女平等、同工同酬和婚姻自由等各项权利。

二 上海人大引领与推动法治政府建设的探索

（一）引领作用

地方人大在法治政府建设方面的引领作用，指的是地方人大通过制定和修改地方性法规的方式，为政府设立进一步发展的目标，并通过相关手段保证这一目标的实现，从而拉动地方政府的各项工作向着法治的轨道发展。因此，人大的引领工作主要包括了制定地方性法规、修改地方性法规和决定重大事项三个地方人大的主要职能。

1. 制定地方性法规促进法治政府建设

上海人大在制定一系列地方性法规中，相当部分涉及了行政权力的运行，既规定了政府的权力，也设定了政府的义务。2014年8月制定通过的《中国（上海）自由贸易试验区条例》，就在规定"法律、法规、规章未禁止的事项，鼓励公民、法人和其他组织在自贸试验区积极开展改革创新活动"，赋予自然人、法人和其他组织以充分创新发展自由的同时，要求行政机关"法无明文规定不可为"，明确一切重大改革措施都要于法有据。在制定地方性法规的过程中，值得注意的还有法规的审核环节。法规草案的实际起草者往往是政府部门，因而不可避免地在某些细节含有仅维护本部门利益对公共利益无益的内容，对此就需要法律委员会和法律工作委员会进行细致审核，既保证法律法规的制定真正符合维护社会发展、保证公民权益的立法目的，也杜绝政府部门将来起草的有关法规草案出现违反立法目的的现象。如2014年进行二次审议的《精神卫生条例》修订草案，在建设心理干预平台的相关规定上，为了保障政府机构和相关组织的心理干预行为具有充分的法制保障，常委会将修订草案修改稿第二十条中的心理危机干预服务平台、心理危机应急处置机制、突发事件时的心理援助三方面的内容予以充实完善，并分别做专条表述。

2. 修改地方性法规促进法治政府建设

相比之下，上海市人大对地方性法规的修改工作更多地体现引领法治政府建设的特征。因为当前立法过程中，地方性法规草案的形成往往由政府法制部门具体操作，人大及其常委会所能发挥的作用往往只是审议和局部微调，在这一过程中法规的内容常常以相对于政府最为经济的原则为主，与法规有利益相关的普通群众是否方便则作为次要的原则进行考虑；加上各种地方性法规在实施过程中难免会出现各种各样的问题，其中就含有相当部分与法治社会、法治政府建设不相适应的条款规定。地方人大在这时就应当基于调查研究掌握的信息，对违反法治原则的地方性法规的规定加以修改和废除，使修改后的地方性法规更加符合法治原则。以2014年新修改通过的《上海市消费者权益保护条例》为例，人大在上海市工商行政管理局提交的《上海市消费者权益保护条例修正案（草案）》中，提出了36条修正案，修改后的条例草案从62条增至75条。草案经过上海市人大法制委员会审议，对工商局制定的草案进行了调整和修改，其中就包括相当部分的限制有利于行政机关的职权扩张的有关条款。如在关于对预收款消费方式的监管方面，消费者和经营者原本可以协商的方式签订交易合同和决定预收款金额，在其中行政机关没有必要采取过多干预，因此删除了决定草案第三十二条关于经营者未与消费者订立书面合同应当给予行政处罚的规定；为了防止过多的行政化，在条例草案中对行政色彩更为浓厚的消费者权利保护委员会进行了一定的限制性修改，将修正案草案中的"召集行政管理部门、经营者、行业协会等各方研究处置消费投诉突发情况"，修改为"组织由消费者、经营者、行业协会、专业机构、相关部门等多方参加的协调会，研究解决涉及消费者合法权益的突发情况"。

3. 决定法治政府建设方面的有关重大事项

地方人大的重大事项决定权，是指地方人大及其常委会根据有关规定，对本行政区域内多方面重大事项做出具有法律效力的决定，并以强制力保证决定得到贯彻和实施的权力。上海人大在地方法治实践中，通过行使重大事项决定权来促进政府法治化建设有以下几种情况。一是决定调整法律实施的决定。如 2014 年 4 月上海市人大常委会第十二次会议做出关于修改《上海市人民代表大会常务委员会关于市人民政府制定规章设定行政处罚罚款限额的规定》的决定过程中，对其第一条规定"对违反行政管理秩序的行为设定罚款的限额为二十万元，其他做出对违法金额三倍以上罚款的情况不受此限制"，认为违法金额三倍以上罚款可能是一个远远超过二十万元限制的罚款金额，会给行政相对人带来相当大的负担，因此将规定内容修改为"对违反行政管理秩序的行为设定罚款的限额为三十万元"。二是关于推动政府工作事项的决定。在关于地方性法规的修改中，对条文的具体修改占了主要部分，而在推动政府工作事项的决定中，对实际工作领域的突破性创新决定则相对较多，如允许浦东新区先行先试、政府采购中优先选用节能产品和技术等，这些决定都对上海市法治政府建设起到了十分重要的帮助作用。三是发布有关文件、意见以便将法律法规和决定落实。如《关于制定地方性法规配套规范性文件的试行意见》等非正式的文件与规定，与市人大及其常委会通过的地方性法规以及重大事项的决定相辅相成，对正式法规与决定的补充与落实方案起到了不可或缺的辅助性作用。

（二）推动作用

地方人大的主要职能有四类，即监督权、立法权、任免权与重大事项决定权。一方面，重大事项决定权和立法权属于人大的引领作用，通过法规和决定，为政府设定建设性的要求，从而带动政府依法行政；另一方面，监督权和任免权则在政府实施工作过程中起推动作用，即在政府具体实施法律法规和有关职能的过程中，或工作完成之后，通过一定手段督促政府完善自身行为，使政府接下来的工作更好地符合法治政府的有关原则。事实上，不管是法律文本意义中的监督（《人大监督法》中所指的"依法行使监督职权"）还是任免国家机关工作人员的权力，都是人大对于国家机关进行一种广义上的监督的方式。地方人大对政府工作的推动作用，主要包括会议监督、工作监督、人事监督等形式。

1. 会议监督

一是通过审查监督。地方人大监督审查的形式多种多样，既包括具有全局性的审查，如审议"一府两院"的工作报告、国民经济和社会发展计划；也包括专项审查，如审核财政预算及预算的执行情况；还包括局部性审查行为，如对政府所属部门的专题汇报进行审查。地方人大审查监督的组织行为不仅可以在人代会上进行，还可以在常委会或专门委员会主任会议上进行，但通常都限于会议监督。二是质询、询问权。质询监督是人大监督权最具体、最普遍的一种形式。人大质询的监督程序是较为完善的，提起主体、监督对象、提起程序、审理主体、审议程序都有明文规定。但是这在法治实践中相比而言依然是经验不足，在上海人大工作过程中一般不会轻易开启质询程序。相比之下，以专题询问的方式进行的机构间互动则采用较为广泛。专题询问的主要意义在于保障人大代表知政议政的知情权，代表通过知悉政府的有关情况，更好地对政府工作进行监督。但是其意义也不仅于此，经过上海市人大的长期实践，询问的意义不再局限于"知悉"，已扩大到"诘问"。近年来，人大逐渐减少了在专题询问会前事先通报政府进行准备的问题比重，好让人大代表在询问过程中提出更多的问题让政府工作人员即席回答，在这一过程中，许多带有针对性的尖锐问题本身就是对政府的一种无形的施压，而具体情况中政府遇到类似情况基本也都能做到接受批评、耐心整改。2014年度，上海市人大常委会就加强本市城市管理顽症治理情况不止一次开展了专题询问，并以无序设摊、违法搭建、乱倒渣土等为重点，研究分析市民服务热线中反复投诉、久拖不决的案例，组织代表前往8个区的重点区域进行了明察暗访。

2. 工作监督

工作监督指的是在人大会议程序之外进行的监督形式，并不是完全独立于会议形式之外。一是执法检查。执法检查是对法律实施情况的检查监督，检查有关执法机关是否执行法律，发现法律实施中存在的问题，督促执法机关严格执法，要求改进执法工作。对此，上海人大制定了《关于加强市人大常委会执法检查工作的若干决定》《关于贯彻实施监督法的若干意见》，对执法检查的工作内容进行了有效的制度约束。二是规范性文件备案审查。地方规范性文件备案审查制度是全国各省（区、市）普遍建立的制度，除了2012年制定的《上海市人民代表大会常务委员会关于规范性文件备案审查的规定》作为基本的制度实施细则以外，人大还制定了《关于对依据促进和保障浦东新区综合配套改革试点工作决定制定的规范性文件的备案审查办法》，作为全面深化改革领域对规范性文件备案审查的特殊规定。三是人大常委会的专项监督。对于某一新制定的法规或政府某一具体工作，为了检察和监督其实施状况，在该法规或工作实施3~5年后，由人大常委会主任会议决定成立专项监督工作组进行专项监督调研。2014年，上海市人大已经完成了对深化行政审批制度改革加快政府职能转变情况，以及检查贯彻实施《关于促进和保障浦东新区综合配套改革试点工作的决定》情况的专项调研。以后者为例，在总结该决定实施后的有关成效以外，还指出了浦东新区政府在职能转变、制度创新和协同配套力度、充分利用决定给予的授权等方面的不足，并给出了四点整改建议。专项监督调研报告上报给人大常委会后，由常委会转达给相关政府部门负责人，极大地督促了法规与工作的推进执行情况。

3. 其他间接方式的监督

这方面的监督主要起到了监督工作的辅助作用，包括以下几个方面。一是人大代表批评建议。宪法和法律都规定了人大代表的向国家机关批评建议权。人大代表既可以直接向政府部门提出意见建议，也可以将意见反映到人大常委会，由常委会汇总整理后统一向政府机关转达。二是政府重大事项征求人大意见。近年来，上海市行政机关在做出一些涉及面比较广的重大事项前，一般都会事先通报人大常委会，并召开专题会议听取有关代表的意见，经过几年来的实践，已经逐渐形成了一套固定的机制。这种做出决定前征求人大意见的方式，虽然不属于人大质询、询问等法定程序，却是政府主动自觉接受人大及其常委会监督的创新之举，体现了上海市政府推动自身工作法治化的自主自觉性，也有利于人大常委会对政府工作动态的掌握。三是组织社会评议。上海人大已经建立了网议日制度，根据内部工作文件《人大网议日组织实施办法》，定期邀请社会各界重要人物参加人大网议日，与网民互动，包括政府公职人员在内都可以成为评议嘉宾。当政府官员接受网民提问的时候，政府官员也就在接受群众的监督。

三 上海人大在探索过程中尚需改进的部分

上海人大对法治政府建设的引领与推动还在阶段性的建设过程中，当前我们不能忽视上海人大制度性建设中的种种短板，这既包括内部环境的问题，又包括外部制度设计的障碍。具体而言，主要存在以下几点突出问题。

（一）现有的许多法律制度尚待进一步激活

在现有的法律框架下，人大还可以通过启动特定问题调查和人事任免程序来对政府工作进行规制，但是实践过程中不仅在上海，全国范围内的类似案例都较少。我国《人大监督法》规定地方各级人大经主任会议或由五分之一以上常务委员会组成人员书面联名时，即可提议组织关于特定问题的调查委员会。人事任免权方面，通过人大及其常委会行使任免权而实现的地方人大人事监督也还在不断探索与尝试中。上海市人大早在1990年就通过了《上海市人民代表大会常务委员会任免国家机关工作人员条例》，为上海市人大行使任免权制定了具体实施细则。但是，不可否认的是上海人大在人事监督的实践上存在空白。在诸如静安区胶州路公寓火灾、闵行区新建楼房倒塌等类似事件中，人大会因为顾忌党政机关的想法而不能尽职尽责，未能依法启动相关程序。2014年底发生的外滩踩踏事件的问责过程中，黄浦区区长、副区长等官员的撤职处理决定虽然应当由黄浦区人大做出，但实际上是由上海纪委发出并下达的，与此同时黄浦区人大常委会只是在"紧张处理外滩踩踏事件的善后工作"[①]，

---

① 《上海市黄浦区人民代表大会常务委员会关于延期举行上海市黄浦区第一届人民代表大会第七次会议的决定》，http://www.hprd.sh.cn/website/HTML/DefaultSite/hprd_ ggyjdsx/2015 - 01 - 18/Detail_ 6159.htm。

并因此延迟了区人大会议的召开。这一事件暴露了上海地方人大建设的短板。

（二）立法过程中的民意对接机制尚待进一步构建

人大作为人民行使国家权力的机关，理应代表人民的意志制定法律法规、做出重大事项的决定。但是在实践中，人大以及人大代表由于主观和客观的因素，与实际社会民情难免会有所阻隔。一些代表原本就是国家机关工作人员或者身处领导岗位的工作人员，缺乏与基层社会公众的联系，因此常常不清楚基层群众的实际需求。另外，现行人大立法机制下人大由于人员、能力和实际工作经验的欠缺，会将制定立法草案的工作交给政府部门，人大只是以立法草案为基础进行审核，甚至人大制定的立法计划往往来自政府各个部门的意见报告汇总，以至于人大及其常委会往往会制定一些群众并不需要或者不十分关心的法规条例。政府部门是法规的执行者，它的意见对于立法工作具有无可替代的作用，但是社会公众的意见建议同样不可偏废，在立法实践中地方人大应当吸取并平衡政府和社会两方面的意见。立法工作过于依赖行政机关，会导致部门立法和部门利益法制化的倾向，从而损害社会公众的利益。人大要更好地规制政府、引领和推动法治政府建设，就只能进一步构建和完善立法过程的民意对接机制。

（三）财政预决算审议的监督作用尚需进一步加强

人大财政监督制度的价值在于以财政资金方的身份对政府活动进行制约与监督，使政府权力能够在法治的轨道上运行。然而出于种种原因，各级人民代表大会对政府的财政监督仍有诸多问题。一是相关法律制度及其实施程序的不完善，每年"两会"的预算案审议时间过短，而且预算案审议缺乏辩论程序，预算审查报告通过程序及法律效力不明确，人大否决预算、决算案的法律后果也无更多规定，这些程序上的缺陷都增大了人大财政监督成为一种走过场的可能。二是财政监督机构及其运行模式不健全，人大制度中缺少自己的专门审计机构，预算执行过程的动态监督机制不完善，监督方式太过单一，这直接导致了审核过程仅仅局限在被动接受政府提供的财政数据层面，无法进一步进行监督。三是人大预算审核能力不高，由于代表大部分并非全职，且缺乏相关财政预算审核的知识基础，无法有效地在预决算审核会议上发挥作用。虽然每年上海人大会议前都会组织代表进行相关方面的简单培训，但这些无法发挥作用，在面对复杂的政府财政预决算报表时，大部分人大代表都望而却步。相关问题的存在，制约了人大财政监督功能的充分发挥。

（四）人大代表在工作中的主体作用尚待进一步发挥

人大代表和常委会工作人员是人大发挥引领与推动法治政府建设作用的主体，但是这一"主体"往往难以发挥有效的作用，问题主要集中在以下几个部分。一是人大代表知识结构的短板。大多数代表并非全职，人大代表来自各行各业，即使大多数代表都有从事行政相关方面工作的经验，但代表们在立法、审议方面仍然缺乏相关知识，进一步限制了代表作用的发挥。二是人大代表价值观错位。对于人大代表这一职位，许多代表只是当成一种光荣的政治任务来完成，而忘记他们的职责，人大代表身份往往被当成一种政治荣誉而"授予"对社会做出较大贡献的人，当选代表也认为这一称号的实际意义是组织和社会对其工作的肯定并自豪地加以接受，责任感反而不及荣誉感，因而无法形成合理的代表观。三是人大代表人情关系方面的限制。人大代表大多数都身处国家机关体制之内，或者是之前处于领导岗位的退休公职人员，因此在对政府工作进行监督的过程中，许多代表往往碍于情面或其他方面的原因未能将监督工作更好地进行下去，这也是人大许多监督制度尚未激活的重要原因之一。

四 优化地方人大引领和推动作用的对策性建议

人大制度在我国政治制度中地位举足轻重，可谓牵一发而动全身，因此，笔者的对策性意见不对法律规定的制度进行调整，仅是在法律制度的框架内探讨地方人大推动和引领法治政府建设的有效措施；同时，也秉持谨慎的态度提出地方性法规的制定修改意见。

（一）通过地方立法的手段，完善并增强地方人大的监督作用

作为地方人大及其常委会四项权能之一的监督权，是本级人大及其常委会最具法律效力、最高层次的监督。为避免地方人大监督权的实施出现弱化状况，应当实施"分步走"。第一，要理顺监督体制。要创造性地探索制度实践经验。行使特定问题调查和问责罢免公职人员都十分考验人大工作者的政治智慧，在实践中将尚未激活的监督方式加以创造性地使用，从而积累实践经验并让这些制度成为惯例，增强人大对政府法治化建设过程中的影响。第二，要避免人情关系影响工作。这既需要人大工作者端正自身价值观，通过改变自身观念的方式更好地履行自身职务，也需要相关制度保障，只有人大的监督工作以人大自身的名义进行，弱化监督制度中个人的影响力，人情关系对代表工作的影响才能有效地杜绝。第三，要丰富监督途径。如借鉴西方成功经验，探索人大监督专员制度，由监督能力和专业知识较强的专员代表人大对行政、司法机关违法或不当的行为进行监督，以增强人大监督实效。

（二）合理规划地方性法规的制定工作，通过立法引领法治政府建设的发展方向

上海市编制立法规划工作始于1998年，用以指导本地区立法工作。立法规划指立法主体在其职权范围内，为达到一定的目的，按照相应原则和程序所编制的用于实施的关于立法工作的规划和部署。[1] 因此，要在立法全局上考虑将法规制定与法治政府建设相结合，着重凸显法治政府建设的实际需求。党的十八届四中全会决定"发挥人大及常委会在立法工作中的主导作用"，为人大推动法治政府建设在立法工作中发挥实际作用提供了坚实的保障，地方人大要想切实加强主导作用，必须找到有效的抓手和切入点。在具

---

[1] 郭道晖：《当代中国立法》，中国民主法制出版社，1998，第254页。

体推进过程中,应注重四个"发挥"。一是要发挥人民群众的"参与作用"。要持续拓展公民有序的立法参与渠道,在制订立法计划和拟定立法项目的过程中,可以运用各类手段和方式,如利用新媒体渠道征求社会各界的意见建议。二要发挥人大代表和常委会工作人员的"主体作用"。拓展人大代表和常委会工作人员参与立法工作的渠道,积极引导和协助其提出立法议案,积极搭建其参与立法工作的平台。三要发挥各专门委员会的"专业作用"。充分发挥好各专门委员会的特殊优势,积极进行研究调查,对法规草案进行立法必要性和可行性研究,就立法条件是否成熟、法规草案中的规范是否合理可行等问题提出审议意见,真正在地方立法机制中掌握主动权。四是要发挥法律专家的"咨询作用"。对一些重大事项领域的法规草案制定,可以由立法工作者、政府部门和法律专家三方联合起草或分别起草,再由人大组织人员对法规草案进行论证和审改。

(三)完善预算监督制度,落实和加强对政府财政的监督

针对人大预决算监督过程中的种种问题,要构建真正以地方人大为中心的地方财政监督体系,对此主要可以从四个方面入手。一是完善财政运行监督机制。完善财政预算审议制度,并充分利用先进信息技术,建立对从财政资金的申报、拨款到使用全过程的高效监督机制,形成覆盖所有政策和资金环节的多方位的高效率监控体系。二是强化审计部门作为专门监督机构的职能。健全审计结果公示制度,全面真实地向人大和社会公众通报审计工作进度,从根源上防止财政体系的腐败现象。三是优化预算监督程序,提高预算监督效果。推行政府预算草案的分项表决与结构化审议机制,即在总体审议之外,还根据某一项重要预算支出进行专门审议、逐项表决,并引入辩论、听证等程序,使代表观点得到充分表达。四是完善财政监督的配套制度。完善财政监督法律体系,增强监督权威,并改革和完善预算制度,包括改革预算编制制度、建立预算问责制、建立政府预算专家论证评估和公众听证制度、将预算外资金纳入政府预算的管理程序等。建立领导重大决策终身负责制,实现对公权力的有效制约。

（四）利用好信访制度和人民建议征集制度，实现与人大立法计划制订工作之间的有效对接

相比于其他渠道五花八门的建议，通过信访制度和人民建议征集制度获取的社情民意具有全面性、具体性和真实性的特点，不论是信访投诉还是对政府的意见建议，几乎都是针对具体问题的有的放矢，都是对政府工作某一细节的具体要求，因而具有很强的可采纳性。因此，人大可以通过信访和人民意见征集渠道建立民意对接机制。第一，推动人大信访办建立与党政机关和法院检察院信访部门的沟通机制，定期选取人大以外其他机关的信访部门吸纳的具有代表性的民意，汇总编纂形成信访月报（或季报）和人民建议征集季报，供人大常委会有关部门进行工作参考。第二，人大常委会可以利用专题询问制度和集中视察制度，组织代表定期与党政机关和法院检察院信访部门进行沟通交流，以便人大代表能够更加深入地了解民情。对市政府信访办和人民建议征集办的集中视察和专题询问可以一年一次定期进行，对市高级人民法院和高级人民检察院信访部门的视察可以两年一次或按需要进行。在具体操作中，因为人民建议征集的质量相对较高，提出的建议相对中肯，可以将人民意见建议作为侧重点。而信访意见则由于其体现民意的全面性与广泛性，可以作为重要的参考。另外，人大也要谨慎对待这些民意中与提出者有紧密利益关联的要求，真正做到公正对待。

B.8 上海法院司法改革试点工作报告

上海市高级人民法院司改办

摘　要： 上海法院在司法体制改革中，坚持深化思想认识，抓好顶层设计，完善细化方案，明确目标任务，强化组织领导，严格落实责任，有序推进改革，同时注重改革宣传，加强舆论引导。其主要成效体现在：以完善审判权力运行机制为核心推进改革，确保审判权依法独立公正行使；建立符合司法规律的人员分类管理制度，推动法院队伍职业化、专业化建设；完善人权司法保障制度，切实维护公民合法权益；以司法公开平台建设为载体，打造"阳光司法，透明法院"；探索跨行政区划人民法院、知识产权法院改革，圆满完成上海市第三中级人民法院、上海知识产权法院组建任务；加强司法体制改革制度建设，形成了一批改革配套制度规范；以司法体制改革为动力，促进审判质效全面提升。

关键词： 上海法院　司法改革　司法体制　审判权

上海法院是全国司法改革的首批试点单位之一。在市委及市政法委的领导下，在最高人民法院的指导下，在市人大的监督下，在相关部门的支持下，上海法院按照中央、市委、最高法院的决策部署，紧紧围绕加快建设公正高效权威的社会主义司法制度，维护人民权益，实现让人民群众在每一个司法案件中都感受到公平正义的目标，坚持顶层设计、分步实施、试点先行、先易后难、依法稳妥的原则，有重点、有步骤、有秩序地推进改革，并取得阶段性成效。

一　司法体制改革先行试点的基本做法

（一）深化思想认识，凝聚改革力量，确保正确方向

思想是行动的先导。深化司法体制改革必须首先在深化思想认识、凝聚改革力量、确保正确方向上下功夫。一是抓好学习，打牢思想基础。全市法院认真组织学习习近平总书记系列重要讲话精神和孟建柱、韩正、周强、姜平等领导同志关于全面深化改革的重要讲话精神，进一步深化司法体制改革是推进国家治理体系和治理能力现代化的重要内容，是全面推进依法治国的必然要求，是维护国家长治久安的司法保障，是确保人民法院依法独立公正行使审判权的迫切需要的认识，把思想和行动统一到中央、市委的决策部署上来，增强了改革的责任感、使命感、光荣感。二是层层动员，凝聚改革力量。2014年7月12日市委召开全市司法改革先行试点部署会之后不久，市高院迅速组织召开了全市法院司法改革试点工作动员大会，对上海法院司法体制改革试点工作进行动员部署。二中、徐汇、宝山、闵行等四家先行试点法院也分别召开了司法改革试点工作动员大会。通过动员部署，全市法院干警进一步坚定了知难而进、攻坚克难、推进改革工作的信心和决心。三是坚持党的领导，确保改革方向。通过学习讨论、动员部署，上海法院确立了上海法院改革的方向：始终坚持党的领导，坚持中国特色社会主义方向，以中央关于深化司法体制改革的精神为指引，紧扣中央顶层设计方案和中央、市委、最高人民法院的改革部署，坚定不移走中国特色社会主义法治建设道路。

（二）抓好顶层设计，完善细化方案，明确目标任务

为使改革的方案既符合中央的精神，又贴近上海的实际，上海法院注重

顶层设计，抓好改革方案的制定。一是深入调查研究。坚持问题导向，在全市三级法院开展抽样访谈、抽样调查、问卷调查等实证调研，并形成《审判权运行机制行政化的相关情况》《法院管理行政化的相关情况》《审判权力运行机制存在问题的分析报告》等专题调查报告，深入分析审判权力运行中存在的问题；专门组织相关人员到北京、浙江、四川、广东调研，学习借鉴兄弟法院改革的经验；对全市法院队伍结构情况、案件审理情况、职业保障情况等进行全面分析，形成28份情况分析表，摸清人员分类管理改革底数，为制订改革方案奠定坚实的基础。二是结合实际反复论证。在前期调研的基础上，市高院起草司法改革方案，并先后召开了30场专题调研座谈会，充分听取广大干警和社会各界对改革方案的意见，最终历经34稿形成了《上海法院司法改革试点工作实施方案》及20余项配套制度规定。三是明确目标任务。按照中央、市委、最高法院的部署，并结合上海的实际，确定上海法院司法改革的总体目标是：紧紧围绕加快建设公正高效权威的社会主义司法制度，维护人民权益，实现让人民群众在每一个司法案件中都感受到公平正义的目标，紧密结合上海法院的实际，着力在完善司法体制机制上下功夫，着力在解决影响司法公正、制约司法能力的深层次问题上下功夫，努力实现审判体制和审判能力的现代化。同时，明确了六个方面的改革重点任务：①中央确定的确保依法独立公正行使审判权、健全司法权力运行机制、完善人权司法保障制度三个方面18项改革任务；②中央批准上海司法改革五项改革试点工作任务；③最高人民法院确定的上海二中院审判权力运行机制改革试点任务；④最高人民法院确定的上海高院司法公开三大平台建设改革试点任务；⑤中央、全国人大、中央政法委和最高人民法院批准设立的上海知识产权法院和跨行政区划人民法院改革任务；⑥最高人民法院《四五改革纲要》确定的改革任务。

（三）强化组织领导，严格落实责任，有序推进改革

司法体制改革政策性强、敏感度高、社会关注大，必须加强组织领导，严格落实责任，确保改革顺利推进。一是成立组织机构。高院党组成立了

"上海法院司法体制改革领导小组",该小组由党组书记、院长崔亚东任组长,领导小组下设司法改革办公室和试点工作推进办公室,司改办下设五个工作组,抽调专人集中办公,负责协调、指导、督察司改工作。改革启动以来,市高院司法改革领导小组召开专题会议30余次,深入研究、解决改革中遇到的问题。二是强化责任落实。根据《上海法院司法改革试点工作实施方案》,制定《司法体制改革先行试点任务分解表》,明确了5大类14小类27项改革任务及牵头领导、责任部门和完成时间。四家先行试点法院根据高院要求,分别制订各院的推进方案、进度规划安排,确保各项改革任务按照计划有序推进。三是加强督察指导。建立司法改革试点工作周报制度,督促四家先行试点法院对照推进方案、进度规划,每周上报司法改革推进情况及存在的困难和问题,全面了解改革进展情况,指导四家先行试点法院落实改革任务。

(四)坚持先行先试,突出改革重点,以点带面推进

为积极稳妥推进改革,市高院确定了二中院、徐汇、宝山、闵行等四家法院为先行试点法院,为全市法院面上推开司法改革工作先行探路、积累经验。在推进五项改革试点中,上海法院明确法院要着力抓好审判权力运行机制和人员分类管理改革,同时积极配合有关部门协同推进健全司法人员职业保障制度、探索建立全市法官统一管理体制、探索建立全市法院经费统一管理机制等改革。上海法院还认真抓好最高法院《四五改革纲要》的贯彻落实,研究制定了《上海法院贯彻四五改革纲要实施意见》,明确了19大类31小类63项具体改革任务及责任单位,形成了以点带面、全面推进的态势。

(五)注重改革宣传,加强舆论引导,营造良好氛围

加大司法改革的正面宣传力度,与媒体共同策划,精心组织以"审判权力运行机制改革""司法改革促进司法公正""首批法官助理任命"等为主题的系列宣传活动,在社会上引起较强反响。在上海法院局域网开设司法

改革专栏，及时公布改革动态，回应干警关切的问题，建立《上海法院司法改革专刊》，已经编发 90 期；设立司法改革宣传栏目，刊发各类司法改革宣传报道 26 篇；设立《上海法院司法改革试点工作实施方案》政策解读栏目，已发布政策解读 60 条。中央及上海各大主流媒体共刊发上海法院司法体制改革报道 200 余篇，营造了良好的改革氛围。

二　司法体制改革试点工作取得的主要成效

（一）以完善审判权力运行机制为核心推进改革，确保审判权依法独立公正行使

第一，以审判权为核心，建立了完善的主审法官、合议庭办案机制。建立法院办案人员权力清单制度，切实做到法定职责必须为、法无授权不可为；规范裁判文书签发制度，明确院、庭长不得对未参加审理案件的裁判文书进行签发；完善审判委员会工作机制，规范审委会讨论案件范围。如试点法院二中院，2014 年 4～12 月受理并审结的 8959 件案件中，直接由合议庭评议后裁判的案件有 8950 件，占 99.9%，主审法官、合议庭依法独立行使审判权得到落实。同期，该院受理并审结的案件中，提交审委会讨论的案件数仅为 9 件，占审结案件总数的 0.1%。

第二，以权责统一为原则，建立完善了主审法官、合议庭办案责任制。明确主审法官、合议庭的办案责任，着力改变权责不明、责任追究难落实及合议庭"合而不议""参而不审"等问题。改革后，合议庭成员共同参与案件审理的责任意识进一步增强。合议庭内部运行更加规范，尤其在庭审阶段听审、提问、质证、认证等环节的参与程度较改革之前有明显提高，"参而不审""合而不议""形合实独"的现象有较大程度地改进。

第三，以审判管理权、审判监督权为保障，健全完善了审判权监督制约机制。明确院、庭长审判管理职责、规范审判管理权行使方式，理顺了审判权与审判管理权、审判监督权的关系，在确保依法独立公正行使审判权的同

时,加强和规范司法活动的监督制约。如二中院通过院、庭长审判管理监督职权的清单管理,划清了院、庭长行使审判权和行使审判管理监督权的界限,审判权与审判管理监督权的界分更加清晰。审判资源配置也更加合理,2014年4~12月二中院院、庭领导共参与审理案件2433件,占同期收案总数的16.2%,同比上升了18.7%。

第四,以保障审判权高效公正廉洁行使为目标,建立完善司法廉洁监督机制。在全市法院建立了案件廉政回访制度,2014年发放廉政监督卡22.75万张,案件廉政回访6966次;建立涉廉事项报告制度,对领导干部干预司法活动、插手具体案件处理实行"全程留痕";健全完善回避制度,严格落实"一方退出"制度,对配偶和子女是律师的法官实行回避。目前,上海法院在审判、执行岗位工作的法官,其配偶子女为律师的有113名,已经全部退出审判、执行一线岗位。

通过审判权力运行新机制的改革,长期以来存在的审判分离、权责不明、层层审批等行政化问题正在得到解决,"让审理者裁判、由裁判者负责"正在得到落实。

(二)建立符合司法规律的人员分类管理制度,推动法院队伍职业化、专业化建设

第一,建立了人员分类管理制度,将法院人员分为法官、审判辅助人员、司法行政人员,实行分类管理,改变了以往法官按公务员行政管理的模式及人员混岗的情况。

第二,建立了法官员额管理制度,根据司法职业特点和上海实际,确立了法官、审判辅助人员、司法行政人员分别为33%、52%、15%的员额比例,并设计了岗额适配的实现途径。

第三,初步完成了人员分类定岗,按照双向选择(岗位承诺)、考核考试、差额择优、分期分批的原则,于2015年1月完成了司法改革试点法院首批审判员遴选及法官入额考试、面试,做到既把真正优秀的法官选拔出来,确保高素质法官进入法官员额,又兼顾历史因素和现有法官实际,保持

队伍的平稳过渡。人员分类定岗工作完成后，目前四家试点法院法官、审判辅助人员、司法行政人员比例分别为：二中院30%、49%、15%；徐汇法院28%、47%、13%；闵行法院26%、46%、8%；宝山法院28%、45%、12%。

第四，建立了有别于普通公务员的司法人员职业保障制度，配合市有关职能部门，建立了与法官单独职务序列配套的薪酬制度，将法官薪酬标准与法官等级挂钩，以实现责权的统一，切实增强法官的职业荣誉感和使命感。

第五，改革了法官选拔任用制度，成立上海法院法官遴选（惩戒）工作办公室，提高了法官的准入门槛和选拔条件，健全完善了法官的选拔、遴选和交流机制，明确法官今后主要从法官助理中选拔，同时畅通了在律师、法律学者中选任法官的渠道，确保高素质人才担任法官职务。2014年9月5日，上海法院首次任命了231名法官助理。

第六，建立法官员额退出机制，破除入额终身制，制定《上海法院法官日常考核管理办法（试行）》，对入额法官实行日常考核，考核内容包括办案业绩、廉洁自律、职业操守，考核不合格的将退出33%的法官员额。

（三）完善人权司法保障制度，切实维护公民合法权益

第一，健全防范冤假错案机制。研究制定《关于被告人辩护人申请启动证据收集合法性调查程序的若干意见》，严格遵守和落实罪刑法定、疑罪从无、非法证据排除等法律原则和规则，全年共启动非法证据排除调查程序的案件15件，其中对2件案件中的非法证据予以排除。

第二，严格规范减刑、假释案件审理。制定《关于严格规范减刑、假释案件审理的若干意见》，严格规范减刑、假释案件审理，重点加强对职务犯罪、金融犯罪、涉黑犯罪"三类犯罪"的实质审查和重点监管，建立健全减刑、假释案件"审前公示、审理公开、裁判文书公布"的"三公开"机制，杜绝暗箱操作。上海法院减刑、假释案件审前公示上网率、裁判文书上网率、"三类犯罪"案件公开开庭率均达到100%。

第三,积极推进劳教制度改革。制定《推进轻微刑事案件快速审理工作实施细则(试行)》,建立轻微刑事案件快速审理机制,扩大短期自由刑适用,有效促进了治安处罚和刑事处罚的有效衔接和相互协调。该机制自2014年1月1日适用以来,全市法院已办理轻微刑事案件2000余件。

第四,积极推进涉诉信访工作改革。制定《上海法院关于推进依法处理涉诉信访工作的实施意见》,形成诉访分离、初信初访、案件评查、巡回督导、信访终结、司法救助、维稳联动七项工作机制,积极引导涉诉信访问题在法治轨道内妥善解决。2014年,全市法院信访件导入诉讼程序1361件。

(四)以司法公开平台建设为载体,打造"阳光司法,透明法院"

第一,加强司法公开制度建设。研究制定《上海法院着力推进司法公开的实施意见》《上海法院关于在互联网公布裁判文书的实施细则》《上海法院12368诉讼服务平台管理暂行规定》等一系列有关司法公开的规范性文件,为司法公开提供制度保障。

第二,完善司法公开长效机制。建立健全司法公开考核评价机制,将司法公开工作纳入案件流程管理和上海法院综合审判质量效率评估体系,实现一审陪审、二审开庭、申诉听证等司法公开举措的常态化运行。建立健全司法公开督促检查机制,由市高院专门成立司法公开达标巡查工作组,对全市法院贯彻落实司法公开相关实施意见的情况进行逐一检查验收,确保司法公开各项要求得到不折不扣地落实。

第三,加强司法公开平台建设。以解决人民群众反映的"六难三案"等突出问题为重点,在抓好司法公开三大平台建设的同时,自我加压,打造12368诉讼服务、律师服务等十大司法公开服务平台,保障人民群众知情权、参与权、表达权和监督权,提升司法公信力。审判流程公开平台方面,积极推进庭审公开,2014年共对1178件案件庭审进行网络直播,网上浏览量达4853万人次,累积达到2亿人次。裁判文书公开平台方面,制定《上海法院关于在互联网公布裁判文书的实施细则》,实现了依法可以公开的生

效判决书全部上网,全年生效判决书上网12.97万余篇,累积上网文书79万余篇。执行信息公开平台方面,积极打造执行信息公开平台,为申请执行人实时了解执行进度、执行结果等情况提供便利,全年公布失信被执行人信息6089例,累积达到10595例。12368诉讼服务平台方面,为解决人民群众反映集中的立案难、诉讼难、联系法官难问题,秉承"把方便留给群众,把困难留给自己"的理念,建立全国第一家集联系法官、案件查询、诉讼咨询等8项主要诉讼服务功能和微信、微博、移动互联网、App等技术于一体,三级法院联动,统一对外提供"一门式"服务的平台。该平台自2014年1月正式运行以来,共处理各类诉讼服务需求17.03万件。经回访,人民群众对平台人员服务满意率达99%,对处理结果满意率达90%;最高人民法院给予了充分肯定并在全国推广。律师服务平台方面,为方便律师参与诉讼,回应律师和当事人的司法需求,破解人民群众反映较为强烈的诉讼难题,市高院开发了律师服务平台,为律师提供网上立案、网上阅卷、网上查询等24项服务。2014年11月试运行、2015年1月正式运行至2月底,已有1006家律师事务所(占上海律师事务所总数的76%)使用该平台,平台访问人数累计达15.2万人次,日均访问量为5000人次。中国社会科学院公布的2014年《中国司法透明度指数报告》,上海高院司法透明度名列第一。

(五)探索跨行政区划人民法院、知识产权法院改革,圆满完成上海市第三中级人民法院、上海知识产权法院组建任务

根据党的十八届三中全会关于"探索建立知识产权法院"、全国人大常委会《关于在北京、上海、广州设立知识产权法院的决定》、党的十八届四中全会关于"探索设立跨行政区划的人民法院和人民检察院,办理跨地区案件"的重大改革部署,于2014年12月28日正式挂牌成立上海市第三中级人民法院、上海知识产权法院。

第一,完成了跨行政区划人民法院组建任务。依托铁路中院设立上海市第三中级人民法院,作为跨行政区划人民法院,负责审理以市级人民政府为被告的一审行政案件;以市级行政机关为上诉人、被上诉人的二审行政案件

（不包括知识产权行政案件）；市检察院第三分院提起公诉的案件、由上级法院指定管辖的其他案件。

第二，完成了上海知识产权法院组建任务。成立上海知识产权法院，与上海市第三中级人民法院合署办公，依法审理知识产权民事和行政案件。通过公开选任的方式择优选任10名知识产权法官，平均年龄为41.2岁，从事知识产权审判工作平均年限为8.4年，均为本科以上学历，其中博士1名、硕士8名，充分体现法官专业化、职业化、高素质的特点。

第三，探索建立市三中院、知识产权法院、铁路中院"三院合一"管理模式。按照"审判独立、行政（党务）合署"的原则，在三中院、知识产权法院、铁路中院设置上，实行"三块牌子一个机构"；在内设机构上，根据审判工作的规律和需要，科学规划业务庭室的设置；在党组和行政管理上，设一个党组，行政管理、政治工作、党务人事、纪检监察、宣传、执行工作、法警事务和后勤保障等按照"三院合一、统一管理"的模式进行设置，体现了机构设置精简、高效、扁平化的特点。

（六）加强司法体制改革制度建设，形成了一批改革配套制度规范

上海市高院按照中央、市委的顶层设计，结合上海法院实际，研究制定了《上海法院司法改革试点工作实施方案》，并在此基础上先后制定了《上海法院人员分类管理办法（试行）》《上海法院人员分类定岗工作实施方案》《上海法院法官入额考核（考试）工作实施办法（试行）》《上海法院法官助理分类定岗选任工作实施办法（试行）》等近20余项改革配套制度。同时，高院指导四家先行试点法院完善改革配套规定，如二中院制定了12项审判权力运行机制改革配套规范；徐汇法院制定了17项审判权力运行机制改革配套制度；宝山法院制定了11项审判权力运行机制改革配套规定；闵行法院出台了资深法官主审重大疑难敏感案件制度、专家法官集体研判（专家会诊）疑难复杂案件、审委会提炼总结推广审判经验及类案裁判方法三个先行的改革配套制度。

（七）以司法体制改革为动力，促进审判质效全面提升

2014年，全市法院共受理各类案件55.03万件，审结54.5万件，同比分别上升13.2%和14.6%。面对案件大幅上升，全市法院始终坚持以改革为动力，既抓好改革试点推进工作，又抓好执法办案第一要务，确保审判工作与司法体制改革两不误、两促进。司法体制改革试点启动以来，上海法院审判执行工作不断不乱，稳步推进，各项审判质效良好，92.5%的案件经一审即息诉，经二审的息诉率为99%，最高院通报的全国法院案件质量综合指数，上海法院居全国法院前列。同时，依法精心审理了林森浩投毒杀人上诉案、首例在华外国人非法获取公民个人信息案、涉钢贸系列金融借款案、万曾炜受贿案、王军受贿案等一批有影响的案件，并依法执结了中威轮船公司等诉日本商船三井株式会社合同及侵权赔偿案，取得较好的法律效果和社会效果。2014年入选最高人民法院公报案例11件、指导性案例3件，占全国法院入选数的45.8%和20%。

B.9 上海法院促进法律职业共同体建设的探索

孟祥沛*

> **摘　要：** 上海市各级法院近年来不断进行符合中国国情的改革与探索，这种改革与探索具体体现在与建设具有中国特色的社会主义法治国家相适应的法律职业共同体方面。改革中的一些做法取得了良好的社会评价，如出台《法官尊重律师十条意见》、建设上海法院律师服务平台、大力加强与法学学者的合作与互动等。
>
> **关键词：** 上海法院　法律职业共同体　律师服务平台

2014年12月10日，上海市高级人民法院副院长邹碧华在赶往司法改革试点单位徐汇区法院途中突发心脏病，经抢救无效去世，年仅47岁。从当天下午起，网络上和微信圈中哀悼和怀念邹碧华的文章、留言大量出现，其发布者既有法官、检察官，也有律师，还有法学教授以及法学研究人员。短短两三天时间里，10多万网友参与留言讨论。12月14日邹碧华追悼会在上海龙华殡仪馆举行时，更有2000多人自行前来为他送行。一位普通法官的去世，非常罕见地引来法官、检察官、律师、法学学者等法律职业群体的集体悼念行动，这与邹碧华生前为构建法律职业共同体所付出的努力以及在

---

* 孟祥沛，上海社会科学院法学研究所副研究员。

他倡导下上海法院在法律职业共同体建设中所进行的创新探索不无关系。就在他去世两周前的11月23日，邹碧华还在全国律协民委会和知识产权委员会双年会上发表主题为"司法改革背景下如何构建法律共同体"的演讲，倡导法官与律师之间要相互尊重，而这次演讲却成为他生前为建构法律职业共同体的最后一次发声。

法律职业共同体的建设和繁荣有助于依法治国目标的实现。但在中国目前的司法实践中，各个法律职业之间沟通不畅，不同程度地存在互相冲突、彼此隔离的问题，难以形成团结和共同的力量。对此，上海各级法院近年来不断进行构建符合中国国情的改革与探索，这种改革与探索具体体现在与建设具有中国特色的社会主义法治国家相适应的法律职业共同体方面。改革中的一些做法取得了良好的社会评价。因此，本文准备对上海各级法院在构建法律职业共同体进程中的一些做法和经验进行介绍，以此纪念英年早逝的邹碧华法官。

一 法律职业共同体的含义和范围

关于法律职业共同体概念的产生，一般认为源于美国科学哲学家托马斯·库恩所提出的"科学共同体"的定义。[①] 德国著名社会学家马克斯·韦伯认为，法律共同体是由某种共同的特质维持或形成的群体，其成员间因共识而达成协议，其一大特点即是同质性，此种同质性表现在出生、政治、道德、宗教信仰、生活方式或职业等诸社会因素方面。[②]

2001年，学者强世功发表《法律共同体宣言》一文，在我国较早地提出了"法律共同体"的概念，认为"专门的知识体系、独特的思维方法和普遍的社会正义感，使得法律共同体成为一个自治的共同体，一个分享共同的知识、信念和意义的想象共同体……共同的知识、共同的语言、共同的思维、共同的认同、共同的理想、共同的目标、共同的风格、共同的气质，使

---

① 〔美〕托马斯·库恩：《必要的张力》，纪树立译，福建人民出版社，1981，第292页。
② 〔德〕马克斯·韦伯：《经济与社会》，转引自张文显、卢学英《法律职业共同体引论》，《法制与社会发展》2002年第6期。

得我们这些受过法律教育的法律人构成了一个独立的共同体：一个职业共同体、一个知识共同体、一个信念共同体、一个精神共同体、一个相互认同的意义共同体。"[1]

此后，国内学界对法律职业共同体日益关注，研究成果也不断涌现。但对于"法律职业共同体"一语的含义和范围，学者之间的观点有所不同。

学者张文显认为，法律职业共同体是一个由法官、检察官、律师以及法学学者等组成的法律职业群体，这一群体由于具有一致的法律知识背景、职业训练方法、思维习惯以及职业利益，从而使得群体成员在思想上结合起来，形成其特有的职业思维模式、推理方式及辨析技术，通过共同的法律话语（进而形成法律文化）使他们彼此间得以沟通，通过共享共同体的意义和规范，成员间在职业伦理准则上达成共识。尽管个体成员在人格、价值观方面各不相同，但通过对法律事业和法治目标的认同、参与、投入，这一群体成员终因目标、精神与情感的连带而形成法律事业共同体。[2]

学者张志铭认为，法律职业共同体是包括法官、检察官、法律教师和律师等在内的诸法律职业者之间的联合，是他们之间在利益一致的基础上，以特有的传统和精神为纽带所形成的一种社会关系。[3] 其主张的法律职业共同体的范围与张文显教授基本吻合。

学者许章润认为，法律职业共同体是指法律从业者社群，即通常所谓的法律界、法学界，包括法官、律师、检察官、政府机构与社会团体中负责法律事务的官员，法学教研人员，以及一定范围内的政治家等。[4] 许章润所提出的"法律职业共同体"概念的组成范围非常广泛，可称得上是广义上的法律职业共同体。

还有学者提出更加广义的"法律职业共同体"的概念，认为法律职业共

---

[1] 强世功：《法律共同体宣言》，《中外法学》2001年第3期。
[2] 张文显、卢学英：《法律职业共同体引论》，《法制与社会发展》2002年第6期。
[3] 张志铭：《20世纪的中国律师业》，载苏力、贺卫方《20世纪的中国：学术与社会》（法学卷），山东人民出版社，2001，第454页。
[4] 许章润：《以法律为业：关于近代中国语境下的法律公民与法律理性的思考》，《金陵法律评论》2003年第1期。

同体虽以法律职业为核心，但又超出法律职业的范围，还包括有关法律的精神性产品的生产者，如法学教授、法学家、法学研究人员、法律图书或期刊编辑、法律报刊记者等。也有学者将法律职业共同体分成四类：第一类是法学家以及其他以法学为研究对象或者讲授内容的从业者（如法学科研人员和教师等）。第二类是具体从事法律实务的操作人员（如律师、经纪人等）。第三类是具有国家公务员身份的在国家立法、行政、司法机关中工作的法律专职人员（如法官、检察官、警察、监察员、稽查员、公证员、税务员等）。第四类是法律行业协会（如法官协会、检察官协会、律师协会、公证员协会等）。对于如此广义的法律职业共同体概念，有学者提出反对意见，认为如果将立法者和警察也扩展为法律职业的话，所有和实施法律有所关联的职业都可能会被归于法律职业，这将使法律职业共同体这一概念变得毫无意义。①

综上可见，对于"法官、检察官、律师属于典型的法律职业并构成法律职业共同体核心成分"这一观点，学者并无异议。在法官、检察官、律师之外，大多数学者也倾向于同意将法学学者归入法律职业共同体。而对于立法机关、司法行政机关以及其他行政机关从事与法律相关工作的人员是否列入法律职业共同体，学者则有较大争议。有鉴于此，本文将法律职业共同体的范围严格限制为四类，即法官、检察官、律师和法学学者，并重点探讨上海法院在促进以法官、检察官、律师和法学学者为主体的法律职业共同体建设中的大胆探索。

同时，虽然上海法院在加强法官与检察官的分工负责、互相配合等方面有不少具体举措，如推行公检法司联席会议制度等，但法官与检察官本来就同属于国家司法机关的工作人员，二者具有较多同质性，因此本文将研究重点置于法官与律师、学者的关系上。

二 《法官尊重律师十条意见》的出台

虽然法官和律师同属法律职业共同体，但在法官和律师的关系上，我国

---

① 强昌文等：《呼唤中国的法律职业共同体："中国法治之路与法律职业共同体"学术研讨会综述》，《法制与社会发展》2002年第5期。

长期以来存在法官对律师缺乏尊重的倾向，不少地方法官在法庭上不注意听取律师的陈述和意见，尤其是在听到律师陈述与自己内心观点不一致甚至相反的意见时，随意打断律师发言，甚至态度不友好地进行讽刺、挖苦以至训斥，个别法院还出现法官在庭审过程中将律师赶出法庭的不正常现象，连最高人民法院院长周强都在2015年全国"两会"上表示对此现象"百思不得其解"。

早在2010年1月，邹碧华出任上海长宁区法院院长时，听到有律师反映，一些法官在庭审中时常打断律师发言，不少判决书对律师代理意见不够重视，往往回应较少甚至不予回应。对此，邹碧华认为，法官与律师虽然职责有别，分工不同，但双方都是法律职业共同体的一员，其化解社会矛盾、维护法律尊严、追求公平正义的目标是完全一致的，很有必要建立以相互尊重为基础的良性的互动关系。因此，为解决法官对律师不够尊重的问题、逐步强化法官尊重律师的意识、促进法官和律师在执业活动中的良性互动，邹碧华亲自起草并积极推动长宁法院出台《法官尊重律师十条意见》。①

---

① 《法官尊重律师十条意见》明确规定：一、法官在审判活动中应当遵循尊重、理解、友善的原则，合法、合理、合情地处理好与律师的关系，共同努力发现案件事实真相，妥善化解社会矛盾，最大限度地实现公正，促进社会和谐。二、法官在案件审理中应当认真听取律师意见，对律师的意见采纳或不采纳，应以适当方式表明态度并说明理由；对于律师主动、自愿地参与综合治理工作的，应予支持、鼓励。三、法官在庭审中应当认真听取律师意见，避免随意打断律师发言。如确有必要，法官可以使用平和语气提示律师发言简明扼要，避免不当言辞，或者主动归纳要点，再询问是否有补充。法官还可视情休庭与双方律师进行交流，提醒律师注意言行，或请双方律师到审判台前进行适当的提醒。四、法官在庭审中不得使用训斥、嘲讽等不尊重律师的语气和语言；也不宜当着当事人的面指责、批评律师，更不得向当事人发表贬损律师的言论。五、法官在庭审中如不同意律师的观点，一般不宜当庭与律师争辩，必要时可以引导双方当事人或律师进行辩论。六、在有律师参与的案件中，对于律师提出的调整庭期安排的申请，法官在审查核实有关情况后，对具有庭期冲突等正当理由的，应本着公平、合理的原则，尽可能做出相应调整。七、法院应为律师参与审判活动提供方便，按照相关法律规定，在条件允许的情况下，为律师参与审判活动提供停车、休息、阅卷、复印等方面的便利。八、法院应畅通与律师的沟通渠道，规范法官和律师相互关系，为律师与法官的正常沟通交流创造条件，包括提供联系信箱和电子邮箱等。九、法院应当注意保护律师在法院期间的人身安全。在案件出现矛盾激化或可能激化情况时，法官应当采取必要措施，包括通知公安机关等，保护律师安全离院。十、法院应当定期听取律师对法院工作的意见，对于律师反映法官在廉政、审判作风方面有问题的，应当认真核查并注意对反映问题的律师身份信息依法予以保密；同时，应当定期向律师协会通报律师在代理活动中的总体情况、好的做法和存在的不足。

根据长宁区人民法院的《法官尊重律师十条意见》，在法官与律师关系的基本原则上，法官在审判活动中应当遵循和坚持尊重、理解、友善的原则。在案件审理中，法官应当认真听取律师意见，不得随意打断律师发言，更不得训斥、嘲讽律师。即使对律师的意见不予采纳，也要以适当方式说明理由。对于言语不妥的律师，法官可视情况在休庭后，提醒律师注意言行。对于律师因日程冲突而提出的调整庭期安排的申请，应尽可能做出调整。在条件允许时，尽量为律师参与审判活动提供阅卷、复印、停车、休息等方面的便利。法官应注意保护律师的人身安全等。

作为一个普通基层法院，上海长宁区人民法院能在全国法院系统率先为保障律师权利出台正式文件，这在律师界乃至法律界都引起了强烈震动，同时也取得了广大律师工作者的积极回应。就在《法官尊重律师十条意见》出台后不久，长宁区律师工作委员会向全区律师发出了律师尊重法官的倡议书。上海律师学院在为新执业律师授课时，将"做好庭前准备工作，在法庭发言时注意控制情绪，给予法官充分尊重，避免冲突"等内容列入课程内容。《法官尊重律师十条意见》对于促进法官群体和律师群体在相互尊重的基础上建立良性互动关系发挥了积极作用。

三 上海法院律师服务平台的建设

2014年12月9日，邹碧华去世前一天，由其主持开发的"上海法院律师服务平台"上线试运行。当天，邹碧华在微信朋友圈转发这一消息并留言："希望让律师的执业环境越来越好。"这是他生命中的最后一条微信朋友圈信息。

上海法院律师服务平台建设工作从2014年7月起全面启动。2014年11月试运行、2015年1月正式运行以来，已有1006家律师事务所使用该平台，平台访问人数累计达15.2万人次，日均访问量为5000人次。中华全国律师协会副会长吕红兵称赞说："这个服务平台让律师感到了执业的幸福感，而这种幸福感，也会通过我们，传递给每一位案件当事人。这个平台，看似提高了律师的工作效率,其实是保障了律师的职业权利,从而最终维护了当事人的诉讼权利。"

上海法院律师服务平台主要提供5大类服务,即网上立案、网上办理、网上沟通、网上辅助和网上评价,共包含24项不同的功能。

律师服务平台的一大创举是在推行网上立案方面实现了实质性飞跃,深受广大律师的喜爱和欢迎。以往一些法院也开通了所谓的"网上立案"服务,但这种服务的实质只是"网上立案审查"。也就是说,当事人或律师在立案审查通过之后,还必须亲自前往立案法院的诉讼服务窗口领取案号、缴纳相关费用,只有在完成这些程序之后才算真正立案。而此次上海法院律师服务平台所开通的"网上立案"则是,律师进行材料提交、缴纳诉讼费、获取案号等"一条龙"程序都可以通过网络完成,这样一来,律师在律师事务所或家里就可以轻松立案,真正做到"足不出所完成立案",由此使上海法院律师服务平台成为迄今为止我国第一个真正意义上实现网上立案的平台。

除了网上立案功能外,上海法院律师服务平台此次开发和使用"庭审排期自动避让功能",这在全国也属首创。所谓"庭审排期自动避让功能",是指当律师将代理手续上传平台后,平台启动自动避让功能,自动识别该律师在上海各级法院所代理的所有案件,对其开庭日期实行自动避让,由此避免了同一名律师在不同法院代理不同案件时,出现的缺乏事先信息沟通所导致的庭审日期安排上的冲突,既方便了律师代理,又提高了排期效率。

上海法院律师服务平台中设置的"网上阅卷"功能同样也得到了律师们的肯定和欢迎。2014年律师服务平台建设期间,上海高院在全市范围内调取了20万件有律师参与代理的案件,经过数据核算发现,如果每个案件中律师能减少一次前往法院阅卷的活动,总共就能节省超过60万小时的工作时间以及10万多次车辆的往返行程。基于此,上海法院在设计律师服务平台时,利用目前最直观、最快速、最先进、最方便的信息化手段,通过平台直接开通网上阅卷、网上诉讼保全、网上申请延期开庭、网上申请调查令等功能,并运用云技术等最新科技手段,在平台上进行网上证据质证以及网

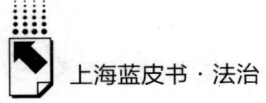

上调解等事务,提高律师办案效率,大幅度地简化和减少律师的工作量。

上海市民的法律意识比较强,在诉讼案件中聘请律师代理的情况也比较普遍,据不完全统计,目前在上海法院受理的案件中,约40%的案件有律师参与。考虑到这种情况,为帮助律师识别个别当事人恶意诉讼的情况,上海法院律师服务平台设置了"关联案件自动推送功能",通过平台主动将涉案当事人在上海法院涉及的关联案件情况生成一张清单并推送给登录律师,以供其参考。

为保证律师服务平台的有序运转,平台由12368诉讼中心负责总监督与管理,每个工作日分4次将数据进行导送。为确保律师平台事务得到及时处理,平台还规定了各项服务的处理时限,以规范平台服务行为。例如,对于文书送达、获取关联案件、诉讼指南等事务,平台实行即时推送;对于提交代理词、材料递交、申请诉讼保全等事务,平台在二个工作日以内即行回复;对于网上立案、反映法律适用不统一、申请调查令等事务,平台在五个工作日内回复。

上海法院律师服务平台为上海律师开展业务提供了极大的方便,在提高律师工作效率的同时,切实有效地保障了律师的执业权利,从而也为最终维护当事人的诉讼权利提供了强有力的支持。

自高院开通上海法院律师服务平台网上立案通道以来,上海各级法院积极采取多项措施,积极推进律师服务平台的建设,浦东法院和黄浦法院的做法就很有代表性。

浦东法院积极推行以下举措:一是实现定岗定责,提高办理效率。浦东法院安排专人负责律师服务平台网上立案的审查、咨询工作,以确保在收到律师提交的网上立案申请之后能够及时审查并在法律规定的时间内做出答复、处理。二是理顺案件进度,加强节点把控。浦东法院将每个案件自律师提交申请之后的进度均进行明确标记,同时与申请律师保持线上、线下联系,实时跟踪推进案件进展,确保案件在法定时间内进行立案。三是及时梳理分析,加强内外沟通。浦东法院不定期对实务操作中发现的网上立案律师服务平台存在的问题进行梳理分析,并通过撰写信息、电话联络、培训及网上立案讨论会中汇报等形式及时向高院反馈问题，提出建议，加强与上级法院及兄弟法院的沟通，力求共同推进律师服务平台建设。四是树立便民意识，加强法律释明。为切实减少律师奔波诉累，发挥律师服务平台的优势和作用，浦东法院尽量通过网上平台告知律师案件审查进度及需要补充材料并通过线上提交，避免转为窗口约谈。在与律师沟通过程中，浦东法院注重加强法律及操作方法的释明，力求表达准确、完整，避免让律师做无用功。

黄浦法院通过"五个强化"推进律师服务平台网上立案工作取得良好成效：一是精心筹备组织，强化保障意识。院领导高度重视律师服务平台网上立案工作，将其作为深化诉讼服务、便民利民的一项重要举措，早在平台筹备期间即成立了由庭领导直接负责和统筹的专项队伍，多次组织学习、掌握网上立案基本规则和律师服务平台的特别流程，为平台工作的顺利运行提供了有力的组织和人员力量保障。二是专人专岗服务，强化节点意识。专人负责网上立案信息的审查，确保在规定的时间内做出是否立案的决定，对符合立案条件的与线下立案申请一视同仁，及时办理网上缴费立案手续。三是畅通线上沟通，强化便民意识。根据网络提交的材料无法确认是否符合立案受理条件或需要进一步补正的，及时通过平台与相关律师进行协调沟通，避免轻易将网上立案转为线下窗口约谈，真正减轻当事人讼累。四是斟酌沟通用语，强化释明意识。针对网上立案不同于窗口面对面沟通，律师反馈不具备即时性和直接性的特点，要求立案法官在释法告知的语言组织和措辞修饰上仔细斟酌，力求表达准确、清晰、完整，便于律师在接下来的诉讼活动中有的放矢。五是密切内部联系，强化协同意识。加强立案庭与审判庭的联系，就网上立案情况做好沟通，及时应对因网上立案有别于常规立案流程可能带来的新问题。

四 上海法院加强与法学学者的互动

法学学者亦是法律职业共同体的组成部分，对此，上海法院非常重视与法学院校（系）的合作，大力加强法官与法学学者的沟通和交流，以此促进法律职业共同体的建设。

2014年12月,上海市司法改革试点推进小组成立由15名成员组成的上海市法官、检察官遴选(惩戒)委员会。从该委员会的成员名单中就可看出,法官、检察官遴选(惩戒)委员会是一个广泛代表了法律职业共同体各方主体的组织。成员之中既有法官、检察官,也有律师,而最多的则是各高校、研究机构的法学学者。15名成员中,来自高校和研究机构的教授兼博士生导师就有6位,分别是上海社会科学院副院长、法学研究所所长叶青教授,上海政法学院副院长关保英教授,华东政法大学校长何勤华教授,上海交通大学人文社科学术委员会主任郑成良教授,同济大学法学院院长单晓光教授,复旦大学司法研究中心主任章武生教授。此外,市社会科学界联合会党组书记、专职副主席沈国明也是研究员和博士生导师,这样算来,法官、检察官遴选(惩戒)委员会成员中的法学学者达到近半数。由法学学者参与决定法官的遴选和惩戒,既增进了法学学者对法官职业的了解和把握,促进了法学学者与司法实务的结合,又有助于促使他们站在超脱和独立的立场真正选出高素质的法官,促进了法官遴选和惩戒的公正性。

大力开展与法学院校及法学研究机构的密切合作是上海各级法院促进法律职业共同体建设的宝贵经验。例如,上海市第一中级人民法院与复旦大学法学院的合作就很有特色。2014年6月,上海一中院与复旦大学签署《法学教学科研实践基地合作协议》,并就切实推进合作项目提出三点意见:一要通过合作实现互利双赢。双方的合作可以助推上海一中院加强对司法前沿问题和审判疑难问题的研究,有利于强化法官的理性思维,促进司法理念的更新,以进一步提升法官素养和审判水平。二要形成有特色的品牌。"法律方法与判例研究中心"的设立在法律院校与实务部门的合作中是一项创举,既有助于促进理论研究,又有助于指导解决实践问题。双方要合力用好平台,形成具有国际视野和中国特色的指导法官办案的方法。三要抓好落实,务求实效,取得看得见的成果。上海一中院将协调全院力量,尽可能为双方合作提供便利和支持,确保协议中约定的各项合作举措真正落到实处。再以徐汇法院为例,早在2012年,徐汇法院就与上海社科院法学研究所签署了

《战略合作框架协议》，开展兼职研究员、特聘专家互聘，在法学教育、法学研究以及法律实务等诸多方面开展院所合作。徐汇法院与上海社科院法学所的合作为加强所院之间的协作交流提供新的契机，为实现理论与实践的对接提供新的平台，为研究与实务的共同提升提供新的载体。合作搭建起了一个交流经验、分享智慧、启发思维的平台，将学术理论研究与审判实践结合在一起，完全符合国家与社会对法学教育与科研、法院司法审判工作的期待与需求，有利于形成紧密合作、优势互补、资源共享、互惠互利、共同发展的双赢局面。

在上海法院加强与法学院校及法学研究机构的合作交流中，共同举办学术研讨会是最常见的形式之一。例如，2014年4月24日，由上海市高级人民法院和同济大学共同主办的"涉自贸区知识产权司法保护问题暨纪念上海高中院知产庭成立二十周年专题研讨会"在同济大学举行，来自法学院校、法学研究机构的学者和上海市三级法院的知识产权法官以及多家知名企业、上海海关等实务机构的代表共计70余人参加了研讨会。与会专家、学者、法官和企业界的代表围绕自贸区知识产权司法保护中商标侵权判定、著作权保护、非诉讼纠纷解决机制、知识产权刑事司法保护、"境内关外"地域严格知识产权执法、自贸区内知识产权保护体系整体构建等问题进行了深入研讨，并取得了一些共识，对上海自贸区知识产权司法保护起到有益的促进作用，助力知识产权审判理论和实践研究不断创新和发展。

除了每年在法官培训、法院新进人员培训和法院研究课题评审等常规性的工作中经常聘请法学学者进行广泛参与外，上海各级法院还经常邀请法学学者到法院做学术报告，充分发挥学者的智囊作用。例如，为引导全院干警深刻领会党的十八届三中全会精神，准确把握深化司法改革的目标任务，切实提升司法为民公正司法的理念和能力，增强推进建设公正高效权威社会主义司法制度的理论自信、制度自信和道路自信，2014年3月28日下午，长宁区人民法院邀请上海市交通大学凯原法学院院长季卫东来院做题为"作为国家体制转型切入点的司法改革"专题辅导暨党课报告。

此外，畅通的法律职业交流机制是健全的法律职业共同体的重要表现。

在英美法系国家，大部分的法官是从资深律师或者资深法学教授中产生的，在大陆法系国家，法官、检察官、律师的职业转换在符合各自的职业标准的前提下也是畅通的。但在我国，律师、法学学者与法官、检察官职业彼此之间的职业转换渠道并不完全通畅，或者说这条渠道只是单方向的，即法官或检察官辞职后，去从事律师职业者较多，去从事法学教学和科研工作也具有可行性，但从律师或法学学者之中选拔法官和检察官的通道则未完全理顺。为改变这种情况，打通律师、法学学者和法官职业转换的通道，作为司法体制改革试点的上海法院开始面向社会公开选任法官。虽然这项探索才刚刚开始且面临较多障碍，但畅通法律职业共同体职业转换必然是将来司法改革的目标和方向。

B.10
上海检察院司法改革试点工作报告

上海市人民检察院课题组

摘 要： 作为司法改革的先行试点市，上海检察机关在实行检察官员额制和检察人员分类管理、完善司法责任制、健全检察人员职业保障制度以及实行省以下检察院人财物统一管理等一系列涉及深层次体制问题上深入开展实践探索，采取切实有效措施，稳步推进改革试点工作，取得了阶段性成果。总结上述实践，可以为细化后续工作，改革纵深推进提供有益的经验参考。

关键词： 上海　检察改革　试点工作　司法体制　实践探索

深化司法体制改革是党的十八届三中、四中全会的重要决定，是党中央推进依法治国的重大战略决策，是我国司法史上最重大、最深刻、最系统全面的一场改革。习近平总书记强调："要从确保依法独立公正行使审判权检察权、健全司法权力运行机制、完善人权司法保障制度等方面，着力解决影响司法公正、制约司法能力的深层次问题，破解体制性、机制性、保障性障碍。"根据中央顶层设计与决定部署，自2014年推进改革试点以来，上海检察机关不断深化对改革的认识，准确把握改革的精神，凝聚改革共识，积聚改革力量，把思想和行动统一到中央关于深化司法体制改革的战略部署上来，对实行检察官员额制、检察人员分类管理、完善司法责任制、健全检察人员职业保障制度以及实行省以下检察院人财物统一管理等一系列涉及深层次体制问题深入开展实践探索，采取切实有效措施，稳步推进改革试点工作，并取得了阶段性成果。

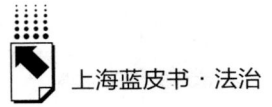

一 当前司法体制改革的现实意义

（一）有利于推进国家治理体系和治理能力现代化

司法体制改革是政治体制改革的重要组成部分，对推进国家治理体系和治理能力现代化具有十分重要的意义。正如习近平总书记指出，"建设社会主义现代化国家，不仅需要物质层面的国富民强，而且需要国家治理体系和治理能力的现代化。"法治是人类迄今为止找到的治理国家最好的办法，是现代制度文明的核心。要实现国家治理体系和治理能力现代化，很重要的一个方面是要有健全的司法制度、科学的司法权力配置、规范的司法权力运行机制。因此，要以完善公正、高效、权威的司法制度，促进国家治理体系和治理能力现代化的实现。

（二）有利于建立公正高效权威司法制度

习近平总书记强调，"政法机关要加强领导、协力推动、务求实效，加快建设公正高效权威的社会主义司法制度"。"深化司法体制改革，一个重要目的是提高司法公信力，让司法真正发挥维护社会公平正义最后一道防线的作用。要从确保依法独立公正行使审判权检察权、健全司法权力运行机制、完善人权司法保障制度三个方面，着力解决影响司法公正、制约司法能力的深层次问题，破解体制性、机制性、保障性障碍。"公正高效权威的社会主义司法制度是维护国家稳定、保障人民权益、确保法律全面正确实施的重要基石。多年来，司法机关为惩治犯罪、维护稳定做出了重要贡献，赢得了社会的广泛认可，但司法不公、司法腐败、公信力不高的问题仍然存在。要解决这些弊端，就必须狠下决心进行司法体制改革，从根本上解决问题，确保依法公正行使检察权，真正让人民群众在每一个司法案件中都感受到公平正义。

权威·前沿·原创

社会科学文献出版社

皮书系列

2015年

盘点年度资讯　预测时代前程

社会科学文献出版社 学术传播中心 编制

社会科学文献出版社

社会科学文献出版社成立于1985年，是直属于中国社会科学院的人文社会科学专业学术出版机构。

成立以来，特别是1998年实施第二次创业以来，依托于中国社会科学院丰厚的学术出版和专家学者两大资源，坚持"创社科经典，出传世文献"的出版理念和"权威、前沿、原创"的产品定位，社科文献立足内涵式发展道路，从战略层面推动学术出版五大能力建设，逐步走上了智库产品与专业学术成果系列化、规模化、数字化、国际化、市场化发展的经营道路。

先后策划出版了著名的图书品牌和学术品牌"皮书"系列、"列国志"、"社科文献精品译库"、"全球化译丛"、"全面深化改革研究书系"、"近世中国"、"甲骨文"、"中国史话"等一大批既有学术影响又有市场价值的系列图书，形成了较强的学术出版能力和资源整合能力。2014年社科文献出版社发稿5.5亿字，出版图书1500余种，承印发行中国社科院院属期刊71种，在多项指标上都实现了较大幅度的增长。

凭借着雄厚的出版资源整合能力，社科文献出版社长期以来一直致力于从内容资源和数字平台两个方面实现传统出版的再造，并先后推出了皮书数据库、列国志数据库、中国田野调查数据库等一系列数字产品。数字出版已经初步形成了产品设计、内容开发、编辑标引、产品运营、技术支持、营销推广等全流程体系。

在国内原创著作、国外名家经典著作大量出版，数字出版突飞猛进的同时，社科文献出版社从构建国际话语体系的角度推动学术出版国际化。先后与斯普林格、荷兰博睿、牛津、剑桥等十余家国际出版机构合作面向海外推出了"皮书系列""改革开放30年研究书系""中国梦与中国发展道路研究丛书""全面深化改革研究书系"等一系列在世界范围内引起强烈反响的作品；并持续致力于中国学术出版走出去，组织学者和编辑参加国际书展，筹办国际性学术研讨会，向世界展示中国学者的学术水平和研究成果。

此外，社科文献出版社充分利用网络媒体平台，积极与中央和地方各类媒体合作，并联合大型书店、学术书店、机场书店、网络书店、图书馆，逐步构建起了强大的学术图书内容传播平台。学术图书的媒体曝光率居全国之首，图书馆藏率居于全国出版机构前十位。

上述诸多成绩的取得，有赖于一支以年轻的博士、硕士为主体，一批从中国社科院刚退出科研一线的各学科专家为支撑的300多位高素质的编辑、出版和营销队伍，为我们实现学术立社，以学术品位、学术价值来实现经济效益和社会效益这样一个目标的共同努力。

作为已经开启第三次创业梦想的人文社会科学学术出版机构，2015年的社会科学文献出版社将迎来她30周岁的生日，"三十而立"再出发，我们将以改革发展为动力，以学术资源建设为中心，以构建智慧型出版社为主线，以社庆三十周年系列活动为重要载体，以"整合、专业、分类、协同、持续"为各项工作指导原则，全力推进出版社数字化转型，坚定不移地走专业化、数字化、国际化发展道路，全面提升出版社核心竞争力，为实现"社科文献梦"奠定坚实基础。

社长致辞

我们是图书出版者，更是人文社会科学内容资源供应商；

我们背靠中国社会科学院，面向中国与世界人文社会科学界，坚持为人文社会科学的繁荣与发展服务；

我们精心打造权威信息资源整合平台，坚持为中国经济与社会的繁荣与发展提供决策咨询服务；

我们以读者定位自身，立志让爱书人读到好书，让求知者获得知识；

我们精心编辑、设计每一本好书以形成品牌张力，以优秀的品牌形象服务读者，开拓市场；

我们始终坚持"创社科经典，出传世文献"的经营理念，坚持"权威、前沿、原创"的产品特色；

我们"以人为本"，提倡阳光下创业，员工与企业共享发展之成果；

我们立足于现实，认真对待我们的优势、劣势，我们更着眼于未来，以不断的学习与创新适应不断变化的世界，以不断的努力提升自己的实力；

我们愿与社会各界友好合作，共享人文社会科学发展之成果，共同推动中国学术出版乃至内容产业的繁荣与发展。

社会科学文献出版社社长
中国社会学会秘书长

2015 年 1 月

社会科学文献出版社　　**皮书系列**

❖ 皮书起源 ❖

"皮书"起源于十七、十八世纪的英国,主要指官方或社会组织正式发表的重要文件或报告,多以"白皮书"命名。在中国,"皮书"这一概念被社会广泛接受,并被成功运作、发展成为一种全新的出版形态,则源于中国社会科学院社会科学文献出版社。

❖ 皮书定义 ❖

皮书是对中国与世界发展状况和热点问题进行年度监测,以专业的角度、专家的视野和实证研究方法,针对某一领域或区域现状与发展态势展开分析和预测,具备权威性、前沿性、原创性、实证性、时效性等特点的连续性公开出版物,由一系列权威研究报告组成。皮书系列是社会科学文献出版社编辑出版的蓝皮书、绿皮书、黄皮书等的统称。

❖ 皮书作者 ❖

皮书系列的作者以中国社会科学院、著名高校、地方社会科学院的研究人员为主,多为国内一流研究机构的权威专家学者,他们的看法和观点代表了学界对中国与世界的现实和未来最高水平的解读与分析。

❖ 皮书荣誉 ❖

皮书系列已成为社会科学文献出版社的著名图书品牌和中国社会科学院的知名学术品牌。2011年,皮书系列正式列入"十二五"国家重点出版规划项目;2012~2014年,重点皮书列入中国社会科学院承担的国家哲学社会科学创新工程项目;2015年,41种院外皮书使用"中国社会科学院创新工程学术出版项目"标识。

经　济　类

经济类皮书涵盖宏观经济、城市经济、大区域经济，提供权威、前沿的分析与预测

经济蓝皮书
2015年中国经济形势分析与预测

李　扬 / 主编　　2014年12月出版　　定价:69.00元

◆ 本书课题为"总理基金项目"，由著名经济学家李扬领衔，联合数十家科研机构、国家部委和高等院校的专家共同撰写，对2014年中国宏观及微观经济形势进行了深入分析，并且提出了2015年经济走势的预测。

城市竞争力蓝皮书
中国城市竞争力报告No.13

倪鹏飞 / 主编　　2015年5月出版　　估价:89.00元

◆ 本书由中国社会科学院城市与竞争力研究中心主任倪鹏飞主持编写，汇集了众多研究城市经济问题的专家学者关于城市竞争力研究的最新成果。本报告构建了一套科学的城市竞争力评价指标体系，采用第一手数据材料，对国内重点城市年度竞争力格局变化进行客观分析和综合比较、排名，对研究城市经济及城市竞争力极具参考价值。

西部蓝皮书
中国西部发展报告（2015）

姚慧琴　徐璋勇 / 主编　　2015年7月出版　　估价:89.00元

◆ 本书由西北大学中国西部经济发展研究中心主编，汇集了源自西部本土以及国内研究西部问题的权威专家的第一手资料，对国家实施西部大开发战略进行年度动态跟踪，并对2015年西部经济、社会发展态势进行预测和展望。

皮书系列 重点推荐　经济类

中部蓝皮书
中国中部地区发展报告（2015）

喻新安 / 主编　　2015 年 5 月出版　　估价 :69.00 元

◆ 本书敏锐地抓住当前中部地区经济发展中的热点、难点问题，紧密地结合国家和中部经济社会发展的重大战略转变，对中部地区经济发展的各个领域进行了深入、全面的分析研究，并提出了具有理论研究价值和可操作性强的政策建议。

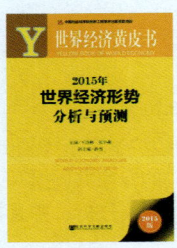

世界经济黄皮书
2015 年世界经济形势分析与预测

王洛林　张宇燕 / 主编　　2015 年 1 月出版　　定价 :69.00 元

◆ 本书为"十二五"国家重点图书出版规划项目，中国社会科学院创新工程学术出版资助项目，作者来自中国社会科学院世界经济与政治研究所。该书总结了 2014 年世界经济发展的热点问题，对 2015 年世界经济形势进行了分析与预测。

中国省域竞争力蓝皮书
中国省域经济综合竞争力发展报告（2013~2014）

李建平　李闽榕　高燕京 / 主编　　2015 年 2 月出版　定价 :198.00 元

◆ 本书充分运用数理分析、空间分析、规范分析与实证分析相结合、定性分析与定量分析相结合的方法，建立起比较科学完善、符合中国国情的省域经济综合竞争力指标评价体系及数学模型，对 2012~2013 年中国内地 31 个省、市、区的经济综合竞争力进行全面、深入、科学的总体评价与比较分析。

城市蓝皮书
中国城市发展报告 No.8

潘家华　魏后凯 / 主编　2015 年 9 月出版　　估价 :69.00 元

◆ 本书由中国社会科学院城市发展与环境研究中心编著，从中国城市的科学发展、城市环境可持续发展、城市经济集约发展、城市社会协调发展、城市基础设施与用地管理、城市管理体制改革以及中国城市科学发展实践等多角度、全方位地立体展示了中国城市的发展状况，并对中国城市的未来发展提出了建议。

权威 前沿 原创

经济类　皮书系列 重点推荐

金融蓝皮书
中国金融发展报告（2015）
李 扬　王国刚/主编　2014年12月出版　定价：75.00元

◆ 由中国社会科学院金融研究所组织编写的《中国金融发展报告（2015）》，概括和分析了2014年中国金融发展和运行中的各方面情况，研讨和评论了2014年发生的主要金融事件。本书由业内专家和青年精英联合编著，有利于读者了解掌握2014年中国的金融状况，把握2015年中国金融的走势。

低碳发展蓝皮书
中国低碳发展报告（2015）
齐 晔/主编　2015年4月出版　估价：89.00元

◆ 本书对中国低碳发展的政策、行动和绩效进行科学、系统、全面的分析。重点是通过归纳中国低碳发展的绩效，评估与低碳发展相关的政策和措施，分析政策效应的制度背景和作用机制，为进一步的政策制定、优化和实施提供支持。

经济信息绿皮书
中国与世界经济发展报告（2015）
杜 平/主编　2014年12月出版　定价：79.00元

◆ 本书由国家信息中心继续组织有关专家编撰。由国家信息中心组织专家队伍编撰，对2014年国内外经济发展环境、宏观经济发展趋势、经济运行中的主要矛盾、产业经济和区域经济热点、宏观调控政策的取向进行了系统的分析预测。

低碳经济蓝皮书
中国低碳经济发展报告（2015）
薛进军　赵忠秀/主编　2015年5月出版　估价：69.00元

◆ 本书是以低碳经济为主题的系列研究报告，汇集了一批罗马俱乐部核心成员、IPCC工作组成员、碳排放理论的先驱者、政府气候变化问题顾问、低碳社会和低碳城市计划设计人等世界顶尖学者、对气候变化政策制定、特别是中国的低碳经济经济发展有特别参考意义。

皮书系列重点推荐　社会政法类

社会政法类

社会政法类皮书聚焦社会发展领域的热点、难点问题，提供权威、原创的资讯与视点

社会蓝皮书
2015年中国社会形势分析与预测

李培林　陈光金　张 翼/主编　2014年12月出版　定价:69.00元

◆ 本报告是中国社会科学院"社会形势分析与预测"课题组2014年度分析报告，由中国社会科学院社会学研究所组织研究机构专家、高校学者和政府研究人员撰写。对2014年中国社会发展的各个方面内容进行了权威解读，同时对2015年社会形势发展趋势进行了预测。

法治蓝皮书
中国法治发展报告No.13（2015）

李 林　田 禾/主编　2015年3月出版　定价:105.00元

◆ 本年度法治蓝皮书一如既往秉承关注中国法治发展进程中的焦点问题的特点，回顾总结了2014年度中国法治发展取得的成就和存在的不足，并对2015年中国法治发展形势进行了预测和展望。

环境绿皮书
中国环境发展报告（2015）

刘鉴强/主编　2015年5月出版　估价:79.00元

◆ 本书由民间环保组织"自然之友"组织编写，由特别关注、生态保护、宜居城市、可持续消费以及政策与治理等版块构成，以公共利益的视角记录、审视和思考中国环境状况，呈现2014年中国环境与可持续发展领域的全局态势，用深刻的思考、科学的数据分析2014年的环境热点事件。

社会政法类　皮书系列 重点推荐

反腐倡廉蓝皮书
中国反腐倡廉建设报告 No.4
李秋芳 张英伟 / 主编　2014 年 12 月出版　　定价 :79.00 元

◆ 本书抓住了若干社会热点和焦点问题，全面反映了新时期新阶段中国反腐倡廉面对的严峻局面，以及中国共产党反腐倡廉建设的新实践新成果。根据实地调研、问卷调查和舆情分析，梳理了当下社会普遍关注的与反腐败密切相关的热点问题。

女性生活蓝皮书
中国女性生活状况报告 No.9（2015）
韩湘景 / 主编　2015 年 4 月出版　估价 :79.00 元

◆ 本书由中国妇女杂志社、华坤女性生活调查中心和华坤女性消费指导中心组织编写，通过调查获得的大量调查数据，真实展现当年中国城市女性的生活状况、消费状况及对今后的预期。

华侨华人蓝皮书
华侨华人研究报告 (2015)
贾益民 / 主编　2015 年 12 月出版　估价 :118.00 元

◆ 本书为中国社会科学院创新工程学术出版资助项目，是华侨大学向世界提供最新涉侨动态、理论研究和政策建议的平台。主要介绍了相关国家华侨华人的规模、分布、结构、发展趋势，以及全球涉侨生存安全环境和华文教育情况等。

政治参与蓝皮书
中国政治参与报告（2015）
房　宁 / 主编　2015 年 7 月出版　估价 :105.00 元

◆ 本书作者均来自中国社会科学院政治学研究所，聚焦中国基层群众自治的参与情况介绍了城镇居民的社区建设与居民自治参与和农村居民的村民自治与农村社区建设参与情况。其优势是其指标评估体系的建构和问卷调查的设计专业，数据量丰富，统计结论科学严谨。

行业报告类

行业报告类皮书立足重点行业、新兴行业领域，提供及时、前瞻的数据与信息

房地产蓝皮书
中国房地产发展报告 No.12（2015）

魏后凯　李景国/主编　2015年5月出版　估价：79.00元

◆ 本书汇集了众多研究城市房地产经济问题的专家、学者关于城市房地产方面的最新研究成果。对2014年我国房地产经济发展状况进行了回顾，并做出了分析，全面翔实而又客观公正，同时，也对未来我国房地产业的发展形势做出了科学的预测。

保险蓝皮书
中国保险业竞争力报告（2015）

姚庆海　王力/主编　2015年12出版　估价：98.00元

◆ 本皮书主要为监管机构、保险行业和保险学界提供保险市场一年来发展的总体评价，外在因素对保险业竞争力发展的影响研究；国家监管政策、市场主体经营创新及职能发挥、理论界最新研究成果等综述和评论。

企业社会责任蓝皮书
中国企业社会责任研究报告（2015）

黄群慧　彭华岗　钟宏武　张蒽/编著
2015年11月出版　估价：69.00元

◆ 本书系中国社会科学院经济学部企业社会责任研究中心组织编写的《企业社会责任蓝皮书》2015年分册。该书在对企业社会责任进行宏观总体研究的基础上，根据2014年企业社会责任及相关背景进行了创新研究，在全国企业中观层面对企业健全社会责任管理体系提供了弥足珍贵的丰富信息。

行业报告类　　皮书系列 重点推荐

投资蓝皮书

中国投资发展报告（2015）

杨庆蔚 / 主编　　2015 年 4 月出版　　估价 :128.00 元

◆ 本书是中国建银投资有限责任公司在投资实践中对中国投资发展的各方面问题进行深入研究和思考后的成果。投资包括固定资产投资、实业投资、金融产品投资、房地产投资等诸多领域，尝试将投资作为一个整体进行研究，能够较为清晰地展现社会资金流动的特点，为投资者、研究者、甚至政策制定者提供参考。

住房绿皮书

中国住房发展报告（2014~2015）

倪鹏飞 / 主编　　2014 年 12 月出版　　定价 :79.00 元

◆ 本报告从宏观背景、市场主体、市场体系和公共政策四个方面，对中国住宅市场体系做了全面系统的分析、预测与评价，并给出了相关政策建议，并在评述 2013~2014 年住房及相关市场走势的基础上，预测了 2014~2015 年住房及相关市场的发展变化。

人力资源蓝皮书

中国人力资源发展报告（2015）

余兴安 / 主编　　2015 年 9 月出版　　估价 :79.00 元

◆ 本书是在人力资源和社会保障部部领导的支持下，由中国人事科学研究院汇集我国人力资源开发权威研究机构的诸多专家学者的研究成果编写而成。作为关于人力资源的蓝皮书，本书通过充分利用有关研究成果，更广泛、更深入地展示近年来我国人力资源开发重点领域的研究成果。

汽车蓝皮书

中国汽车产业发展报告（2015）

国务院发展研究中心产业经济研究部 中国汽车工程学会
大众汽车集团（中国）/ 主编　　2015 年 7 月出版　　估价 :128.00 元

◆ 本书由国务院发展研究中心产业经济研究部、中国汽车工程学会、大众汽车集团（中国）联合主编，是关于中国汽车产业发展的研究性年度报告，介绍并分析了本年度中国汽车产业发展的形势。

国别与地区类

国别与地区类皮书关注全球重点国家与地区，提供全面、独特的解读与研究

亚太蓝皮书

亚太地区发展报告（2015）

李向阳 / 主编　　2015 年 1 月出版　　定价 :59.00 元

◆ 本书是由中国社会科学院亚太与全球战略研究院精心打造的品牌皮书，关注时下亚太地区局势发展动向里隐藏的中长趋势，剖析亚太地区政治与安全格局下的区域形势最新动向以及地区关系发展的热点问题，并对 2015 年亚太地区重大动态做出前瞻性的分析与预测。

日本蓝皮书

日本研究报告（2015）

李　薇 / 主编　　2015 年 4 月出版　　估价 :69.00 元

◆ 本书由中华日本学会、中国社会科学院日本研究所合作推出，是以中国社会科学院日本研究所的研究人员为主完成的研究成果。对 2014 年日本的政治、外交、经济、社会文化作了回顾、分析与展望，并收录了该年度日本大事记。

德国蓝皮书

德国发展报告（2015）

郑春荣　伍慧萍 / 主编　　2015 年 6 月出版　　估价 :69.00 元

◆ 本报告由同济大学德国研究所组织编撰，由该领域的专家学者对德国的政治、经济、社会文化、外交等方面的形势发展情况，进行全面的阐述与分析。德国作为欧洲大陆第一强国，与中国各方面日渐紧密的合作关系，值得国内各界深切关注。

国际形势黄皮书
全球政治与安全报告（2015）
李慎明　张宇燕/主编　2015年1月出版　定价：69.00元

◆　本书为"十二五"国家重点图书出版规划项目、中国社会科学院创新工程学术出版资助项目，为"国际形势黄皮书"系列年度报告之一。报告旨在对本年度国际政治及安全形势的总体情况和变化进行回顾与分析，并提出一定的预测。

拉美黄皮书
拉丁美洲和加勒比发展报告（2014~2015）
吴白乙/主编　2015年4月出版　估价：89.00元

◆　本书是中国社会科学院拉丁美洲研究所的第14份关于拉丁美洲和加勒比地区发展形势状况的年度报告。本书对2014年拉丁美洲和加勒比地区诸国的政治、经济、社会、外交等方面的发展情况做了系统介绍，对该地区相关国家的热点及焦点问题进行了总结和分析，并在此基础上对该地区各国2015年的发展前景做出预测。

美国蓝皮书
美国研究报告（2015）
黄平　郑秉文/主编　2015年7月出版　估价：89.00元

◆　本书是由中国社会科学院美国所主持完成的研究成果，它回顾了美国2014年的经济、政治形势与外交战略，对2014年以来美国内政外交发生的重大事件以及重要政策进行了较为全面的回顾和梳理。

大湄公河次区域蓝皮书
大湄公河次区域合作发展报告（2015）
刘稚/主编　2015年9月出版　估价：79.00元

◆　云南大学大湄公河次区域研究中心深入追踪分析该区域发展动向，以把握全面，突出重点为宗旨，系统介绍和研究大湄公河次区域合作的年度热点和重点问题，展望次区域合作的发展趋势，并对新形势下我国推进次区域合作深入发展提出相关对策建议。

皮书系列重点推荐
地方发展类

地方发展类

地方发展类皮书关注大陆各省份、经济区域，提供科学、多元的预判与咨政信息

北京蓝皮书
北京公共服务发展报告（2014~2015）

施昌奎/主编　2015年1月出版　定价：69.00元

◆ 本书是由北京市政府职能部门的领导、首都著名高校的教授、知名研究机构的专家共同完成的关于北京市公共服务发展与创新的研究成果。内容涉及了北京市公共服务发展的方方面面，既有综述性的总报告，也有细分的情况介绍，既有对北京各个城区的综合性描述，也有对局部、细部、具体问题的分析，对年度热点问题也都有涉及。

上海蓝皮书
上海经济发展报告（2015）

沈开艳/主编　2015年1月出版　定价:69.00元

◆ 本书系上海社会科学院系列之一，报告对2015年上海经济增长与发展趋势的进行了预测，把握了上海经济发展的脉搏和学术研究的前沿。

广州蓝皮书
广州经济发展报告（2015）

李江涛　朱名宏/主编　2015年5月出版　估价:69.00元

◆ 本书是由广州市社会科学院主持编写的"广州蓝皮书"系列之一，本报告对广州2014年宏观经济运行情况作了深入分析，对2015年宏观经济走势进行了合理预测，并在此基础上提出了相应的政策建议。

 文化传媒类

文化传媒类

文化传媒类皮书透视文化领域、文化产业，
探索文化大繁荣、大发展的路径

新媒体蓝皮书
中国新媒体发展报告 No.5（2015）

唐绪军 / 主编　　2015 年 6 月出版　　估价：79.00 元

◆ 本书由中国社会科学院新闻与传播研究所和上海大学合作编写，在构建新媒体发展研究基本框架的基础上，全面梳理 2014 年中国新媒体发展现状，发表最前沿的网络媒体深度调查数据和研究成果，并对新媒体发展的未来趋势做出预测。

舆情蓝皮书
中国社会舆情与危机管理报告（2015）

谢耘耕 / 主编　　2015 年 8 月出版　　估价：98.00 元

◆ 本书由上海交通大学舆情研究实验室和危机管理研究中心主编，已被列入教育部人文社会科学研究报告培育项目。本书以新媒体环境下的中国社会为立足点，对 2014 年中国社会舆情、分类舆情等进行了深入系统的研究，并预测了 2015 年社会舆情走势。

文化蓝皮书
中国文化产业发展报告（2015）

张晓明　王家新　章建刚 / 主编　　2015 年 4 月出版　　估价：79.00 元

◆ 本书由中国社会科学院文化研究中心编写。从 2012 年开始，中国社会科学院文化研究中心设立了国内首个文化产业的研究类专项资金——"文化产业重大课题研究计划"，开始在全国范围内组织多学科专家学者对我国文化产业发展重大战略问题进行联合攻关研究。本书集中反映了该计划的研究成果。

经济类

G20国家创新竞争力黄皮书
二十国集团(G20)国家创新竞争力发展报告(2015)
著(编)者：黄茂兴 李闽榕 李建平 赵新力
2015年9月出版 / 估价：128.00元

产业蓝皮书
中国产业竞争力报告(2015)
著(编)者：张其仔 2015年5月出版 / 估价：79.00元

长三角蓝皮书
2015年全面深化改革中的长三角
著(编)者：张伟斌 2015年10月出版 / 估价：69.00元

城乡一体化蓝皮书
中国城乡一体化发展报告(2015)
著(编)者：付崇兰 汝信 2015年12月出版 / 估价：79.00元

城市创新蓝皮书
中国城市创新报告(2015)
著(编)者：周天勇 旷建伟 2015年8月出版 / 估价：69.00元

城市竞争力蓝皮书
中国城市竞争力报告(2015)
著(编)者：倪鹏飞 2015年5月出版 / 估价：89.00元

城市蓝皮书
中国城市发展报告NO.8
著(编)者：潘家华 魏后凯 2015年9月出版 / 估价：69.00元

城市群蓝皮书
中国城市群发展指数报告(2015)
著(编)者：刘新静 刘士林 2015年10月出版 / 估价：59.00元

城乡统筹蓝皮书
中国城乡统筹发展报告(2015)
著(编)者：潘晨光 程志强 2015年4月出版 / 估价：59.00元

城镇化蓝皮书
中国新型城镇化健康发展报告(2015)
著(编)者：张占斌 2015年5月出版 / 估价：79.00元

低碳发展蓝皮书
中国低碳发展报告(2015)
著(编)者：齐晔 2015年4月出版 / 估价：89.00元

低碳经济蓝皮书
中国低碳经济发展报告(2015)
著(编)者：薛进军 赵忠秀 2015年5月出版 / 估价：69.00元

东北蓝皮书
中国东北地区发展报告(2015)
著(编)者：马克 黄文艺 2015年8月出版 / 估价：79.00元

发展和改革蓝皮书
中国经济发展和体制改革报告(2015)
著(编)者：邹东涛 2015年11月出版 / 估价：98.00元

工业化蓝皮书
中国工业化进程报告(2015)
著(编)者：黄群慧 吕铁 李晓华 2015年11月出版 / 估价：89.00元

国际城市蓝皮书
国际城市发展报告(2015)
著(编)者：屠启宇 2015年1月出版 / 定价：79.00元

国家创新蓝皮书
中国创新发展报告(2015)
著(编)者：陈劲 2015年6月出版 / 估价：59.00元

环境竞争力绿皮书
中国省域环境竞争力发展报告(2015)
著(编)者：李建平 李闽榕 王金南
2015年12月出版 / 估价：198.00元

金融蓝皮书
中国金融发展报告(2015)
著(编)者：李扬 王国刚 2014年12月出版 / 定价：75.00元

金融信息服务蓝皮书
金融信息服务发展报告(2015)
著(编)者：鲁广锦 殷剑峰 林义相 2015年6月出版 / 估价：89.00元

经济蓝皮书
2015年中国经济形势分析与预测
著(编)者：李扬 2014年12月出版 / 定价：69.00元

经济蓝皮书·春季号
2015年中国经济前景分析
著(编)者：李扬 2015年5月出版 / 估价：79.00元

经济蓝皮书·夏季号
中国经济增长报告(2015)
著(编)者：李扬 2015年7月出版 / 估价：69.00元

经济信息绿皮书
中国与世界经济发展报告(2015)
著(编)者：杜平 2014年12月出版 / 定价：79.00元

就业蓝皮书
2015年中国大学生就业报告
著(编)者：麦可思研究院 2015年6月出版 / 估价：98.00元

临空经济蓝皮书
中国临空经济发展报告(2015)
著(编)者：连玉明 2015年9月出版 / 估价：79.00元

民营经济蓝皮书
中国民营经济发展报告(2015)
著(编)者：王钦敏 2015年12月出版 / 估价：79.00元

农村绿皮书
中国农村经济形势分析与预测(2014~2015)
著(编)者：中国社会科学院农村发展研究所
　　　　 国家统计局农村社会经济调查司
2015年4月出版 / 估价：69.00元

农业应对气候变化蓝皮书
气候变化对中国农业影响评估报告(2015)
著(编)者：矫梅燕 2015年8月出版 / 估价：98.00元

经济类·社会政法类

皮书系列 2015全品种

企业公民蓝皮书
中国企业公民报告（2015）
著(编)者：邹东涛　2015年12月出版　估价：79.00元

气候变化绿皮书
应对气候变化报告（2015）
著(编)者：王伟光　郑国光　2015年10月出版　估价：79.00元

区域蓝皮书
中国区域经济发展报告（2015）
著(编)者：梁昊光　2015年4月出版　估价：79.00元

全球环境竞争力绿皮书
全球环境竞争力报告（2015）
著(编)者：李建建　李闽榕　李建平　王金南
2015年12月出版　估价：198.00元

人口与劳动绿皮书
中国人口与劳动问题报告No.15
著(编)者：蔡昉　2015年1月出版　定价：59.00元

世界经济黄皮书
2015年世界经济形势分析与预测
著(编)者：王洛林　张宇燕　2015年1月出版　定价：69.00元

世界旅游城市绿皮书
世界旅游城市发展报告（2015）
著(编)者：鲁勇　周正宇　宋宇　2015年6月出版　估价：88.00元

商务中心区蓝皮书
中国商务中心区发展报告No.1（2014）
著(编)者：魏后凯　李国红　2015年1月出版　定价：89.00元

西北蓝皮书
中国西北发展报告（2015）
著(编)者：赵宗福　孙发平　苏海红　鲁顺元　段庆林
2014年12月出版　定价：79.00元

西部蓝皮书
中国西部发展报告（2015）
著(编)者：姚慧琴　徐璋勇　2015年7月出版　估价：89.00元

新型城镇化蓝皮书
新型城镇化发展报告（2015）
著(编)者：李伟　2015年10月出版　估价：89.00元

新兴经济体蓝皮书
金砖国家发展报告（2015）
著(编)者：林跃勤　周文　2015年7月出版　估价：79.00元

中部竞争力蓝皮书
中国中部经济社会竞争力报告（2015）
著(编)者：教育部人文社会科学重点研究基地
　　　　　南昌大学中国中部经济社会发展研究中心
2015年9月出版　估价：79.00元

中部蓝皮书
中国中部地区发展报告（2015）
著(编)者：喻新安　2015年5月出版　估价：69.00元

中国省域竞争力蓝皮书
中国省域经济综合竞争力发展报告（2013~2014）
著(编)者：李建平　李闽榕　高燕京
2015年2月出版　定价：198.00元

中三角蓝皮书
长江中游城市群发展报告（2015）
著(编)者：秦尊文　2015年10月出版　估价：69.00元

中小城市绿皮书
中国中小城市发展报告（2015）
著(编)者：中国城市经济学会中小城市经济发展委员会
　　　　　《中国中小城市发展报告》编纂委员会
　　　　　中小城市发展战略研究院
2015年10月出版　估价：98.00元

中央商务区蓝皮书
中国中央商务区发展报告（2015）
著(编)者：中国商务区联盟
　　　　　中国社会科学院城市发展与环境研究所
2015年10月出版　估价：69.00元

中原蓝皮书
中原经济区发展报告（2015）
著(编)者：李英杰　2015年6月出版　估价：88.00元

社会政法类

北京蓝皮书
中国社区发展报告（2015）
著(编)者：于燕燕　2015年6月出版　估价：69.00元

殡葬绿皮书
中国殡葬事业发展报告（2015）
著(编)者：李伯森　2015年4月出版　估价：59.00元

城市管理蓝皮书
中国城市管理报告（2015）
著(编)者：谭维克　刘林　2015年12月出版　估价：158.00元

城市生活质量蓝皮书
中国城市生活质量报告（2015）
著(编)者：中国经济实验研究院　2015年6月出版　估价：59.00元

城市政府能力蓝皮书
中国城市政府公共服务能力评估报告（2015）
著(编)者：何艳玲　2015年7月出版　估价：59.00元

创新蓝皮书
创新型国家建设报告（2015）
著(编)者：詹正茂　2015年4月出版　估价：69.00元

慈善蓝皮书
中国慈善发展报告（2015）
著(编)者：杨团　2015年5月出版　估价：79.00元

大学生蓝皮书
中国大学生生活形态研究报告（2015）
著(编)者：张新洲　2015年12月出版　估价：69.00元

社会政法类

地方法治蓝皮书
中国地方法治发展报告No.1（2014）
著(编)者：李林　田禾　2015年1月出版 / 定价:98.00元

法治蓝皮书
中国法治发展报告No.13（2015）
著(编)者：李林　田禾　2015年3月出版 / 定价:105.00元

反腐倡廉蓝皮书
中国反腐倡廉建设报告No.4
著(编)者：李秋芳　张英伟　2014年12月出版 / 定价:79.00元

非传统安全蓝皮书
中国非传统安全研究报告（2015）
著(编)者：余潇枫　魏志江　2015年6月出版 / 估价:79.00元

妇女发展蓝皮书
中国妇女发展报告（2015）
著(编)者：王金玲　2015年9月出版 / 估价:148.00元

妇女教育蓝皮书
中国妇女教育发展报告（2015）
著(编)者：张李玺　2015年1月出版 / 估价:78.00元

妇女绿皮书
中国性别平等与妇女发展报告（2015）
著(编)者：谭琳　2015年12月出版 / 估价:99.00元

公共服务蓝皮书
中国城市基本公共服务力评价（2015）
著(编)者：钟君　吴正杲　2015年12月出版 / 估价:79.00元

公共服务满意度蓝皮书
中国城市公共服务评价报告（2015）
著(编)者：胡伟　2015年12月出版 / 估价:69.00元

公民科学素质蓝皮书
中国公民科学素质报告（2015）
著(编)者：李群　许生军　2015年6月出版 / 估价:79.00元

公益蓝皮书
中国公益发展报告（2015）
著(编)者：朱健刚　2015年5月出版 / 估价:78.00元

管理蓝皮书
中国管理发展报告（2015）
著(编)者：张晓东　2015年9月出版 / 估价:98.00元

国际人才蓝皮书
中国国际移民报告（2015）
著(编)者：王辉耀　2015年2月出版 / 定价:79.00元

国际人才蓝皮书
中国海归发展报告（2015）
著(编)者：王辉耀　苗绿　2015年4月出版 / 估价:69.00元

国际人才蓝皮书
中国留学发展报告（2015）
著(编)者：王辉耀　苗绿　2015年9月出版 / 估价:69.00元

国家安全蓝皮书
中国国家安全研究报告（2015）
著(编)者：刘慧　2015年5月出版 / 估价:98.00元

行政改革蓝皮书
中国行政体制改革报告（2014~2015）
著(编)者：魏礼群　2015年4月出版 / 估价:89.00元

华侨华人蓝皮书
华侨华人研究报告（2015）
著(编)者：贾益民　2015年12月出版 / 估价:118.00元

环境绿皮书
中国环境发展报告（2015）
著(编)者：刘鉴强　2015年5月出版 / 估价:79.00元

基金会蓝皮书
中国基金会发展报告（2015）
著(编)者：刘忠祥　2015年6月出版 / 估价:69.00元

基金会绿皮书
中国基金会发展独立研究报告（2015）
著(编)者：基金会中心网　2015年8月出版 / 估价:88.00元

基金会透明度蓝皮书
中国基金会透明度发展研究报告（2015）
著(编)者：基金会中心网　清华大学廉政与治理研究中心
2015年9月出版 / 估价:78.00元

教师蓝皮书
中国中小学教师发展报告（2015）
著(编)者：曾晓东　2015年7月出版 / 估价:59.00元

教育蓝皮书
中国教育发展报告（2015）
著(编)者：杨东平　2015年5月出版 / 估价:79.00元

科普蓝皮书
中国科普基础设施发展报告（2015）
著(编)者：任福君　2015年6月出版 / 估价:59.00元

劳动保障蓝皮书
中国劳动保障发展报告（2015）
著(编)者：刘燕斌　2015年6月出版 / 估价:89.00元

老龄蓝皮书
中国老年宜居环境发展报告(2015)
著(编)者：吴玉韶　2015年9月出版 / 估价:79.00元

连片特困区蓝皮书
中国连片特困区发展报告（2015）
著(编)者：冷志明　游俊　2015年4月出版 / 估价:79.00元

民间组织蓝皮书
中国民间组织报告(2015)
著(编)者：潘晨光　黄晓勇　2015年8月出版 / 估价:69.00元

民调蓝皮书
中国民生调查报告（2015）
著(编)者：谢耘耕　2015年5月出版 / 估价:128.00元

民族发展蓝皮书
中国民族区域自治发展报告（2015）
著(编)者：王希恩　郝时远　2015年6月出版 / 估价:98.00元

女性生活蓝皮书
中国女性生活状况报告No.9（2015）
著(编)者：《中国妇女》杂志社　华坤女性生活调查中心
华坤女性消费指导中心
2015年4月出版 / 估价:79.00元

社会政法类 皮书系列 2015全品种

企业公众透明度蓝皮书
中国企业公众透明度报告(2014~2015)No.1
著(编)者：黄速建　王晓光　肖红军
2015年1月出版 / 定价:98.00元

企业国际化蓝皮书
中国企业国际化报告(2015)
著(编)者：王辉耀　2015年10月出版 / 估价:79.00元

汽车社会蓝皮书
中国汽车社会发展报告（2015）
著(编)者：王俊秀　2015年4月出版 / 估价:59.00元

青年蓝皮书
中国青年发展报告No.3
著(编)者：廉思　2015年4月出版 / 估价:59.00元

区域人才蓝皮书
中国区域人才竞争力报告（2015）
著(编)者：桂昭明　王辉耀　2015年6月出版 / 估价:69.00元

群众体育蓝皮书
中国群众体育发展报告（2015）
著(编)者：刘国永　杨桦　2015年8月出版 / 估价:69.00元

人才蓝皮书
中国人才发展报告（2015）
著(编)者：潘晨光　2015年8月出版 / 估价:85.00元

人权蓝皮书
中国人权事业发展报告（2015）
著(编)者：中国人权研究会　2015年8月出版 / 估价:99.00元

森林碳汇绿皮书
中国森林碳汇评估发展报告（2015）
著(编)者：闫文德　胡文臻　2015年9月出版 / 估价:79.00元

社会保障绿皮书
中国社会保障发展报告（2015）
著(编)者：王延中　2015年6月出版 / 估价:79.00元

社会工作蓝皮书
中国社会工作发展报告（2015）
著(编)者：民政部社会工作研究中心
2015年8月出版 / 估价:79.00元

社会管理蓝皮书
中国社会管理创新报告（2015）
著(编)者：连玉明　2015年9月出版 / 估价:89.00元

社会蓝皮书
2015年中国社会形势分析与预测
著(编)者：李培林　陈光金　张翼
2014年12月出版 / 定价:69.00元

社会体制蓝皮书
中国社会体制改革报告（2015）
著(编)者：龚维斌　2015年5月出版 / 估价:79.00元

社会心态蓝皮书
中国社会心态研究报告（2015）
著(编)者：王俊秀　杨宜音　2015年10月出版 / 估价:69.00元

社会组织蓝皮书
中国社会组织评估发展报告（2015）
著(编)者：徐家良　廖鸿　2015年12月出版 / 估价:69.00元

生态城市绿皮书
中国生态城市建设发展报告（2015）
著(编)者：刘举科　孙伟平　胡文臻
2015年6月出版 / 估价:98.00元

生态文明绿皮书
中国省域生态文明建设评价报告（ECI 2015）
著(编)者：严耕　2015年9月出版 / 估价:85.00元

世界社会主义黄皮书
世界社会主义跟踪研究报告（2015）
著(编)者：李慎明　2015年4月出版 / 估价:198.00元

水与发展蓝皮书
中国水风险评估报告（2015）
著(编)者：王浩　2015年9月出版 / 估价:69.00元

土地整治蓝皮书
中国土地整治发展研究报告No.2
著(编)者：国土资源部土地整治中心　2015年5月出版 / 估价:89.00元

危机管理蓝皮书
中国危机管理报告（2015）
著(编)者：文学国　2015年8月出版 / 估价:89.00元

形象危机应对蓝皮书
形象危机应对研究报告（2015）
著(编)者：唐钧　2015年6月出版 / 估价:149.00元

医改蓝皮书
中国医药卫生体制改革报告（2015~2016）
著(编)者：文学国　房志武　2015年12月出版 / 估价:79.00元

医疗卫生绿皮书
中国医疗卫生发展报告（2015）
著(编)者：申宝忠　韩玉珍　2015年4月出版 / 估价:75.00元

应急管理蓝皮书
中国应急管理报告（2015）
著(编)者：宋英华　2015年10月出版 / 估价:69.00元

政治参与蓝皮书
中国政治参与报告（2015）
著(编)者：房宁　2015年7月出版 / 估价:105.00元

政治发展蓝皮书
中国政治发展报告（2015）
著(编)者：房宁　杨海蛟　2015年5月出版 / 估价:88.00元

中国农村妇女发展蓝皮书
流动女性城市融入发展报告（2015）
著(编)者：谢丽华　2015年11月出版 / 估价:69.00元

宗教蓝皮书
中国宗教报告（2015）
著(编)者：金泽　邱永辉　2015年9月出版 / 估价:59.00元

行业报告类

保险蓝皮书
中国保险业竞争力报告（2015）
著（编）者：王力　　2015年12月出版 / 估价：98.00元

彩票蓝皮书
中国彩票发展报告（2015）
著（编）者：益彩基金　　2015年10月出版 / 估价：69.00元

餐饮产业蓝皮书
中国餐饮产业发展报告（2015）
著（编）者：邢颖　　2015年6月出版 / 估价：69.00元

测绘地理信息蓝皮书
智慧中国地理空间智能体系研究报告（2015）
著（编）者：库热西·买合苏提　　2015年12月出版 / 估价：98.00元

茶业蓝皮书
中国茶产业发展报告（2015）
著（编）者：杨江帆 李闽榕　　2015年10月出版 / 估价：78.00元

产权市场蓝皮书
中国产权市场发展报告（2015）
著（编）者：曹和平　　2015年12月出版 / 估价：79.00元

电子政务蓝皮书
中国电子政务发展报告（2015）
著（编）者：洪毅 杜平　　2015年11月出版 / 估价：79.00元

杜仲产业绿皮书
中国杜仲橡胶资源与产业发展报告（2014~2015）
著（编）者：杜红岩 胡文臻 俞锐
2015年1月出版 / 定价：85.00元

房地产蓝皮书
中国房地产发展报告No.12（2015）
著（编）者：魏后凯 李景国　　2015年5月出版 / 估价：79.00元

服务外包蓝皮书
中国服务外包产业发展报告（2015）
著（编）者：王晓红 刘德军　　2015年6月出版 / 估价：89.00元

工业设计蓝皮书
中国工业设计发展报告（2015）
著（编）者：王晓红 于炜 张立群　　2015年9月出版 / 估价：138.00元

互联网金融蓝皮书
中国互联网金融发展报告（2015）
著（编）者：芮晓武 刘烈宏　　2015年8月出版 / 估价：79.00元

会展蓝皮书
中外会展业动态评估年度报告（2015）
著（编）者：张敏　　2015年1月出版 / 估价：78.00元

金融监管蓝皮书
中国金融监管报告（2015）
著（编）者：胡滨　　2015年5月出版 / 估价：69.00元

金融蓝皮书
中国商业银行竞争力报告（2015）
著（编）者：王松奇　　2015年12月出版 / 估价：69.00元

客车蓝皮书
中国客车产业发展报告（2014~2015）
著（编）者：姚蔚　　2015年2月出版 / 定价：85.00元

老龄蓝皮书
中国老年宜居环境发展报告（2015）
著（编）者：吴玉韶 党俊武　　2015年9月出版 / 估价：79.00元

流通蓝皮书
中国商业发展报告（2015）
著（编）者：荆林波　　2015年5月出版 / 估价：89.00元

旅游安全蓝皮书
中国旅游安全报告（2015）
著（编）者：郑向敏 谢朝武　　2015年5月出版 / 估价：98.00元

旅游景区蓝皮书
中国旅游景区发展报告（2015）
著（编）者：黄安民　　2015年7月出版 / 估价：79.00元

旅游绿皮书
2014~2015年中国旅游发展分析与预测
著（编）者：宋瑞　　2015年1月出版 / 定价：98.00元

煤炭蓝皮书
中国煤炭工业发展报告（2015）
著（编）者：岳福斌　　2015年12月出版 / 估价：79.00元

民营医院蓝皮书
中国民营医院发展报告（2015）
著（编）者：庄一强　　2015年10月出版 / 估价：75.00元

闽商蓝皮书
闽商发展报告（2015）
著（编）者：王日根 李闽榕　　2015年12月出版 / 估价：69.00元

能源蓝皮书
中国能源发展报告（2015）
著（编）者：崔民选 王军生　　2015年8月出版 / 估价：79.00元

农产品流通蓝皮书
中国农产品流通产业发展报告（2015）
著（编）者：贾敬敦 张东科 张玉玺 孔令羽 张鹏毅
2015年9月出版 / 估价：89.00元

企业蓝皮书
中国企业竞争力报告（2015）
著（编）者：金碚　　2015年11月出版 / 估价：89.00元

企业社会责任蓝皮书
中国企业社会责任研究报告（2015）
著（编）者：黄群慧 彭华岗 钟宏武 张蒽
2015年11月出版 / 估价：69.00元

行业报告类

皮书系列 2015全品种

汽车安全蓝皮书
中国汽车安全发展报告（2015）
著(编)者：中国汽车技术研究中心　2015年4月出版 / 估价：79.00元

汽车蓝皮书
中国汽车产业发展报告（2015）
著(编)者：国务院发展研究中心产业经济研究部
　　　　　中国汽车工程学会 大众汽车集团（中国）
2015年7月出版 / 估价：128.00元

清洁能源蓝皮书
国际清洁能源发展报告（2015）
著(编)者：国际清洁能源论坛（澳门）
2015年9月出版 / 估价：89.00元

人力资源蓝皮书
中国人力资源发展报告（2015）
著(编)者：余兴安　2015年9月出版 / 估价：79.00元

融资租赁蓝皮书
中国融资租赁业发展报告（2014~2015）
著(编)者：李光荣 王力　2015年1月出版 / 定价：89.00元

软件和信息服务业蓝皮书
中国软件和信息服务业发展报告（2015）
著(编)者：陈新河 洪京一　2015年12月出版 / 估价：198.00元

上市公司蓝皮书
上市公司质量评价报告（2015）
著(编)者：张跃文 王力　2015年10月出版 / 估价：118.00元

食品药品蓝皮书
食品药品安全与监管政策研究报告（2015）
著(编)者：唐民皓　2015年7月出版 / 估价：69.00元

世界能源蓝皮书
世界能源发展报告（2015）
著(编)者：黄晓勇　2015年6月出版 / 估价：99.00元

碳市场蓝皮书
中国碳市场报告（2015）
著(编)者：低碳发展国际合作联盟
2015年11月出版 / 估价：69.00元

体育蓝皮书
中国体育产业发展报告（2015）
著(编)者：阮伟 钟秉枢　2015年4月出版 / 估价：69.00元

投资蓝皮书
中国投资发展报告（2015）
著(编)者：杨庆隆　2015年4月出版 / 估价：128.00元

物联网蓝皮书
中国物联网发展报告（2015）
著(编)者：黄桂田　2015年4月出版 / 估价：59.00元

西部工业蓝皮书
中国西部工业发展报告（2015）
著(编)者：方行明 甘犁 刘方健 姜凌 等
2015年9月出版 / 估价：79.00元

西部金融蓝皮书
中国西部金融发展报告（2015）
著(编)者：李忠民　2015年8月出版 / 估价：75.00元

新能源汽车蓝皮书
中国新能源汽车产业发展报告（2015）
著(编)者：中国汽车技术研究中心
日产（中国）投资有限公司 东风汽车有限公司
2015年8月出版 / 估价：69.00元

信托市场蓝皮书
中国信托业市场报告（2014~2015）
著(编)者：用益信托工作室　2015年2月出版 / 定价：198.00元

信息产业蓝皮书
世界软件和信息技术产业发展报告（2015）
著(编)者：洪京一　2015年8月出版 / 估价：79.00元

信息化蓝皮书
中国信息化形势分析与预测（2015）
著(编)者：周宏仁　2015年8月出版 / 估价：98.00元

信用蓝皮书
中国信用发展报告（2015）
著(编)者：田侃　2015年4月出版 / 估价：69.00元

休闲绿皮书
2015年中国休闲发展报告
著(编)者：刘德谦　2015年6月出版 / 估价：59.00元

医药蓝皮书
中国中医药产业园战略发展报告（2015）
著(编)者：裴长洪 房书亭 吴篠心　2015年5月出版 / 估价：89.00元

邮轮绿皮书
中国邮轮产业发展报告（2015）
著(编)者：汪泓　2015年9月出版 / 估价：79.00元

支付清算蓝皮书
中国支付清算发展报告（2015）
著(编)者：杨涛　2015年5月出版 / 估价：45.00元

中国上市公司蓝皮书
中国上市公司发展报告（2015）
著(编)者：许雄斌 张平　2015年9月出版 / 估价：98.00元

中国总部经济蓝皮书
中国总部经济发展报告（2015）
著(编)者：赵弘　2015年5月出版 / 估价：79.00元

住房绿皮书
中国住房发展报告（2014~2015）
著(编)者：倪鹏飞　2014年12月出版 / 定价：79.00元

资本市场蓝皮书
中国场外交易市场发展报告（2015）
著(编)者：高峦　2015年8月出版 / 估价：79.00元

资产管理蓝皮书
中国资产管理行业发展报告（2015）
著(编)者：智信资产管理研究院　2015年7月出版 / 估价：79.00元

文化传媒类

传媒竞争力蓝皮书
中国传媒国际竞争力研究报告（2015）
著(编)者：李本乾　2015年9月出版 / 估价:88.00元

传媒蓝皮书
中国传媒产业发展报告（2015）
著(编)者：崔保国　2015年4月出版 / 估价:98.00元

传媒投资蓝皮书
中国传媒投资发展报告（2015）
著(编)者：张向东　2015年7月出版 / 估价:89.00元

动漫蓝皮书
中国动漫产业发展报告（2015）
著(编)者：卢斌 郑玉明 牛兴侦　2015年7月出版 / 估价:79.00元

非物质文化遗产蓝皮书
中国非物质文化遗产发展报告（2015）
著(编)者：陈平　2015年4月出版 / 估价:79.00元

非物质文化遗产蓝皮书
中国少数民族非物质文化遗产发展报告（2015）
著(编)者：肖远平 柴立　2015年4月出版 / 估价:79.00元

广电蓝皮书
中国广播电影电视发展报告（2015）
著(编)者：杨明品　2015年7月出版 / 估价:98.00元

广告主蓝皮书
中国广告主营销传播趋势报告（2015）
著(编)者：黄升民　2015年5月出版 / 估价:148.00元

国际传播蓝皮书
中国国际传播发展报告（2015）
著(编)者：胡正荣 李继东 姬德强
2015年7月出版 / 估价:89.00元

国家形象蓝皮书
2015年国家形象研究报告
著(编)者：张昆　2015年5月出版 / 估价:79.00元

纪录片蓝皮书
中国纪录片发展报告（2015）
著(编)者：何苏六　2015年9月出版 / 估价:79.00元

科学传播蓝皮书
中国科学传播报告（2015）
著(编)者：詹正茂　2015年4月出版 / 估价:69.00元

两岸文化蓝皮书
两岸文化产业合作发展报告（2015）
著(编)者：胡惠林 李保宗　2015年7月出版 / 估价:79.00元

媒介与女性蓝皮书
中国媒介与女性发展报告（2015）
著(编)者：刘利群　2015年8月出版 / 估价:69.00元

全球传媒蓝皮书
全球传媒发展报告（2015）
著(编)者：胡正荣　2015年12月出版 / 估价:79.00元

世界文化发展蓝皮书
世界文化发展报告（2015）
著(编)者：张庆宗　高乐田　郭熙煌
2015年5月出版 / 估价:89.00元

视听新媒体蓝皮书
中国视听新媒体发展报告（2015）
著(编)者：庞井君　2015年6月出版 / 估价:148.00元

文化创新蓝皮书
中国文化创新报告（2015）
著(编)者：于平 傅才武　2015年4月出版 / 估价:79.00元

文化建设蓝皮书
中国文化发展报告（2015）
著(编)者：江畅 孙伟平 戴茂堂
2015年4月出版 / 估价:138.00元

文化科技蓝皮书
文化科技创新发展报告（2015）
著(编)者：于平 李凤亮　2015年10月出版 / 估价:89.00元

文化蓝皮书
中国文化产业供需协调检测报告（2015）
著(编)者：王亚南　2015年2月出版 / 定价:79.00元

文化蓝皮书
中国文化消费需求景气评价报告（2015）
著(编)者：王亚南　2015年2月出版 / 估价:79.00元

文化蓝皮书
中国文化产业发展报告（2015）
著(编)者：张晓明 王家新 章建刚
2015年4月出版 / 估价:79.00元

文化蓝皮书
中国公共文化投入增长测评报告(2015)
著(编)者：王亚南　2014年12月出版 / 定价:79.00元

文化蓝皮书
中国文化政策发展报告（2015）
著(编)者：傅才武 宋文玉 燕东升　2015年9月出版 / 估价:98.0

文化品牌蓝皮书
中国文化品牌发展报告（2015）
著(编)者：欧阳友权　2015年4月出版 / 估价:79.00元

文化遗产蓝皮书
中国文化遗产事业发展报告（2015）
著(编)者：刘世锦　2015年12月出版 / 估价:89.00元

文学蓝皮书
中国文情报告（2015）
著(编)者：白烨　2015年5月出版 / 估价:49.00元

新媒体蓝皮书
中国新媒体发展报告（2015）
著(编)者：唐绪军　2015年6月出版 / 估价:79.00元

新媒体社会责任蓝皮书
中国新媒体社会责任研究报告（2015）
著(编)者:钟瑛　2015年10月出版 / 估价:79.00元

移动互联网蓝皮书
中国移动互联网发展报告（2015）
著(编)者:官建文　2015年6月出版 / 估价:79.00元

舆情蓝皮书
中国社会舆情与危机管理报告（2015）
著(编)者:谢耘耕　2015年8月出版 / 估价:98.00元

地方发展类

安徽经济蓝皮书
芜湖创新型城市发展报告（2015）
著(编)者:杨少华　王开玉　2015年4月出版 / 估价:69.00元

安徽蓝皮书
安徽社会发展报告（2015）
著(编)者:程桦　2015年4月出版 / 估价:79.00元

安徽社会建设蓝皮书
安徽社会建设分析报告（2015）
著(编)者:黄家海　王开玉　蔡宪　2015年4月出版 / 估价:69.00元

澳门蓝皮书
澳门经济社会发展报告（2015）
著(编)者:吴志良　郝雨凡　2015年4月出版 / 估价:79.00元

北京蓝皮书
北京公共服务发展报告（2014~2015）
著(编)者:施昌奎　2015年1月出版 / 定价:69.00元

北京蓝皮书
北京经济发展报告（2015）
著(编)者:杨松　2015年4月出版 / 估价:79.00元

北京蓝皮书
北京社会治理发展报告（2015）
著(编)者:殷星辰　2015年4月出版 / 估价:79.00元

北京蓝皮书
北京文化发展报告（2015）
著(编)者:李建盛　2015年4月出版 / 估价:79.00元

北京蓝皮书
北京社会发展报告（2015）
著(编)者:缪青　2015年5月出版 / 估价:79.00元

北京蓝皮书
北京社区发展报告（2015）
著(编)者:于燕燕　2015年1月出版 / 定价:79.00元

北京旅游绿皮书
北京旅游发展报告（2015）
著(编)者:北京旅游学会　2015年7月出版 / 估价:88.00元

北京律师蓝皮书
北京律师发展报告（2015）
著(编)者:王隽　2015年12月出版 / 估价:75.00元

北京人才蓝皮书
北京人才发展报告（2015）
著(编)者:于淼　2015年4月出版 / 估价:89.00元

北京社会心态蓝皮书
北京社会心态分析报告（2015）
著(编)者:北京社会心理研究所　2015年4月出版 / 估价:69.00元

北京社会组织蓝皮书
北京社会组织发展研究报告(2015)
著(编)者:李东松　唐军　2015年4月出版 / 估价:79.00元

北京社会组织蓝皮书
北京社会组织发展报告（2015）
著(编)者:温庆云　2015年9月出版 / 估价:69.00元

滨海金融蓝皮书
滨海新区金融发展报告（2015）
著(编)者:王爱俭　张锐钢　2015年9月出版 / 估价:79.00元

城乡一体化蓝皮书
中国城乡一体化发展报告（北京卷）（2015）
著(编)者:张宝秀　黄序　2015年4月出版 / 估价:69.00元

创意城市蓝皮书
北京文化创意产业发展报告（2015）
著(编)者:张京成　2015年11月出版 / 估价:65.00元

创意城市蓝皮书
无锡文化创意产业发展报告（2015）
著(编)者:谭军　张鸣年　2015年10月出版 / 估价:75.00元

创意城市蓝皮书
武汉市文化创意产业发展报告（2015）
著(编)者:袁堃　黄永林　2015年11月出版 / 估价:85.00元

创意城市蓝皮书
重庆创意产业发展报告（2015）
著(编)者:程宇宁　2015年4月出版 / 估价:89.00元

创意城市蓝皮书
青岛文化创意产业发展报告（2015）
著(编)者:马达　张丹妮　2015年6月出版 / 估价:79.00元

福建妇女发展蓝皮书
福建省妇女发展报告（2015）
著(编)者:刘群英　2015年10月出版 / 估价:58.00元

地方发展类

甘肃蓝皮书
甘肃舆情分析与预测（2015）
著(编)者：陈双梅 郝树声　2015年1月出版 / 定价:79.00元

甘肃蓝皮书
甘肃文化发展分析与预测（2015）
著(编)者：安文华 周小华　2015年1月出版 / 定价:79.00元

甘肃蓝皮书
甘肃社会发展分析与预测（2015）
著(编)者：安文华 包晓霞　2015年1月出版 / 定价:79.00元

甘肃蓝皮书
甘肃经济发展分析与预测（2015）
著(编)者：朱智文 罗哲　2015年1月出版 / 定价:79.00元

甘肃蓝皮书
甘肃县域经济综合竞争力评价（2015）
著(编)者：刘进军　2015年4月出版 / 估价:69.00元

甘肃蓝皮书
甘肃县域社会发展评价报告（2015）
著(编)者：刘进军 柳民 王建兵　2015年1月出版 / 定价:79.00元

广东蓝皮书
广东省电子商务发展报告（2015）
著(编)者：程晓　2015年12月出版 / 估价:69.00元

广东蓝皮书
广东社会工作发展报告（2015）
著(编)者：罗观翠　2015年6月出版 / 估价:89.00元

广东社会建设蓝皮书
广东省社会建设发展报告（2015）
著(编)者：广东省社会工作委员会　2015年10月出版 / 估价:89.00元

广东外经贸蓝皮书
广东对外经济贸易发展研究报告（2015）
著(编)者：陈万灵　2015年5月出版 / 估价:79.00元

广西北部湾经济区蓝皮书
广西北部湾经济区开放开发报告（2015）
著(编)者：广西北部湾经济区规划建设管理委员会办公室　广西社会科学院广西北部湾发展研究院
2015年8月出版 / 估价:79.00元

广州蓝皮书
广州社会保障发展报告（2015）
著(编)者：蔡国萱　2015年4月出版 / 估价:65.00元

广州蓝皮书
2015年中国广州社会形势分析与预测
著(编)者：张强 陈怡霓 杨秦　2015年5月出版 / 估价:69.00元

广州蓝皮书
广州经济发展报告（2015）
著(编)者：李江涛 朱名宏　2015年5月出版 / 估价:69.00元

广州蓝皮书
广州商贸业发展报告（2015）
著(编)者：李江涛 王旭东 荀振英　2015年6月出版 / 估价:69.00元

广州蓝皮书
2015年中国广州经济形势分析与预测
著(编)者：庾建设 沈奎 郭志勇　2015年6月出版 / 估价:79.00元

广州蓝皮书
中国广州文化发展报告（2015）
著(编)者：徐俊忠 陆志强 顾涧清　2015年6月出版 / 估价:69.00元

广州蓝皮书
广州农村发展报告（2015）
著(编)者：李江涛 汤锦华　2015年8月出版 / 估价:69.00元

广州蓝皮书
中国广州城市建设与管理发展报告（2015）
著(编)者：董皞 冼伟雄　2015年7月出版 / 估价:69.00元

广州蓝皮书
中国广州科技和信息化发展报告（2015）
著(编)者：邹采荣 马正勇 冯元　2015年7月出版 / 估价:79.00元

广州蓝皮书
广州创新型城市发展报告（2015）
著(编)者：李江涛　2015年7月出版 / 估价:69.00元

广州蓝皮书
广州文化创意产业发展报告（2015）
著(编)者：甘新　2015年8月出版 / 估价:79.00元

广州蓝皮书
广州志愿服务发展报告（2015）
著(编)者：魏国华 张强　2015年9月出版 / 估价:69.00元

广州蓝皮书
广州城市国际化发展报告（2015）
著(编)者：朱名宏　2015年9月出版 / 估价:59.00元

广州蓝皮书
广州汽车产业发展报告（2015）
著(编)者：李江涛 杨再高　2015年9月出版 / 估价:69.00元

贵州房地产蓝皮书
贵州房地产发展报告（2015）
著(编)者：武廷方　2015年10月出版 / 估价:89.00元

贵州蓝皮书
贵州人才发展报告（2015）
著(编)者：于杰 吴大华　2015年4月出版 / 估价:69.00元

贵州蓝皮书
贵州社会发展报告（2015）
著(编)者：王兴骥　2015年4月出版 / 估价:69.00元

贵州蓝皮书
贵州法治发展报告（2015）
著(编)者：吴大华　2015年4月出版 / 估价:69.00元

贵州蓝皮书
贵州国有企业社会责任发展报告（2015）
著(编)者：郭丽　2015年10月出版 / 估价:79.00元

海淀蓝皮书
海淀区文化和科技融合发展报告（2015）
著(编)者：孟景伟 陈名杰　2015年5月出版 / 估价:75.00元

地方发展类 — 皮书系列 2015全品种

海峡西岸蓝皮书
海峡西岸经济区发展报告（2015）
著(编)者：黄端　　2015年9月出版 / 估价：65.00元

杭州都市圈蓝皮书
杭州都市圈发展报告（2015）
著(编)者：董祖德　沈翔　　2015年5月出版 / 估价：89.00元

杭州蓝皮书
杭州妇女发展报告（2015）
著(编)者：魏颖　　2015年6月出版 / 估价：75.00元

河北经济蓝皮书
河北省经济发展报告（2015）
著(编)者：马树强　金浩　张贵　　2015年4月出版 / 估价：79.00元

河北蓝皮书
河北经济社会发展报告（2015）
著(编)者：周文夫　　2015年1月出版 / 定价：79.00元

河南经济蓝皮书
2015年河南经济形势分析与预测
著(编)者：胡五岳　　2015年2月出版 / 定价：69.00元

河南蓝皮书
河南城市发展报告（2015）
著(编)者：谷建全　王建国　　2015年3月出版 / 定价：79.00元

河南蓝皮书
2015年河南社会形势分析与预测
著(编)者：刘道兴　牛苏林　　2015年4月出版 / 估价：69.00元

河南蓝皮书
河南工业发展报告（2015）
著(编)者：龚绍东　赵西三　　2015年1月出版 / 定价：79.00元

河南蓝皮书
河南文化发展报告（2015）
著(编)者：卫绍生　　2015年3月出版 / 定价：79.00元

河南蓝皮书
河南经济发展报告（2015）
著(编)者：喻新安　　2014年12月出版 / 定价：79.00元

河南蓝皮书
河南法治发展报告（2015）
著(编)者：丁同民　闫德民　　2015年4月出版 / 估价：69.00元

河南蓝皮书
河南金融发展报告（2015）
著(编)者：喻新安　谷建全　　2015年4月出版 / 估价：69.00元

河南商务蓝皮书
河南商务发展报告（2015）
著(编)者：焦锦淼　穆荣国　　2015年5月出版 / 估价：88.00元

黑龙江产业蓝皮书
黑龙江产业发展报告（2015）
著(编)者：于渤　　2015年9月出版 / 估价：79.00元

黑龙江蓝皮书
黑龙江经济发展报告（2015）
著(编)者：曲伟　　2015年1月出版 / 定价：79.00元

黑龙江蓝皮书
黑龙江社会发展报告（2015）
著(编)者：张新颖　　2015年1月出版 / 定价：79.00元

湖北文化蓝皮书
湖北文化发展报告（2015）
著(编)者：江畅　吴成国　　2015年5月出版 / 估价：89.00元

湖南城市蓝皮书
区域城市群整合
著(编)者：童中贤　韩未名　　2015年12月出版 / 估价：79.00元

湖南蓝皮书
2015年湖南电子政务发展报告
著(编)者：梁志峰　　2015年4月出版 / 估价：128.00元

湖南蓝皮书
2015年湖南社会发展报告
著(编)者：梁志峰　　2015年4月出版 / 估价：128.00元

湖南蓝皮书
2015年湖南产业发展报告
著(编)者：梁志峰　　2015年4月出版 / 估价：128.00元

湖南蓝皮书
2015年湖南经济展望
著(编)者：梁志峰　　2015年4月出版 / 估价：128.00元

湖南蓝皮书
2015年湖南县域经济社会发展报告
著(编)者：梁志峰　　2015年4月出版 / 估价：128.00元

湖南蓝皮书
2015年湖南两型社会发展报告
著(编)者：梁志峰　　2015年4月出版 / 估价：128.00元

湖南县域绿皮书
湖南县域发展报告No.2
著(编)者：朱有志　　2015年4月出版 / 估价：69.00元

沪港蓝皮书
沪港发展报告（2015）
著(编)者：尤安山　　2015年9月出版 / 估价：89.00元

吉林蓝皮书
2015年吉林经济社会形势分析与预测
著(编)者：马克　　2015年2月出版 / 定价：89.00元

济源蓝皮书
济源经济社会发展报告（2015）
著(编)者：喻新安　　2015年4月出版 / 估价：69.00元

健康城市蓝皮书
北京健康城市建设研究报告（2015）
著(编)者：王鸿春　　2015年4月出版 / 估价：79.00元

江苏法治蓝皮书
江苏法治发展报告（2015）
著(编)者：李力　龚廷泰　　2015年9月出版 / 估价：98.00元

京津冀蓝皮书
京津冀发展报告（2015）
著(编)者：文魁　祝尔娟　　2015年4月出版 / 估价：79.00元

皮书系列 2015全品种 — 地方发展类

经济特区蓝皮书
中国经济特区发展报告（2015）
著(编)者:陶一桃　　2015年4月出版 / 估价:89.00元

辽宁蓝皮书
2015年辽宁经济社会形势分析与预测
著(编)者:曹晓峰　张晶　梁启东　2014年12月出版 / 定价:79.00元

南京蓝皮书
南京文化发展报告（2015）
著(编)者:南京文化产业研究中心
2015年12月出版 / 估价:79.00元

内蒙古蓝皮书
内蒙古反腐倡廉建设报告（2015）
著(编)者:张志华　无极　2015年12月出版 / 估价:69.00元

浦东新区蓝皮书
上海浦东经济发展报告（2015）
著(编)者:沈开艳　陆沪根　2015年1月出版 / 定价:69.00元

青海蓝皮书
2015年青海经济社会形势分析与预测
著(编)者:赵宗福　2014年12月出版 / 定价:69.00元

人口与健康蓝皮书
深圳人口与健康发展报告（2015）
著(编)者:曾序春　2015年12月出版 / 估价:89.00元

山东蓝皮书
山东社会形势分析与预测（2015）
著(编)者:张华　唐洲雁　2015年6月出版 / 估价:89.00元

山东蓝皮书
山东经济形势分析与预测（2015）
著(编)者:张华　唐洲雁　2015年6月出版 / 估价:89.00元

山东蓝皮书
山东文化发展报告（2015）
著(编)者:张华　唐洲雁　2015年6月出版 / 估价:98.00元

山西蓝皮书
山西资源型经济转型发展报告（2015）
著(编)者:李志强　2015年5月出版 / 估价:98.00元

陕西蓝皮书
陕西经济发展报告（2015）
著(编)者:任宗哲　白宽犁　裴成荣　2015年1月出版 / 定价:69.00元

陕西蓝皮书
陕西社会发展报告（2015）
著(编)者:任宗哲　白宽犁　牛昉　2015年1月出版 / 定价:69.00元

陕西蓝皮书
陕西文化发展报告（2015）
著(编)者:任宗哲　白宽犁　王长寿　2015年1月出版 / 定价:65.00元

陕西蓝皮书
丝绸之路经济带发展报告（2015）
著(编)者:任宗哲　石英　白宽犁
2015年8月出版 / 估价:79.00元

上海蓝皮书
上海文学发展报告（2015）
著(编)者:陈圣来　2015年1月出版 / 定价:69.00元

上海蓝皮书
上海文化发展报告（2015）
著(编)者:荣跃明　2015年1月出版 / 定价:74.00元

上海蓝皮书
上海资源环境发展报告（2015）
著(编)者:周冯琦　汤庆合　任文伟
2015年1月出版 / 定价:69.00元

上海蓝皮书
上海社会发展报告（2015）
著(编)者:杨雄　周海旺　2015年1月出版 / 定价:69.00元

上海蓝皮书
上海经济发展报告（2015）
著(编)者:沈开艳　2015年1月出版 / 定价:69.00元

上海蓝皮书
上海传媒发展报告（2015）
著(编)者:强荧　焦雨虹　2015年1月出版 / 定价:69.00元

上海蓝皮书
上海法治发展报告（2015）
著(编)者:叶青　2015年4月出版 / 估价:69.00元

上饶蓝皮书
上饶发展报告（2015）
著(编)者:朱寅健　2015年4月出版 / 估价:128.00元

社会建设蓝皮书
2015年北京社会建设分析报告
著(编)者:宋贵伦　冯虹　2015年7月出版 / 估价:79.00元

深圳蓝皮书
深圳劳动关系发展报告（2015）
著(编)者:汤庭芬　2015年6月出版 / 估价:75.00元

深圳蓝皮书
深圳经济发展报告（2015）
著(编)者:张骁儒　2015年7月出版 / 估价:79.00元

深圳蓝皮书
深圳社会发展报告（2015）
著(编)者:叶民辉　张骁儒　2015年7月出版 / 估价:89.00元

深圳蓝皮书
深圳法治发展报告（2015）
著(编)者:张骁儒　2015年4月出版 / 估价:79.00元

四川蓝皮书
四川文化产业发展报告（2015）
著(编)者:侯水平　2015年4月出版 / 估价:69.00元

四川蓝皮书
四川企业社会责任研究报告（2015）
著(编)者:侯水平　盛毅　2015年3月出版 / 定价:79.00元

地方发展类·国别与地区类　皮书系列 2015全品种

四川蓝皮书
四川法治发展报告（2015）
著(编)者：郑泰安　2015年1月出版 / 定价：69.00元

四川蓝皮书
2015年四川生态建设报告
著(编)者：四川省社会科学院
2015年4月出版 / 估价：69.00元

四川蓝皮书
四川城镇化发展报告（2015）
著(编)者：四川省城镇发展研究中心
2015年4月出版 / 估价：69.00元

四川蓝皮书
2015年四川社会发展形势分析与预测
著(编)者：郭晓鸣　李羚　2015年5月出版 / 估价：69.00元

四川蓝皮书
2015年四川经济发展形势分析与预测
著(编)者：杨钢　2015年1月出版 / 定价：89.00元

四川法治蓝皮书
四川依法治省年度报告No.1（2015）
著(编)者：李林　杨天宗　田禾　2015年3月出版 / 定价：108.00元

天津金融蓝皮书
天津金融发展报告（2015）
著(编)者：王爱俭　杜强　2015年9月出版 / 估价：89.00元

图们江区域合作蓝皮书
中国图们江区域合作开发发展报告（2015）
著(编)者：李铁　朱显平　吴成章　2015年4月出版 / 估价：79.00元

温州蓝皮书
2015年温州经济社会形势分析与预测
著(编)者：潘忠强　王春光　金浩　2015年4月出版 / 估价：69.00元

扬州蓝皮书
扬州经济社会发展报告（2015）
著(编)者：丁纯　2015年12月出版 / 估价：89.00元

云南蓝皮书
中国面向西南开放重要桥头堡建设发展报告（2015）
著(编)者：刘绍怀　2015年12月出版 / 估价：69.00元

长株潭城市群蓝皮书
长株潭城市群发展报告（2015）
著(编)者：张萍　2015年4月出版 / 估价：69.00元

郑州蓝皮书
2015年郑州文化发展报告
著(编)者：王哲　2015年9月出版 / 估价：65.00元

中医文化蓝皮书
北京中医文化发展报告（2015）
著(编)者：毛嘉陵　2015年4月出版 / 估价：69.00元

珠三角流通蓝皮书
珠三角商圈发展研究报告（2015）
著(编)者：林至颖　王先庆　2015年7月出版 / 估价：98.00元

国别与地区类

阿拉伯黄皮书
阿拉伯发展报告（2015）
著(编)者：马晓霖　2015年4月出版 / 估价：79.00元

北部湾蓝皮书
泛北部湾合作发展报告（2015）
著(编)者：吕余生　2015年8月出版 / 估价：69.00元

大湄公河次区域蓝皮书
大湄公河次区域合作发展报告（2015）
著(编)者：刘稚　2015年9月出版 / 估价：79.00元

大洋洲蓝皮书
大洋洲发展报告（2015）
著(编)者：喻常森　2015年8月出版 / 估价：89.00元

德国蓝皮书
德国发展报告（2015）
著(编)者：郑春荣　伍慧萍　2015年6月出版 / 估价：69.00元

东北亚黄皮书
东北亚地区政治与安全（2015）
著(编)者：黄凤志　刘清才　张慧智
2015年5月出版 / 估价：69.00元

东盟黄皮书
东盟发展报告（2015）
著(编)者：崔晓麟　2015年5月出版 / 估价：75.00元

东南亚蓝皮书
东南亚地区发展报告（2015）
著(编)者：王勤　2015年4月出版 / 估价：79.00元

俄罗斯黄皮书
俄罗斯发展报告（2015）
著(编)者：李永全　2015年7月出版 / 估价：79.00元

非洲黄皮书
非洲发展报告（2015）
著(编)者：张宏明　2015年7月出版 / 估价：79.00元

国别与地区类

国际形势黄皮书
全球政治与安全报告（2015）
著(编)者：李慎明 张宇燕　2015年1月出版 / 定价:69.00元

韩国蓝皮书
韩国发展报告（2015）
著(编)者：刘宝全 牛林杰　2015年8月出版 / 估价:79.00元

加拿大蓝皮书
加拿大发展报告（2015）
著(编)者：仲伟合　2015年4月出版 / 估价:89.00元

拉美黄皮书
拉丁美洲和加勒比发展报告（2014~2015）
著(编)者：吴白乙　2015年4月出版 / 估价:89.00元

美国蓝皮书
美国研究报告（2015）
著(编)者：黄平 郑秉文　2015年7月出版 / 估价:89.00元

缅甸蓝皮书
缅甸国情报告（2015）
著(编)者：李晨阳　2015年8月出版 / 估价:79.00元

欧洲蓝皮书
欧洲发展报告（2015）
著(编)者：周弘　2015年6月出版 / 估价:89.00元

葡语国家蓝皮书
葡语国家发展报告（2015）
著(编)者：对外经济贸易大学区域国别研究所 葡语国家研究中心
2015年4月出版 / 估价:89.00元

葡语国家蓝皮书
中国与葡语国家关系发展报告·巴西（2014）
著(编)者：澳门科技大学　2015年4月出版 / 估价:89.00元

日本经济蓝皮书
日本经济与中日经贸关系研究报告（2015）
著(编)者：王洛林 张季风　2015年5月出版 / 估价:79.00元

日本蓝皮书
日本研究报告（2015）
著(编)者：李薇　2015年4月出版 / 估价:69.00元

上海合作组织黄皮书
上海合作组织发展报告（2015）
著(编)者：李进峰 吴宏伟 李伟
2015年9月出版 / 估价:89.00元

世界创新竞争力黄皮书
世界创新竞争力发展报告（2015）
著(编)者：李闽榕 李建平 赵新力
2015年12月出版 / 估价:148.00元

土耳其蓝皮书
土耳其发展报告（2015）
著(编)者：郭长刚 刘义　2015年7月出版 / 估价:89.00元

亚太蓝皮书
亚太地区发展报告（2015）
著(编)者：李向阳　2015年1月出版 / 定价:59.00元

印度蓝皮书
印度国情报告（2015）
著(编)者：吕昭义　2015年5月出版 / 估价:89.00元

印度洋地区蓝皮书
印度洋地区发展报告（2015）
著(编)者：汪戎　2015年4月出版 / 估价:79.00元

中东黄皮书
中东发展报告（2015）
著(编)者：杨光　2015年11月出版 / 估价:89.00元

中欧关系蓝皮书
中欧关系研究报告（2015）
著(编)者：周弘　2015年12月出版 / 估价:98.00元

中亚黄皮书
中亚国家发展报告（2015）
著(编)者：孙力 吴宏伟　2015年9月出版 / 估价:89.00元

中国皮书网
www.pishu.cn

发布皮书研创资讯，传播皮书精彩内容
引领皮书出版潮流，打造皮书服务平台

栏目设置：

- □ 资讯：皮书动态、皮书观点、皮书数据、皮书报道、皮书发布、电子期刊
- □ 标准：皮书评价、皮书研究、皮书规范
- □ 服务：最新皮书、皮书书目、重点推荐、在线购书
- □ 链接：皮书数据库、皮书博客、皮书微博、在线书城
- □ 搜索：资讯、图书、研究动态、皮书专家、研创团队

  中国皮书网依托皮书系列"权威、前沿、原创"的优质内容资源，通过文字、图片、音频、视频等多种元素，在皮书研创者、使用者之间搭建了一个成果展示、资源共享的互动平台。

  自 2005 年 12 月正式上线以来，中国皮书网的 IP 访问量、PV 浏览量与日俱增，受到海内外研究者、公务人员、商务人士以及专业读者的广泛关注。

  2008 年、2011 年，中国皮书网均在全国新闻出版业网站荣誉评选中获得"最具商业价值网站"称号；2012 年，获得"出版业网站百强"称号。

  2014 年，中国皮书网与皮书数据库实现资源共享，端口合一，将提供更丰富的内容，更全面的服务。

权威报告　热点资讯　海量资源

当代中国与世界发展的高端智库平台

皮书数据库 www.pishu.com.cn

皮书数据库是专业的人文社会科学综合学术资源总库，以大型连续性图书——皮书系列为基础，整合国内外相关资讯构建而成。包含七大子库，涵盖两百多个主题，囊括了近十几年间中国与世界经济社会发展报告，覆盖经济、社会、政治、文化、教育、国际问题等多个领域。

皮书数据库以篇章为基本单位，方便用户对皮书内容的阅读需求。用户可进行全文检索，也可对文献题目、内容提要、作者名称、作者单位、关键字等基本信息进行检索，还可对检索到的篇章再做二次筛选，进行在线阅读或下载阅读。智能多维度导航，可使用户根据自己熟知的分类标准进行分类导航筛选，使查找和检索更高效、便捷。

权威的研究报告，独特的调研数据，前沿的热点资讯，皮书数据库已发展成为国内最具影响力的关于中国与世界现实问题研究的成果库和资讯库。

皮书俱乐部会员服务指南

1. 谁能成为皮书俱乐部成员？
- 皮书作者自动成为俱乐部会员
- 购买了皮书产品（纸质书/电子书）的个人用户

2. 会员可以享受的增值服务
- 免费获赠皮书数据库100元充值卡
- 加入皮书俱乐部，免费获赠该纸质图书的电子书
- 免费定期获赠皮书电子期刊
- 优先参与各类皮书学术活动
- 优先享受皮书产品的最新优惠

3. 如何享受增值服务？
（1）免费获赠100元皮书数据库体验卡

第1步　刮开皮书附赠充值的涂层（右下）；

第2步　登录皮书数据库网站（www.pishu.com.cn），注册账号；

第3步　登录并进入"会员中心"—"在线充值"—"充值卡充值"，充值成功后即可使用。

（2）加入皮书俱乐部，凭数据库体验卡获赠该书的电子书

第1步　登录社会科学文献出版社官网（www.ssap.com.cn），注册账号；

第2步　登录并进入"会员中心"—"皮书俱乐部"，提交加入皮书俱乐部申请；

第3步　审核通过后，再次进入皮书俱乐部，填写页面所需图书、体验卡信息即可自动兑换相应电子书。

4. 声明
解释权归社会科学文献出版社所有

皮书俱乐部会员可享受社会科学文献出版社其他相关免费增值服务，有任何疑问，均可与我们联系。

图书销售热线：010-59367070/7028　图书服务QQ：800045692　图书服务邮箱：duzhe@ssap.cn

数据库服务热线：400-008-6395　数据库服务QQ：2475522410　数据库服务邮箱：database@ssap.cn

欢迎登录社会科学文献出版社官网（www.ssap.com.cn）和中国皮书网（www.pishu.cn）了解更多信息

皮书大事记
（2014）

☆ 2014年10月，中国社会科学院2014年度皮书纳入创新工程学术出版资助名单正式公布，相关资助措施进一步落实。

☆ 2014年8月，由中国社会科学院主办，贵州省社会科学院、社会科学文献出版社承办的"第十五次全国皮书年会（2014）"在贵州贵阳隆重召开。

☆ 2014年8月，第二批淘汰的27种皮书名单公布。

☆ 2014年7月，第五届优秀皮书奖评审会在京召开。本届优秀皮书奖首次同时评选优秀皮书和优秀皮书报告。

☆ 2014年7月，第三届皮书学术评审委员会于北京成立。

☆ 2014年6月，社会科学文献出版社与北京报刊发行局签订合同，将部分重点皮书纳入邮政发行系统。

☆ 2014年6月，《中国社会科学院皮书管理办法》正式颁布实施。

☆ 2014年4月，出台《社会科学文献出版社关于加强皮书编审工作的有关规定》《社会科学文献出版社皮书责任编辑管理规定》《社会科学文献出版社关于皮书准入与退出的若干规定》。

☆ 2014年1月，首批淘汰的44种皮书名单公布。

☆ 2014年1月，"2013(第七届)全国新闻出版业网站年会"在北京举办，中国皮书网被评为"最具商业价值网站"。

☆ 2014年1月,社会科学文献出版社在原皮书评价研究中心的基础上成立了皮书研究院。

皮书数据库
www.pishu.com.cn

皮书数据库三期

- 皮书数据库（SSDB）是社会科学文献出版社整合现有皮书资源开发的在线数字产品，全面收录"皮书系列"的内容资源，并以此为基础整合大量相关资讯构建而成。

- 皮书数据库现有中国经济发展数据库、中国社会发展数据库、世界经济与国际政治数据库等子库，覆盖经济、社会、文化等多个行业、领域，现有报告30000多篇，总字数超过5亿字，并以每年4000多篇的速度不断更新累积。

- 新版皮书数据库主要围绕存量+增量资源整合、资源编辑标引体系建设、产品架构设置优化、技术平台功能研发等方面开展工作，并将中国皮书网与皮书数据库合二为一联体建设，旨在以"皮书研创出版、信息发布与知识服务平台"为基本功能定位，打造一个全新的皮书品牌综合门户平台，为您提供更优质更到位的服务。

更多信息请登录

中国皮书网
http://www.pishu.cn

中国皮书网
http://www.pishu.cn

皮书微博
http://weibo.com/pishu

中国皮书网的BLOG [编辑]
http://blog.sina.com.cn/pishu

皮书博客
http://blog.sina.com.cn/pishu

皮书微信
皮书说

请到各地书店皮书专架 / 专柜购买，也可办理邮购

咨询 / 邮购电话：010-59367028　59367070	邮　　箱：duzhe@ssap.cn
邮购地址：北京市西城区北三环中路甲29号院3号楼华龙大厦13层读者服务中心	
邮　　编：100029	
银行户名：社会科学文献出版社	
开户银行：中国工商银行北京北太平庄支行	
账　　号：0200010019200365434	
网上书店：010-59367070　　qq：1265056568	
网　　址：www.ssap.com.cn　　www.pishu.cn	

（三）有利于推动检察工作科学发展

党的十八届四中全会对检察机关在依法治国中的地位和作用做了非常重要的肯定，对检察机关提出了涉及公民人身、财产权益的行政强制措施的司法监督，在履行职责中发现行政机关违法行使职权或不行使职权行为的督促纠正机制、公益诉讼三项新的监督任务。这是对检察机关的国家法律监督机关地位的进一步确认，进一步扩大了检察职权，体现了中央对检察机关法律监督地位的重视和提高。这次改革涉及司法的体制、机制的基础性、根本性制度，立足于解决影响司法公正和制约司法能力的深层次问题，比以往任何一次改革都更为全面、更为深刻，必将为推动检察工作科学发展提供前所未有的机遇。

（四）有利于高素质检察官队伍建设

习近平总书记指出，"司法活动具有特殊的性质和规律，司法权是对案件事实和法律的判断权和裁决权，要求司法人员具有相应的实践经历和社会阅历，具有良好的法律专业素养和司法职业操守"。司法官是社会公平正义的守护者。经过中华人民共和国建立60多年的奋斗，特别是改革开放30多年的努力，具有中国特色的社会主义法律体系已经基本形成，当代中国法治的一项重要和紧迫任务就是要加速培养一支党和人民放心的高素质司法人员队伍，确立司法权威，确保国家法律的准确实施。

二 当前司法体制改革的任务与目标

全面正确把握这次改革的目标和任务，不仅关系到是否可以统一思想、凝聚共识，还关系到各项制度设计和安排是否符合改革的总体要求，其是确保改革方向和改革顺利实现的基础。

（一）当前司法体制改革的主要任务

根据中央《关于司法体制改革试点若干问题的框架意见》（以下简称

《框架意见》）和《上海市司法改革试点工作方案》，此次司法改革是真正涉及深层次体制的重大改革，主要任务有以下五个方面。

1. 实行检察官员额制

根据辖区经济社会发展、人口数量（含暂住人口）和案件数量等情况，确定检察官员额。严格限制检察官员额是世界各国的通常做法，是建设一支高素质检察官队伍的前提，改革方案确定检察官占检察机关全体人员的1/3是符合现阶段客观实际，也是相对合理和经过5年时间努力可以实现的。

2. 实行检察人员分类管理

检察官实行有别于普通公务员的管理制度，司法辅助人员按国家有关规定进行管理，司法行政人员按综合管理类公务员进行管理。分类管理是司法工作特点和规律决定的，检察工作除了需要代表国家行使检察权的检察官以外，还有大量的司法辅助工作，可由司法辅助人员去完成。而司法行政工作对于确保检察工作有序运行和服务保障具有重要意义。实现分类管理后，可以根据不同的工作性质和工作岗位需要，科学地培养和造就不同专业需要的人才，实现检察工作科学发展。

3. 完善检察官办案责任制

司法责任制的关键是落实检察官办案责任，使检察官真正成为执法办案主体，实现"让审理者裁判，由裁判者负责"，确保办案质量和效率，这也是使司法工作符合司法工作特点规律的前提。

4. 健全检察人员职业保障制度

根据检察工作特点，建立与检察官单独职务序列配套的薪酬制度。建立一套检察官准入、晋升、遴选、职业保障、薪酬以及检察机关各类人员的职业保障和管理制度，这同样是世界各国的通常做法，也是确保检察人员公正执法、廉洁自律和享有崇高社会地位的制度保障。

5. 实行省以下检察院人财物的统一管理

地方各级检察院经费上收省级统一管理，保证办公经费、办案经费和人员收入不低于现有水平。司法机关是国家机器的重要组成部分，司法权是国家事权，必须确保司法机关良好的工作条件和物质保障，以确保司法人员排除各种可能的干扰，实现依法独立行使检察权。

（二）当前司法体制改革的总体目标

要完成好上述五项任务，必须从更高层面明确此次改革需要达到的目标：一是要建立公正高效权威的司法制度。改革的根本目的，是建立一个坚持党的领导、符合司法规律、具有中国特色、践行执法为民宗旨的司法制度。二是要落实以检察官为执法办案主体的司法责任制。真正做到改变长期以来不遵循司法规律带来的司法行政化、检察官执法主体地位不落实、办案责任模糊等一系列弊端，真正将办案的决定权落实到检察官身上，使检察官真正成为办案主体。三是要建立一套能够确保公正廉洁执法的检察权运行机制。要在落实检察官办案责任制的过程中，探索建立一套在新体制下科学的检察权运行机制，完善内外部监督机制，确保公正司法。四是要加快建设一支高素质的检察官队伍。通过建立一套科学的检察官职业准入、晋升、遴选、薪酬、责任以及职业道德、职业评价等制度，加速培养一支职业化、专业化的高素质检察官队伍。五是要建立一套确保依法独立公正行使检察权的管理体制。实施检察官统一招录、严格准入、逐级遴选以及检察官等级、薪酬保障等制度，以及财物的统一管理制度，建立一套依法独立行使检察权的管理体制和管理制度。

三 上海推进检察改革试点工作的实践探索

2014年下半年以来，在市委和高检院的领导下，上海检察机关认真落实中央部署，解放思想、大胆创新、稳步推进，努力争取积累面上推广的有益经验。目前，各项改革措施稳步推进，进展顺利，队伍思想总体稳定，先行试点工作取得了阶段性成果。主要做了以下几方面工作：一是制订改革实施方案和配套制度。研究制定了人员分类管理、检察权运行等四个方面的相关配套措施与制度，使改革试点初步形成完整的制度框架体系。二是认真研究改革试点中需要妥善解决的重点问题。通过召开座谈会、听取专家意见等，重点对检察人员分类管理、检察官员额控制、检察官等级套改、检察官责任制落实、检察官考核评价办法、主任检察官制度、内设机构整合等难点问题进行了深入研究，广泛听取各方面意见，为改革试点提供理论支撑和操作依据。三是组织先行试点单位进行人员分类工作。任命了第一批检察官助理，对检察官等级进行了模拟套改，对检察人员分类定岗，开展计入员额的检察官选任工作。四是认真总结改革试点的经验做法。市检察院和各试点单位对实践探索情况进行梳理，边推进、边总结，已经初步形成了一些好的改革思路和具体举措，为推进全市面上改革提供了经验支持和实践基础。

在改革试点中，上海检察机关重点抓了以下几项工作，并以此为突破口来全面推进此次改革。

（一）积极稳妥推进分类管理改革

分类管理是此次司法体制改革的重点和切入点。分类管理不仅要实现科学平稳分类，更应着眼于建设一支高素质的检察官队伍。试点工作中，上海三类人员比例分别为队伍编制总数的33%、52%、15%。同时，中央《关于司法体制改革试点中有关问题的意见》规定，遴选检察官，要严格标准、择优录取、宁缺毋滥、逐步增补，避免"一步到位"用尽员额，防止遴选中"论资排辈"、迁就照顾，真正使业务水平高、司法经验丰富、能独立办案的人在员额内。

1. 在稳定干部队伍前提下稳妥推进

改革必须确保检察各项工作正常进行，分类管理不能对检察队伍的现状推倒重来。从实际情况来看，全市检察员平均年龄为46周岁，99%具有大学本科以上学历，81%在业务部门，队伍的整体素质比较好。因此，为确保改革平稳过渡，原则上保留原检察员、助理检察员的法律职务，但在分类上将助理检察员分类为检察官助理，在过渡期内助理检察员仍可在检察长授权下办案，逐步择优遴选为检察官。

2. 对纳入员额的检察官严格控制

承认检察官身份并不意味着进入员额,必须保证进入员额的检察官有较高的素质并在业务岗位办案,也只有进入员额的检察官才能享有较高的检察官待遇。与法院相比,检察院实现员额控制的难度较大。这其中既有历史原因,也有现实因素。为此,市检察院制定了检察人员分类办法和操作程序,严把入额检察官的准入标准和禁入情形,尽可能使一批政治素质好、业务能力强、个人操守严的检察人员进入检察官员额。

3. 努力使符合条件的助理检察员在过渡期内获得晋升

全市助理检察员约有 1100 人,学历层次高,具有硕士以上学位的占 56%,不少已成为业务骨干,是检察官队伍的新生代,应努力使他们在五年内多数进入检察官队伍。

4. 规定书记员统一由辅助文员担任

改革后,书记员工作逐步统一由辅助文员担任,主要承担案件的记录工作,负责案件的收转登记、归档和法律文书的收发传递、各类工作材料的管理以及检察官交办的其他事项等职责。

5. 对"新人"严格分类管理

从 2015 年开始严格实行分类招录、分类管理,司法行政人员按普通公务员招录,检察官助理从法学院毕业并取得《法律职业资格证书》的人员中招录,新招录的司法行政人员不得转任检察官助理和检察官,今后司法行政人员与检察官助理、检察官之间不再流动,确保各分类部门的职业化和专业化。

(二)严格落实检察官办案责任制

中央政法委在《关于司法体制改革试点中有关问题的意见》提出,"进入员额的法官、检察官必须在司法一线办案。担任法院、检察院领导职务的法官、检察官办案要达到一定数量"。落实检察官办案责任制是改革的核心,只有落实检察官司法办案的主体地位,才能遵循司法规律,培养一批高素质的检察官。

1. 制定检察官权力清单

明确应当由检察长或者检察委员会依法行使的权力，如刑事案件不批准逮捕、不起诉、撤回起诉，职务犯罪立案、不立案、撤销案件，采取强制措施、重要的侦查措施或者决定，提出抗诉、书面监督纠正意见等职权由检察长或检委会决定，除此之外均可授权主任检察官或检察官行使。

2. 严格将检察官配置在司法业务岗位上

检察官必须办案是改革遵循的一条重要原则。目前，试点工作将检察官主要配置在各级检察院批捕、起诉、反贪、反渎和法律监督部门的办案岗位；案件管理、控告申诉、预防、研究室等其他业务部门的检察官配备从严控制；行政综合部门不配备检察官。

3. 明确检察权必须由检察官行使

检察权是非常庄重严肃的司法职权，应由检察官行使，也是区分检察官及检察官助理的工作边界。讯问犯罪嫌疑人、被告人、出席法庭、主持公开听证、宣布处理决定、询问关键证人、拟写重要案件的法律文书等，必须由检察官直接行使。今后，针对不同岗位将制定检察官的岗位说明书，明确检察官的职责和工作要求及助理的工作边界，以及不同岗位检察官的办案数量、办案质量、工作要求和职业标准，作为检察官履职的依据和要求。检察官助理则协助检察官开展各项法律辅助业务，在检察官的指导下完成各项工作。

4. 建立重点案件监督评鉴机制

明确造成案件被宣告无罪的、造成国家赔偿的案件，被确认为冤、假案的，被确认在办案中严重违反程序和违背职业操守的，导致犯罪嫌疑人、被告人脱逃或死亡、伤残的，办案中引起社会不良反响的，以及其他认为有必要的等情形，应当组织开展个案评鉴，决定是否应当追究其责任。

5. 进一步细化明确办案责任归属

除了规定"谁办案谁负责、谁决定谁承担责任"的原则之外，明确在刑检部门的主任检察官、检察官对自己做出决定的案件负责，主任检察官对承办检察官的案件未进行审核或对具有明显差错案件而未尽审核责任的，与承办检察官共同负责；监督部门和反贪部门的主任检察官与检察官对案件共同负责，主任检察官负主责；检察长对自己所办案件及所决定的案件承担责任；检委会对案件共同负责。还规定如承办检察官故意隐瞒事实、证据的要承担责任。

（三）深入探索主任检察官制度

探索建立具有检察特点的办案组织，对于有效组织办案、实行专业分工具有重大意义。2011年起，上海检察机关就开始探索主任检察官制度。

1. 明确主任检察官的定位

主任检察官应既是检察机关资深优秀检察官的代表，又是检察办案组织的组织者、管理者。

2. 严格主任检察官的选拔

主任检察官应严格掌握质量和标准，应是检察官中的少数、精英，原则上按检察官总数的1/3配备。

3. 明确主任检察官办案组的人员配备

主任检察官除了自己直接从事执法办案外，还要带领办案组依法公正办案。主任检察官办案组通常由1名主任检察官和若干检察官、检察官助理、书记员组成。主任检察官带领办案组在检察长授权范围内依法行使检察权。

4. 探索在不同部门实行不同的责任制模式

根据检察工作的不同特点和司法规律，在侦监、公诉等刑检部门实行检察官负责制。先期通过实行主任检察官责任制，争取通过两到三年的过渡，做到承办检察官依法独立行使检察权并对所办案件负责，主任检察官只对案件实行审核，但不能改变承办检察官对案件所做的决定。在法律监督部门实行主任检察官负责制，除口头监督事项可由检察官行使外，对于抗诉、纠正违法通知书、检察公函、检察建议书等，都需报主任检察官审批，以体现监督质量和监督严肃性。在反贪、反渎、预防部门实行主任检察官负责制，以符合自侦部门侦查一体化和团队作战的要求。

5. 实行主任检察官办案组专业化分工

对主任检察官办案组实行专业化分工是提升检察官专业化水平的重要途径。在批捕部门，实行分片区和专业化相结合；在公诉部门，全市基层院设立办理金融（知识产权）、未成年人犯罪、职务犯罪、简易程序案件的专业办案组，检察官人数多的院，还可设立毒品、网络等案件的办案组，普通案件采用填谷式的派案方式，共同办理。既解决了专业分工，又保证了检察官办案的均衡化。在反贪和法律监督部门，也探索设立专业化的办案组。

（四）加强检察官队伍管理

加速培养一支职业化、高素质的检察官队伍是改革的重要目标，也是司法公正的有力保障。为加强检察官队伍管理，市院专门设立检察官管理办公室作为检察官日常管理机构，与检察官遴选办公室合署办公，将检察官管理纳入制度化轨道。

1. 完善检察官执法档案

建立检察官执法档案，全面记录和动态反映检察官办案数量、质量、效率、效果和职业操守、接受培训、研修成果等，科学评价检察官工作业绩和职业素养，作为检察官等级晋升、奖惩的重要依据。检察机关职能多，岗位更加复杂，给科学评价带来很多困难，今后计划采用对同类案件明确数量、质量等基本工作指标和工作要求，在特殊岗位用岗位说明书的办法一岗一明确工作责任和要求。同时，还计划将检察官办理大案、要案和学习培训、研修成果作为评价指标，将同行评价、社会评价、职业操守、职业道德的关注放在更加重要的位置，以提高检察官的职业素养。

2. 实行检察官业务研修制度

为了加强检察官的理论和实务研究能力，提升检察官的专业水准和综合素养，进一步优化检察官队伍，今后计划安排检察官定期以在职离岗的方式参与业务研修，围绕检察业务中的重点和难点问题开展课题研究，完成指导性案例编撰、立法和司法解释调研等指定研修科目，研修成果纳入检察官能力和实绩考核的内容，记入检察官执法档案。

3. 提高检察官的从业要求

随着依法治国的全面推进，社会对检察官的职业素养会有一个更高的要求，提高检察官从业要求变得十分紧迫。市检察院除配合市委政法委制定检察官、法官从业禁止的规定以外，还根据检察机关特点，着手制定上海检察机关检察官从业规范，对检察官提出更高的要求。初步考虑在从业要求和从业禁止两大方面严格约束检察官的从业行为。具体措施为在执法办案中要做到忠于法律、公正司法，以及检察官不得利用职权、职务影响或身份地位形成的便利条件，为自己或他人谋取利益，不得有接受请托、说情、打探案情及一切可能妨碍诉讼正常进行的行为，不得与当事人、辩护人、诉讼代理人、特殊关系人等与诉讼有利害关系的人员进行私下接触，不得为律师介绍代理和辩护业务，不得接受被监督单位、与办案有关的单位、部门和个人的宴请、馈赠或其他利益，不得经商办企业以及从事其他可能有损司法公正的商业活动等。

（五）完善内外部监督制约机制

落实检察官办案责任制将打破检察机关传统的管理模式，必须在检察官依法独立行使检察权的前提下建立有效的监督制约机制。

1. 发挥检察长和检委会的监督作用

检察机关的特殊性质决定了检察长或检委会在司法活动中具有决定权和监督权，在落实检察官责任制的同时不能削弱上述权力。检察长的工作重点和工作方式要转变，检察长特别是副检察长要直接办案，办理重大有影响的案件，减少对案件的审批。根据《上海检察机关关于规范检察权运行的若干意见（试行）》规定，检察长有权检查案件，有权决定案件，有权将案件移交其他检察官办理，有权将重大有争议的案件提交检委会讨论，同时又规定，对检察长同样要明确"谁办案谁决定、谁决定谁负责"的责任制。检委会改革的重点应解决准确适用法律问题，而不是审查案件事实和证据；对审查决定抗诉的提起以及一类问题等重大监督事项，则应加强检委会的审查把关作用。

2. 完善办案组织内部的监督制约机制

构建内部监督制约机制应当遵循检察一体化的思路。在刑检部门，不审批不等于不要审核，在实行检察官负责制后，承办检察官在对外做出案件处理决定前必须报主任检察官进行审核，主任检察官审核意见应做到书面明示。检察官不接受主任检察官意见的，主任检察官可以提议召开主任检察官联席会议，提出建议供检察官参考；对存在重大分歧的案件和事项，主任检察官有权提交检察长或检察委员会决定。承办检察官可以不接受主任检察官的意见，但如接受主任检察官的意见，需对做出处理的结果负责。案件由检察长或检察委员会决定，检察官只对事实和证据负责。既维护了检察官的司法主体地位和司法独立性，又构建了有效的内部制约机制，解决了行政化的审批方式的弊端，遵循了司法办案的规律。

3. 进一步加强案件办理的流程管控

完善案件管理部门对办案流程的全面监督，在案管部门配备专职的流程记录员，负责对办案数量、质量、效率、效果等检察办案全过程进行全面记录，对司法活动全过程做到全程留痕、动态监控，并将结果作为检察官的考核评价依据。加强对重点案件质量评查，对自侦案件不起诉或撤案的、捕后不诉、诉判不一、影响定性或跨幅度量刑的等11类案件每案必查，评查结果作为检察官评价依据。

4. 深化检务公开

公开才能保证公正，公开才能取得公信。将案件公开办理作为司法公正的重要工作大力推进，除了继续重视权利告知、程序公开、文书公开、重视律师作用外，充分发挥司法办案区的作用，对于在检察环节程序终结的案件、羁押必要性审查、决定不起诉和决定不提起抗诉的案件，以及一些重大疑难复杂、社会关注高的案件，要求当事人双方到场，公开听证，公开宣告处理结果。同时，针对检察机关法律文书简单、缺乏释法说理的情况，进一步提高法律文书的说理性。

（六）进行"扁平化"的内设机构设置

内设机构整合的重要目的之一就是淡化行政色彩，促进办案组织的专业化和扁平化。在整合过程中，既要解决司法行政化，又不能削弱行政管理；

既要精简机构，又要兼顾上下左右对应和工作联系；既要改革创新，又要继承和发扬检察机关长期形成的制度优势和管理经验；要上下对应统一，但不要一刀切，应保留地方特色。根据上述原则，在设立三分院时将原铁检分院内设机构重新整合为12个内设机构。其中，新设综合办公室，主要行使原办公室、后勤部门的职能。设立新的反贪局，主要履行原反贪、反渎和预防部门的职能。新设立刑事执行检察处，主要履行原监所、社区检察部门的职能。新设立综合业务处，主要履行原法警、案管、研究、技术部门的职能。新设立知识产权检察处，履行对知识产权民商事案件的检察职能。将原民行处分设为民事检察处和行政检察处。保留政治部、侦监处、公诉处、控申处、纪检监察部门的设置。

（七）设立检察官遴选（惩戒）委员会及其工作办公室

市遴选（惩戒）委员会由市委政法委牵头成立，由政法委、组织部门、纪检部门、高级法院、市检察院以及法学界等15名社会知名人士组成，由1名德高望重的社会人士担任遴选委员会主任。市检察院成立检察官遴选（惩戒）工作办公室作为遴选委员会的常设机构，主要职责是定期组织实施检察官遴选工作，组织实施检察官等级评定、晋升、考核等，评查当事检察官所涉及的案件质量，协助有关部门查办检察官违法违纪行为等。检察官人选在市检察院检察官遴选（惩戒）工作办公室遴选后差额报市遴选（惩戒）委员会审查，在市遴选（惩戒）委员会审查后提出任命建议，最后由市检察院党组讨论决定后统一提名，按程序分级任免。同时，还在市检察院政治部设立检察官管理常设机构，配备专门人员负责检察官遴选有关日常工作；检察官惩戒有关日常工作由市检察院监察部门负责。分院及各区（县）院也将专门成立遴选（惩戒）工作办公室，主要负责本院检察官的遴选、考核及日常管理。

（八）深入探索检察人财物统一管理制度

实现省以下人财物统一管理是此次司法体制改革的重要内容，是确保在党的领导下独立公正行使检察权的重大探索。多年来的人事管理探索已为检察人员统一管理打下了实践基础。一是市检察院继续实行对全市各级院领导班子人员提名权。二是分步实施全市检察人员统一招录制度。计划从2015年开始加强市检察院对各级院招录计划、检察官员额的控制等工作，具体招录工作仍由区（县）公务员局和区（县）院共同实施。从2016年起，由市检察院统一实施全市检察各类人员的招录工作。三是建立经费资产市级统一管理机制。根据区（县）院机构人员管理体制的调整，将各区（县）院作为市级预算单位，由市级财政统一管理，全部资产由区（县）划转市相关部门统一管理。今后检察院经费的增长部分、基础设施建设投资项目，由市级财政负责保障，市检察院协助管理。

（九）完善检察官依法履职的职业保障体系

健全检察人员职业保障对于确保检察人员公正执法、廉洁自律和崇高社会地位具有重要意义。一是检察官职务等级行政级别分离。除检察长等部分领导干部同时具有行政职级外，其余检察官均不再对应行政职级。由此，基层院的检察官不再受行政职数的限制，按检察官序列晋升到较高的级别，安心在基层和办案岗位。今后基层院的检察官均可晋升至三级高级检察官，少数可晋升至二级高级检察官；市检察院、检察分院的检察官一般可选升至二级高级检察官，少数可晋升至一级高级检察官。二是建立检察官专业职务序列及配套薪酬制度。计划按照检察官等级序列建立检察官单独序列的工资制度，今后检察官每晋升一个等级即享受该等级的薪酬待遇，工资水平按社会平均工资的提高而同步提高。检察官助理、书记员的工资收入亦相应增长。三是分步实施检察官延迟领取养老金。细化明确检察官有条件延迟领取养老金的制度安排。

B.11
提升服务　充分保障律师依法执业

王　斌*

摘　要：	嘉定区人民检察院将规范律师接待服务工作作为贯彻落实修改后《刑事诉讼法》的重要内容，通过大力推进律师接待场所建设、引入信息化接待服务技术、完善律师接待工作制度等，依法为律师阅卷、会见犯罪嫌疑人、调查取证等提供便利条件，在公正执法、规范用权、接受社会监督等方面切实执行刑事诉讼的任务，从而为保障诉讼公开、诉讼民主、诉讼文明和诉讼监督制约提供坚实的基础。
关键词：	检察机关　律师权利　接待服务　上海

　　律师在依法维护当事人的合法权益，促进诉讼文明、诉讼民主，推进法治建设中具有重要作用。修改后的《刑事诉讼法》《民事诉讼法》（以下简称新"两法"）对司法机关依法保障律师执业做了更加具体的规定，更加注重公民权益的程序保障，规定辩护律师自人民检察院对案件审查起诉之日起，可以查阅、摘抄、复制本案的案卷材料，检察机关审查批准可以听取辩护律师的意见，注重尊重和保障辩护律师的执业权利成为落实人权保障的具体要求。2012年11月以来，嘉定区人民检察院将规范律师接待服务工作作为贯彻落实修改后《刑事诉讼法》的重要内容，进一步更新执法理念、创新执法方式，努力提升组织领导、场所建设、技术支撑和制度规范等律师接

---

* 王斌，上海市嘉定区人民检察院法律政策研究室主任。

待的软硬件水平，通过依法为律师提供阅卷、会见犯罪嫌疑人、调查取证等便利条件，切实保障辩护人、诉讼代理人依法行使诉讼权利，积极建立和维护对立统一、相互依存、彼此促进的良性互动关系，展现检察机关尊重人权、公正透明、规范文明的良好形象。

一　主要做法

1. 大力推进律师接待场所建设，优化服务环境

落实市院领导"宁可自己办公条件差一点，也要把律师阅卷接待室建设好"的要求，将律师接待室作为规范执法办案、推进检务公开、树立良好形象的重要窗口加以建设。一是建立专门场所。开辟出一块相对独立的区域作为案管和律师接待的专用场地，使用面积拓展至105平方米。其中设立律师接待室、阅卷室、等候区等，提供宽敞明亮、功能完备的环境，满足辩护人、诉讼代理人办理各类申请的接待需求，为办案人员与律师充分沟通创造条件。二是完善服务设施。设置多张相对封闭的律师阅卷办公桌，配置高速翻拍仪、复印机、刻录机等设备，方便律师阅卷、摘抄等工作。开通电子屏滚动显示案件受理移送工作规范、案件管理工作流程图、律师阅卷须知、接待律师行为规范等内容，便于律师了解相关工作规定。三是营造人文氛围。注重为律师提供温馨的阅卷环境，在等候区域放置沙发供律师休息，在律师阅卷室设置多层书架，免费提供借阅法律书籍和相关期刊的服务，并点缀盆栽绿化，使律师真正感受到检察机关尊重和保障人权的理念与真诚提供服务的态度。

2. 率先启用"嘉检之星"服务系统，提升服务效果

在全市率先研发并启用"嘉检之星"律师接待服务系统，并于2014年3月升级至"2.0版本"，切实提升律师接待服务质量和效率。一是接待服务智能化。"嘉检之星"集预约登记、资格审查、复制材料、查询统计、系统管理等功能于一体，扫描"三证"后自动显示预约律师的身份信息，便于接待员进行验证、登记，同时"2.0版本"新增律师来访接待管理功能，

完善了预约、登记等服务界面，并通过对接司法局律师库，建成覆盖全区的律师信息数据库，与案件承办人信息共享，保障律师与承办人的沟通。律师阅卷完成后，还可以在系统中对检察机关的服务做出评价，提出意见建议，促进律师接待服务质量的提高。二是实现"自助式"阅卷。在律师接待室设置律师接待服务系统操作流程图，律师要进行信息登记、翻拍案卷、刻录或打印等一系列工作，只需轻点鼠标即可完成，既可节约服务成本，又可有效应对新"两法"实施后律师来访人次大幅上升带来的挑战。三是水印设置保障安全。运用高速翻拍仪取代传统的复印机，律师翻拍需要复制的案卷材料形成电子图片后，案管部门进行审核并在页面上设置"仅供律师阅卷使用"水印，然后刻录成光盘或打印，确保案卷材料的安全性。

3. 全面完善律师接待工作制度，促进服务规范

不断完善律师接待工作制度，在保障和监督律师依法执业的同时，规范检察执法办案。一是保障执法文明规范。制定《接待律师行为规范》《律师接待员岗位职责》等制度，安排资深干警负责律师接待，以热情的服务态度、文明的言行举止，积极为律师提供预约、联络和接待等服务。同时，健全听取意见建议机制，不定期召开律师座谈会，调查是否存在不规范、不便利、不文明问题，及时改进工作措施，自觉接受监督。二是促进服务细致周到。针对嘉定区人民检察院地处郊区、搬迁新大楼等情况，完善律师联系方法，设计制作了《律师联系卡》和《律师接待宣传手册》，并印有地址、预约电话和交通指引，为各地律师预约登记、来院阅卷、沟通协调等提供方便；坚持"急律师所急"原则，对一些未事先预约、从外省（市）来院阅卷或出于特殊原因非工作时间到院的律师，根据具体情况"特事特办"，尽量保证当天阅卷。三是监督律师依法执业。制定《律师阅卷须知》、《律师接待预约制度》和《律师阅卷接待流程》等规定并置于律师接待室，提醒律师遵守执业道德和相关规定。同时，强化阅卷律师身份信息和执业资格审核，确保"三证"真实、齐全，防止代阅情况发生；安排律师接待员在场协助阅卷，对律师查阅、摘抄和复印内容进行把关，第一时间监督和纠正律师违反执业规范的行为，确保案件材料无遗失、无更改、无损坏。

4. 强化服务意识，提升服务质量

个别律师初次使用阅卷系统服务器，曾多次出现翻拍完成后无法保存提交的问题，导致重新翻拍的重复劳动。针对这一问题，接待员在后续的律师接待过程中主动提醒律师在翻拍过程中进行保存，特别是在所阅案卷翻拍材料较多的情况下，接待员会在律师阅卷过程中留意律师的翻拍情况和服务器的运行情况，确保律师顺利高效地完成阅卷。又如根据有关规定，侦查机关用于证明犯罪事实的视听证据、电子数据，公诉部门移交案管部门提供辩护人查阅的，案管部门应当允许辩护人复制。为此，及时安装了电子证据的复刻设备，并对复刻光盘进行编号和登记，获得了律师的广泛好评。2014年2月下旬，黑龙江的卢律师在事先未预约的情况下于午休时刻匆忙赶来希望可以阅卷，考虑到其为边远地区来的律师，对有关制度流程不熟悉，遂打破常规，马上与承办人进行了解释和沟通，当日就安排其阅卷，并在第二天一早安排其与承办人会面听取意见。又如2014年7月下旬，一位年近八旬的老律师前来阅卷，在经过反复解释并演示操作步骤后，老律师仍然无法顺利进行案卷的翻拍，在此情况下，接待员"特事特办"，按照律师的需求，帮助其操作完成了案卷的全部翻拍，事后老律师对检察机关的热情帮助给予了很高评价。

自律师接待场所投入运行以来，仅2014年就接待律师电话预约、查询1494余人次，网上成功提交预约并完成接待52人次，接待律师阅卷625人次，复刻案卷光盘598张，复刻电子证据光盘5张，安排听取律师意见26次，通过市院诉讼流程查询平台为律师推送诉讼流程信息共1243条，通过高检院案件信息公开系统为律师进行现场案件程序性信息查询1次，律师好评率达100%。该项工作受到高检院、市院领导的肯定，市院召开推进律师接待工作现场会，在全市范围内推广相关创新做法，正义网进行了全程图文直播，《检察日报》《法制日报》《解放日报》、人民网等中央和市级媒体多次进行宣传报道，并在新浪微博等新媒体平台上引起热议，获得律师事务所和律师普遍好评，全国人大代表、高级律师迟凤生对相关做法做了微博转发，呼吁上海乃至全国尽快普及。

二 工作经验

律师接待工作作为一项严肃的法律活动，必须严格遵循依法、公开、公正、规范的程序要求，这种程序行为必须通过规范的场所、机制来实现。近年来，检察机关采取了一系列改革措施，在推进检察执法办案方式转变、实现公正司法方面做了许多卓有成效的努力，但从检察机关的整体办案方式来看，其仍具有明显的行政化特点，不利于司法运作的公开透明和司法公信力的确立。修改后的《刑事诉讼法》将保障律师执业作为保障诉讼公开、诉讼民主、诉讼文明和诉讼监督制约的重要途径，加大了律师参与诉讼的程序保障，这就迫切要求检察机关增强执法办案的公开透明和程序规范，以增强办案过程的严肃性和规范性。

1. 加强学习，注重调研，确保律师接待场所建设方向正确

嘉定区人民检察院将律师接待工作作为"一把手"工程，列入《贯彻落实新刑事诉讼法重点项目》和院重点工作，坚持"一把手"牵头组织、统筹领导、综合协调，确保工作有序推进。一是深入学习，明确工作方向。通过组织培训、举办讲座、召开研讨会，掌握和理解新"两法"的立法精神、基本原则和具体条文，深刻领会强化辩护人诉讼地位和作用的重要意义，引导检察人员从贯彻新"两法"、强化人权保障、规范检察行为、维护司法公正的高度，强化人权意识和程序意识，在执法办案中更加尊重和保障律师等诉讼参与人的合法权利。二是专题调研，厘定工作思路。组织相关部门在新"两法"实施背景下，就完善律师接待服务工作的软硬件建设、提升接待服务能力等开展专题调研，全面梳理新"两法"完善辩护制度、诉讼代理制度等规定的新要求和新挑战，既正视存在的问题和困难并研究解决对策，又积极把握律师接待工作的发展机遇，确定规范、优质接待律师的工作思路。三是协调各方，争取指导配合。争取市检察院调研指导律师接待服务工作，主动汇报律师接待窗口建设、技术软件研发运用等方面的做法，得到市院的支持和帮助。增强内部合力，明确律师接待工作的责任部门、参与部门和职责任务，确保责任明晰、分工配合、措施到位、扎实推进。增进外部协作，加强与行政司法机关、律师协会和法律援助中心的沟通，征求律师的意见和建议，探索与区司法局建立信息共享等协作机制，提升工作质量。

2. 整体规划，分步实施，确保律师接待场所建设推进有序

一是周密设计，科学规划。律师接待场所建设是直接面对诉讼参与人的"窗口"场所，更是贯彻新"两法"精神的前沿阵地。在充分调研的基础上，结合嘉定区检察院实际，将规范、为民、公开作为三个"关键词"，制订"功能独立、场所集中、规格达标"的目标，通过有形的场所设施，设置独立、规范、公开、透明的律师接待区域，完善律师接待工作制度等，在公正执法、规范用权、接受社会监督等方面切实执行刑事诉讼的任务，在公开透明的环境中既保障公民自身利益不受侵犯，也保证裁判者在兼听则明的过程中做出公正的判断，从而真正实现"有形的、看得见"的正义。二是注重减少改建施工对正常执法办案的影响。律师接待场所改扩建工作一般都在现有办公楼进行，分析改扩建工程在办公楼内进行的优点和弊端，做到"建设不停步，工作不耽误"。统筹协调各方资源，改建工程全部实施"纸面预览、场外准备、场内施工"三步走，场内施工大多选择在夜间和双休日进行，从而有效减少改建工作对执法办案的影响。三是做到机制建设比场所建设先行到位。根据修改后的《刑事诉讼法》和《民事诉讼法》，先后制定或修订了《嘉定区人民检察院律师接待工作实施意见》《关于规范嘉检之星——律师阅卷接待系统的使用意见》《嘉定区人民检察院网上律师预约平台工作细则》等工作制度，制作各种配套的计算机软件，实现软件建设先于硬件建设，使硬件建设一到位即能充分地发挥作用。

3. 突出重点，狠抓落实，确保律师接待场所建设取得实效

一是以律师接待场所建设推动执法规范化建设。律师接待场所建设体现人权保障、程序正义、公开透明及强化监督等基本理念，在建设中考虑便民服务、检务宣传等功能，让被接待方看得见、感受得到司法关怀，实现公正性、亲和力和服务功能相统一。将律师阅卷室建设作为周围检察机关依法保障律师执业权利及保护犯罪嫌疑人合法权益的重要体现，设置独立的律师阅

卷室。辩护律师查阅、摘抄、复制与案件有关的诉讼材料，安排在专门的律师阅卷室进行，并对多名辩护律师同时阅卷不被打扰等情形预作考虑。鉴于修改后的《刑事诉讼法》扩展了律师参与刑事案件的广度，将听取律师意见延伸至侦查、批捕、起诉等环节，更加注重沟通的理念，设计中将谈话接待室与律师接待室做出区分，听取律师意见应安排在律师接待室进行。二是以律师接待场所建设带动执法为民要求的落实。在区域设置上与传统的办公区域相对分离，避免了律师接待场所与办公区域混同、与办案场所区分不明等问题，同时律师接待场所紧邻司法办案区，规划实现了"一门进入，集中分流"的整体布局，诉讼参与人到达等候大厅后，可以在法警的带领下直接进入各个独立功能区，防止出现"兜圈子""串门子"等情况发生。在律师接待场所启用的"嘉检之星"服务系统，整合了预约登记、资格审查、复制材料等功能，律师只需轻点鼠标即可完成信息登记、翻拍案卷等工作，有效保障律师执业权利。三是通过律师接待场所建设促进检务公开。将律师接待场所作为深化检务公开的重要平台。在接待等候大厅设置了"中国检察多媒体视频台"和"交通信息社区发布屏"终端设备，一方面方便诉讼参与人及时了解周边公共交通的实时信息，另一方面也可以同步进行检务公开展示和法治宣传教育。同时，将律师接待场所作为"检察开放日"的主阵地，开展如以话剧表演艺术家、在校学生等为对象的专题检察开放日活动8次。举办宣传周期间，邀请上海书画院的书画家来院开展专题检察开放日活动以及以"艺术与法制"为主题的书画创作交流活动。"七一"当天，还向社区卫生服务中心等基层医务人员开放，向基层干部和群众宣传检察工作。

律师接待场所建设对于检察机关贯彻实施修改后的《刑事诉讼法》《民事诉讼法》，确保规范公正执法、强化法律监督，推动检察工作与时俱进、科学发展具有现实意义，必将为检察机关转变执法方式，依法、规范、文明执法，提高执法质量和水平，全面履行检察职能提供有力的基础保障和科技保障。

B.12
完善上海行政执法体制机制研究[*]

上海市行政法制研究所"完善行政执法体制机制研究"课题组[**]

摘　要： 课题组以深化行政执法体制改革和建立权责一致、权威高效的行政执法体制为目标，立足上海实际，通过文献分析、调查统计、个案研究、部门座谈等方式，从分析上海市行政执法存在的突出问题入手，通过考察境内外执法体制的做法，对上海行政执法体制机制改革创新的发展方向和发展路径进行了研究，并提出了"横向综合、纵向下沉、做实基层"的改革思路和若干建议设想。

关键词： 行政执法　行政执法体制　体制改革

行政执法是政府依法履行管理职能的重要手段，也是实现依法行政的关键环节。建立健全完善的行政执法体制机制，既是新时期上海提高政府执行力、建设法治政府的迫切要求，也是上海市实现"四个率先"、建设社会主义现代化国际大都市的重要保障。

党的十八届三中全会通过的《中共中央关于全面深化改革若干重大问题的决定》明确提出了"整合执法主体，相对集中执法权，推进综合执法，

---

[*] 本文系上海市哲学社会科学规划课题（2014）研究成果。

[**] 课题组组长：刘华，上海市人民政府法制办主任，研究员。组员：徐东，上海市人民政府法制办主任科员；程彬，上海市行政法制研究所副所长；王松林，上海市行政法制研究所助理研究员；王天品，上海市行政法制研究所助理研究员；李幸祥，上海市人民政府法制办主任科员。

着力解决权责交叉、多头执法问题,建立权责一致、权威高效的行政执法体制"的要求。围绕这一改革目标,课题组立足上海实际,通过文献分析、调查统计、个案研究、部门座谈等方式,从分析上海市行政执法存在的突出问题入手,提出了"横向综合、纵向下沉、做实基层"的改革思路和若干建议。

一 现状与问题

行政执法是政府实施法律法规、管理经济社会事务的重要途径。广义上的行政执法,泛指行政机关依法履行职能、实施法律法规的所有行为,包括抽象的和具体的行政行为。一般来讲,行政执法是指具有管理职权的行政机关依法实施的影响管理相对人权利和义务的具体行政行为,包括行政处罚、行政强制、行政许可等。本课题所称的行政执法主体是指主要行使行政处罚权以及与行政处罚权相关的检查权、强制权的单位。[①] 行政执法体制是指组织行政执法活动的诸种体系和法律制度,是行政执法机关的组织结构、职能配置、工作制度、机制、效能、程序等的总称。

(一)体制机制的现状

目前,从执法主体构成来看,其具有以下几方面特点。

(1)在执法主体的性质上,上海市行政执法以行政机关为主。虽然上海市委办局有多个事业单位为行政执法主体,但是除法律法规授权执法以外,大部分行政处罚、行政强制等执法行为是以行政机关的名义实施的。上海市具有执法类事业单位的市级执法部门共26个,其所属的执法类事业单位(含个别企业性质的执法单位)共69家。其中,实际行使行政强制权的事业单位24家,不行使行政强制权的事业单位45家。行政强制法实施后,

---

① 从行政执法实际情况看,行政处罚在行政执法职权中所占比例最高,全国平均为61%,最高达70%(青锋:《我国政府职能转变的路径分析》,《行政法学研究》2008年第2期)。因此,本课题研究的行政执法主要是行政处罚及其相关的行政检查、行政强制。

事业单位不再行使行政强制权。

（2）在执法层级的配置上，上海市行政执法主体主要集中在区（县）一级。根据目前立法中确立的行政执法体制，我国实行以市（县）一级为主的行政执法。从执法主体的分布来看，上海市行政执法主体集中于区（县）一级。根据有关统计，上海市区（县）级执法机构占六成以上（含税务、工商等实行垂直领导的部门设在区（县）的机构）。①

（3）在机构配置上，专业执法机构较多，综合执法机构较少。目前，实行专业执法的机构约占总数的80%；实行跨部门相对集中行政处罚权的机构约占4%；实行主管部门内部综合行政执法的机构约占10%；其他占6%。综合执法机构所占比例明显低于专业执法机构。

（4）在执法人员和执法量的分布上，专职执法人员和执法量集中于若干主要执法部门。包括公安、财税、工商、城管、文化综合执法等部门，其他部门看起来队伍很大，但实际上专职执法人员的编制较少，有些市级执法机构很少进行行政处罚。

（二）存在的突出问题

总体上看，上海市行政执法体制机制还不够完善，与行政机构精简、统一、效能的要求和执法体制权责一致、权威高效的要求仍有距离。总体上，主要存在以下几方面的问题。

1. 执法队伍分工过细

多年来，我国行政执法体制多采用拉条管理，习惯上立一部法、设一个机构、拉一支队伍，从而产生机构林立、多头执法、职责交叉等问题。虽然，近年来立法开始强调各级地方政府的统一领导责任，但整体来看，部门主导立法的色彩仍然比较明显，法律法规在执法职责的表述上还是以各条线执法规定为主，地方在制定相应的实施办法时容易产生多头执法、职责交叉

---

① 《上海市行政执法体制改革发展趋势研究》，上海市行政法制研究所编《行政执法：挑战与探索（2007~2009年研究报告集）》，上海人民出版社，2011，第252页。

等问题，出现九龙治水、分段管理的现象。

2. 执法力量分布不合理

这主要是指执法力量与执法任务不匹配，有的执法单位事多人少，有的单位事少人多。从部门分布来看，各专职执法人员大多集中在公安、财税、工商、城管、文化综合执法等部门，而房管等部门与其承担的房屋安全管理等执法职责和任务相比，执法人员相对偏少，执法力量较为薄弱。从层级分布来看，街镇一级的执法人员数量较少。长期以来，街镇执法人员的编制和数量主要还是按照户籍人口配置，而不是按照实有人口配置。机构多功能、干部多职务是街道办事处和乡镇政府的常态，执法任务繁重与执法力量薄弱的矛盾非常突出。比如，九亭镇总面积32.92平方公里，户籍人口3万多人，而目前的实际人口数量已达30万人以上，各类企业近2000家。九亭镇持证执法人员仅有21人，却承担了安全生产监督、规划管理、义务教育等多个领域的行政执法工作。

3. 层级执法事权不清

目前，不同层级间执法机构的职责界面不是很清晰，一些行政执法领域还存在头重脚轻或者上下一般粗的现象。有些市级执法部门过于强化对区县、街镇执法机构的拉条管理，一定程度上压缩了区（县）政府对所属执法队伍的属地管理权限。

4. 街镇实际承担的执法任务较重，权责不相匹配

近年来，街镇的属地管理责任逐步强化，许多执法任务被下放到街镇基层承担。街镇政府主要承担社会管理和公共服务职责，法定的执法事项比较有限。一些法规文件规定了街道、乡镇政府应当承担的工作职责和任务，但对相应的保障措施和街镇的实际执行能力考虑较少。长期以来，市、区（县）政府及其工作部门经常以发文、考核等形式将工作任务布置到街镇，要求其参与或协助职能部门处理与本区域相关的执法事项，如民政、教育、文体、卫生、计划生育、国土资源管理等。街镇为了完成任务，不得不聘用大量临时人员从事辅助执法和管理工作。例如，2011年，徐泾镇辅助执法和管理人员有2600余人，是在编执法人员的40多倍；九亭镇有辅助执法和管理人员近2000人，是在编执法人员的近百倍。由此产生了两个问题：一是基层管理与执法脱节，管得到的看不到，看得到的管不到；二是权责不一致，基层政府抱怨有责无权，缺乏执法的手段和资源。

5. 决策权与执行权间的制约和协调机制还不完善

上海市已经开始探索建立既相互制约又相互协调的运行机制，但总体还处于探索和起步阶段，集决策权、执行权于一体的部门仍占多数。这种行政权力结构和运行机制在计划体制下有一定的合理性，但也存在权力缺乏制约、执法的专业性和公信力不足等弊端。主要体现在以下方面：一是执法的专业化程度低，执法效能不高。决策权、执行权不分导致政策效力递减、执行阻力递增。上海市有些行政执法主体忙于完成领导交办的其他日常事务，没有专门的执法人员，一年里没有处理过一件案件。二是导致行政权力缺乏制约，决策容易受到部门利益驱使，难以有效建立责任机制。

（三）近年来的改革情况

改革开放以来，上海市行政执法体制经历了从分散性的专业执法到探索联合执法再到推进综合执法的发展过程。具体可以分为四个阶段：一是自改革开放初期到行政诉讼法实施的起步阶段（1981~1989年）。在这一阶段，执法队伍陆续组建。1981年10月，《上海市跨省市汽车运输管理办法（试行）》明确了上海市第一个专门的行政执法机构——上海市陆上运输管理处。二是从《行政诉讼法》实施到《行政处罚法》实施前的发展阶段（1990~1995年）。随着各领域立法的全面铺开，专业执法队伍迅速增加，开始探索联合执法和综合执法。三是自《行政处罚法》实施到国务院下发《关于进一步推进相对集中行政处罚权工作的决定》[①] 的规范阶段（1996~2002年）。以实施《行政处罚法》为契机，规范行政执法主体资格和程序制度，以城市管理为重点，推进综合执法，在工商、质监等部门实施省以下垂

---

① 根据国办发2002年17号文，国务院依照《行政处罚法》的规定，授权省（区、市）人民政府可以决定在本行政区域内有计划、有步骤地开展相对集中行政处罚权工作，从而推动上海市以相对集中行政处罚权为抓手进一步推进综合执法。

直管理。四是2002年以来的全面改革阶段。根据《关于进一步推进相对集中行政处罚权工作的决定》的授权,通过相对集中处罚权全面推进综合执法,并按照《全面推进依法行政实施纲要》的要求,进一步推进行政执法体制机制改革。

近年来,上海市通过机构改革、相对集中处罚权等形式,着力理顺条与条、条与块以及层级之间的关系,推进综合执法,强化属地管理,充实基层一线执法力量,规范行政执法主体,探索联勤联动机制,取得了一定成效。例如,在城市管理领域,根据《上海市城市管理行政执法条例》的规定,市、区(县)城管行政执法部门依法相对集中行使绿化市容、规划、工商、房屋、交通等部门在城市管理领域的全部或部分行政处罚权及相关的行政检查权和行政强制权,涉及90余部法律、法规、规章。区(县)城管执法部门在镇(乡)、街道派驻城管执法机构,以区(县)城管执法部门的名义,具体负责本区域内的城市管理行政执法工作。镇(乡)人民政府、街道办事处可以组织协调城管执法机构在辖区内开展城市管理行政执法活动。① 在市场监管领域,探索大市场大监管模式,在浦东实行三局合一,将工商、质监、食药监三部门整合为浦东新区市场监督管理局,统一承担生产、流通、消费环节的市场安全监管工作,初步形成"一体化、广覆盖、专业化、高效率"的市场监管体制。通过三局合并,新的市场监管局内设机构由原来的29个减少至17个,机关编制从264名减少至198名。原来一个企业要接受三个部门检查,现在简化为一个部门检查,企业的负担也大大减轻。② 在加强基层执法力量整合方面,强化区(县)的属地管理责任,明确街镇在食品安全监管等方面的发现报告责任,探索、推广"大联动"等联勤联动机制。

二 进一步深化改革的思路

按照《中共中央关于全面深化改革若干重大问题的决定》(以下简称

---

① 《上海市城市管理行政执法条例》。
② 《浦东试水"三局合一"精简机构探索"大监管"》,《解放日报》2014年1月1日。

《决定》）提出的"整合执法主体，推进综合执法，减少行政执法层级，加强重点领域基层执法力量，建立权责统一、权威高效的行政执法体制"的要求，上海市的行政执法体制改革应当坚持"横向综合、纵向下沉、做实基层"的原则方向，与大部门制的机构改革、事业单位分类改革、权力清单制度等其他简政放权的改革措施协同推进。

（一）横向：执法职能适当综合，推进综合执法

行政执法部门横向分工形成的部门化是行政管理客观实践的要求，也是组织管理工作日益复杂、专业化、科学化的客观需求。但是，如果专业管理的划分过细、行政执法部门过多，也会带来效率低下等问题。

为此，发达国家主要运用交易费用理论来支持政府职能的综合性改革。政府在交易中的支出主要有协调成本、信息成本和监控成本三个方面。[1] 在现代法治国家，一般都通过立法的方式对执法部门的设立、职责、行为等做出规定和制约，各执法部门受到相关法律制度的约束，不能随意地转移职责权限。然而，当某一类事务的执法职责涉及多个部门，部门间职责权限的划分又不明确时，相关执法部门之间的讨价还价余地和机会就会显现。而且制度规定得越模糊，职能越不清晰，由此引发的交易活动就越多，交易费用也就越高。[2] 同时，执法部门林立、执法部门之间职责交叉重叠容易导致各自为政、利益和信息的"部门所有制"，这又进一步导致部门间的协调困难和信息共享困难，而为了解决这些管理困境，需要支付巨大的协调成本、信息成本，政府交易费用居高不下，极大地妨碍了执法职能的履行。因此，西方的行政管理体制改革就是在认识到政府交易费用存在且极其巨大的情况下，试图通过加大政府职能和机构的整合力度，实现政府职能和机构的有机统一，以减少执法部门的数量并降低交易费用。

20世纪90年代，佩里·希克斯提出整体性治理理论。希克斯认为，

---

[1] 卓越：《政府交易成本的类型及其成果分析》，《中国行政管理》2008年第9期。
[2] 吕丽娜：《基于交易费用理论的大部制改革分析》，《湖北经济学院学报》2009年第6期。

整体性治理作为一种解决方式,针对的是在20世纪80年代和90年代初政府改革强化的碎片化状况,整体主义的对立面是破碎化。① 因此,整体性治理特别强调整合,试图建立一个跨部门的治理结构,其范围相当广泛,涵盖了可以实现合作的绝大多数部门,通过与这些部门的合作来实施公共治理。此外,拉塞尔·M. 林登在通用公司执行总裁杰克·韦尔奇"无界限组织"的基础上创造了"无缝隙组织"的概念。无缝隙组织以一种"整体的、全盘的"方式提供服务,它是一个完整统一的整体,向公务员自身和社会公众传递持续一致的信息。无缝隙组织的概念强调了一种整体性、连贯性与灵活性。其主要目的是清除政府内部障碍即拆除政府内部的"柏林墙"。②

因此,在现代公共事务内在联系日益紧密的背景下,有必要按照相关、相近的管理职能由一个执法部门承担的职能配置原则,进一步推进综合执法改革,实现执法职能的有机统一,解决执法中分工过细、力量不均衡的问题,实现界面无缝衔接、力量统筹调度。建议在切实转变和科学界定执法职能的基础上,尽快实行部门内综合执法,整合、归并相关、相近的管理职能,原则上一个政府部门所属的多个执法机构要归并为一个;相近领域多个部门的执法机构,按照改革的难易和紧迫度,逐步实行跨部门的大口综合执法。

(二)纵向:合理配置层级执法权限,重心下沉做实基层

职责同构是目前纵向政府间的主要关系模式,不同层级间的政府在职能、职责和机构设置上高度统一和雷同。职责同构也体现在行政执法职能的配置上。在"统一领导、分级管理"的思想指导下,不同层级的执法机构并不以事项为划分权限的基础,而是共同参与同一事项的执法,这也是执法机构效率不高的原因之一。

公共行政组织层级化最早形成的就是直线式组织结构,通常情况下,它

---

① 竺乾威:《从新公共管理到整体性治理》,《中国行政管理》2008年第10期。
② 〔美〕拉塞尔·M. 林登:《无缝隙政府:公共部门再造指南》,汪大海、吴群芳等译,中国人民大学出版社,2002,第80页。

比其他社会组织"倾向于具有更高的内部结构复杂性、中央集权化和程式化",也"倾向于具有更稳固的上下级体系和更为中央集权化和程式化的规则"。①尽管直线式、层级式的组织结构受到来自各方的强有力的批判,但是到目前为止,公共行政组织结构显然还不足以完全冲破官僚等级制组织机构设定的框架,这主要在于层级化具有行政指令贯彻迅速、利于监控、上级能充分调动下级积极性等优点。而且,这种官僚制组织纵向之间有明确的分工,不似我国上下机构的职责同构。一般来说,最高层次的行政组织是决策层,它着眼于全局,一般主要负责制订中长期规划或计划,确定公共行政总目标、总方向和总政策的设计;中层行政组织是协调指挥层,主要负责执行最高行政组织的方针、政策和计划,协调所辖下级行政组织的管理活动;基层行政组织是技术操作层,主要责任是选择最有效的技术方法来完成具体的公共行政任务,并就承担的公共行政任务的合理性提出反馈意见。②这样的职责分配,避免了职责同构。但是具体到行政执法体制建设上,所有执法部门都应当属于第三层次的技术操作层,即执行层。因此,以官僚制的组织架构设计执法部门,难免会产生执法职能重叠、执法力量分散等问题。

因此,在各级政府面临各自不同的发展和管理实际的情况下,有必要差异化地设置执法队伍,或者赋予同一系统不同层级执法队伍以不同的执法内容,试点推行与本级政府职能相匹配的执法队伍设置改革。建议针对上下级执法职能交叉的领域,明确各层级间执法机构的管理权限,避免职责不清、互相推诿。对各执法机构设到哪个层次,不必强求一致,而应当根据各层级具体管理事务的不同性质具体确定。比如,对知识产权、反不正当竞争等市场监管领域的执法,就应当以市级统一执法为主;而对拆除违法建筑、整治乱设摊等城市管理类执法则应当下沉到基层,不需再在市级层面设立执法队伍。

---

① 〔美〕海尔·G. 瑞尼:《理解和管理公共组织》,清华大学出版社,2002,第216页。
② 教军章等:《公共行政组织论》,黑龙江人民出版社,2005,第308页。

而在明确上下级间行政执法权限差异化的同时，还需要注意区分郊区县和市中心城区之间、街道与乡镇之间的差异，可以根据各地方的专属职责因地制宜地设置执法队伍。

我国传统体制下的行政机构架构是自上而下的倒金字塔结构，行政执法的各类资源经常集中在上层行政机构。越到基层，其执法任务越多、越重，而相应的执法资源越少。为解决街镇层面权责脱节、力量不足、协调不力的问题，建议进一步充实基层一线执法力量，将执法资源向基层倾斜，明确街镇政府在执法方面具有发现、报告的职责，强化街镇政府的组织协调职能，建立健全街镇政府对驻街镇执法力量的统筹协调、监督管理机制。

（三）职能配置：决策执行适当分离，提高执法的专业化程度

20世纪70年代末，西方国家掀起了新公共管理运动。这次运动的基本特征是政府职能的退缩和市场价值的回归，其强调了决策和执行的分离。[1]它属于行政机构内部行政权力的再分配，体现了现代国家行政管理和执法体制改革的基本趋势。

这方面的改革，英国是最突出的代表。英国政府于1988年开始推行"下一步行动计划"。其核心内容是将政府的决策制定职能与行政执行职能分离，成立行政执行机构履行行政执行职能，以改进管理和面向公众的服务，实现执行职能的聚合，提升行政执行的效率。[2] 20世纪末，英国政府宣布，把90%的政府公务员转到执行局。其涉及的公共服务的范围包括社会福利的管理、监狱管理、证照的审核发放、就业管理、会议服务、军需供应、工商注册、专利保护、破产服务、标准计量、地产登记、药品管制、天气预报、农牧渔业服务等。这些执行局规模差别很大，最大的是社会福利执行局，雇员有6.5万人，最小的是外交部所属的会议中心，雇员

---

[1] 石佑启、杨治坤：《部门行政职权相对集中之求证与分析》，《暨南学报》（哲学社会科学版）2010年第3期。

[2] 石佑启：《中西方部门行政职权相对集中之比较与启示》，《法学杂志》2010年第2期。

仅有30人。①

英国执行局改革的主要成效就是提高了行政效率。执行部分单独划分出来，有利于补强行政活动的薄弱环节。行政过程可以分为三个环节：行政决策、行政执行和行政监督。其中，行政执行是行政的中心环节，因为行政执行既是行政决策的落实，也是行政监督的监督对象。由执行机构负责行政管理中的执行事务，将执行事务独立出来，有利于执行机构对执行事务进行专业性处理，从而可以有效提高行政效率。英国的这次改革也深刻影响了西方其他国家公共管理方面的理论和实践。后来，德国、法国、澳大利亚、新西兰、荷兰、丹麦、芬兰等国的变革深受其影响。在亚洲，日本参照英国的执行局改革创立"独立行政法人"制度，开始大规模推行行政法人化改革。我国深圳的行政三分制改革也受到英国执行局改革的影响。

在大部门体制改革的趋势下，行政权内部做科学的划分，促进行政权力的重新整合，也是大部制改革的重要内容之一。因此，建议借鉴发达国家政府职能分离的改革经验，逐步将现有以决策为主的委员会所属的执法职能剥离出来，相关执法队伍转移出去，让掌舵的专心掌舵，划桨的专心划桨，从而提高决策质量和执行效率。

三 四大改革设想

（一）分类分步推进七大系统综合执法

按照执法事项的相关性，分类分步推进七大系统的综合执法，建立和完善七个相对独立、集中统一的综合行政执法机构。

1. 建立"大城管"综合执法

目前，上海市城市管理已实行相对集中处罚权政策，城管执法机构主要

---

① 《决策与执行相分离、提高行政效率的成功探索》，http://www.dlftz.gov.cn/fzbgs/news/view_202489.html。

承担了285项执法事项,主要包括市容环境卫生方面的全部行政处罚权,以及市政工程管理、绿化管理、水务管理、环境保护管理、工商管理、建设管理、城乡规划和物业管理方面的部分行政处罚权。城管执法总队为参公管理的事业单位。总体来看,城市管理综合执法的力度和范围还不够,在一些环节上仍然存在界面不清的现象。比如,在拆除违章建筑方面,仍然存在城管执法、房屋管理、规划国土等三个部门分区域执法、界面不清的问题,实际执法中经常出现部门间推诿扯皮、执法效率低下的现象。为此,建议进一步扩大城管综合执法范围,将城管综合执法与网格化管理结合,整合相关的城市管理平台,将执法重点由城市市容转向兼顾城市安全。

2. 建立"大交通"综合执法

上海市于2005年组建了城市交通执法总队,将陆管、公交、出租、轨道、汽修等机构进行融合,实现了部门内部的综合执法。目前,上海市交通领域执法机构较多,除市交通港口局执法总队外,还有市航务处、市路政局、申通地铁公司等多个执法主体。总体来看,交通领域执法机构分散、类型多样的情况比较突出,地面、地下、水上的交通执法权分属不同的执法机构。例如,市交通港口局执法总队机构性质为参公管理的事业单位,主要职责为对出租车、公交、省际客运、货运、轨道交通、停车、驾培、汽修等行业的执法监管。市航务处(市地方海事局、市船舶检验处)机构性质为事业单位,负责上海市内河航道的具体管理和行政处罚工作。市路政局机构性质为事业单位,负责路政管理方面的行政检查、处罚与强制权。申通地铁公司性质为企业,根据《上海市轨道交通管理条例》的授权行使行政处罚权。2014年2月,上海市将原市交通港口局的职能与原市建设交通委承担的交通方面的职能进行整合,重新组建市交通委员会。为此,建议结合市交通委员会的组建,将地面、地下、水上的交通执法权予以综合,组建水陆一体的城市交通综合执法机构。

3. 建立"大建设"综合执法

目前,上海市城市建设执法的职能,分散在建设、规划土地、房管、水务等相关部门。建设领域的管理主体多、执法机构多、审批环节多、分工细、力量分散等问题比较突出。其中,仅原市建设交通委就有建设市场管理办公室、燃气管理处等6个与城市建设有关的执法机构,承担了建设市场管理、市政工程质量监督、燃气管理等方面的执法职责。在执法人员的配备上,市规划国土资源局执法总队为参公管理的事业单位,人员编制为50人,承担违法用地行为(土地领域)和违法建设行为(城市规划领域)的制止和查处工作。市水务局有下属的执法机构2个,其中,市水务局执法总队为参公管理的事业单位,人员编制为155人;市水务建设工程安全质量监督中心站为事业单位,人员编制为40人。而市房管局由内设的执法处承担房地产管理方面的执法职责,相应的人员编制仅为6人。随着2014年2月市城乡建设和管理委员会的组建,建议将相关部门和单位承担的与城市建设活动相关的执法职能,适当予以整合归并,加强执法协作,完善事前、事中、事后的全程监管机制,形成"大建设"综合执法体制。

4. 建立"大文化"综合执法

目前,上海市在文化领域已经成立文化市场综合执法机构,涉及文广影视、新闻出版、版权、文物、体育、旅游等领域。根据《上海市文化领域相对集中行政处罚权办法》的规定,市、区(县)两级文化综合执法机构相对集中行使文广影视、新闻出版、版权、文物管理、体育、旅游等领域的全部行政处罚权。市级层面的执法机构为市文化行政执法总队,其机构性质为参公管理的事业单位,人员编制为80人。目前,文化领域综合执法存在的突出问题是综合执法范围不够合理。例如,旅游等领域的行政执法事项性质上更接近市场秩序的维护,而教育、科技等性质上与文化更接近的领域却未纳入综合执法范围,导致大文化领域仍存在多个执法机构。再如,市教委下属的市教育督导事务中心,机构性质为事业单位,人员编制为15人,受市教委委托承担教育领域的执法职责;市科委下属的市技术市场管理办公室,机构性质为参公管理的事业单位,人员编制为20人,承担技术市场领域的执法职责。为此,建议结合市文化委员会的组建,完善文化综合执法体制,调整文化领域综合执法范围,将教育、科技等执法事权予以综合,将旅游执法调整到市场秩序综合执法。

5. 建立"大市场"综合执法

目前，市场监管方面的行政执法权分属工商、质量技监、食品药品监管、物价、商务、经济信息化等部门。工商部门是市场流通秩序的主要监管部门，全系统的执法机构均为行政机关，有17个区（县）分局、18支区（县）检查支队和175个工商所。质量技监部门在市级层面主要包括市质量技术监督稽查总队、市纤维检验所两个执法机构。其中，市质量技术监督稽查总队为参公管理的事业单位，人员编制为77人，主要承担计量、标准化、产品质量、特种设备、认证、生产许可证方面的执法职责；市纤维检验所为事业单位，人员编制为46人，主要承担棉花质量、纤维制品方面的执法职责。另外，市物价局目前所属的执法单位为市价格监督检查与反垄断局，并以市物价局的名义开展执法工作。市商务委所属的执法单位为市酒类专卖管理局，专门负责上海市酒类产销方面的管理工作。市经济信息化委所属的执法机构有市节能监察中心、市征信管理办公室、市无线电管理局和市盐务管理局，分别承担节能监察、征信管理、无线电管理和盐务管理相关执法工作。长期以来，市场监管领域机构林立、分段执法的现象非常明显，多头执法、重复执法等问题较为突出。如工商部门与商务部门在整顿和规范市场秩序方面存在职责交叉，与质量技监部门在流通领域商品质量监管方面存在职责交叉，与物价部门在市场价格管理方面存在职责交叉。

党的十八届三中全会明确提出"改革市场监管体系，实行统一的市场监管"的要求，为建立"大市场"综合执法体制指明了方向。目前，浦东新区已组建市场监管局，承担原市工商行政管理局浦东新区分局、浦东新区质量技术监督局、市食品药品监督管理局浦东新区分局的职责。浦东的试点将为下一步建立"大市场"综合执法体制提供重要的实践经验。为此，建议逐步将工商、食药监、质量技监、物价、商务、经济信息化等部门关于对违法经营、价格垄断、不正当竞争等破坏市场秩序行为的执法权进行整合，探索全市层面的"大市场"综合执法体制。

6. 建立"大社保"综合执法

目前，上海市劳动就业和社会保障执法职能分散在人保、民政、房管等部门及其相关事业单位。例如，市人力资源和社会保障局下属的行政执法机构有 4 家，包括市劳动保障监察总队、市医疗保险监督检查所、市社会保险事业基金结算管理中心、市就业促进中心。这 4 支执法队伍分别承担劳动保障监察、医疗保险监督、社保基金结算、就业促进方面的执法职能。市民政局下属的执法单位有 4 家，市社团局主要承担社会组织方面的执法职责，市社团监察总队、市殡葬管理处、市社会福利企业管理处都是参公管理的事业单位，主要承担社会组织、民政、殡葬管理、社会福利企业等方面的执法职责。此外，市房管局承担的住房保障方面的职责也与社会保障相关，市公积金管理中心还承担了住房公积金管理方面的执法职能。建议将相关部门与劳动就业和社会保障等有关的执法职能适当予以综合，强化信息共享，探索建立"大社保"综合执法。

7. 建立"大农业"综合执法

据了解，市农委目前有 12 个承担执法任务的机构，其中 7 个是事业单位。这 7 个事业单位具体如下：市渔政监督管理处，人员编制为 50 人；上海渔港监督局（上海渔业船舶检验局），人员编制为 65 人；市动物卫生监督所（市兽药饲料监督所），人员编制为 180 人；市农机安全监理所，人员编制为 12 人；市长江口中华鲟自然保护区管理处，人员编制为 20 人；市种子管理站，人员编制为 20 人；市农技中心（市农药检定所、市植物保护植物检疫站、市土肥站），人员编制为 140 人。上述执法机构分别承担渔业管理、渔港管理、渔业船舶检验、动物卫生监督、兽药饲料监督、植物检疫、中华鲟自然保护区管理、农业机械安全管理、农机事故处理、农产品质量安全、农药管理、种子管理、基本农田保护、肥料登记管理等领域的执法职责。农业系统内部"七站八所"现象突出，执法机构过于细分，各执法机构承担的执法职责过于单一。2009 年以来，为改变这种现象，上海市推进区（县）农业综合执法，实行一个执法机构，挂多个牌子，但是市级层面农业综合执法一直没有启动。为此，建议下一步在全市推开，将农委及其下属单位的相关执法职能归并到农业综合执法机构，实现农渔畜一体的农业综合执法。

（二）强化技术性较强的专业执法

在分类分步推进七大领域综合执法的同时，对于执法中因专业技术要求高而无法纳入综合执法的执法事项，相关行政执法部门的执法权限不能弱化，而是应当进一步强化，以保证法律法规的全面正确实施，切实维护社会公共利益和群众合法权益。从执法实践来看，环境保护领域不但专业技术要求高，而且公众关注度很高，建议扩大环境保护部门的执法事权，强化其专业执法。

随着人民群众生活质量的不断提高，环境保护问题越来越受关注。但是，环境保护执法与公众对环境保护的要求还存在较大的差距。目前，我国有关环境保护的行政执法权限分散在经信委、建交委、交港局等不同的行政管理部门，每个行政管理部门涉及的环境保护的执法事项和执法内容又不尽相同。因此，在环境保护执法方面，我国实行的是"分散式"的执法体制。目前，环境污染主要集中在重工业污染、交通尾气污染、道路交通及建筑扬尘污染，而环保部门的执法工作主要针对重工业污染，对"点"上的工业区比较有效，对交通扬尘、交通尾气、建筑扬尘等流动性较强的污染，却由于与相关行政主管部门存在职责上的交叉，执法效果欠佳。因此，有必要强化环境保护部门的专业性行政执法工作。

一是进一步强化环境保护行政部门的执法事项。将分散在经信委、建交委和交港局等有关节能减排、环境保护的执法事权归并至环境保护行政部门。

二是赋予环境保护行政部门必要的强制执法手段。强化环境保护行政部门的专业性执法，除了改善环境保护行政部门环境检测仪器等辅助设施和手段外，更应当赋予环境保护行政部门更多的执法手段，如查封、扣押、没收等。落实对违法排污企业"停产整顿"和出现严重环境违法行为的"停批停建项目"权，促使污染企业自觉调整自己的行为。同时，要从税收、金融等经济政策方面给予自觉遵守环境法律法规的企业支持和鼓励，使其得到实惠。

三是建立公众参与环境执法的机制与制度。在强化环境保护的专业执法中，既要充分发挥行政执法机构的执法职能，也要充分发挥公众外部监督、企业内部监督的作用，形成相互制衡的"三元环境执法监督体系"。

（三）将决策部门的执法权逐步转移出去

将发改委、经信委、商务委、建交委、卫计委、教委、科委、农委等决策部门的执法职能剥离出来，将执法权转移出去。

目前，上述8个委员会均承担行政执法职责，有的执法事项还比较多。有的通过法规授权或者规章委托下设的事业单位进行执法，有的只是与下设事业单位建立事实委托的关系，还有的由内部处室进行执法。据统计，上述8个委员会共有41个承担执法任务的机构，其中22个是事业单位。这8个委员会既要负责宏观层面的决策，又要负责微观层面的行政执法。

如发改委的审批集中在项目审批，有30多项，行政处罚集中在价格执法，有6项。目前，市发改委加挂市物价局的牌子，同时，市发改委发文明确市价格监督检查与反垄断局以市物价局的名义实施行政处罚。

经信委的执法权跨度比较大，执法职能涵盖工业、能源（包括工业节能）、无线电、征信等多个领域，执法主体除了市经信委外，还有市节能监察中心、市征信管理办公室、市无线电管理局、市盐务管理局等多个执法机构。

市商务委的执法事项不多，具体执法事项均由相关处室负责。其下属的市酒类专卖管理局只负责酒类流通的监督管理工作。

原市建设交通委的执法权虽然集中在建设领域，但是项目众多，包括建设工程、建筑节能、燃气、城市道路公路、架空线等多个方面，执法主体除了原市建设交通委外，还有市建筑市场管理办公室（市建材市场管理办公室）、市燃气管理处、市市政工程质量监督站等多个执法机构。

市卫计委的执法事项比较集中，执法主体除了市卫计委外，还有市爱国卫生运动委员会办公室、市血液管理办公室等。

市教委的执法事项集中在办学方面，日常执法监督主要由其下属的市教育督导事务中心承担，但是以市教委的名义进行处罚。

市科委的执法事项较少，其下属有法定执法权的主体也只有市技术市场办公室，具体日常监管均是由下属相关事业单位进行，但是以市科委的名义进行处罚。

市农委的执法事项比较多、内容跨度大，包括农药、渔业、农产品、渔政、动物检疫等不同对象，执法主体除了市农委外，还有市渔政监督管理处、上海渔港监督局（上海渔业船舶检验局）、市动物卫生监督所（市兽药饲料监督所）、市农机安全监理所、市长江口中华鲟自然保护区管理处、市种子管理站、市农技中心（市农药检定所、市植物保护植物检疫站、市土肥站）等执法机构。

党的十八届三中全会通过的《中共中央关于全面深化改革若干重大问题的决定》明确指出，"优化政府机构设置、职能配置、工作流程，完善决策权、执行权、监督权既相互制约又相互协调的行政运行机制"。根据十八届三中全会精神，发改委等委员会的主要职责应当是进行政策研究和制度设计，其工作重心应当是制订政策、规划、标准。同时，按照国务院办公厅、中央编办关于开展综合执法试点实施"两个相对分开"的精神，建议结合七大领域综合执法的推进，将上述委员会所属的监督处罚职能分离后，对相关的执法机构进行整合归并，并将部分执法职能纳入相应的大系统综合执法。例如，将发改委承担的价格执法职责以及经信委、商务委承担的部分执法职责归并于"大市场"综合执法；将原建设交通委承担的执法职责归并于"大建设"综合执法；将教委、科委承担的全部执法职责归并于"大文化"综合执法。

（四）合理界定不同层级的执法权责，完善街（镇）层面的统筹协调机制

1. 明确不同层级的执法权责，充实一线执法力量

上海市长期以来实行政府"三级管理"的体制，围绕这一体制逐步明

确事权分工。目前，上海市三级执法的职能配置基本合理，但不同层级的执法权责还未完全理顺。要结合执法事项的性质、特点，合理界定市、区（县）、街（镇）不同层级执法机构在执法体制中的定位，明确其执法权责。对可以实施分级管理的事项，市级执法部门主要承担决策研究、监督指导和协调跨区执法职责，原则上不设独立的执法队伍。区（县）行政执法部门要按照中央以市（县）一级行政执法为主的要求，承担主要执法任务，将行政执法的重心下沉到区（县）。镇乡政府、街道办事处主要承担发现报告责任；对没有执法权的领域，发现违法行为的，应及时向上级执法部门报告；对食品安全等突出问题负有统筹协调职责，可以根据法规文件的授权，组织协调驻街（镇）执法队伍进行排查整治和快速查处，充分利用网格化管理等平台，形成纵向到底、横向到边的全覆盖执法网络。

2. 清理和规范对街（镇）的非法定委托事项

街（镇）层面目前承担的执法工作，除法定授权和委托事项外，还有大量来自政府部门下放的执法事务。这些执法事务，有的是一次性任务，有的是由一次性任务逐渐演变为一种惯例而成为长期性任务，从而导致目前街（镇）层面社会管理和执法任务比较重的情况。

对于非法定委托，应当根据执法事项和非执法事项分别予以处理：一是清理执法事项的委托。市、区两级政府及其职能部门将本属市或区级职能部门的执法事项擅自委托给街（镇），不符合职权法定的原则要求，应依法进行清理。在街（镇）层面，对于分别属于市、区和街（镇）的执法事项，应当严格按照法定权限分级执法。二是规范非执法事项的委托。非执法事项，即上级政府及职能部门将部分非执法类管理事项委托给街（镇）。这部分委托事项，严格意义上讲，没有违反法律规范的刚性规定，但是在很大程度上增加了街（镇）的任务和负担。对于这部分委托事项，总体上应当按照"行业管理以区（县）职能部门为主、充分发挥乡镇政府的地域优势"的原则，规范委托行为。对这些非执法类的委托事项，一方面履行合法的委托管理程序，另一方面要严格将这一范围限定在科学合理以及街道办事处和乡镇政府可承受的范围之内。同时，对委托的职能部门也应当按照"事财匹配"的原则提供相应的保障，即不能简单"委托了事"。

3. 强化街（镇）的统筹协调能力，加强街（镇）执法队伍的管理

进一步理顺街（镇）和执法部门的关系，明确专业执法和属地管理的责任范围。

一是强化街（镇）的组织协调功能。按照组织法及《上海市街道办事处条例》等法律规范的规定，街（镇）作为一级政府的派出机构和一级政府，对管理辖区内各项事务负有一定的法定责任。同时，其也具有组织、协调辖区内各行政执法机构的职能。比如，《上海市街道办事处条例》第11条规定：街道办事处有权组织、协调辖区内的公安、工商、税务等机构，依法支持、配合街道监察队的执法活动。但是，随着职能部门分工的精细化和专业化，街道办事处和乡镇政府的组织协调功能在过去一段时间逐渐弱化。今后，应当适当强化街（镇）在辖区行政执法工作中的组织协调功能。对于没有执法权限但是负有公共管理职能的事项，街（镇）的定位应当是协助，具体的执法任务依法应当由执法部门承担。但对于在街（镇）辖区查处违法行为需要多部门联合协同执法的，街（镇）从属地管理的要求出发，负有组织协调责任，驻街（镇）的执法机构应当配合。

二是加强其对驻街（镇）执法队伍的管理。目前，上海市各区（县）很多街（镇）都在探索实践联勤联动机制。在联勤联动机制中，区（县）职能部门派驻街镇的执法力量与街（镇）所属的执法力量被统一混编成联勤联动队伍，街（镇）对联勤联动队伍具有调度指挥权。在联勤联动队伍中，对区（县）职能部门派驻街（镇）的执法人员实行双重领导，即要接受上级业务部门的领导，也要接受街（镇）政府的领导，并通过赋予街（镇）对区（县）职能部门派驻执法人员的定期考核权，加强了街（镇）对职能部门派驻队伍和人员的管理。

4. 开展较大镇综合执法试点

根据"对吸纳人口多、经济实力强的镇，可赋予同人口和经济规模相适应的管理权"的精神，建议按照差别化管理的原则，对常住人口达20万人以上的较大镇可以借鉴周边省（市）的经验，授权镇政府开展综合执法

试点工作，加快郊区城乡一体化发展。上海市"联勤联动"的探索实践也表明，街（镇）通过"联勤联动"指挥平台，对成员单位和纳入"联勤联动"执法事项的统一指挥，在很大程度上改变了目前街（镇）层面执法效率低下的问题，提高了街（镇）层面的执法效能。这说明在特定的区域范围，对于一些分段或跨领域的执法事项，可以通过街（镇）的组织协调，统一指挥，实现执法的高效化。

5. 放宽街（镇）执法证关于执法种类的限制

从上海市目前的实际情况来看，街（镇）执法人员的编制和数量相对较少，机构多功能、干部多职务是街道办事处和乡镇政府的常态。比如，街（镇）有关计划生育的执法事项，有些街（镇）只有一名持有执法证件的执法人员。因此，需要优化街（镇）对其所属执法人员的调配使用。为实现街（镇）对所属执法人员的合理调配，建议调整现行执法证标明具体执法种类的做法，对于街（镇）所属的在编执法人员，统一标注"街（镇）执法事务综合管理"，由街（镇）统一调配使用。

B.13
上海市人民建议征集专题研究

上海法治市情调研组*

摘　　要： 人民意见建议征集作为信访工作的一项重要内容，在调动人民群众依法参与国家事务管理的积极性方面具有不可替代的作用，也是党和政府坚持问政于民、问需于民、问计于民，切实保障公民的知情权、参与权、表达权、监督权的体现。上海市信访办推出的"人民建议征集"项目经过三年多的实践，逐步建立了一套独具特色的工作机制，在调动上海市民参政议政积极性和完善政府工作方面发挥了积极的作用。

关键词： 人民建议征集　信访　公众参与　民主决策　上海

党的十八届四中全会指出，建设中国特色社会主义法治体系，要坚持人民主体地位，必须保证人民在党的领导下，依照法律规定，通过各种途径和形式管理国家事务，管理经济文化事业，管理社会事务；深入推进依法行政，加快建设法治政府，要健全依法决策机制，把公众参与、专家论证、风险评估、合法性审查、集体讨论决定作为重大行政决策法定程序，确保决策制度科学、程序正当、过程公开、责任明确；增强全民法治观念，推进法治社会建设，要构建对维护群众利益具有重大作用的制度体系，建立健全社会矛盾预警机制、利益表达机制、协商沟通机制、救济救助机制，畅通群众利

---

* 上海法治市情调研组组长：史建三，上海社会科学院法学研究所研究员；执笔人：王涛，上海社会科学院法学研究所硕士研究生。

益协调、权益保障的法律渠道。把信访纳入法治化轨道，保障合法合理诉求依照法律规定和程序就能得到合法合理的结果。

人民建议征集工作作为信访工作的一项重要内容，在调动人民群众依法参与国家事务管理的积极性方面具有不可替代的作用，也是党和政府坚持问政于民、问需于民、问计于民，切实保障公民的知情权、参与权、表达权、监督权的体现。上海市信访办人民建议征集处的设立，是中共上海市委、上海市人民政府密切联系群众、依法保障公民各项权利、引导群众对党和政府献计献策、改进党和国家工作的一项重要举措。上海人民建议征集工作开展三年多来，接收处理了大量群众意见建议，内容涵盖社会生活各个领域，在制定公共政策、改进政府工作、为政府重大决策建言献策等方面影响日益显现，作用值得肯定。

一 上海市信访办人民建议征集工作简介

（一）上海市信访办人民建议征集处的设立

2010年9月，上海市信访办会同市委办公厅、市委研究室等部门组成课题组，对上海市信访工作各项制度的执行情况进行了评估，并针对信访工作面临的难题，形成了《关于创新本市信访工作机制的调研报告》。该报告建议："在上海市信访办增设人民建议征集工作室，切实推进民主决策，针对群众普遍关心的问题加强信息分析研判和预警，推动职能部门从政策层面研究问题，从源头环节解决问题。"2010年12月，上海市信访办进一步形成了《试论人民建议征集制度的形成与发展》《人民建议征集制度在信访工作中的制度化路径》两份研究报告，进一步从理论上回答了以下问题：一是为什么要开展人民建议征集工作；二是开展人民建议征集的主要依据；三是怎样开展人民建议征集工作。

经过多次调研及各方论证，2011年10月，上海市信访办人民建议征集处挂牌成立。2014年1月，根据《中华人民共和国宪法》及《信访条例》

《上海市信访条例》而制定的《上海市人民建议征集工作规定》（以下简称《规定》）出台，作为上海市信访办人民建议征集工作的指导规范性文件，《规定》详细规定了人民建议征集的接收、办理工作流程，人民建议征集制度得到进一步巩固和完善。

（二）上海市信访办人民建议征集工作机制

1. 人民建议征集范围

依据《规定》第二条相关规定，人民建议是指公民、法人或者其他组织为了社会公共利益，针对社会公共事务，向市委、市政府反映的情况，提出的意见或者建议。其性质属于党和国家密切联系人民群众的工作，是人民当家做主、有序参与政治活动的一种表现形式。

同时，该《规定》第十六条规定了不纳入征集范围的事项：①属于求决、申诉、举报类事项；②属于人大、政协、部队、法院、检察院等部门工作范畴的事项；③应当通过诉讼、复议、仲裁等法定途径解决的事项；④学术理论；⑤重复投递、内容空泛、无实际意义；⑥商业广告、推销宣传；⑦上海市无权管辖的事项。

2. 人民建议的接收

目前，上海市信访办针对人民建议的接收主要分为线上和线下两大渠道：线上渠道指在"中国·上海"门户网站设立了上海市"人民建议征集信箱"，作为上海市人民建议征集网上受理平台，专门接收通过网络向市委、市政府提出的人民建议，同时"市委领导信箱""市长信箱""投诉受理信箱"中的人民建议事项一并归入人民建议征集网上受理平台；线下渠道指通过书信、走访、电话等其他形式向市委、市政府提出的人民建议，也统一纳入上海市人民建议征集平台集中处理；此外，针对当前社会热点以及群众反映的突出问题，展开专项征集，向社会公布专项征集的主题、内容，总体上形成了多种路径统归一个平台的人民建议接收体系。

为明确建议主题、预防建议内容空洞，"上海市人民建议征集信箱"专门设置了"人民建议指南"，针对公民、法人或者其他组织撰写人民建议的构成要素做出了相应阐释，主要包括：①建议人一般应署明姓名（名称）、住址（地址）、联系方式等。②建议一般应一事一议；有多个建议事项的，一般应分别提出。③建议的标题一般为："关于改进××工作的建议""关于完善××政策（制度、规定）的建议""关于高度重视××情况（现象）的建议"，等等。④建议的内容一般包括针对的主要问题，解决该问题的主要办法、理由和依据等，一般分为三个部分。第一部分：摆事实，写清楚建议针对的主要问题；第二部分：讲道理，阐述建议的理由和依据等；第三部分：提思路，建议有关方面采用的具体解决办法、方案、措施等。

3. 人民建议的办理

上海市信访办收到人民建议后，在15日内按照建议的内容进行分类登记，并根据不同情况分别做出受理、转送、交办、解释、告知等处理。对其中涉及政策性、倾向性、普遍性、代表性问题的人民建议及时报告市委、市政府，以期在短时间内形成对策，解决问题。

人民建议征集处针对利于改进党委、政府工作，促进经济社会发展的人民建议，工作人员通过约谈建议人、召开座谈会、研讨会、听证会等方式认真进行论证研究。对于优秀的人民建议，上海市信访办还以适当的方式进行表扬、鼓励。

人民建议事项的办理结果包括采纳、部分采纳、不采纳、留作参考四种，有关机构对于上海市信访办转送、集中交办的人民建议事项，在受理之日起90日内要向建议人反馈办理情况，并向上海市信访办报送办结报告。

同时，上海市信访办会同市委、市政府督察部门和纪检监察部门共同建立人民建议联合督办机制，对利于改进党委、政府工作，促进经济社会发展等有重大意义的人民建议事项，涉及政策性、倾向性、普遍性、代表性问题的人民建议事项实施督察，并将约谈建议人情况、研究论证情况、办理结果反馈情况，纳入信访工作目标责任考核范围，进一步规范了人民建议处理的流程。

二 上海市信访办人民建议征集工作现状

（一）2014年人民建议征集情况

1. 意见建议接收情况

2014年，上海市信访办发挥人民建议征集主渠道和主平台作用，通过"市委领导信箱""市长信箱""人民建议征集信箱"和"投诉受理信箱"等信访渠道，积极、依法、公开开展人民建议征集工作。截至12月底，共计接收处理群众意见建议31460件，约占市信访办同期接收处理群众信访总量的19.6%，其中，城市建设管理和国土资源类、交通能源和环保类、政治综合和执法类、卫生计生和教育类、经贸和信息化类五个方面群众意见较为集中。

2014年，市委和市政府有关部门、各区（县）信访办主动汇集分析群众意见建议，共向市信访办报送改进工作、完善政策、解决问题的意见建议95件，其中，报送量居前的区（县）有金山、杨浦、闸北、奉贤、嘉定、徐汇等。各区（县）、部门报送材料已被采纳的有26件。如奉贤区信访办《关于私自收养弃婴后无法入籍及入学问题》、嘉定区信访办《关于酒店式公寓大面积开发销售，因开发商虚假宣传、房屋性质局限等问题引发信访矛盾》等群众意见建议分析材料，经市信访办整理上报后均得到市委、市政府重视，促进了有关信访问题的源头预防。市环保局《关于本市外牌车辆申领环保标志有关信访问题的汇报》、市住房保障房屋管理局《关于调整和完善本市廉租房政策标准》等群众意见建议分析材料，围绕信访热点提出改进工作或完善政策的建议，推动了有关信访问题的批量解决。

2. 意见建议办理情况

2014年，市信访办共向市委、市政府上报重要人民建议事项288件。其中，城乡建设类50件、交通能源类43件、卫生计生类25件、劳动社保类24件、政治综合类20件、政法类19件、民政类12件、教育类18件等。

市委、市政府相关部门承办重要人民建议事项的过程中，采取约谈建议人、召开座谈会、研讨会、听证会等方式，积极展开调研论证，并按规定及时将研究论证结果答复建议人。为确保重要人民建议事项办理责任落实，市信访办会同市委、市政府督察部门和纪检监察部门建立健全了人民建议联合督察机制。

市委、市政府有关部门对有利于改进政府工作、完善法规政策的人民建议事项，均及时予以采纳和转化。截至12月底，有关部门已办结重要人民建议征集事项236件。其中，采纳162件，占68.6%；部分采纳41件，占17.4%；留作参考22件，占9.3%；不采纳11件，占4.7%。如市纪委、市委组织部等八部门采纳市民卜海俊《关于根治农村违章建筑的几点建议》，联合制定下发《拆除违法建筑工作责任追究办法》，要求党员领导干部和国家公职人员带头拆违。市发改委会同市卫计委、市交通委、市信息中心等部门，专题研究论证王洪鹏《关于将大数据平台建设和应用作为上海未来发展战略突破口的建议》，拟在医疗卫生、公共交通等民生服务领域推进大数据的整体布局和战略规划。市交通委针对顾大江《关于降低绿化隔离带高度 防范交通事故的建议》，会同市公安局交警总队、市绿化市容局等部门进行现场勘查，对存在交通安全隐患的路段进行全面梳理、登记和整改，并拟制订《上海市道路绿化建设和管理导则》，规范绿化建设管理，确保道路交通安全。市政府法制办采纳市民朱慎立《关于政府基层组织法治建设刻不容缓的建议》，会同市司法局研究提出改进工作方案，相关内容已纳入市委一号调研课题。

（二）人民建议征集的典型案例

2014年，针对群众意见建议热点问题，市信访办加强归纳梳理和综合分析，先后形成了关于《住宅小区维修基金》《农村征地投机种植》《居住证政策执行评估》《物业政策服务引导》等人民建议专题报告9期，为市委、市政府重大决策部署提供参考。比较典型的案例具体如下。

（1）加强制度建设，抑制投机种植行为。2014年，在重大工程项目前期征地过程中，一些人以农村集体土地征收为契机，在规划红线内投机抢种各类名贵植物，借此牟取法外高额征地补偿的行为愈演愈烈，市信访办会同浦东新区、市规划国土资源局、市农委等及时研究提出《关于遏制"投机种植"牟取法外高额征地补偿的建议报告》，引起了市委、市政府的高度重视。随后，市规划国土资源局进一步会同上海市农业、绿化、工商等部门研究制定"三停止"制度，通过规范行政许可的受理和办理环节，从政策源头上有力抑制了投机种植行为。

（2）推动解决维修基金政策瓶颈和历史遗留问题。针对群众不断来信集中反映住宅小区没有维修基金、无法使用维修基金和乱用维修基金等问题，市信访办在汇集群众意见建议的基础上提交了《关于小区维修基金使用已成物业管理类信访投诉集中领域的情况报告》，得到市委、市政府的高度重视。随后，市住房保障房屋管理局会同市政府法制办进行专题研究，针对部分商品住宅、售后公房专项维修资金缺失等历史遗留问题拟出台相关一次性补贴政策。此外，该局还计划出台《上海市住宅专项维修资金补建和再次筹集的指导意见》，修订《住宅专项维修资金管理规约》等，建立面向维修资金的使用管理及再筹集机制。

（三）人民建议征集的成效

上海市信访办自2011年开展人民建议征集工作以来，遵循倾听人民意见、接受人民群众监督的工作原则，稳步推进工作，其人民建议征集制度项目荣获"2012年上海社会建设十大创新项目"，2013年被评为"上海市依法治市十大优秀案例"，在2014年中国延安干部学院、人民日报社政治文化部、人民网·中国共产党新闻网共同主办的群众工作典型案例征集评选活动中，上海市信访办的《创新人民建议征集制度 推动信访工作转型发展》案例荣获一等奖，《人民日报》第24026期对此进行了专项报道，这是社会各界对上海人民建议征集工作的充分肯定。

人民建议征集制度的确立，充分调动人民群众通过信访渠道参政议政的积极性，公众社会责任感得到加强。上海市信访办每年平均收到各类人民建议3万多件，其中蕴含着大量的群众智慧，事关公共利益，指向公共政策或重大决策，内容涵盖政治、经济、文化、社会、生态五大领域；建议人也来自社会各行各业，他们之中既有退休老干部、人大代表、政协委员、各类专家学者，也有新闻媒体记者、在校学生以及来自基层的广大市民，抱着共建美好家园的共同愿望，一起为政府建言献策。

1. 人民建议亮点频现

关于改进方式方便企业社保、公积金账户缴费的建议。私营企业负责人钟某针对企业纳税、为员工缴纳社会保险和公积金这一问题指出，目前上海市税务部门征收税款的方式是通过税务部门、有关银行以及相关企业签订一份三方自动扣款的协议，企业每月在完成申报后，税务部门的账户就会自动从企业基本账户中划款，而企业缴纳社保、公积金则必须到由社保和公积金缴纳部门指定的工商银行和建设银行分别开立专用账户，企业每月重复将相关款项从企业基本账户划入社保、公积金专用账户，对企业而言手续烦琐不便，因此其建议上海市社保部门及公积金管理部门改进服务方式，参照税务部门征收税款的方法，通过管理部门、企业、商业银行签订自动扣款三方协议的方式，相关费用每月由企业申报后从企业基本账户中自动划转，切实减轻企业负担、提高工作效率。此建议经整理后以人民建议摘报的形式上报市委、市政府领导并得到了韩正书记的批示，有效助推社保、公积金管理部门改善工作方式，更好地服务企业大众。

此外，广大市民群众在工作、生活中遇到和发现并提出的，关于上海市住宅小区综合管理、及时调整普通住房标准的建议，关于人才引进类居住证持有者因社保和个税缴纳单位不一致产生的居转户等政策性问题、燃气助动车集中报废问题、住宅小区安装新能源汽车充电桩政策不明的意见，以及加强"上海城市精神"宣传、将抗战遗址"四行仓库"建成上海抗日战争纪念馆的建议等，市信访办分别整理摘报市委、市政府，得到韩正书记、杨雄市长等市领导的重视和批示，相关职能部门认真研究，及时出台和完善有关政策，制订方案规划建馆、落实建议改进工作，解决问题方便群众，得到了建议人的认可和好评，赢得了社会的广泛赞誉。由此可见，一些好的人民建议在改进政府工作、促进政府职能转变方面具有非常重要的作用。

2. 公开征集成果显著

根据市委要求,按照市委组织部部署,市信访办于2014年6月20日至8月底,通过"市委领导信箱"、"市长信箱"和"人民建议征集信箱"等渠道开展"我为上海创新治理 加强基层建设建言献策"人民建议专项征集活动。征集活动得到了市民群众的积极响应,共收到群众来信271件,内容涵盖基层执法、人口管理和保障、居民区和社会组织及社会力量参与、镇村建设等多个方面。市信访办遴选出其中的33件群众建议摘报市委、市政府领导,占全部来信总量的12.2%,部分群众建议得到了市领导的充分肯定。如《关于公开镇、村干部简历的建议》《关于提升"四小"食品安全监管效能的建议》《关于破解重大公益性项目决策难题的建议》等,群众的"金点子"为上海市社会治理和基层建设实践提供了重要参考依据。

3. 基础建设稳步推进

2014年,市信访办根据国务院《信访条例》《上海市信访条例》,制定了《上海市人民建议征集工作规定》;上海市网上"人民建议征集信箱"于同年3月1日上线运行,上海市人民建议征集工作的制度建设和网络建设取得了重要进展。同时,有关区(县)和市政府部门不断加强人民建议征集工作。如,徐汇区开展人民建议"金点子"征集评审活动,区信访办根据《徐汇区人民建议征集工作实施意见》,于6月至10月开展了人民建议公开征集活动,并邀请各方面专家对人民建议进行评审,评选本年度徐汇区人民群众"金点子"一、二、三等奖。杨浦区积极推动区域人民建议征集工作制度化,并制定下发《杨浦区人民建议征集工作实施意见》,规范建议类事项的分类处理,探索意见建议的主动征集和评选表彰等。市建管委、市交通委、市发改委、市公安局等部门完善人民建议事项办理约谈和研究论证机制,在办理人民建议事项过程中,不断强化群众观念,当面听取建议人意见,主动邀请建议人共同参与研究论证过程,切实提高人民建议征集工作的有效性。

（四）人民建议征集现阶段面临的问题

任何一项制度从确立到逐步完善都需要实践的反复检验，上海人民建议征集工作开展三年来虽取得了一系列的成绩，但在实际工作过程中仍面临着一些问题和难点。

1. 征集效用渐显，知晓度偏低

如前文所述，市信访办每年接收3万多件人民建议，这里面蕴含着巨大的人民智慧，建议内容涵盖社会各个方面；建议人主体包括各类社会群体，应该说，人民建议征集的作用正在日益凸显。但从全社会范围来看，各界虽对信访工作比较关注，但普遍存在认识上的偏差，将信访工作简单地等同于社会维稳工作，或者简单地认为其是化解矛盾、权利救济的渠道等。事实上，信访工作的内涵范围远比这些大得多，人民建议征集工作便是信访工作中的一个重要组成部分，然而群众对这项工作知晓程度不高，这也一定程度上限制了人民建议征集作用的进一步发挥。

2. 总体明确规范，细则还需强化

2014年1月出台的《上海市人民建议征集工作规定》，是指导人民建议征集工作的规范性文件，该《规定》明确了人民建议征集工作的原则，规范了人民建议的接收、办理流程，对于推进人民建议征集工作、进一步完善人民建议征集制度具有重要指导意义。但是，《规定》的条款内容偏向于原则性规定，操作性强、更加具体细化的实施细则亟待进一步健全。譬如该《规定》第二章为人民建议的接收，但未具体规定人民建议征集的筛选机制及标准。同时，随着人民建议征集制度的逐步完善，公民依法参政议政意识的提高，意见建议类信访数量会逐步增多，按照目前的人员配备显然无法满足形势变化和工作需求。

3. 议题征集良好，信息公开待深化

党委、政府主动向社会发布人民建议征集主题、内容，开展专项征集工作，并公开人民建议征集的相关信息，是党委、政府听取民意、吸纳民智和科学民主决策的要求，也是人民群众参政议政的需要。同时，人民群众对政

治、经济和社会等事务的参与依赖于其对各种信息的了解，人民建议信息公开也有助于民众了解自身利益在行政权力运作过程中的损益，进而有效地鼓励和促进参政议政。因此，党委、政府要整合资源，充分发挥人民建议征集平台的作用，就重大决策、重大政策以及事实工程等通过人民建议征集渠道征求广大群众的意见建议，并公开人民建议征集的有关信息，进一步推进法治政府、法治社会的建设。

三 建议与展望

现代民主社会，建立人民建议征集制度可以保障公民提出意见建议和表达利益诉求，对遏制行政腐败有着举足轻重的作用，有利于更好地构建法治政府、服务政府。人民建议征集制度的法制化，能有效杜绝个别私益侵犯公共利益，使政府的公共决策更加科学民主，增强政府权威；使公众通过法定渠道有序参与社会事务、表达利益诉求，使民众在建议或意见被吸收采纳的过程中切实地体验、感悟民主。

据了解，目前全国各省（区、市）共设立了11家人民建议征集工作机构。上海市信访办人民建议征集工作，结合自身实际，逐渐形成了具有时代特征、上海特色的工作模式：整合了"'中国·上海'门户网站""上海网上信访受理（投诉）中心""'12345'市民服务热线"三大信息平台，设立"人民建议征集信箱"，多渠道、全方位征集人民建议；完善建议办理方式，形成了上海市人民建议征集的工作路径；实施表彰激励政策，构建了上海市人民建议征集的引导机制；强化考核评价，落实了上海市人民建议征集的工作责任。2014年出台的《上海市人民建议征集工作规定》更是将人民建议征集制度以法制的形式固定下来。

上海市信访办每年对大量人民建议进行梳理、分析、调研，撰写人民建议专题报告，为政府完善政策、改进工作提供参考依据。2014年，上海市信访办接收人民意见建议的数量约占当年信访总数的20%，远远高于国家信访局公布的10%的全国平均水平，这既反映了上海市民主动参政议政的民主意识，背后也蕴含着人民建议征集工作人员的辛勤工作。可以说，上海市的人民建议征集工作走在了全国的前列。

现阶段，上海市信访办人民建议征集工作在实践过程中存在的问题，需要政府与广大市民的共同努力。第一，建立可持续发展的人民建议奖励和宣传机制，提高人民建议征集工作的社会知晓度。《上海市人民建议征集工作规定》第十五条明确规定，对优秀人民建议可以适当方式表扬鼓励，除对优秀建议人颁发奖励证书和物质奖励外，上海市可以考虑授予建议人"优秀市民"等光荣称号，增强建议人的城市荣誉感。同时，要在全市范围内加大人民建议征集的宣传力度，定期开展对人民建议征集制度的宣传活动，并将其作为普法的一项重要内容。第二，尝试建立智库平台，利用大数据梳理、整合资源。上海市信访办打造的人民建议征集平台包含数以万计的人民建议，大量的第一手资源是人民群众智慧的重要体现。市信访办可考虑拓宽思路，将人民建议征集平台向智库方向发展，通过大数据分析，将大量碎片化的意见建议集中、聚焦，提炼形成具体的人民建议专报上报市领导，从而形成市民与市领导之间的社情民意"直通车"。建立智库和大数据分析构建起来的制度设置，其价值不可估量。第三，构建人大、政协与人民建议征集的工作对接机制，发展中国特色民主政治。在当前的政治体制下，人民建议征集和人大代表、政协委员的意见、提案有着异曲同工之处，其本质是相通的，都是为规范政府行为，为政府科学民主决策建言献策。但在实际操作过程中，人大、政协的工作和人民建议征集工作交集甚少，各自为政，这在一定程度上造成了极大的资源浪费。建议构建一套人大、政协与信访办人民建议征集工作的对接机制，人大代表、政协委员可以对大量的人民建议进行再深化、再加工形成建议、提案，整体上形成人民建议、人大代表建议、政协委员提案三驾马车并驾齐驱的局面，彻底盘活我国的民主政治，开创人民当家做主的新局面。第四，明确区分信访职能，扩大建议征集渠道。现阶段，我国信访工作主要包括投诉维权信访和意见建议信访两大类，且投诉维权类信访占据信访工作的绝大部分内容。其实，我国公民的投诉渠道共有复议、诉讼、仲裁、信访四大类别，但相比其他渠道，信访渠道的成本、门槛最低，因此形成大量投诉类案件在信访部门堆积的局面。下一步，政府相关部门应该进一步明晰职能，依法将应通过法律途径解决的投诉类案件分流到复议、诉讼、仲裁渠道，逐步扭转当前的信访形势，使信访真正成为群众表达民意、参政议政的重要路径和渠道；同时，进一步扩大人民建议征集的渠道，健全各区（县）、委办局人民建议征集信箱，鼓励公民踊跃参与，为社会公益贡献自己的"金点子"。第五，加强人民建议信息公开。信息公开是人民建议征集工作的应有之义，除涉及国家秘密、个人隐私外，所有的人民建议以及办理进度、回复情况在条件允许的情况下均应在网上进行公开，供读者浏览参阅，这既是公民知情权的保障，又是信访部门人民建议征集工作自我监督的体现。

B.14 围绕"团结、引领、服务"工作方针努力开创繁荣上海法学研究新局面

汤啸天　张志军　吴珏一[*]

摘　要： 上海市法学会确立"团结、引领、服务"的工作方针，既是使命使然，也是自我加压的体现。2014年，上海市法学会着力抓了服务大局、加强研究会建设、营造法学研究学术氛围、丰富法治宣传载体等方面的工作，取得了明显的成效。2015年，将根据习近平总书记提出的"四个全面"战略布局，努力开创繁荣上海法学研究新局面。

关键词： 团结　引领　服务　法学研究　上海

2013年11月，上海市法学会（以下简称学会）进行了换届选举，选举产生了第十届理事会。2014年，新一届理事会确立了"团结、引领、服务"的工作方针，着力在组织法学研究、开展法治宣传、拓展法学交流、培养法学人才、做好会员服务、加强自身建设等方面取得新的进展，学会在法学界、法律界和社会的凝聚力、号召力和影响力有显著提高。尤其在开展法学研究重大课题的调研攻关、强化法学研究阵地和机制建设、拓展法治宣传和法律服务形式等方面取得了丰硕成果，为服务上海经济社会发展新常态和全面加强法治建设提供了有力的理论支持和智力贡献。

---

[*] 汤啸天，编审，上海市法学会副秘书长；张志军，上海市法学会研究部副主任；吴珏一，上海市法学会研究部干部。

围绕"团结、引领、服务"工作方针努力开创繁荣上海法学研究新局面

一 认清职能，确立"团结、引领、服务"工作方针

2014年10月，党中央召开了十八届四中全会，提出了建设中国特色社会主义法治体系、建设社会主义法治国家的总目标，对法治中国建设的各领域、各环节进行了全面部署，中国法治建设进入了新阶段。一定意义上讲，学会承担的是从法治方面提升国家"软实力"的"硬任务"，其具有不可替代的功能作用。实现上海"当好全国改革开放的排头兵和创新发展的先行者"的目标，要求学会各项工作必须"立足上海、研究上海、服务上海"，在此基础上正确定位、认清职能、履行职责，充分彰显学会在服务上海法治建设中的研究平台和智库作用。切实把广大法学法律工作者真正动员、组织、凝聚起来，牢牢把握法学研究的正确政治方向，使法学研究工作更好地服务党和国家的工作大局，更好地服务基层服务群众，更好地服务广大法学法律工作者。基于以上认识，经会长会议、常务理事会会议、理事会会议讨论，确立了"团结、引领、服务"的工作方针，并贯穿践行于学会各项工作，始终以此凝心聚力、开拓创新，努力在新的起点上不断开创学会工作新局面。

"团结"，就是要择天下英才而用之。充分发挥学会的优势和特色，把广大法学法律工作者真正团结起来、动员起来，增强法学会的内在活力，百花齐放、百家争鸣，汇聚推动法治中国建设的强大力量。"引领"，就是要有行为导向。一方面，登高望远，坚定把握政治导向，切实把握法学研究正确的政治方向，牢牢掌握法学意识形态的主动权，坚持创新，保护创新，辨别错误倾向，坚持用中国特色社会主义理论体系指导法学研究；另一方面，遵循学术规律，开展更多高水平、高质量的学术研究活动，提高法学会的影响力、贡献率、权威性。"服务"，就是恪尽职守为大家做事。切实服务于全面深化改革各个时期的阶段性任务和法治中国建设中的突出问题，服务于上海先试先行、转型升级中不断涌现的大量新问题，服务于广大会员的期待、基层法治的需求、科技创新的实践。

实践呼唤法学研究，法学引领社会进步。学会将"团结、引领、服务"作为工作方针，既是使命使然，也是自我加压的体现。首先，要始终坚持党的领导这个根本原则，牢牢把握法学研究和法律服务的正确方向。坚定不移地把坚持党对法治建设的领导作为政治保障，坚定不移地走中国特色社会主义法治道路，始终坚持中国特色社会主义法治理论，旗帜鲜明地反对和抵制各种错误观点，确保法学研究和法律服务工作的正确政治方向。其次，要更加紧密地团结上海法学界、法律界的各方力量，培育法治信仰，传播法治理念，倡导法治文化，弘扬法治精神，从思想上建构法律共同体。尊重法学研究的客观规律，在百花齐放、百家争鸣的学术交流中求同存异。进一步发挥法学、法律界专家学者各自的专业优势和研究会的组织优势，充分运用多种形式和阵地，在更高的起点上全力推进法治中国建设。最后，从根本上说，法学研究、法律实践都属于保证社会良性运转的服务业。学会必须坚持为法学法律工作者服务，进而实现为国家和地方法治建设服务的理念，不断加强与法学法律工作者的思想沟通、情感交流和工作联系，积极把更多的法学法律工作者团结在法学会周围，使学会成为法律共同体成员的"共同家园"。

二 开拓创新，进一步发挥法学会职能作用

2014年，学会着力抓了四个方面的工作，取得了明显的成效。

（一）围绕中心，提升服务大局的能力

党的十八大和十八届三中全会为新时期法学研究事业和法学会工作指明了方向。就上海而言，落实党的十八大和十八届三中全会精神，就是要紧紧围绕中央和市委、市政府的中心工作开展法学研究，充分履行职能，更好地发挥法学会在服务大局中的独特作用。因此，学会着重开展了三个方面的研究。

1. 围绕党中央关于全面深化改革的决策部署开展政策法律研究

一是组织专家学者成功申报市哲社规划办2014年"全面深化改革，推

进上海民主法制建设研究系列"的7个子课题，内容涵盖上海市基层民主、协商民主、公共资源配置、地方专门法院体制、行政执法和刑事司法衔接机制、法律援助制度、律师业发展等方面，为推进上海治理体系和治理能力现代化提供多视角的实践依据与理论支持。二是积极承接市委、市政府和市委政法委的重大咨询研究课题。为更好地引导人民群众针对公共利益和公共事务向市委、市政府建言献策，配合市委、市政府信访办公室开展了"人民建议征集制度建设"研究，课题成果被吸收进市委、市政府办公厅下发的《上海市人民建议征集工作规定》。根据市委政法委领导提出的有关思路，完成了《基层民主协商制度研究》《上海市涉法涉诉信访问题研究》，相关成果已报送中国法学会和市委政法委。三是举办专题研讨活动。与上海交通大学凯原法学院共同主办"法治与社会转型"研讨会，积极为社会转型升级发展建言献策。举办了"'2014'上海企业法治论坛"，围绕"深化改革：企业发展与法律实务"主题，为国企改革提出了不少有价值的法律意见。整合各方面力量，组织理论研究与实务部门的深层次对接，举办"创新社会治理系列研讨"。这一系列研讨共分为5个专题，分别针对"违法建筑拆除""非法客运车辆整治""治理群租""来沪人员服务管理与城市法治""医患纠纷人民调解的法律保障"进行对策讨论，为破解改革中有关政策和法律瓶颈问题提出了针对性建议。

2. 围绕中国（上海）自由贸易试验区建设开展应用性研究

一是积极推动自贸区地方立法。组织专家多次召开立法论证会、研讨会，多条建议被有"上海地方立法史上最具影响力的'第一法'"之称的《中国（上海）自由贸易试验区条例》吸纳。二是着力健全自贸区法治研究机构。与上海财经大学合作，推动成立自贸区法治研究会，聚集上海法学领域近百名知名专家学者和优秀从业人士，积极开展法学研究和法律制度运用研究。2014年，研究会专家中标多项国家社科基金项目、市哲社办系列研究课题、市政府决策咨询研究课题等。三是广泛开展自贸区法治问题研讨。以自贸区建设所需的法律制度调整与创新为导向，先后以"自贸试验区商事裁决的探索"为主题，与上海财经大学等共同主办"首届上海自贸区法治论坛";以"两岸自贸区建设相关法律问题研究"为主题,与台湾两岸经贸交流权益促进会联合主办"第十四届沪台经贸法律理论与实务研讨会";与上海财经大学法学院合办《中国(上海)自由贸易试验区条例》专家解读会;以"上海自贸区航运法治建设"为主题,与华东政法大学共同举办"'2014'上海航运法治论坛";以"中国自贸区建设的法治保障研究"为主题,与江苏、浙江、安徽三省法学会共同承办了"第十一届长三角法学论坛";与华东政法大学共同主办"中国(上海)自贸试验区法治建设一周年回顾与展望"研讨会等。通过以上研讨活动,从多学科、多角度为自贸区制度创新、先行先试建言献策,提供了强有力的理论支撑。四是深入开展自贸区法治课题研究。根据市委政法委领导的要求,完成了"中国(上海)自由贸易试验区建设中的法治保障研究"课题,从地方立法、行政管理、司法保障、法律服务四个方面,为加强自贸区法治保障提出可操作性建议。将"中国(上海)自由贸易试验区公安管理体制机制创新研究""中国(上海)自由贸易区知识产权保护对〈跨太平洋伙伴关系协议(TPP)〉的借鉴和对策研究"列入学会年度"十大应用法学研究课题"给予资助。

3. 围绕法治中国建设和司法体制改革开展实务研究

一是支持开展司法改革课题研究。批准"上海深化司法体制和工作机制改革的专题研究""审判权运行机制研究""论造就司法官的制度环境"等作为应用性课题立项。从数量来看,涉及司法改革的课题占学会年度应用性课题的一半以上。此外,将"关于深化审执分离体制改革的对策研究"作为重点委托课题,委托给上海社会科学院法学所研究,形成了高质量的研究成果。二是努力当好上海司法改革试点工作的"智囊团"。按照市委政法委要求,组织召开全市法官、检察官公开遴选工作座谈会,组织专家学者为公开遴选工作建言献策。此外,从市法学会会员信息库中推选40名在上海市法学、法律界具有较大影响力和代表性的法学专家,制作上报了《上海市法官、检察官公开遴选委员会专家库名册》供领导参考。

（二）规范有序，加强研究会建设工作

2014年，学会着力加强研究会规范化建设，以此推动研究会建设工作健康发展。各研究会共开展各类学术活动100多次，呈现了繁荣发展、竞相争艳的生动局面。

1. 召开研究会工作专题座谈会

先后四次召开研究会工作专题座谈会，分批组织各研究会会长学习中国法学会研究会工作座谈会精神，特别是王乐泉会长的重要讲话精神，并对研究会工作提出新的要求：各研究会努力打造在各自研究领域中有影响力的论坛；注重做好办公场所、人员、经费等基础工作；努力形成实务性、操作性强的法学研究特色等。会上，还安排优秀研究会做了经验介绍。通过召开专题座谈会，有力地推动了上海市研究会工作上新台阶。

2. 组织开展专题调研

学会主要领导亲自带队，先后到市一中院、虹口区委政法委、市工商联等10多家实务部门和上海交通大学凯原法学院、同济大学法学院、华东政法大学等10多所院校调研，就改进和加强法学会工作、研究会工作听取实务部门领导与专家学者的意见，并围绕如何用好研究会的人才资源、平台资源，多出有影响、有价值的成果等进行座谈交流，拓展了工作思路。

3. 有针对性地成立新研究会

经过多年发展，学会已基本形成了覆盖主要法学研究领域、门类比较齐全、结构比较合理的研究会体系。随着社会形势变化和学科交融发展的需要，在成立新研究会时，突破了原先单纯按学科进行分类的做法，更多地以法治实践中涌现的鲜活问题为导向成立跨学科研究会，努力把研究会建成"中国特色新型智库"。2014年，为深入推进自贸区法治问题研究，新成立了自贸区法治研究会；为充分整合上海竞争法研究资源，更好地应对上海率先涌现的新型竞争法案件，新成立了竞争法研究会；为加强社会领域的法律对策研究，有效回应和解决现实问题，新成立了法社会学研究会；考虑到上

海是我国经济中心和非公经济发展的核心区域之一，为推动上海市非公经济法治理论与实务研究，新成立了非公经济法治研究会；此外，还成立了人民调解法治研究会、欧盟法研究会等。

4. 进一步规范研究会服务管理

根据中国法学会对研究会建设提出的新要求，以及上海研究会队伍不断壮大和法学人才不断涌现的新情况，适时修改了《上海市法学会研究会管理办法》。对研究会建设着重强调四点：一是丰富研究会组织架构，规定理事会人数在50人以上的，可以设常务理事；根据工作需要，研究会可以设1~2名会长，还可以设1名常务副会长。二是简化研究会设立申请材料，从而保持法学、法律界设立研究会的积极性。三是允许会长兼任和连任，以适应学科交融发展和研究会发展与培养法学、法律人才的需要。四是进一步完善优秀研究会评选办法，探索借助信息化手段进行智能考核，不再对研究会考核时间做硬性规定。

（三）搭建平台，积极营造法学研究学术氛围

学会紧密结合法学会工作实际，认真履行繁荣法学研究、推进依法治国、服务科学发展的职能，以"团结、引领、服务"为工作方针，积极营造百家争鸣、百花齐放的法学研究氛围。

1. 努力打造高品质论坛

论坛是法学会的基本工作方式之一。论坛举办的成效，关系法学会工作开展的整体质量。2014年，学会加强论坛建设，坚持高水平、高质量举办论坛，努力搭建理论界和实务界围绕重大问题进行交流研讨的高端平台，收到良好效果。先后围绕不同主题举办了第十四届"沪台经贸法律理论与实务研讨会""'2014'上海企业法治论坛""'2014'上海航运法治论坛""第十一届长三角法学论坛""2014年上海金融法治论坛""2014年法律实务专场""金融法治国际论坛"等，这些论坛主动服务大局、主题选择准确、紧密贴近实际、讨论务实深入、聚焦对策研究、学术交流活跃，取得了一大批富有前瞻性、创新性、可操作性的理论成果，受到有关

领导和部门的肯定。

2. 大力推进学科建设

为培育上海优势学科,提升上海法学研究的核心竞争力,学会依托华东政法大学、上海交通大学凯原法学院、上海财经大学法学院等院校,设立了上海经济法学、上海刑法学、上海法理学、上海行政法学、上海国际法学5个重点法学研究基地。通过研究基地建设,整合全市法学研究资源,打造新型智库,形成一支跨部门、水平高、力量强的法学研究队伍,有效推动了上海法学研究水平的提升。

3. 重视法学研究成果的应用转化

2014年,共编印《上海法学专报》13期,把上海市法学、法律界专家学者的最新观点和独到见解,编成短小精炼、观点鲜明的意见和建议,直接报送给韩正、杨雄等市委和市政府领导及市人大、市政协、市委政法委、市政法系各主要领导参阅,供领导决策参考。

(四)与时俱进,丰富法治宣传载体

法治宣传是法学会工作不可缺少的一部分,是法学会面对社会各界的一扇窗口,也是扩大法学会影响力、辐射力的重要渠道。换届以来,学会积极拓展宣传阵地,不断创新宣传载体,构建了覆盖广泛、便捷高效的立体化法治宣传体系。

1. 不断提高《东方法学》的办刊质量

《东方法学》坚持正确的政治方向,始终把好政治关,杜绝在宗教、民族、国际和涉台等敏感问题上出现误差和纰漏;坚持理论联系实际,推动法学理论界围绕社会热点问题和法学前沿问题开展研究工作,先后组织了"上海自贸区法治建设研究""论法治中国建设的目标与实践"等专题笔谈,开辟了司法改革栏目,提高了刊物的学术影响力和社会效果;保持高标准的办刊质量,被"人大复印报刊资料"全文转载29篇,创历史新高;开通了官方微信,在上海法学理论刊物中尚属首家。

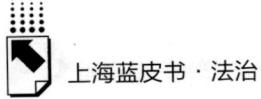

2. 坚持高标准办好"上海法学讲坛"

"上海法学讲坛"先后举办 6 期,围绕自贸区法治建设、司法体制改革、法治社会和法治思维、学习贯彻党的十八届四中全会精神等主题,邀请中国法学会副会长张文显、北京大学法学院教授陈瑞华、上海交通大学凯原法学院副院长杨力等著名学者做专题讲座,上海市法学、法律工作者近2000 人参与活动,反响良好。

3. 深入开展普法活动

根据中国法学会的统一部署,结合当前形势发展的新要求和基层群众的愿望,有针对性地开展"双百"和"两进"活动,邀请市一中院法官、劳动法研究会副会长郭文龙在浦东新区花木街道为居民做"群体性劳动纠纷的预防与处置"专题讲座;组织法律专家到华阳街道陶家宅居委会开展法律咨询服务,受到社区群众的普遍欢迎。积极启动开展"爱祖国、学法律、创和谐"青年普法志愿者法治文化基层行活动,邀请上海交通大学凯原法学院副院长、上海市优秀中青年法学家杨力教授为市戒毒局的青年干警做专题报告,反响热烈。

4. 开设"法学会之声"微信专栏

学会与上海报业集团新媒体发展研究中心合作,在"上海法治声音"(微信平台)上开设了《法学会之声》专栏。全年编发各类法治报道70 余条,其中包括视频报道 30 余条,对"自贸区法治论坛""上海企业法治论坛""上海法学讲坛"、研究会专题工作会议、十届三次理事会等活动进行了全方位的宣传报道。推出了"专家话司改""中青年法学家"等系列访谈节目,点击率和转发率创同类节目新高。微信平台发出的信息资讯传播快捷、分析透彻、语言生动、图像清晰,受到了广大法学、法律工作者的欢迎与热捧。

5. 升级短信平台

学会原有短信平台主要用于发布会议和活动通知,2014 年 7 月起与中国联通合作,进行改版升级,面向全市法学和法律界领导、专家学者和广大会员,坚持每周发送各类信息 2~3 条。运用受众喜闻乐见的新媒体宣传报道法学会工作动态和法学专家,既扩大了法学会的影响力,又提升了法学会的知名度。

三 不断进取,迎接"四个全面"新挑战

2015年,是全面贯彻落实四中全会精神的开局之年,是全面深化改革的关键之年,在全面推进依法治国、大力实施创新驱动发展的进程中,学会又一次站在新的历史发展起点上,"团结、引领、服务"会员的责任更加光荣而艰巨。着眼新的形势和任务,学会将继续以中国特色社会主义理论为指导,贯彻落实习近平总书记对上海发展的定位和工作要求,牢牢把握科技进步的大方向、产业革命的大趋势、集聚人才的大举措,按照中国法学会和市委政法委工作的部署,紧紧围绕全面推进依法治国的总目标和重大任务,以基础法学理论研究为依托,确立问题为导向、应对需求的研究机制,加强对带有全局性、战略性、前瞻性的问题研究。积极畅通和拓宽渠道,搭建展示平台,推动更多的研究成果以多种形式实现转化,应用于立法、执法、司法实践和法治宣传。解放思想、与时俱进,准确回答现实生活和法治实践中迫切需要解决的重大问题,提高法学理论创新和学术创新能力。建立健全研究成果应用转化的激励机制,提高研究成果转化的动力和应用转化率。

最近,习近平总书记提出了"四个全面"的战略布局。面对"四个全面"的战略布局,学会又一次面临着新的机遇和挑战。学会将进一步深入贯彻党的十八届四中全会精神,团结引领上海市广大法学法律工作者,认真学习、准确领会四中全会决定和习近平总书记系列重要讲话精神,夯实做好法学研究和法学会工作的思想政治基础。根据市委"树立法治思维,坚持法治精神,善用法治方式,做好各项工作"的要求,学术研究的重点将突出以下"五个围绕":一是围绕上海"加快向具有全球影响力的科技创新中心进军"的法律需求,博采世界各国科技创新的成功经验,有针对性地提出保障性的对策建议;二是围绕上海市委重点调研课题、重点推进和督察工

作的"1+8"课题,为不断提高上海的核心竞争力建言献策;三是围绕"加快自贸试验区建设,全面深化改革开放"细化对策研究;四是围绕特大城市运行中的公共安全问题,展开"从权力管控到依法治理"的系列研究;五是围绕法治政府建设、推进综合执法、司法改革试点等重点工作,积极开展破解难题的系统性调研并拿出成果,努力把法学理论研究成果变成推动法治建设的强大力量。

热 点 篇

Report on Hot Issues

上海自贸区立法专题研究[*]

王海峰[**]

> **摘　要：** 中国（上海）自由贸易试验区成立一年多以来，在国家层面和地方层面以不同方式完善法律体系，法治框架基本形成，但法治建设中存在各种瓶颈和困难，法治建设之路依然漫长。
>
> **关键词：** 上海自贸区　立法　创新制度

2013年8月，国务院正式批准设立中国（上海）自由贸易试验区。一年多来，作为"改革试验田"，上海自贸区以一地之力承担国家战略，坚

---

[*] 本文为上海市哲学社会科学"十二五"规划2014年课题"外商投资准入国民待遇与负面清单管理法制研究"（2014BFX007）及上海社会科学院哲学社会科学创新型智库"法治中国及其上海实践研究"的阶段性研究成果。

[**] 王海峰，上海社会科学院法学研究所研究员。

持"顶层设计"和"基层探索"的上下联动，区内27项制度创新成果已先后在全国或部分地区复制推广。本文聚焦上海自贸区法治建设，从立法、事中事后监管、政府职能转变等方面，介绍上海自贸区法治建设的经验与成绩。

一 相关立法

2013年8月，国务院正式批准建立中国（上海）自由贸易试验区（以下简称上海自贸区）。2013年8月30日，全国人大通过了《关于授权国务院在中国（上海）自由贸易区暂时调整有关法律规定的行政审批的决定》（以下简称《决定》）。《决定》授权国务院在上海外高桥保税区、上海外高桥保税物流园区、洋山保税港区和上海浦东机场综合保税区基础上设立的中国（上海）自由贸易试验区内，对国家规定实施准入特别管理措施之外的外商投资，暂时调整三资企业法规定的有关行政审批，即暂时停止实施该项行政审批，改为备案管理。上述行政审批的调整在三年内试行，对实践证明可行的，应当修改完善有关法律；对实践证明不宜调整的，恢复施行有关法律规定。

2013年9月18日，国务院正式发布《中国（上海）自由贸易试验区总体方案》（以下简称《总体方案》）。《总体方案》提出：加快形成符合试验区发展需要的高标准投资和贸易规则体系，各部门要支持试验区在服务业扩大开放、实施准入前国民待遇和负面清单管理模式等方面深化改革试点，及时解决试点过程中的制度保障问题，针对试点内容，需要停止实施有关行政法规和国务院文件的部分规定的，按规定程序办理，其中，经全国人民代表大会常务委员会授权，暂时调整三资企业法规定的有关行政审批。

一年多来，按照《总体方案》中"把扩大开放与体制改革相结合、把培育功能与政策创新相结合，形成与国际投资、贸易通行规则相衔接的基本制度框架"的要求，国家工业和信息化部、财政部、税务总局、交通运输部、文化部、司法部、中国人民银行、银监会、证监会、保监会、海关总署、质检总局、工商行政管理总局等 13 个政府机构先后出台了一系列支持自贸区的规范性文件，主要包括《中国人民银行关于金融支持中国（上海）自由贸易试验区建设的意见》《国家工商行政管理总局关于支持中国（上海）自由贸易试验区建设的若干意见》《文化部关于实施中国（上海）自由贸易试验区文化市场管理政策的通知》《交通运输部关于中国（上海）自由贸易试验区试行扩大国际船舶运输和国际船舶管理业务外商投资比例实施办法的公告》《中国银监会关于中国（上海）自由贸易试验区银行业监管有关问题的通知》《中国证监会关于支持促进中国（上海）自由贸易试验区若干政策措施》《质检总局关于支持中国（上海）自由贸易试验区建设的意见》《财政部、国家税务总局关于中国（上海）自由贸易试验区内企业以非货币性资产对外投资等资产重组行为有关企业所得税政策问题的通知》《海关总署关于安全有效监管支持和促进中国（上海）自由贸易试验区建设的若干措施》。

为进一步落实、细化全国人大、国务院及各部门的文件精神，按照《总体方案》"上海市要通过地方立法，建立与试点要求相适应的试验区管理制度"的要求，上海市人大、上海市政府及其各部门陆续出台了相关的地方性法规及规范性文件，主要包括：上海市人大常委会先后通过的《关于在中国（上海）自由贸易试验区暂时调整实施本市有关地方性法规规定的决定》《中国（上海）自由贸易试验区条例》（以下简称《自贸区条例》），上海市政府先后发布的《中国（上海）自由贸易试验区管理办法》《中国（上海）自由贸易试验区外商投资准入特别管理措施（负面清单）》以及相关的投资备案管理办法。自此，自贸区法治框架基本形成。可以说，《决定》是迄今为止上海自贸区唯一一部全国人大常委会通过的法律文件，是设立上海自贸区的法律依据；国务院《总体方案》是目前上海自贸区最主要的基础性法律文件，被认为不仅是先行先试的法律界限，也是上海自贸区相关立法活动的法意基础与各项配套政策措施的依据；[①]《自贸区条例》

[①] 丁伟：《中国（上海）自由贸易试验区法制保障的探索与实践》，《法学》2013 年第 11 期。

是《中华人民共和国立法法》中明确规定的地方性法规，堪称上海地方立法史上最具影响的"第一法"，被认为是上海自贸区的"基本法"，将成为上海自贸区可复制、可推广经验的重要载体。①

二 主要特点

（一）主动对接国际经贸新规则

习近平总书记强调，建设上海自贸区，要紧紧把握国际通行规则。以《自贸区条例》为代表的自贸区立法较好地体现了与国际经贸规则对接的特点。目前，国际经贸新规则的谈判围绕两条主线展开：一是要求在货物贸易、服务贸易、投资、金融等领域进一步放松管制；二是要求在维护公共利益、国家安全、金融安全、环境保护、劳工保护、公平竞争等方面加强有效监管。《自贸区条例》的条款内容与体例很好地体现了这两条主线。②

（二）政策的顶层设计与基层创新相结合

自贸区的《总体方案》是自贸区改革创新的顶层设计，顶层设计为基层规则搭建了制度创新的框架，明确政策创新的方向与目标，但是，具体政策的细则或者实施办法等需要基层在实践中逐步试验与完善。针对《总体方案》的主要任务与目标，上海市政府会同自贸区，依据国家相关部门的政策意见，结合自贸区的实践，按照分步推进、逐步完善的要求进行了具体的政策设计，推出一系列的实施办法与操作方案。

以金融领域的改革为例，2013年12月2日，中国人民银行发布了《中国人民银行关于金融支持中国（上海）自由贸易试验区建设的意见》，提出

---

① 丁伟：《〈中国（上海）自由贸易试验区条例〉立法透析》，《政法论坛》2015年第1期。
② 贺小勇：《上海自贸区法治框架基本形成》，《法制日报》2014年10月28日。

了30条措施，就是自贸区金融改革的顶层设计方案，为资本项目可兑换和金融服务开放的改革创新明确目标、方向与路径，重点围绕投融资汇兑便利、人民币跨境使用、利率市场化和外汇管理改革四个方面进行制度创新。在这个指导性文件的框架下，在坚持宏观审慎、风险可控的前提下，中国人民银行、银监会、证监会、保监会推出了51条创新举措，在自由贸易账户体系、投融资汇兑便利、人民币跨境使用、利率市场化、外汇管理改革五个方面形成了"一线放开、二线严格管理的宏观审慎"的金融制度框架和监管模式，为国家金融改革做好"压力测试"。依据"一行三会"的文件精神，中国人民银行上海总部制定了"央行30条"的操作细则和管理办法，并与上海自贸区基层管理部门紧密配合，2014年推出了一系列资本项目可兑换和金融服务开放具体办法。可以说，金融领域的改革是政策的顶层设计与基层创新相结合的成功典范。

（三）法律改革先行与规则创新相结合

自贸区的改革充分发挥了开放倒逼改革的作用。国务院做出在上海自贸区暂时调整有关法律规定的行政审批的决定以后，自贸区制度创新的法律障碍被扫除，有关部门会同自贸区制定了企业投资备案制、注册资本认缴登记制，将"先证后照"改为"先照后证"，将现行企业年度检验制改为企业年度报告公示制等具体细则，推进一系列新规则与新制度的形成。①

三 主要内容

（一）以准入前国民待遇加负面清单管理模式为核心的投资管理体制

投资管理体制的创新是上海自贸区制度创新的一大亮点，即在上海自贸

---

① 徐全勇：《中国（上海）自由贸易试验区政策创新现状与分析》，《中共青岛市委党校青岛行政学院学报》2014年第6期。

区实行外商投资准入前国民待遇,实施外商投资准入特别管理措施(负面清单)管理模式,同时,对清单外的项目或企业实行备案管理制度。

1. 以负面清单管理为核心的投资管理制度

2013年10月1日,上海市政府公布了《中国(上海)自由贸易试验区外商投资准入特别管理措施(负面清单)(2013年)》(以下简称《负面清单(2013)》)。《负面清单(2013)》是按照《国民经济行业分类及代码》(2011年版)分类编制的,包括18个行业门类,其内容只是对《外商投资产业指导目录(2011年修订)》和有关部门规章的简单累加,并无实质性突破,只是在分类和编排上做了调整:将指导目录"禁止和限制投资类"及散见于其他部门规章中对外资准入禁止或限制的内容列入负面清单,取消指导目录"鼓励类"正面清单。

2014年6月30日,上海市人民政府再次公布《中国(上海)自由贸易试验区外商投资准入特别管理措施(负面清单)(2014年修订)》(以下简称《负面清单(2014)》)。与《负面清单(2013)》相比,《负面清单(2014)》提高了开放度,增加了透明度,与国际通行规则相衔接,主要表现在两个方面:第一,《负面清单(2014)》实现大幅瘦身,特别管理措施由原来的190条调整为139条,减少了51条,调整率达26.8%。其中,因扩大开放而实质性取消14条管理措施;因内外资均有限制而取消14条;因分类调整而减少23条。第二,从开放的角度来看,《负面清单(2014)》实质性取消14条,实质性放宽19条。

2. 实行清单外的备案管理制度

实行备案管理制度的目的是在放松对企业市场准入审批管理的同时,加强对企业营运活动的行政监管和社会监督,维护市场竞争秩序,即人们通常所说的"宽进严出"。上海市政府陆续颁布了《中国(上海)自由贸易试验区外商投资项目备案管理办法》《中国(上海)自由贸易试验区外商投资企业备案管理办法》《中国(上海)自由贸易试验区境外投资开办企业备案管理办法》和《中国(上海)自由贸易试验区境外投资项目备案管理办法》,对自贸区内负面清单外的外商投资或区内企业到境外投资实行备案制管理。

在自贸区备案制管理模式下,对负面清单以外的领域,在外资准入阶段,商务主管部门只对其投资主体资格、投资领域行业等基本信息进行备案,投资管理由事先审批转为事中事后监管,外资企业设立由工商一口受理,管委会、工商、质监、税务并联办事,大大缩短办事时限,由原来的29个工作日缩短到4个工作日。

伴随着备案管理制度,上海自贸区开拓实施了一系列创新措施,包括:建立一口受理、高效运作的服务模式,完善信息网络平台,实现不同部门的协同管理机制;建立行业信息跟踪、监管和归集的综合性评估机制,加强对自贸区内企业在区外经营活动全过程的跟踪、管理和监督;建立集中统一的市场监管综合执法体系,在质量技术监督、食品药品监管、知识产权、工商、税务等管理领域,实现高效监管,积极鼓励社会力量参与市场监督;提高行政透明度,完善体现投资者参与、符合国际规则的信息公开机制;完善投资者权益有效保障机制,实现各类投资主体的公平竞争,允许符合条件的外国投资者自由转移其投资收益等。此外,自贸区在践行公开透明的行政管理理念、提高行政透明度方面,实行了制度创新,主要包括管理信息公开、企业年度报告公示、企业信用信息公开等。

(二)以资本项目可兑换和金融服务开放为目标的金融创新制度

为贯彻落实党中央、国务院关于建设上海自贸区的战略部署,支持自贸区建设,促进自贸区实体经济发展,加大对跨境投资和贸易的支持,深化金融改革、扩大对外开放,2013年12月中国人民银行发布《中国人民银行关于金融支持中国(上海)自由贸易试验区建设的意见》。2014年,中国人民银行上海总部先后出台了扩大人民币跨境使用、支付机构开展跨境人民币支付业务、反洗钱和反恐怖融资、放开小额外币存款利率上限、外汇管理、分账核算业务、审慎管理七项实施细则,主要包括《关于上海市支付机构开展跨境人民币支付业务的实施意见》《关于支持中国(上海)自由贸易试验区扩大人民币跨境使用的通知》《关于切实做好中国(上海)自由贸易试验区反洗钱和反恐怖融资工作的通知》《关于在中国(上海)自由贸试验区放开小额外币存款利率上限的通知》《中国（上海）自由贸易试验区分账核算业务实施细则（试行）》和《中国（上海）自由贸易试验区分账核算业务风险审慎管理细则（试行）》等。国家外汇管理局上海市分局也发布了《支持中国（上海）自由贸易试验区建设外汇管理实施细则的通知》，涉及扩大人民币跨境使用、支付机构开展跨境人民币支付业务、反洗钱和反恐怖融资、放开小额外币存款利率上限、外汇管理、分账核算业务、审慎管理七项金融创新制度。此外，银监会出台了简化准入、风险评估等四个实施细则。证监会、保监会也出台了相关操作办法，进一步推进了金融服务业的开放。上海自贸区金融开放创新的制度框架体系基本形成。

在这些政策的指引和支持下，一批金融服务企业和有金融牌照的机构已入驻自贸区，启动实施了一批服务实体经济和投资贸易便利化的金融创新业务。同时，面向国际的金融市场平台建设正在有序推进，上海国际能源交易中心、国际黄金交易中心已批准成立。2014年6月底，中国银行、工商银行、建设银行、交通银行、浦东发展银行上海市分行、招商银行上海分行、上海银行等商业银行以及上海黄金交易所先后接入自由贸易账户监测管理系统，自由贸易账户业务正式启动。"一行三会"驻沪机构和上海市政府建立监管协调机制和跨境资金流动监测机制，中国人民银行上海总部和试验区管委会建立"反洗钱、反恐融资、反逃税"的"三反"监管机制。

目前，上海自贸区探索开展的集团内跨境双向人民币资金池业务、个人跨境贸易人民币结算业务、跨境电子商务人民币结算业务、跨国公司外汇资金集中运营管理、简化经常项目外汇单证审核（其中包括取消境外融资租赁债权审批和取消对外担保行政审批）等已在全国推广。简化跨境贸易和投资人民币业务流程、简化资本项目行政许可等已经在区外跨国公司外汇资金集中运营管理政策中推广。

（三）以贸易便利化为目标的贸易监管制度

按照"一线放开""二线安全高效管住"和"区内自由便捷"的原则，自贸区出台一系列贸易便利化政策与操作办法，初步搭建了以贸易便利化为目标的通关与监管体系。国家海关、检验检疫、海事等贸易相关的三个主管部门共推出60余项创新举措，逐步建立国际贸易"单一窗口"、货物状态分类监管等具有国际先进水平的贸易监管制度。

1. 海关监管措施

为积极探索海关适应市场经济规律要求的管理模式和管理制度创新，促进贸易和投资便利化，2013年10月，海关总署发布《关于安全有效监管支持和促进中国（上海）自由贸易试验区建设的若干措施》。2014年5月12日，海关总署又出台了《中国（上海）自由贸易诚验区海关监管服务模式改革方案》。基于海关总署发布的上述两个文件，2014年，上海海关相继发布了《关于在中国（上海）自由贸易试验区开展"自主报税、自助通关、自动审放、重点稽核"改革项目试点的公告》等20余项监管服务创新政策，陆续推出了"先进区、后报关""批次进出、集中申报""一次备案、多次使用""自动审放、重点复核"等通关创新举措。在一系列海关新政的指导下，自贸区通过实施"信息化、智能化、便利化、法治化和安全化"改革以及机构人员、科技装备和信息化系统的配套改革，形成以信息化为基础、智能化为关键、便利化为方向、法治化为保障、安全化为要求，探索建立"简政集约、智能驱动、风险可控、便利高效"的试验区新型海关监管服务机制体制和管理模式。

2. 动植物检验检疫措施

按照"安全高效、科学有序、探索创新、稳步推进"的原则，2014年2月27日，质检总局继2013年9月发布《关于支持中国（上海）自由贸易试验区建设的意见》之后，又进一步出台《关于支持中国（上海）自由贸易试验区建设动植物检验检疫改革措施的通知》，推动自贸区动植物检验检疫改革向国际高标准发展。

2014年，上海检验检疫局相继出台了《中国（上海）自由贸易试验区入出境特殊物品卫生检疫管理规定（试行）》《中国（上海）自由贸易试验区进口货物预检验及核销管理规定》等规定，推出"通关无纸化""第三方检验结果采信"等23项改革措施，建立了检验检疫局的"一线"部门依托舱单信息实施检疫，"二线"实行"预检验及核销"制度，运用信息化技术在试验区开展"通报通放、快检快放、即查即放"试点，并按照"进境检疫，适当放宽进出口检验"的要求，对"一线"进境货物实施进出境检疫和重点敏感货物检验的监管模式。

3. 海事监管措施

为探索建立"简政创新、服务智能、便利高效、安全可控"的自贸区海事监管服务模式，海事部门相继推出了船舶安全作业监管、高效率船舶登记流程等15项新制度。2014年8月，上海海事局驻自贸区政务服务窗口正式运行，窗口合并取消了一批行政许可项目，并提高了如船舶登记、船舶进出口查验、船舶国籍证书办理等业务的办理效率，将简政放权、便民服务落到实处。

（四）以推动服务业进一步开放为方向的新一轮产业政策体系

针对《总体方案》明确的23项服务业扩大开放措施，国家主管部门和上海市已出台14个操作管理配套文件，从投资者条件、企业设立程序、业务规则、监督管理、违规处罚等方面，对扩大开放的行业明确具体监管要求，建立相应的监管制度。

扩大服务业开放是上海自贸区的一项重要任务。《总体方案》明确了试验区服务业扩大开放的主要措施，就是在金融服务、航运服务、商贸服务、专业服务、文化服务以及社会服务六大领域23项具体行业类别，通过暂停或取消投资者资质要求、股比限制、经营范围限制等准入限制措施，进一步扩大开放。2014年6月，国务院又批准了新一轮的31条扩大开放的措施，特别是2014年9月针对这31条扩大开放措施涉及的行政法规和国务院批准的部门规章，国务院出台《关于在中国（上海）自由贸易试验区内暂时调整实施有关行政法规和经国务院批准的部门规章规定的准入特别管理措施的决定》，标志着新一轮31条扩大开放措施正式实施。在各具体服务领域，国务院各主管部门、上海市政府相关部门也纷纷出台操作管理配套文件，从投资者条件、企业设立程序、业务规则、监督管理、违规处罚等方面，对扩大开放行业明确具体监管要求，建立相应的监管制度。

除了前文提到的金融服务领域的创新制度外，在航运服务领域，交通运输部联合上海市政府于 2013 年 9 月出台了《关于落实〈中国（上海）自由贸易试验区总体方案〉加快推进上海国际航运中心建设的实施意见》，对上海拓展国际航运中心建设功能提出了具体方向性意见，沿海捎带试点政策的实施将对上海港的中转集拼业务起到积极推动作用；2014 年 1 月 17 日，交通运输部发布《在试验区试行扩大国际船舶运输和国际船舶管理业务放宽外商投资比例实施办法的公告》，放宽了外资股比限制。

在商贸及文化服务领域，工信部、文化部都出台了相关的实施细则。工信部于 2014 年 6 月进一步发布了《中国（上海）自由贸易试验区外商投资经营增值电信业务试点管理办法》。文化部 2013 年已下发《关于实施中国（上海）自由贸易试验区文化市场管理政策的通知》，上海市文广影视局等五个部门于 2014 年 4 月出台《中国（上海）自由贸易试验区文化市场开放项目实施细则》，对外商投资企业从事游戏游艺设备的生产或销售和外商投资演出经纪机构、演出场所、娱乐场所等放宽或取消限制，并纳入上海文化市场经营主体诚信管理体系。

在社会服务领域，上海市政府各相关部门就教育培训、职业技能培训和医疗服务出台了《中国（上海）自由贸易试验区中外合作经营性培训机构管理暂行办法》《中国（上海）自由贸易试验区外商独资医疗机构管理暂行办法》等制度。

此外，在专业服务领域，如资信调查、旅行社、人才中介服务、投资管理、工程设计、建筑服务、律师服务七个领域，均出台政策明确可实施或有项目已经实施。2014 年 11 月，上海市司法局还专门制定了《中国（上海）自由贸易试验区中外律师事务所互派律师担任法律顾问的实施办法》《中国（上海）自由贸易试验区中外律师事务所联营的实施办法》，探索密切中外律师事务所业务合作方式和机制。

（五）以政府职能转变为导向的事中事后监管制度

加快转变政府职能，由注重事前审批转为注重事中事后监管，形成以六项制度为主体的事中事后监管制度框架,加强对市场主体"宽进"以后的过程监督和后续管理。

六项事中事后监管制度框架包括安全审查制度、反垄断审查制度、社会信用体系、企业年度报告公示和经营异常名录制度、信息共享和综合执法制度、社会力量参与市场监督制度。

安全审查制度重点是建立在外资企业准入阶段协助国家有关部门进行安全审查的工作机制。《总体方案》明确提出"完善国家安全审查制度"。《负面清单(2014)》指出除负面清单中所列明的特别管理措施,禁止外商投资危害国家安全和社会安全等项目,自贸区内的外资并购、外国投资者对上市公司的战略投资、境外投资者以其持有的中国境内企业股权出资,若涉及国家安全审查、反垄断审查的,按照相关规定办理。《自贸区条例》则进一步明确了自贸区管委会依法履行国家安全审查、反垄断审查有关职责,并提出在上海自贸区建立涉及外资的国家安全审查工作机制,对属于国家安全审查范围的外商投资,投资者应当申请进行国家安全审查,有关管理部门、行业协会、同业企业以及上下游企业可以提出国家安全审查建议。

反垄断审查制度的重点是探索在经营者集中、垄断协议和滥用市场支配地位等方面参与反垄断审查的制度安排。除了《负面清单(2014)》《自贸区条例》中明确规定的反垄断审查制度的相关条款外,2014年10月14日,上海市工商行政管理局发布《中国(上海)自由贸易试验区反垄断协议、滥用市场支配地位和行政垄断执法工作办法》,专门规范了自贸区三个领域反垄断的工作办法,并形成了上海自贸区反垄断审查联席会议制度方案。

社会信用体系是自贸区自由贸易的基石,即建设公共信用信息服务平台,完善与信用信息、信用产品使用有关的一系列制度。2014年4月30日,正式开通上海市公共信用信息服务平台,打破各部门的"信息孤岛"困局,整合全面的企业乃至个人的诚信记录。① 依托这一平台积极推动上海自贸区子平台建设,完善与信用信息、信用产品使用有关的一系列制度。目

---

① 《业内:信用体系成为上海自贸区自由贸易基石》,《解放日报》2014年5月12日。

前，上海自贸区子平台已完成归集查询、异议处理、数据目录管理等功能开发工作，同时探索开展事前诚信承诺、事中评估分类、事后联动奖惩的信用管理模式。

企业年度报告公示和经营异常名录制度的建立是信用监管的基础工作。企业年检制改为年度报告公示制度后，企业通过信用信息公示系统向工商部门报送年度报告，特定企业还须提交会计师事务所出具的年度审计报告。目前，一批未按期限年报公示的企业，已被纳入首批经营异常名录。为切实落实企业信息公示监管工作，2014年3月，上海市工商行政管理局出台了《中国（上海）自由贸易试验区企业年度报告公示办法（试行）》《中国（上海）自由贸易试验区企业经营异常名录管理办法（试行）》。2014年11月，上海市工商局网站向社会公示了首份企业经营异常名录，内含1467家企业，这是上海市工商局立足创新、积极开展自贸区企业年度报告公示工作先行先试的新突破，为企业信息公示经验的可复制、可推广打下了基础。[①]

信息共享和综合执法制度即建设信息服务和共享平台，实现政府管理部门监管信息的归集应用和全面共享，建立各监管部门的联动执法、协调合作机制。2014年9月，上海市政府颁布《中国（上海）自由贸易试验区监管信息共享管理试行办法》。目前，平台已初步实现各管理部门监管信息的归集应用和共享，促进跨部门联合监管。在综合执法方面，重点是建立各部门联动执法、协调合作机制，包括相对集中行使执法权、建设网上执法办案系统、建设联勤联动指挥平台。

社会力量参与市场监督制度的重点是通过扶持引导、购买服务、制定标准等制度安排，支持行业协会和专业服务机构参与市场监督。目前，上海自贸区《促进社会力量参与市场监督的若干意见》正在征求意见。社会参与委员会已经设立，由社会知名人士担任理事长，并由企业、行业协会和商会代表组成；会计师事务所等专业服务机构已经承担企业年报审计工作，第三

[①] 《上海自贸区首批企业经营异常名录"出炉"》，http://www.ccn.com.cn，2014年11月17日。

方检验机构已为上海自贸区进出口商品检验出具鉴定报告，商事纠结调解中心也已经在区内开展业务，上海国际仲裁中心仲裁院、上海国际航空仲裁院也已在上海自贸区内设立。

四 制度完善与建议

上海自贸区法治框架基本形成，但自贸区法治建设中依然存在不少瓶颈和困难，法治建设之路依然漫长。

（一）实施自贸区授权立法

上海自贸区获批成立后，全国人大常委会、国务院及有关部委、上海市人大常委会与上海市政府等先后发布实施了一系列法律文件，充分显示了法制保障的重要地位，但也存在自贸区基本法长期缺乏、国务院有关文件地位难以界定以及地方性法规尚待完善等诸多问题。

本文认为，既然上海自贸区被赋予了贯彻和实施国家战略的重任，全国人大及其常委会向上海市人大及其常委会特别授权立法势在必行。从现实的角度看，最实际的操作办法是参照改革开放后经济特区获得专门授权立法的类似实践，即采取专门授权的方式；从长远来看，借鉴国外的成功经验，尽快出台自贸区基本法并在基本法中单列授权立法条款。为此，本文建议，我国应尽快启动自贸区基本法起草的工作，全国人大及其常委会向上海市人大及其常委会实施特别授权立法，推动自贸区自治性立法的进程。

（二）负面清单需要在模式上与国际标准进一步接轨

与《负面清单（2013）》相比，《负面清单（2014）》在特别管理措施的表述方式、"安全阀"条款以及负面清单类型等方面并没有实质性修改。本文认为，负面清单需要在模式上与国际标准进一步接轨。第一，实现负面清单的动态优化，尤其是对新兴行业和新兴业态，明确需要适时调整的条件与程序，为未来可能出现的新兴行业与新兴业态预留空间。第二，规范特别管理措施的表述形式，增加对政府级别、法律依据以及是否承担逐步自由化的承诺等规则要点的表述，有关"保留类型"的内容，除国民待遇限制外，还可包括对最惠国待遇的保留以及对高管国籍要求、禁止业绩要求等的保留。第三，完善负面清单管理的"安全阀"机制，补充"公共道德例外""公共秩序例外""公共健康例外""国际收支平衡例外""金融安全例外"等例外情形，其中"金融安全例外"应是需要特别关注的问题。

（三）进一步加强社会力量参与市场监督

在自贸区推进过程中，积极鼓励行业协会、中介机构等社会力量参与自贸区市场监督，推动行业协会制订市场准入、违反行业规范惩罚等行业管理标准和行业公约。本文建议：第一，明确重点扶植对象。建议优先、重点发展与自贸区发展关系较为密切的物流、融资、保险、法律服务、仲裁、管理咨询、电子商务、产品认证等领域的社会组织，进一步降低其登记门槛，简化登记手续，出台具体明确的税收优惠政策。第二，扩大政府向社会力量购买公共服务。培育和发展社会组织，支持社会组织承接政府职能转移；出台关于自贸区政府向社会组织购买服务的工作意见，完善社会组织相关政策。第三，鼓励行业协会实行"一行多会"。第四，构建门类齐全、层次分明、覆盖广泛、特色明显的社会组织体系。

（四）进一步完善金融市场化改革的顶层设计

金融创新是未来上海自贸区制度创新的重点之一。为进一步完善金融市场化改革的顶层设计，本文建议，上海自贸区可以在加快利率市场化改革、有序推进资本项目开放、鼓励金融机构之间开展有序的差别化竞争等方面进行制度设计与完善。

B.16
中国（上海）自由贸易试验区制度创新的复制与推广情况研究

孙大伟*

摘　要： 中国（上海）自由贸易试验区是由国务院批准在境内设立的试行特殊贸易、投资与金融政策，并率先探索政府管理模式改革的特定区域，是为了顺应国际贸易的最新变化和深化改革开放而设立的。上海自贸区的制度创新包括投资管理、贸易监管、金融和综合监管四个方面。目前，上海自贸区内多项制度性改革试点，已在上海市乃至全国范围内进行复制和推广。为进一步推动上海自贸区的制度创新工作，应当考虑进一步推动政府职能转变，充分激发社会和企业的自主性和创造性。

关键词： 负面清单　事中事后管理　自贸区　上海

　　中国（上海）自由贸易试验区（以下简称上海自贸区）范围覆盖上海外高桥保税区、外高桥保税物流园区、浦东机场综合保税区和洋山港保税区四个海关特殊监管区域，规划面积28.78平方公里。2013年9月29日正式挂牌以来，上海自贸区着力推进四项制度创新，包括以负面清单管理为核心的投资管理制度、以贸易便利化为重点的贸易监管制度、以资本项目可兑换

---

* 孙大伟，法学博士，上海社会科学院法学研究所助理研究员。

和金融服务业开放为目标的金融创新制度、以政府职能转变为导向的事中事后监管制度。截至目前，上述制度改革取得了阶段性成效，与国际投资贸易通行规则相衔接的基本制度框架初步建立；经过最初的试验，区内的相关制度创新也已在上海市等相关区域进行复制和推广，更有一部分制度开始在全国范围内普及，从而使上海自贸区成为相关领域实现创新驱动与转型发展的试验田。

一 设立自由贸易试验区的必要性

一般地讲，国际上通行的自贸区是指自由贸易试验区（Free Trade Zone，FTZ），是指一国根据自身的政治、经济和地理状况，以贸易自由化、便利化为主要目标，以优惠税收和海关特殊监管政策为主要手段，自主设立的实施特殊经济政策的园区。[①] 比较容易与之混淆的是涉及多个国家或地区的自由贸易协定（Free Trade Agreement，FTA），即根据政府间协议设立的关税区，协议国和地区相互消除绝大部分货物的关税和非关税壁垒，取消约定的服务部门市场准入限制，开放投资，从而促进生产要素自由流动，实现优势互补，共同发展。本质上，上海自贸区属于自由贸易试验区（FTZ），是由国务院批准在境内设立的试行特殊贸易、投资与金融政策，并率先探索政府管理模式改革的特定区域。[②]

从国际层面看，上海自贸区是为了顺应经济全球化和国际贸易的最新变化而确立的。随着全球化的推进，特别是第三次产业革命取得显著突破，国际分工进一步细化，产业链条延长至世界各个角落，涉及多边的贸易交往日益增加，迫切需要人员、资金、商品、服务等要素在更高层次、

[①] 自由贸易园区，根据1973年海关合作理事会（Custom Co-operation Council）的定义，是指"一国的领土部分，在这部分领土内运入的任何货物就进口关税及其他各税而言，被认为在关境以外，并免于实施惯常的海关监管制度"。

[②] 上海市社会科学界联合会编著《中国（上海）自由贸易试验区150问》，格致出版社，2013，第3页。

更广范围自由流动，而能容纳这一贸易环境的就是具有综合性的自由贸易园区。因此，自由贸易园区的本质是提高经济效益，使各类生产要素集聚的成本降低，从而确保更高的生产效率。在这种客观环境下，发达国家已经加快跨太平洋伙伴关系协议（TPP）、大西洋贸易与投资伙伴体系（TTIP）等区域自贸协议和国际服务贸易协定（TISA）的谈判进程。而此轮世界贸易和投资新规则的动向体现为更高标准的贸易、投资与服务贸易自由化，更加强调公平竞争与权益保护。在这种趋势下，我国必然要有所应对，上海自贸区就是作为先行试验国际经贸新规则的压力测试场，积累参与双边、多边、区域合作的经验，从而为我国开展相关谈判并参与国际规则制定提供有力支撑。

从国内层面看，上海自贸区以建立符合市场要求的、法治的、透明的、统一的规则为目标，从而实现高效地配置各种资源。制度的创新和完善是自贸区建设的关键，只有规范的制度才能促进资源和要素的高效流动，从而发挥市场在资源配置过程中的基础性作用。自贸区的探索是为我国已经进入深水区的改革探索新的经验。对此，上海市委书记韩正在接受媒体联合采访时指出："自贸试验区所有的规则、所有的改革措施都必须按照中央的要求，实现可推广、可复制。反过来说，不可推广的、不可复制的，就像'栽盆景'的那种，不是自贸试验区干的事情，哪怕有些眼前的利益，我们也不会做。可复制、可推广，形象地说是'种苗圃'。如果我们的改革试验成功的话，对政府管理、监管模式将是重大改革、尝试和突破。"由此可知，上海自贸区发挥的作用并不限于最初的28平方公里，其实践活动与制度创新应当为我国政府职能转变等全局性工作提供有益的借鉴。

二　上海自贸区推动制度创新成效明显

上海自贸区的制度创新主要包括四个方面：一是投资管理制度，二是贸易监管制度，三是金融制度，四是综合监管制度。上述制度创新工作的核心是政府职能转变，进而创造国际化、法治化的营商环境。

（一）以负面清单管理模式确立开放透明的投资管理制度

上海自贸区采纳国际通行规则，探索、制定和完善负面清单，改革投资管理制度模式，进一步扩大服务业对外开放。

首先，以负面清单管理为核心的投资管理制度基本建立。经修订后出台的 2014 版负面清单，将外商投资准入特别管理措施由 2013 版的 190 条减少到 139 条，而负面清单以外的外商投资项目和企业合同章程全部改为备案制，并建立了备案信息多部门共享、备案机构定期核查等制度。截至 2014 年 11 月底，上海自贸区内新设外资企业通过备案方式设立的比例达 88.6%，外资企业备案当场完成，比原先审批平均 8 天的时间大大缩短。此外，由于以备案制为主的境外投资管理制度的建立，上海自贸区管委会能够在 5 个工作日内办结相关的备案手续，这也使得截至 2014 年底上海自贸区内已经完成了 160 个境外投资项目的备案，中方对外投资总额累计达 30 多亿美元。

其次，深化商事登记制度改革。上海自贸区工商部门实施了注册资本认缴制等改革，区内新设公司注册资本的申报出资、认缴年限等未出现异常情况。此外，也实施了企业准入单一窗口制度，企业准入由多个部门多头受理改为一个部门一个窗口集中受理，并推行部分事务网上办理，使得内资企业和负面清单以外的外资企业可在 4 个工作日内领取到相关证照，比原来的 29 个工作日大幅缩减。与此同时，质监部门推出了组织机构代码实时赋码等相关服务，而税务部门也推出 10 项办税一网通创新措施，确保了税务登记号码网上自动赋码的实现。

最后，落实服务业扩大开放措施。在金融服务、航运服务、商贸服务、专业服务、文化服务以及社会服务 6 个领域 18 个行业，暂停或取消投资者资质要求、股比限制、经营范围限制等准入限制措施。《中国（上海）自由贸易试验区总体方案》中确定的服务业 23 项开放措施已经全面实施，截至 2014 年 12 月，有 283 个项目落户试验区。此外，针对 23 项服务业扩大开放措施，国家主管部门和上海市也出台了 14 个配套文件，从投资者条件、企业设立程序、业务规则、监督管理、违规处罚等方面对扩大开放的行业提出了明确具体的监管要求,并建立了相应的监管制度。

正是基于上述改革措施,上海自贸区在2014年取得的成绩有目共睹。2015年2月28日发布的《2014年上海市国民经济和社会发展统计公报》显示,2014年上海自贸区内新增注册企业11440户。其中,内资企业9383户,注册资本3329亿元,外商投资企业2057户。2014年1~11月,自贸区内企业完成经营总收入14450亿元,同比增长11%。其中,商品销售额达12475亿元,增长11.2%;航运物流收入完成1085亿元,增长15%;完成进出口额6490亿元,同比增长8.5%;企业实现利润总额同比增长超过20%。

(二)以贸易监管制度创新提高贸易便利化水平

为了与国际惯例接轨,同时适应贸易发展的需要,在上海自贸区内,海关、检验检疫、海事等口岸监管部门推出了60多项创新举措,进口平均通关时间比区外减少41.3%,出口平均通关时间比区外减少36.8%,探索建立了更有效的贸易监管制度。

首先,建立"一线放开、二线安全高效管住"的监管制度。以"简政集约、通关便利、安全高效"为重点,试验区内海关管理推出了23项监管服务创新措施;检验检疫系统推出了"通关无纸化""分线管理""第三方检验结果采信"等23项改革措施。与此同时,海关、检验检疫系统联合实施了"一次申报、一次查验、一次放行"监管试点,并在一线出境、二线入区环节实现通关无纸化。自贸区一线放开,海关"先进区、后报关"制度实施后,试点企业可以凭舱单直接入区,货物入区内仓库时间平均缩短2~3天,物流成本下降了10%以上;检验检疫通过在"一线"全面实行"入境免签","二线"实行预检核销,平均每批货物可以节省7~12天的物流时间;海事推出的"预授许可、后续查验"措施,使船舶代理公司往返次数明显减少。

其次,建立有效的国际贸易监管制度。借鉴国际通行规则,上海自贸实验区建立了贸易、运输、加工、仓储等业务的跨部门综合管理服务平台,推动监管部门信息互换、监管互认、执法互助,实现各部门在一个平台上提供高效便捷的服务。企业通过单一窗口接入、一次性递交相关标准化电子信息,处理结果也通过单一窗口反馈。对保税货物、非保税货物、口岸货物进行分类监管,实行同仓同储。通过采用"联网监管+库位管理+实时核注"的监管模式,对货物"进、出、转、存"情况进行实时掌控和动态核查,满足了不同状态货物入区运作的需要,也在提高通关速度的同时有效地控制了监管风险。

最后,依托大数据、云计算、物联网等现代信息技术,建立统一的海关信息化监管平台。在海关监管的每个业务节点上有效获取、处理和利用监管数据,实现系统统一、互联互通、无纸作业、电子围网,为智能化处理、便利化运作、规范化执法、安全化保障创造条件。将现有上海海关特殊监管区域海关监管信息化系统整合升级为试验区海关监管信息化系统,并拓展试验区信息化系统的数据采集功能,实现与海关内部管理系统对接联通和信息共享,进而在海关总署和上海海关两个层级与税务、工商、质检等其他管理部门系统对接,逐步实现海关对试验区内企业经营信息的全面掌控,提升海关监管的针对性和有效性。在信息化的基础上,建立试验区海关监管从数据采集、风险分析、执行处置到动态反馈的流程,对各类监管数据进行筛选整理、综合运算、分析加工,并做出分析判别和处置。

(三)以金融制度创新促进实体经济发展

在坚持宏观审慎、风险可控的前提下,中国人民银行等相关部门共推出了51条创新举措,在自由贸易账户体系、投融资汇兑便利、人民币跨境使用、利率市场化、外汇管理改革5个方面形成了"一线放开、二线严格管理的宏观审慎"的金融制度框架和监管模式,这些措施也为国家层面的金融改革做好了"压力测试"。

首先,金融创新制度框架基本建立。"一行三会"积极推动资本项目可兑换、人民币跨境使用、利率市场化和外汇管理改革等方面的改革措施,金融改革的大部分措施已经进入操作阶段。自由贸易账户、扩大人民币跨境使用和深化外汇管理改革等试点稳步实施。上海自贸区已通过分账核算系统验收的10家银行共开立了9741个自由贸易账户；区内跨境人民币结算总额3226亿元，其中，跨境人民币境外借款业务累计金额197.28亿元，跨境双向人民币资金池业务收支总额783亿元。目前，上述账户均运转正常，资金流动良好。

其次，金融服务功能不断。截至2014年底，共有106家有金融牌照的机构和一批金融服务企业入驻区内，自贸区启动实施了一批服务实体经济和投资贸易便利化的金融创新业务。同时，面向国际的金融市场平台建设正在有序推进，上海国际能源交易中心、国际黄金交易中心已批准成立，国际金融资产交易中心正在加紧筹建。上海自贸区内金融机构和高管的准入也相应简化：上海自贸区内的全国性中资商业银行、上海本地银行、外资法人银行和外国银行分行在区内新设、变更、终止分行级以下分支机构的，无须报经上海银监局事先审批，实行事后报告制；在上述机构担任负责人的，以及虽未担任主要负责人但实际履行其职责的人员，无须报上海银监局事先审批，免于参加高管人员任职资格考试，实行事后申报制。①

最后，建立完善金融监管和防范风险机制。"一行三会"驻沪机构和上海市政府已经建立监管协调机制和跨境资金流动监测机制，中国人民银行上海总部和试验区管委会共同建立了"反洗钱、反恐融资、反逃税"监管机制，并进一步完善金融宏观审慎管理措施和切实加强机构风险管理自我责任，制定异常情况下的应急管理办法，构建开放条件下的金融安全网。

（四）加强事中事后监管以创新管理方式

上海自贸区切实转变政府职能，由事前审批转为事中事后监管，加强对市场主体"宽进"以后的过程监管和后续管理，为推进经济领域治理体系

---

① 《关于简化中国（上海）自由贸易试验区内相关机构和高管准入方式的实施细则（试行）》，2014年5月12日。

和治理能力现代化进行探索。

首先,建立创新的事中事后管理方式。在国家发改委、商务部的指导下,以建立外资企业准入阶段协助国家有关部门进行审查的工作机制为目的,上海自贸区制定了安全审查办法,明确外资安全审查的范围、内容、工作机制和程序。为探索在经营者集中、垄断协议和滥用市场支配地位等方面的反垄断审查,上海自贸实验区已经制定、发布三个领域反垄断工作办法,形成了反垄断审查联席会议制度方案。此外,在上海自贸区,企业年检制改为年度报告公示制度,企业可以通过信用信息公示系统向工商部门报送年度报告,特定企业还须提交会计师事务所出具的年度审计报告。截至2014年底,已经有10315家企业提交了年度报告,其中7394家同时提交了会计师事务所出具的年度审计报告(有3122家为自愿提交)。

其次,健全信息共享和综合执法制度。上海自贸区依托上海市公共信用信息服务平台积极推动试验区子平台建设,完善与信用信息、信用产品使用有关的一系列制度。截至2014年底,上海自贸区子平台已经完成归集查询、异议处理、数据目录管理等功能开发工作,同时探索开展事前诚信承诺、事中评估分类、事后联动奖惩的信用管理模式。上海自贸区出台了《中国(上海)自由贸易试验区监管信息共享管理试行办法》,信息共享与服务平台的建设为信息共享和综合执法奠定了基础。截至2014年底,信息平台已经汇集口岸和金融等中央在沪单位、市级部门等34个部门超过400万条信息数据,实现了各管理部门监管信息的归集应用和共享,促进跨部门联合监管。在综合执法方面,实行相对集中地行使执法权,通过建设网上执法办案系统、建设联勤联动协调合作机制,着力解决权责交叉、多头执法问题。试验区管委会已经承担市级层面在城市管理、规划建设、劳动监察、知识产权、文化等领域的行政执法权,启动网上执法办案系统的开发建设。

最后,建立社会力量参与市场监督制度。上海自贸区出台了《促进社会力量参与市场监督的若干意见》;社会参与委员会正在加快推进设立工作,由社会知名人士担任理事长,并由企业、行业协会和商会代表组成;会计师事务所等专业服务机构已经承担企业年报审计工作,第三方检验机构已为试验区进出口商品检验出具鉴定报告；商事纠纷调解中心已在区内开展业务；商会国际仲裁中心已设立自贸试验区仲裁院，发布了自贸试验区仲裁规则，兼容国际通行规则与国内仲裁法。上述各项政策的重点是通过扶持引导、购买服务、制定标准等制度安排，支持行业协会和专业服务机构参与市场监督。

三 制制度创新为复制和推广相关经验奠定基础

2014年10月27日召开的中央全面深化改革领导小组第六次会议审议了《关于中国（上海）自由贸易试验区工作进展和可复制改革试点经验的推广意见》，并强调将上海自由贸易试验区取得的经验尽快推广到其他地区以至全国。此后，2014年12月12日，国务院常务会议部署推广上海自贸区试点经验、加快制定完善负面清单，以推动更高水平对外开放的相关措施。会议决定深化上海自贸区改革开放，进一步压缩负面清单，在服务业和先进制造业等领域再推出一批扩大开放举措，并将部分开放措施辐射到浦东新区；此外，在广东、天津、福建特定区域再设三个自由贸易园区，以上海自贸区试点内容为主体，结合地方特点，充实新的试点内容。这标志着，上海自贸区的制度创新经验向其他地区复制，并在更大的范围内推广。

首先，上海自贸区多项制度性改革试点在上海市范围内进行复制和推广。其中，在浦东全境内推广的有负面清单、权力清单、责任清单三张清单制度以及政府对企业的事中事后监管。2014年3月26日，浦东新区的外资准入实现"五证联办"，且外商投资企业"一口受理"从设立延伸到企业变更，这是浦东综合配套改革与自贸区建设联动的首个改革创新举措。除浦东外的上海各个区（县），亦将更多目光投向上海自贸区，并谋求承接上海自贸区效应、分享改革红利。2004年7月，闵行区与虹桥商务区管委会及市工商、质监、税务、食药监等部门，尝试移用上海自贸区监管模式，为企业投资者提供一站式服务，并减少前置审批，加强事中事后监管。从自贸试验区扩大到上海的制度创新还包括放开小额外币存款利率上限的改革试点，这被认为是"人民币利率市场化的一次预演"。此外，自贸试验区海关监管服务制度带来的制度丛创新，也已经开始在整个上海海关关区复制推广。①

其次，上海自贸区相关经验开始向全国推广。2014年12月21日，国务院发布通知指出，上海自贸区可复制改革试点经验，原则上，除涉及法律修订、上海国际金融中心建设事项外，能在其他地区推广的要尽快推广，能在全国范围内推广的要推广到全国。② 其中，在全国范围内复制推广的改革事项包括：外商投资广告企业项目备案制、涉税事项网上审批备案等投资管理措施，全球维修产业检验检疫监管、中转货物产地来源证管理等贸易便利化措施，个人其他经常项下人民币结算业务、外商投资企业外汇资本金意愿结汇等金融管理措施，允许融资租赁公司兼营与主营业务有关的商业保理业务、允许设立外商投资资信调查公司等服务业开放措施，以及社会信用体系、信息共享和综合执法制度等事中事后监管措施。

尽管上海自贸区的探索已经取得较大进展，但不可否认的是，上海自贸区仍然处于发展阶段，因而有必要在发展过程中进一步完善和提升。

一方面，应当进一步推动政府职能转变。仅就负面清单管理制度而言，2013版的负面清单涉及18个门类、89个大类、419个中类和1069个小类，负面清单直接规定到小类的共有190条，相对于1069个产业小类来说，约有17.8%的小类有特别管理措施，从而实现了精细、明确管理。在此基础上，2014版负面清单进一步缩减到139项。③ 相比于2013版负面清单，2014版负面清单答复减少了51项限制项目，其中，政府职能的缩减迹象明显。尽管如此，基于上海自贸区的实践，今后仍需进一步规范政府职能，有必要进一步缩减负面清单的长度，从而为进一步扩大开放保留空间，也让各类投资主体能够在公平、透明的环境下有序竞争，并促进政府职能的进一步

---

① 《上海海关关于复制推广第一批中国（上海）自由贸易试验区海关监管服务创新制度的公告》，2014年8月15日。

② 《国务院关于推广中国（上海）自由贸易试验区可复制改革试点经验的通知》，国发〔2014〕65号。

③ 上海市人民政府：《中国（上海）自由贸易试验区外商投资准入特别管理措施（负面清单）（2013年）》（2014年修订）。

转变。

另一方面，应当进一步激发社会和企业的主动性和创造性。就上海自贸区的各项改革制度而言，无论是以带动经济发展还是以促进改革的深入为目的，其最终的动力都来自社会与企业内在动力以及创新能力的爆发。就投资、贸易、金融等各项制度创新而言，如果缺少了作为上海自贸区运作之基本单位的企业和社会各方的参与，其必将成为无源之水与无本之木，缺少了自下而上的动力传导，依靠自贸区的试验推动政府职能转变的设想也将失去其动力来源。因此，《中国（上海）自由贸易试验区条例》第36条规定："在自贸试验区创新行政管理方式，推进政府管理由注重事先审批转为注重事中事后监管，提高监管参与度，推动形成行政监管、行业自律、社会监督、公众参与的综合监管体系。"可见，上海自贸区是否可以获得最终成功，决定性因素之一就是是否可以激发区内市场主体的创造能力，促进市场机制正常发挥作用，从而最大限度地减少对市场经济行为本身的不当干预和管制，从而使上海自贸区的各项制度创新能够在更深层次与更广泛的领域延续下去。

B.17 中国（上海）自由贸易试验区综合执法工作评析

沈映涵*

摘　要：	中国（上海）自由贸易试验区是以对接世界经济贸易和投资新规则体系为目标，因而其对政府的综合执法工作水平提出了更高的要求。区内综合执法工作改革主要体现为转换政府职能以及发挥社会力量促进市场监督两个方面。目前，企业年报公示制度已成为自贸试验区内容纳各方参与综合执法改革的典型案例。而提高综合执法水平、完善执法信息平台以及增强中介组织的参与，则成为推进自贸试验区综合执法工作的有效步骤。
关键词：	综合执法　信息平台　信用体系　企业年报公示　上海自贸区

中国（上海）自由贸易试验区（以下简称上海自贸区）建立过程中，自贸试验区的综合执法工作成为推动政府职能转变、实现事中事后管理的重要步骤。上海自贸区是以对接世界经济贸易和投资新规则体系为目标，因而其对政府的综合执法工作水平提出了更高的要求。在这一趋势下，政府职能的行使将不是简单地对市场和社会进行管理与规制，而是要尊重市场运行规

---

* 沈映涵，法学博士，上海海事大学法学院讲师。

律和经济主体的自身意愿,进而在国家、社会与企业之间形成良性的互动。由此,综合执法工作也需适应政府职能从事前审批向事中事后监管转变的趋势,通过更加完善的制度设计、更加规范的权力运行以及更加灵活的意见反馈机制等促进政府权力运行的规范化、法制化,进而为上海自贸区在制度创新以及推动我国新一轮改革开放进程中发挥作用奠定坚实的基础。

一 以政府管理职能的转换促进综合执法能力提升

上海自贸区的真正目的是构建依照经济运行规律、以企业和市场逻辑为基础的经济区域,并辅之以政府依法进行的服务与监管,因此揭示了一种不同于以往的全新公权力运行模式。根据《中国(上海)自由贸易试验区管理办法》第6条规定:"管委会综合执法机构履行以下职责:①集中行使城市管理领域、文化领域的行政处罚权,以及与行政处罚权有关的行政强制措施权和行政检查权。②集中行使原由本市规划和国土、建设、住房保障房屋管理、环境保护、民防、人力资源和社会保障、知识产权、食品药品监管、统计等部门依据法律、法规和规章行使行政处罚权,以及与行政处罚权有关的行政强制措施权和行政检查权。③市政府决定由管委会综合执法机构行使的其他行政处罚权。"目前,上海自贸区综合执法工作的变化主要体现于以下三个方面。

首先,通过制度化建设明确综合执法的主体与权能。上海自贸区坚持以高效整合政府执法资源为出发点,拓展执法领域,建立与各管理部门联动执法、协调合作的机制,形成条块结合、运转顺畅的综合执法体系。目前,自贸试验区内执法主体已经统一为"中国(上海)自由贸易试验区管理委员会",并具有相应的执法机构代码。同时,为适应试验区执法任务和要求,上海市编办已批复建立上海自由贸易试验区管理委员会综合执法大队,为管委会所属的行政执法机构,依法承担自贸区区域内综合执法等职责。在此基础上,确立了相对集中的执法事权。通过授权方式,明确试验区管委会承担市容、市政、绿化、水务、交通运政、规划、土地、房屋、环保、建设、劳动监察、文化广播、新闻出版、文物、体育、旅游、专利、民防、统计等领域的行政执法权，设计并完成了试验区综合执法过程中可以在多领域统一通用的执法程序和文书。与此同时，依托试验区信息化系统，为适应自贸区四个区域相对分散的特点，加快开发建设综合执法网上执法办案系统。

其次，为综合执法提供有效的信息平台和监管手段。以建设政府管理部门互通、互联、共享的信息化平台为抓手，推动政府管理部门优化管理流程、强化信息共享，实现联合监管和协同服务，为建立高效的事中事后监管提供支撑。根据《中国（上海）自由贸易试验区条例》第34条规定："管委会组织建立自贸试验区监管信息共享机制和平台，实现海关、检验检疫、海事、金融、发展改革、商务、工商、质检、财政、税务、环境保护、安全生产监管、港口航运等部门监管信息的互通、交换和共享，为优化管理流程、提供高效便捷服务、加强事中事后监管提供支撑。"按照"总体规划、统筹协调、分步实施"的原则，自贸试验区信息共享和服务平台建设有序推进，第一阶段投资管理体制的改革任务已基本落实，试验区形成了"一口办理、综合审批和高效运作"的服务模式，实现投资领域相关部门准入信息的共享。目前，第二阶段推动各部门监管信息共享的工作已展开。2014年底，上海自贸区制定了《中国（上海）自由贸易试验区监管信息共享管理试行办法》等制度，完成《中国（上海）自由贸易试验区监管信息共享目录》。在上海市有关部门和在沪中央垂直管理部门的支持下，平台已经实现试验区2万多家企业600多万条信息数据的归集，涉及工商、税务、口岸、金融等34个部门，类型包括企业基础信息、管理信息、运营信息、综合统计信息。在此基础上，各部门的信息共享工作已经有序展开，金融监管部门、驻区机构以及管委会相关部门对已归集信息进行开放共享，信息数据逐步得到有效利用。譬如，金融监管部门已实现对区内企业登记类、资质类等基础信息的共享，为人民币跨境使用、境外借款等金融创新业务的开展提供保障。

最后，逐步形成有效的各领域综合执法机制和办法。这一点明确地体现在自贸试验区反垄断领域，该领域形成了"一个机制+三个办法"的工作框架。"一个机制"，即建立中国（上海）自由贸易试验区反垄断工作联席会议，联席会议负责指导试验区管委会做好反垄断工作，在联席会议框架下加强部门间的信息互通、会商协调、专家咨询、效能评估、协同研判和执法协助。"三个办法"，即上海市商务委发布的《中国（上海）自由贸易试验区经营者集中反垄断审查工作办法》、上海市发改委发布的《中国（上海）自由贸易试验区反价格垄断工作办法》、上海市工商局发布的《中国（上海）自由贸易试验区反垄断协议、滥用市场支配地位和行政垄断执法》。该工作框架明确了试验区反垄断工作的分工：对试验区经营者垄断协议、滥用市场支配地位和行政垄断的反垄断执法工作由市工商局具体负责，试验区管委会配合，试验区管委会承担接收咨询举报、协助执法与回访、接收有关报告和宣传培训工作；对试验区价格领域的反垄断审查工作，由上海市发改委具体负责，试验区管委会配合，试验区管委会承担接收咨询举报、协助执法与回访、接收有关报告和宣传培训等工作；对试验区经营者集中的反垄断审查工作的分工，明确试验区管委会与上海市商务委共同配合国家商务部开展经营者集中反垄断审查工作，试验区管委会根据商务部委托，在市商务委指导下，承担试验区内经营者集中反垄断审查案件的发现识别、调查取证、后续监管、效能评估及培训宣传等具体职责，试验区管委会与市商务委建立双向抄告机制，并就相关工作进行会商。

二 发动企业和社会力量推动综合执法工作改进

按照"社会可以做好的就让社会去做"的要求，借鉴国际经验，创新政府管理方式，打造社会力量参与社会监督平台，以建立引导区内企业、相关行业组织等社会力量参与市场监督的工作机制为抓手，推动行业组织自律管理，开展多领域、多行业的市场监督工作，发挥社会力量在参与市场监督方面的作用。以此为依据，自贸试验区采取了如下步骤以发动企业和社会力量推动综合执法工作的改进。

中国（上海）自由贸易试验区综合执法工作评析

首先，建立社会参与委员会并积极发挥其专业服务机构的作用。自贸试验区管委会推动建立了社会参与委员会，推动试验区社会参与机制的建立，社会参与委员会主任委员由社会知名人士担任，引导公民、企业和其他组织通过社会参与委员会表达利益诉求，开展试点政策评估，推动广泛的社会参与，建立公众实际参与、企业自控和行业组织自管的社会力量参与市场监督的格局和工作机制。而在发挥专业性服务机构作用方面，截至2014年底，上海市会计师事务所、审计师事务所已受试验区企业委托，承担试验区企业年度报告工作。[①] 上海市现代服务业联合会下属的经贸商事调解中心也在试验区设立了商事纠纷调解中心，作为浦东法院自贸区商事纠纷法庭附设调解机制的一部分。

其次，在上海市经信委的牵头下，上海市信息中心、上海市信用协会等相关部门协同建设，自贸试验区从数据基础、制度机制、信息应用、信用行业发展四个方面推进试验区社会信用体系的确立。《中国（上海）自由贸易试验区条例》第33条规定："建立自贸试验区内企业信用信息记录、公开、共享和使用制度，推行守信激励和失信惩戒联动机制。"基于上述规定，第一，上海自贸区初步形成信用数据基础，自贸试验区的信用信息数据归集、整理、录入工作已经展开，并推进试验区管委会、各驻区机构梳理各自领域的信用信息，争取在此基础上形成完整的信用信息目录清单。第二，建设了试验区信用子平台。推进建设上海市信用信息服务平台自贸区子平台，建设市场主体信用信息大数据库，开发组合查询、披露发布等多项功能，并向社会开放查询服务。第三，加快试验区信用体系建设。围绕事前告知承诺，事中记录、使用、共享与披露信用信息，事后开展信用奖惩约束等要求建立信

---

① 就法律服务而言，一个重要步骤即允许在上海自贸试验区设立代表处的外国律师事务所与中国律师事务所以协作的方式，相互派驻律师担任法律顾问；允许外国律师事务所与中国律师事务所在自贸区内实行联营；缩减行政审批时限，将外国（港澳）律师事务所在上海自贸区申请设立代表处、派驻代表等事项的初审时限由法定的三个月缩减为30个工作日，将国内律师事务所申请在上海自贸区设立分所、派驻（变更）律师等事项的审批期限由法定的30个工作日减为10个工作日。参见《上海市司法局关于在中国（上海）自由贸易试验区探索密切中外律师事务所业务合作方式和机制试点工作方案》。

用管理制度，完成相关规范性文件的草拟工作。截至 2014 年底，《中国（上海）自由贸易试验区信用信息管理使用暂行办法》《中国（上海）自由贸易试验区信用信息查询服务暂行办法》两个规范性文件已经面向社会公开征求意见。第四，推动信用信息应用并开展相关服务工作。自贸试验区正在编制相关清单，以制度形式明确信用信息的应用范围和监管部门对企业信用状况的奖惩，对信用良好的企业实施绿色通道等便利措施，对失信企业进行惩戒约束。为培育企业信用意识，自贸区相关部门对区内 1000 余家企业开展信用培训，提高了企业的信用意识。

三 一个容纳各方参与综合执法改革的典型案例：企业年报公示制度

上海自贸区的综合监管与执法工作变革需要调动企业的积极性，通过形成行政监管、行业自律、社会监督、公众参与的综合监管体系，提高监管参与度，以实现在自贸试验区创新行政管理方式，推进政府管理由注重事先审批转为注重事中事后监管。为此，如何将政府的综合监管与执法同企业自身行为方式的转变联系起来，进而以互动的方式促进企业经营更加顺畅与规范，同时使政府的综合执法也能与企业运行的实际需要相适应，成为考验自贸试验区综合监管与执法改革的重点与难点，而企业年报公示制度的建立与实施则为这一目标的实现提供了成功的经验，也为进一步推动相关改革奠定了良好基础。

2013 年 9 月 16 日，国家工商总局局务会议审议通过《国家工商行政管理总局关于支持中国（上海）自由贸易试验区建设的若干意见》，明确试验区内试行企业年度检验制改为企业年度报告公示制度。《中国（上海）自由贸易试验区管理办法》第 32 条规定："实行自贸试验区内企业年度报告公示制度。自贸试验区内企业应当向工商部门报送年度报告。年度报告应当向社会公示，涉及商业秘密内容的除外。企业对年度报告的真实性、合法性负责。" 2014 年 2 月 7 日，国务院正式印发《关于注册资本登记制度改革方案的通知》（国发〔2014〕7号文），明确将企业年度检验制度改为企业年度报告公示制度。此后，《中国（上海）自由贸易试验区条例》第40条规定："自贸试验区实行企业年度报告公示制度和企业经营异常名录制度。区内企业应当按照规定，报送企业年度报告，并对年度报告信息的真实性、合法性负责。"

按照国务院注册资本登记制度改革方案，年报公示制度是指"企业应当按年度在规定的期限内，通过市场主体信用信息公示系统向工商行政管理机关报送年度报告，并向社会公示，任何单位和个人均可查询。企业年度报告的主要内容应包括公司股东（发起人）缴纳出资情况、资产状况等，企业对年度报告的真实性、合法性负责，工商行政管理机关可以对企业年度报告公示内容进行抽查。经检查发现企业年度报告隐瞒真实情况、弄虚作假的，工商行政管理机关依法予以处罚，并将企业法定代表人、负责人等信息通报公安、财政、海关、税务等有关部门。对未按规定期限公示年度报告的企业，工商行政管理机关在市场主体信用信息公示系统上将其载入经营异常名录，提醒其履行年度报告公示义务。企业在三年内履行年度报告公示义务的，可以向工商行政管理机关申请恢复正常记载状态；超过三年未履行的，工商行政管理机关将其永久载入经营异常名录，不得恢复正常记载状态，并列入严重违法企业名单（黑名单）。"

年报信息公示对企业来说，减轻了负担和成本，同时增强了企业披露信息的主动性和对社会负责的意识，以此促进企业自律和社会共治，对加快政府职能转变、创新政府监管方式、建立公平开放透明的市场规则、保障创业创新具有重要意义，将进一步对营造良好的投资环境和营商环境，激发投资热情，鼓励创业、带动就业，特别是对中小微企业的发展具有巨大的推动作用，同时也将对政府职能转变、简政放权、创新监管方式、强化协同监管、落实部门责任和加快社会诚信制度体系建设起到积极的推动作用。工商登记制度改革以来，全国开展此项工作的唯一区域——上海自贸区在实践中摸索方法、积累经验，扎实推进年报公示工作，使自贸区2013年度企业年报公示率达89%，确保改革工作平稳过渡、顺利开展，进而激发创业活力，催生自贸区发展的新动力。不仅如此，有3000多家不在强制提交审计报告范围内的企业，也自愿提交审计报告。可见，这一制度充分适应了营商条件的变化，有利于企业信用的建立，也促进其在经营过程中更加注重自身的信用建设，并在自律与守法意识的约束下健康运行。目前，企业年度报告公示制度已走出自贸试验区，向全国复制推广。

四 加强自贸试验区综合执法水平的相关措施

就自贸试验区在综合执法的制度创新而言，可以发现其呈现以下趋势：第一，推动政府职能向服务型转变。近年来，不仅国内的发展要求政府职能实现转型，世界经济和国际贸易的升级也要求突破制约生产力发展的不利因素，这就要求政府着眼于改革开放的全局，摒弃部门利益，从而最大限度地减少行政审批，使传统政府的事前审批向过程服务和事后监管转变，增强政府提供公共产品和公共服务的能力。第二，对综合执法队伍的能力建设、人员素质提出了更高的要求。由于相对集中了执法事权，综合执法队伍应当达到"一专多能"的要求，特别是对于知识产权"三合一"等综合执法工作，因其专业性比较强，也就对执法队伍的能力建设、人员素质提出了更高的要求。

为此，自贸试验区接下来需要从以下方面增强综合执法能力。首先，开展执法队伍建设以提高综合执法能力。在综合执法专业化程度越来越高的趋势下，现有的工作人员不同程度地存在知识结构不匹配、心理不适应等问题，使得综合执法与监管职能的发挥面临较大的考验。为此，应当有针对性地对试验区执法队伍开展专业执法业务培训，尽快提高试验区执法队伍对违法案件的发现能力和查处能力，调动工作人员的积极性，进而应对综合执法新情况的变化。其次，加强与综合执法有关的信息平台建设。启动试验区联动联勤平台建设，即实现试验区综合监管和执法工作的信息化、数字化，提高监管执法的协同性和工作效率。同时，推动各部门联合监管并对监管信息进行共享，实现对区内企业经营活动全过程的跟踪、管理和监督。另外，本着为企业提供高效政府服务的目的，尽快开发企业办事集成系统，进行企业运营信息系统与监管部门系统的对接，企业依托平台可以进行信息共享和单一窗口办事，管理部门依托平台可以提供集中受理和协同服务，降低企业运作成本。最后，充分发挥社会中介组织的作用。自贸试验区应进一步为各类市场中介机构搭建参与市场监督的平台，创造条件将资产评估、鉴定、咨询、认证等社会职能交给会计师事务所、律师事务所、信用服务机构等专业性服务机构来承担。

案例篇

Report of Case Studies

B.18
"江桥经验"：善用《消防法》破解拆违困局启示录

叶 青 孙大伟*

|摘　要：|针对违章建筑普遍存在的局面，如何对其进行依法拆除，消除公共安全隐患，从而保障正常的生产秩序和生活需求，一直是困扰相关管理部门的难题。在法无授权不可为已经成为我国政府必须坚持的一项基本原则的情况下，如果缺少相应的法律依据，不仅拆违的效果无法保障，政府进行拆违自身的合法性依据也会受到质疑。江桥镇的经验，不是简单地等待相关法律规则的完善再采取行动，而是将包括《消防法》在内的相关法律规范整合进来，作为采取规制措施的法律依|

---

* 叶青，上海社会科学院法学研究所教授；孙大伟，法学博士，上海社会科学院法学研究所助理研究员。

据。在肯定江桥经验的同时，应当在适当的时机出台相关规定，为化解违建困境提供直接的法律依据。

关键词： 违章建筑　消防法　法律实效性　上海　江桥经验

在建设社会主义法治国家的背景下，公权力被纳入规范化运行轨道，这使得政府部门的各项活动受到逐步完善的程序制约，并日益呈现依法、有序施政的局面。但与此同时，在某些领域内，公权力解决社会、经济问题时的执行与控制能力也面临新的挑战，这就使一些本应得到规制的经济和社会问题难以得到及时有效解决，进而产成一系列的连锁问题，不仅影响了政府的公信力，也使社会和个人之间的利益冲突难以得到协调。针对这一问题，如何在规范公权力行使的同时，保持其对经济社会的有效调控能力，成为依法治市难以回避的现实问题。而上海市嘉定区江桥镇在拆除违章建筑过程中的经验，则不啻为解决这一问题的有益尝试，并为解决类似问题提供了更具现实性的视角。为此，本文将对江桥镇的案例进行剖析，以期为上海市基层社会治理过程中可能出现的其他问题提供相应的借鉴。

一　以法治思维主导是江桥镇拆违成功的必要条件

江桥镇位于上海市嘉定、普陀、长宁三区交会处，是嘉定区与上海市中心城区接壤的前沿。该镇商业繁华、交通便利，因而集聚了众多的企业和外来人口。目前，在江桥镇42.8平方公里的辖区内，一共有17个行政村、27个居委会，常住人口约为28万人，其中有18万人为外来人口。由于地处城乡接合部，再加上外来人口与本地人口之间形成人口倒挂，许多外来人口出于居住成本的考虑，居住在一些简易的工棚、仓库、违章搭建的白领公寓内；另外，一些企业和个人利用法律法规和城市管理对桥洞、工厂等监管方面的漏洞，违规建立许多小作坊、物流仓库和商铺。这些建筑均系未经政府部门审批而建立，缺少必要的建筑、规划、防火等审批手续，因而存在较多的隐患。违章建筑所使用的建筑材料十分低廉，且无须缴纳任何土地成本，也未经任何勘察、设计和检验，因而具有建筑速度快，费用成本低的特点。这使其得到部分外来人员和民营企业的青睐，从而一直潜滋暗长，并成为城市管理领域难以根治的顽疾。

针对违章建筑普遍存在的局面，如何对其进行依法拆除，消除公共安全隐患，从而保障正常的生产秩序和生活需求，一直是困扰相关管理部门的难题。在江桥镇，这些因素被形象地归结为"三碗面"，即人面、情面和场面。所谓人面，就是利字当头，违章建筑牵涉各方面的经济利益，无论违章建筑是作为商用还是个人居住，建筑者最主要目的就是以逃避国家法律法规的手段谋取非法利益，而其在利益的驱使下也会通过各种手段，给予相关政府部门和工作人员利益诱导甚至各种压力，以干扰拆违工作的正常进行。所谓情面，则是指攀亲找友，一些与违章建筑有利害关系的人，总是企图通过各种关系、通过人情影响政府的公正执法，搞法外施恩和人情标准，一旦有了效果，就会使更多的当事人群起效法，使政府相关部门的拆违工作更加困难重重。所谓场面，是指进行违建者往往非富即贵，其在当地往往具有较强的人脉和公关能力，因而能够借助其既有资源阻挠违建拆除工作，甚至抗拒相关部门的依法执行，以保护其通过违章建筑获得的不当利益。

上述问题在实践中难以解决，涉及的主要是政府如何依法办事的问题，因而，创新工作思路，坚持以法治思维、法治方式化解矛盾，推动工作创新发展，显得十分迫切。江桥镇党政班子主要领导一致认为，政府部门找准适用之法，狠抓依法执行力，就能够有效地化解工作中的困局。对此，江桥镇的应对也为上海市基层执法提供了很好的例证。首先，江桥镇政府将拆违工作作为2014年社会治理工作的突破口，将拆违工作作为推进城乡一体化、促进产业转型的一项重要工作来谋划。通过镇领导对该项工作的重视以及相关职能部门的责任落实，拆违工作一直被作为工作重点而加以推进。其次，在目标与任务明确的基础上，制订了严格的拆违计划，通过镇长与各责任单位签订拆违目标责任书，并建立每周一上报、每周一例会、每周一通报的

"三个一"工作制度,确保年度拆违计划的完成。最后,深入开展宣传工作,在深入开展《上海市拆除违章建筑若干规定》等法律法规宣传的同时,借助新闻媒体,曝光典型案例,震慑违法行为,扩大社会对拆违工作的知晓度和支持率,同时也发动群众对违章建筑行为进行有奖举报和监督。通过上述三项工作,江桥镇始终对存量和增量违章建筑保持着高压治理的态势,通过有力的政策保障和工作机制,有效地破除了违建拆除过程中人面、情面和场面的制约与干扰。

江桥镇在拆除违章建筑的各项工作有效开展的同时,一个问题却有所凸显,即无论多强的关注度与执行力以及多大规模的宣传,针对违章建筑,政府部门可以采取的法律手段和措施十分有限。也就是说,现有法律体系对于违章建筑的规制效力不足。依据2012年实施的《行政强制法》的相关规定,对于违法的建筑物、构筑物、设施等需要强制拆除的,应当由行政机关予以公告,限期当事人自行拆除。只有在当事人在法定期限内不申请行政复议或者提起行政诉讼又不拆除的情况下,行政机关才可以依法强制拆除(第44条)。这样,从告知、开单、公示到拆除,最顺畅的也要走上180多天的流程,而如果违建者拒不在整改通知书上签字,那么拆违工作将变成一场旷日持久的"马拉松"。此外,基于《行政强制法》的规定,行政机关不得在夜间或者法定节假日实施行政强制执行,而许多违建者恰恰钻了这一法律规定的空子,违建者往往在平时用围墙作掩护,打好地基,而选择在周末或者节假日,利用彩钢板以及其他新型建筑材料,只需一夜甚至是几个小时的光景就可以搭建起几百甚至上千平方米的违章建筑。对此,相关执法部门往往因缺乏有效的法律手段予以阻止,而眼睁睁地看着违章建筑长高长大。

由此,如果针对违建现状无法找到监管与处理手段,即使再有效的行政保障措施也无法实现对违建进行有效的拆除。特别是党的十八届四中全会以来,在法无授权不可为已经成为我国政府必须坚持的一项基本原则的情况下,如果缺少相应的法律依据,不仅拆违的效果无法保障,政府进行拆违的合法性也会受到质疑。而在实践中,江桥镇拆违措施的创新性和合法性恰恰体现在其对于拆违法律依据另辟蹊径的探求上,这也成为确保江桥镇拆违工作获得成功的最主要因素。

二 善用《消防法》成为推动江桥镇依法拆违的关键因素

现有的行政法律资源在依法拆违过程中,往往缺乏明确有效的处置措施,因而难以发挥法律规范的指引功能和威慑功能,这也导致了违章建筑成为我国各地城市化推进以及城市治理过程中一个难以根治的顽疾。正如上文所言,一方面,如果政府监管遵循《土地管理法》《城乡规划法》《强制执行法》等关联度紧密的法律规范,则难以对既有的违章建筑进行有效的拆除,也无法应对正在进行的违章建筑活动;另一方面,如果行政机关突破现有行政法规确立的程序限制,虽然可能在拆除违建方面取得一定的成效,但也突破了依法行政的基本原则,可能引发当事人以及相关各方的不满甚至导致一定的社会稳定风险。正是在这种意义上,江桥镇的经验提供了一种新的试验样本,即借助《消防法》自身具有的惩治功能,为拆除违章建筑提供有效的法律依据,在对存量和增量违章建筑进行有效治理的同时,也为政府相关措施寻找到合理的法律依据。

江桥镇之所以另辟蹊径,将《消防法》作为抓手来推动违章建筑的拆除工作,主要是在实践中发现该法能够克服既有行政法律规则在拆违问题上效力不足的问题。该镇最初考虑采用《消防法》推进拆违,是受到2012年一次重大火灾事故处置的启发。由于违反了《消防法》,发生火灾事故的企业负责人被判刑入狱,该企业的违章建筑也依据《消防法》规定加以拆除。这起案件之后,该镇对违章建筑进行了摸底和排查,并发现违章建筑通常在两个方面明显违反了《消防法》的规定:第一,多数违章建筑的消防设施及安全管理不符合《消防法》的要求,有的没有消防设施器材,有的安全通道出口堵塞,有的大量占用防火间距,都属于重大火灾隐患,因而违反该法第60条规定;第二,江桥镇内几乎所有的违章建筑都未经公安、消防机构的消防设计审核，也未依照规定将消防设计文件报公安机关、消防机构备案，因而违反《消防法》第58条的相关规定。而对于违反《消防法》上述规定的行为，公安机关、消防机构有权责令停止施工、停止使用或者停产停业，甚至可以强制执行，这就使通过《消防法》解决违章建筑的拆除问题具有了可行性。为此，江桥镇主动争取到"市级火灾隐患综合治理重点区域"的"帽子"，进而将公安、消防等部门纳入治理违章建筑的工作，借助《消防法》这一有力武器推动拆违工作的进行。

首先，运用《消防法》的教育功能，引导当事人对违章建筑后果有明确的认知。江桥镇对违章建筑的主要整治措施就是拆除，以彻底解决因违建带来的各种隐患，并打消各种潜在的违建者对于通过非正当途径获取利益的幻想。而对于违章建筑的拆除，往往是对违建当事人利益的完全剥夺，因而难以与当事人达成共识，甚至造成激烈冲突。但运用《消防法》则可以化解上述矛盾，因为违章建筑造成的火灾隐患，可能会对不特定多数人的人身和财产安全带来严重损害，与之相比，基于违建获得的利益则相对小得多。有鉴于此，江桥镇相关工作人员充分结合身边的火灾事故案例，不仅告知违建当事人违反《消防法》的后果，还提醒他们存在消防隐患的违章建筑也会给自身带来生命财产的重大损失，许多违建者也因此自行拆除了违章建筑。

其次，运用《消防法》的威慑功能，促进当事人对违章建筑采取相应的措施。现有的行政法规缺少针对违建者的强制措施，这使得当事人对违法搭建行为的严重性认识不足，进而以消极观望的态度对待政府的拆违工作。而根据《消防法》第63条、第64条的规定，违反该法的相关规定，可以对当事人处以十五日以下拘留并处以罚款，构成犯罪的还应追究其刑事责任。运用上述规定，江桥镇对屡教不改的当事人，由公安消防部门责令其到镇安全办，以约谈的方式对其进行警示，并将违反《消防法》可能带来的严重后果对当事人加以说明，从而使当事人充分认清违建行为的法律后果，进而促使其主动拆除违章建筑，或者申请政府帮助拆除。

最后，运用《消防法》的强制功能，倒逼当事人拆除违章建筑。违章建筑背后涉及众多的利益，关系网络十分复杂，其拆除需要耗费较大的人力、物力成本，还容易引发一些无法控制的社会稳定风险，且现有的行政法律体系难以提供一套有效的解决方案。而根据《消防法》的规定，对于存在消防隐患的场所，可以责令停止施工、停止使用或者停产停业，甚至可以进行强制执行。江桥镇恰恰运用这一规定，对于约谈后仍不拆除违章建筑的，通过采取停产停业等强制措施，使违章建筑无法使用，因而也难以获得其预期的利益，倒逼当事人自行拆除。此外，由于违章建筑本身具有消防隐患，对其加以拆除属于管理部门行使权力以维护正常社会之安全运行的一部分，因而不需要对被拆的建筑进行相应的补偿，这不仅为管理部门在拆违过程中节省了成本，也使当事人无法以申请补偿为由而阻碍拆违工作的进行。

江桥镇善用《消防法》使得拆违工作进展明显，同时也取得了一系列的社会效果。2014年，江桥镇拆除违章建筑15.3万平方米，超额完成年度任务的150%。在拆除违章建筑的同时，还压缩了无证经营、地下小作坊、黑诊所的生存空间，从而缓解了环境、交通、治安等公共服务的压力。此外，借助《消防法》进行拆违，使当事人和利益相关方对于拆违工作不致产生抗拒，拆违之后反弹也不明显。2014年全年，江桥镇未发生一起因拆违而引发的群体性事件和人身伤害事故，也没有因此引发一起行政复议和行政诉讼案件。江桥镇的成功经验表明，在解决违章建筑拆除方面，运用《消防法》可以解决现有行政法律体系在社会实践中实效性不足的缺陷，从而为行政机关提供有力的法律工具，以根治私搭滥建这一城市管理与建筑规划领域中长期难以解决的顽疾。

三 增强法律适用的实效性以助推城市治理法治化

江桥镇依法拆违的成功案例，可以为其他地区提供有益的借鉴，包含政府部门在拆除违章建筑的事前、事中和事后进行的周到而细致的工作，以及在此过程中形成的一系列有效的工作制度和工作流程，如"三个一"工作制度、拆违目标责任制、约谈机制，等等。除此之外，拆除违章建筑的

"江桥经验":善用《消防法》破解拆违困局启示录

"江桥经验"更多地展现我国法治进程中的一个普遍性问题,即在社会转型过程中,现有的法律体系缺少对社会现实的关照或者是难以适应现实的迅速变化,因而在无法对诸如违章建筑等社会问题进行有效规制的情况下,应当通过何种途径实现政府的有效治理?面对上述情形,既有的解决方案往往是强化行政部门的职权,用行政化的解决方案弥补法律规定之不足,进而求得问题的解决。但这种缺少法律规范作为依据的行政化方案,其自身往往具有非规范性、不稳定性与不可复制性,不仅难以确立可推广、可复制的解决模式,更容易受到错综复杂的政治、经济状况以及各种利益关系的影响,因而难言其长期效果。与之相对,在面临某一领域的规制缺少直接法律依据的情况下,如果能够通过整合相关法律资源,并寻找到某些间接的法律依据,同样可以为问题的解决奠定可靠的制度基础,江桥镇解决违章建筑拆除领域的法治困境就是一个例证。

在违章建筑拆除领域,最直接的法律依据就是《土地管理法》《城乡规划法》和《行政强制法》,但正如实践表明的,如果仅仅依据上述法律,则需要经过冗长的行政程序,即在做出停产停业处罚决定前,必须先给法定代表人或经法定代表人授权的代理人做笔录,发放通知,并履行相应的听证程序。实际上,依法将整个程序进行完毕,一天不耽误的情况下也需五个月时间,如果最后需要司法强制措施,则更要长达400天,这种处理方式无法应对违章建筑搭建的快速度、后续强拆成本极高的现实。在这种情况下,江桥镇的经验,不是简单地等待相关法律规则的完善再采取行动,而是将包括《消防法》在内的相关法律规范整合进来,作为采取规制措施的法律依据。这种通过法律资源整合为行政规制提供制度依据的积极作用表现在两个方面:第一,《消防法》对于消除火灾隐患的规定,使得现有的行政规制手段获得了实体法的支撑,不仅让管理部门的执法行为有法可依,也使被执行人和社会其他主体了解到拆违在保障人身和财产安全方面具有的重要作用,从而减少执法阻力,也降低了潜在违法行为的比例。第二,通过《消防法》为拆除违建提供法律依据,使得政府和相关管理部门能够及时有效地对私搭乱建行为进行有效的治理,这种及时性能够正面强化法律体系在解决社会治理中出现问题的实效性，也有助于增强民众和社会对于依法治国的信心。

当然，通过寻找间接法律依据为社会现实问题提供解决方案，这种做法也可能会引发以下质疑，即如何确保公权力不滥用法律规范为其权力行使背书，进而直接危害企业和个人的合法权利？不得不承认，以《消防法》为依据处理违建问题，具有明显的法律工具化倾向，将这种倾向保持在合理的限度内，有利于为社会问题提供有效的解决方案；而一旦其突破了合理界限，则会将法律作为行政权力的附属，使公权力的运作难以受到制约，进而最终损害个人乃至社会的整体利益。为此，在肯定江桥经验的同时，应当从以下两个方面对其进行反思，以使法律自身体现的规则之治得到完善与提升：第一，应当强化对法律程序的遵守，即在运用《消防法》的过程中，应当严格遵循该法对于执法主体、执法程序的规定，确保拆违解决方案的依法实施，最大限度地减少对私人权利侵害的可能性。第二，应当在适当的时机出台相关规定，为化解违建困境提供直接的法律依据。《消防法》规定的责令停产停业、停止施工等措施可以为化解违建筑困境提供有效工具，但该法主要以"预防火灾和减少火灾危害，加强应急救援工作，保护人身、财产安全，维护公共安全"为主要目的，因而并不能将违章建筑涉及的全部利益关系均纳入其调整领域。为此，在时机成熟的时候，全国人大或者上海人大应当考虑通过制定法律法规的形式，为解决违章建筑问题制定专门的法律规范，在对违章建筑的概念进行有效界定的基础上，制订相关规则以区分不同情况对涉及的利益关系进行调整，并对法律责任做出明确且有针对性的规定。

B.19
普陀区探索和实践重大行政决策制度

上海法治市情调研组*

摘 要： 健全完善政府重大行政决策制度是提高政府社会治理能力的关键，上海市普陀区政府近年来逐步探索建立了重大行政决策公众参与制度、专家咨询制度、社会风险评估制度和行政决策合法性审查制度，从而形成了完整的重大行政决策程序机制。普陀区政府重大行政决策制度的进步，对行政决策的民主化、科学化、法治化都产生了深远的积极影响，也对上海市其他区（县）行政决策机制的完善具有重要的借鉴意义。

关键词： 普陀区　行政决策制度　制度型决策

推行善政，优化自身社会治理的方式方法，不仅是中国传统治道致力追求的目标，也是"推进治理体系和治理能力现代化"这一全面深化改革总目标中的主体部分，而在行政机关方面，政府治理的首要环节和基础就是行政决策。行政决策通常是指行政机关做出重要、重大决定的行为。[①] 审慎地进行行政决策，依法而合理地行使公权力，是政府提高治理能力的关键。近年来，上海市普陀区根据国务院《全面推进依法行政实施纲要》《国务院关于加强市县政府依法行政的决定》和《国务院关于加强法治政府建设的意

---

* 课题组负责人：史建三，上海社会科学院法学研究所研究员；课题组成员：范政强、洪安祺，上海社会科学院法学研究所研究生。本文由范政强执笔。
① 杨海坤、李兵：《建立健全科学民主行政决策的法律机制》，《政治与法律》2006年第3期。

见》等有关规定，制定了一系列具体制度，促进了政府重大事项决策的规范化，形成了较完善的政府工作制度体系，并通过制定调研、论证、咨询、听证等制度，进一步完善了依法决策机制，推动了政府决策的民主化、科学化、法治化进程，有效地优化了政务环境，促进了区域经济、社会的协调发展。

一 机制：重大行政决策的制度化与规范化

国务院《全面推进依法行政实施纲要》提出了"建立健全科学民主行政决策机制"的任务，把"科学化、民主化、规范化的行政决策机制和制度基本形成，人民群众的要求、意愿得到及时反映"作为法治政府建设的重要目标。经过三年多的努力，普陀区建立了重大行政决策程序的基本框架，形成了包括调查研究、提出方案、听取意见、法律审查、集体审议五项步骤的工作流程。①调查研究。在做出决策之前，相关决策承办部门先进行调查研究，在基本掌握决策需要的有关情况之后再提出相应方案。②提出方案。在调查研究的基础上，决策承办部门对决策事项进行综合论证，经过科学的决策分析，提出多个决策方案。③听取意见。方案提出后由该部门向社会公开征求意见建议，如果该事项涉及全区工作或具有较强专业性与技术性，则要组织专家进行必要性、可行性等方面论证。根据专家和社会公众的意见，决策部门对决策方案进行必要的修改。④法律审查。根据意见建议调整后的方案交由政府法制机构进行法制审查，并提出审查意见。审查的内容包括：是否与法律法规相抵触、是否与现行政策规定相协调以及是否存在其他不适当的情况。⑤集体审议。区政府法制机构审核完成后，交由区政府常务会议讨论并决定，或者经区政府常务会议讨论通过后报请区委、区人大决定。作为政府集体议事的决策性会议，区政府常务会议一般由区政府主要领导召集召开。

《普陀区人民政府工作规则》确立了重大行政决策的集体审议制度，文件明确规定："重大行政决策由区政府常务会议讨论和决定。"会议召开前，先由分管副区长召开区政府专题会，在根据专家和公众意见进行修改的基础上进一步完善决策方案。会议过程中,首先由决策承办部门对决策草案制订的背景、公众及专家的意见、法律审查意见、资金保障、社会风险等内容进行说明。对于较复杂的决策事项,决策承办部门须根据实际情况,会向区政府提出两个备选方案供集体讨论决定。介绍过后,出席会议的相关部门及其他单位对决策草案分别发表补充意见,或者提出修改建议。相关部门和单位发表意见后,再由分管副区长对决策草案、方案发表自己的意见。最后由区长发表意见并做最终决定。同时在会议过程中,区府办负责整理会议记录,对会议组成人员的意见做如实、全面的记录,以备存档备案。在会议结束后制作区政府常务会议的会议纪要,并将重大行政决策事项及时向社会公布。图1简要显示了普陀区行政决策的基本流程。

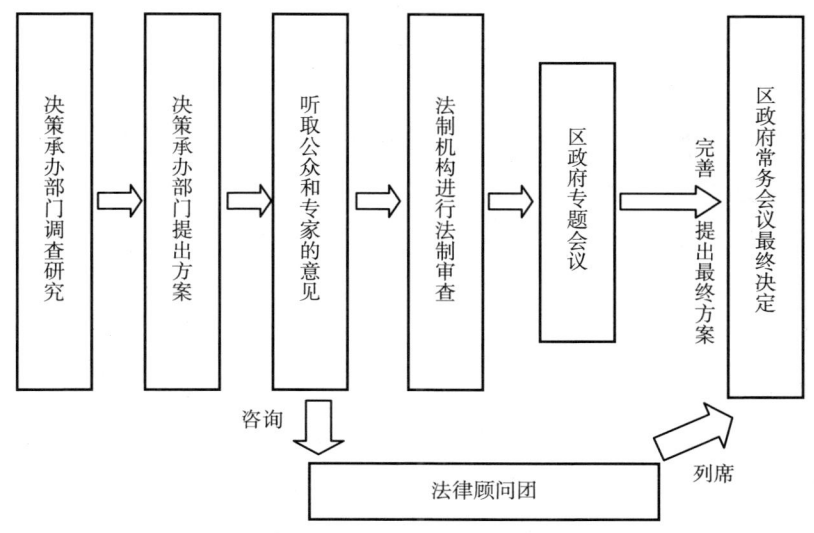

图1 普陀区重大行政决策基本流程

二 民主化:扩大决策过程中的公众参与

在行政决策过程中推进社会公众的参与,让公众在了解政府将要做出的决策后提出自己的意见，便于政府切实地了解不同群体各自的利益诉求，同时保障决策吸纳公众意见之后能在群体的支持与理解中有效地推行，这不论是对决策的正当性还是合理性都是非常重要的。上海市政府印发的《关于2013~2017年本市进一步推进法治政府建设的意见》中提出了"公众参与机制有效运行"的总体目标，为此，上海市各区（县）基本推行了行政决策民主化的有关制度。2014年12月，普陀区制定《重大行政决策公众参与规定》，其适用范围包括规划与计划类、建设项目与资源开发类、财政预决算编制与重大财政资金安排类、民生事项、规范性文件制定类等各个大类，符合条件的行政决策都要按照"先参与、后决策"的原则，在政府做出决定之前，要听取有关行政机关、企事业单位、社会团体以及行业协会等社会组织的意见，并广泛征求人大代表、政协委员、专家学者以及公众的意见。在决策结束前，政府可以通过多种途径组织公众参与这一重大行政决策，一是政府通过门户网站、报纸、广播电视、官方微博微信等方式主动公示决策事项的相关材料，广泛征求意见；二是组织听证，对于公示后公众对决策事项有重大分歧的以及法律、法规、规章规定应当听证的事项，提前10日发布听证公告，召开听证会，组织利益相关的公民以及有关专家参与听证会并提供证据、发表意见；三是在镇政府、街道办事处相关的居（村）民社区召开基层座谈会，听取各利害相关方代表的意见；四是开展论证，邀请有关专家对决策事项涉及的专业问题或者合法性问题进行论证；五是通过书面征询的方式，直接听取有关企事业单位、社会群体、行业协会等社会组织和特定公民的意见；六是在决策需要考虑社会认同度的情况下，自己组织或委托第三方进行公众意见的抽样调查。这六种途径已经基本吸收涵盖了相关决策所有可能涉及的利益相关方。以编制《上海市普陀区国民经济和社会发展第十二个五年规划纲要》为例，在编制过程中，区人大全程给予指导，区政协成立了相关专家咨询组提供必要意见。区政府相关工作人员就规划多次进行了基层调研，直接听取企事业单位和居民代表的意见、建议。作为起草部门的区发改委则开展了书面征询、专题会议、专家研讨会和意见征询会等多种征询方式，听取并吸纳了各民主党派、工商联和无党派人士、专家学者以及社区居民代表的建议。此外，相当一部分社会公众还通过登录政府门户网站、手机短信、信件和热线电话等方式，为五年规划提供了意见与对策。

在重大决策社会公众参与制度的运行中，最突出的问题是如何调动社会公众参与决策的积极性，提高意见建议的含金量。基层政府的决策事务虽然与普通群众关联度更高，但是由于覆盖面相对较弱、规划计划等类型的决策专业性较强以及宣传平台层次不高等，决策过程中一些诸如民意调查、基层调查等需要公众广泛参与的环节往往面临影响力有限的问题，公众意见的质量也是参差不齐。对于这种情况，政府相关部门的关注点不能仅仅局限在扩大话题影响力上，因为公众参与数量的增长远不如参与质量的上升更有意义。目前的公众参与以公民个体参与为主，而个体参与的意见较为分散而片面，不能代表整个利益群体的意见。因而，相比之下团体参与更具有优势，在各类事项的政府决策过程中，如果与行业协会、居民团体等正式或非正式组织建立良性的长期沟通机制，能够更好地提高公众参与的普遍性，从而有效保证行政决策的民主化。

三 科学化：可行性与不可行性论证相结合

上海作为国际化大都市，已经形成高度密集的复杂社会，政府的决策必定涉及政治、经济、文化、社会生活等各个领域。因此，客观上需要其掌握各种信息与知识，这使得仅仅依靠政府某个部门领导小组讨论就做出一项决策成了完全不可行的事情，而公众参与同样无法解决问题，这就要引入经济、法律以及其他领域的专家参与决策的商讨。普陀区政府目前在城市总体规划、土地利用总体规划、自然资源开发利用总体规划、生态环境保护等专业规划以及重大投资项目等决策事项上设置了委托专家和研究咨询机构进行论证、评估的前置程序。在决策交由领导拍板决定之前，先向专家征求意见，避免了"领导先下结论、然后专家论证"的现象。在事先了解专家的研究领域和专长的情况下，如果行政决策牵涉多个领域，就邀请多名专家提供意见，以避免咨询意见的单一与片面。同时，区政府也尽量排除人际关系的干扰，保证专家论证的独立性。2012年，普陀区发布了《上海市普陀区人民政府法律顾问团工作制度（试行）》的规范性文件，聘请24名法律专家学者组成区政府的法律顾问团，参与政府重大决策过程中的法律论证，为区政府提供法律方面的意见。此外，2012年9月，普陀区进一步以行政规定的形式明确了法律顾问列席区政府会议的制度，使法律顾问列席区政府常务会议形式固定化、常态化，以便区政府法律顾问更好地发挥参谋作用。法律顾问团自成立以来实施状况良好，基本的运作程序和规则得到了常态化实施，基本每次常务会议上法律顾问都能直接或间接地提出意见，发挥了良好的作用，有效避免了决策失误现象。

另外，为避免专家只论证可行性而造成的趋同性思维，成熟完善的论证机制也要求逆向思考，进行不可行性论证。因此，在可行性论证的同时，普陀区还建立了重大行政决策风险评估制度，对重大决策事项进行事前系统分析、先期预测和科学评价。2009年，普陀区政府颁布了《普陀区重大事项社会稳定风险分析评估办法》，2012年和2014年区政法委也先后发布了有关指导意见，从基本原则、实施要求、评估范围、责任主体、工作流程、后续操作等方面规定了政府决策社会稳定风险的评估程序，进行社会稳定风险评估的重大事项包括征地拆迁、农民负担、集体资产量化和处置、国有企业改制、环境影响、社会保障、教育、卫生、公益事业等重大领域的事项。重大政策的提出部门和重大建设项目的报建部门是风险分析和评估的承办主体，社会稳定风险和评估工作小组对相关决策事项开展具体评估工作。以普陀区的重大建设工程项目社会风险评估为例，一般情况下主管部门会在实施前委托相关律师事务所、咨询公司等第三方专业机构进行风险测评，对利益相关群体的满意度、工程项目有关的社会环境和项目的各项审批环节可能发生的问题进行先期调查，然后依照"建设项目社会稳定风险对照表"进行量化评估，制作风险概率影响矩阵，计算综合风险指数，然后评判该项目的风险事件及风险后果，并提出相应的风险化解处置方案。进行社会稳定风险评估工作，有效地避免了近年来发生的由房屋动迁、工程项目建立等造成的社会矛盾纠纷甚至群体性事件，有效地消除了大量政府决策和项目规划的失误所造成的社会隐患。当然,目前普陀区的重大决策不可行性评估工作还仅限于维护社会稳定方面,其他领域诸如社会经济文化效益、环境影响、公共安全健康等方面的不可行性评估也同样具有必要性,亟待普陀区对这一制度进行完善。

四 法治化:坚持对事项的合法性审查

在普陀区推行法律顾问团制度的同时,为了更好地保障行政决策的合法性,普陀区政府于2013年制定了《重大行政决策合法性审查规定》,坚持推行重大行政决策的合法性审查工作,由区政府法制办承担重大行政决策的合法性审查,包括对区政府规范性文件、常务会议纪要和比较重大的行政合同在内的政府文件等进行合法性审查,从"是否具有法定职权,是否与相关法律法规和规章协调、衔接,是否增设行政相对人义务或违法设立行政审批"等方面提出法律审核意见。凡是列入区政府常务会议的议题,都严格依照"先审查、后审议"原则,由区政府法制办进行初审。在审查过程中,法制办有权直接对明显欠具合法性或合理性的内容提出异议,或建议对可能存在法律风险的议题暂缓审议。区政府每一次常务会议都有区法制办列席,并随时提出法律建议。2012年普陀区制定的《普陀区行政规范性文件制定和备案实施办法》强化了对制定行政规范性文件过程中立项调研、听取意见、法律审核、集体审议、领导签发、对外公布等各项程序的规定,明确了区政府及各委办局制定的规范性文件必须提交区法制办或部门法制机构审核的制度。2012～2015年初,依据"有件必审、有件必备、有错必纠"的原则,区法制办共审查规范性文件63件。通过规范性文件的备案审查工作,进一步提高了抽象行政行为的合法性和合理性,也为实现区政府及相关部门行政决策的合法性、合理性提供了重要的制度保障。不仅是规范性文件,一些标的较大的涉法事务也在区法制办的合法性审查工作范围之内。对于以区政府名义签订的各类合同、协议文本,或者区政府所属部门对外签订的涉及政府权利义务的各类合同、协议文本,在区政府领导审定签字之前都必须经区法制办的审核。

与上海市其他区（县）相比，普陀区的政府决策合法性审查涵盖面更广，牵涉范围更大，实施力度更强。一般情况下，政府的合法性审查效果往往受限于审查人员的人手和素质，上海各区（县）法制办一般为3~5人，而普陀区法制办人数则突破了这一限制，而且因为公务员调配机制，普陀区法制办的公职人员大多具有基层工作经历或司法工作经历，保证了审查者在审查过程中所需的法律实务知识。当然，普陀区政府的法律专业人员在整体上看仍然处于紧缺状态，全区仅有11个委办局有法制部门，镇政府和街道办事处则基本没有建立法制部门，这也相对制约了普陀区重大决策合法性审查的力度和范围，对镇政府和街道办事处的规范性文件以及涉法合同的审查，目前还尚未纳入合法性审查的制度框架。

五　完善化：制度型决策的进一步完善

良好的行政决策是政府正确行使职能的前提，政府只有正确有效地做出决策，充分履行政府职责才成为可能。而要做到这一点，就必须使政府从运动型决策过渡到制度型决策。[1] 通常情况下受决策专业性的限制，公众难以判断决策的好坏，要保障政府正确合理地进行决策，只有让政府的决策过程合乎程序，以程序正义来保证政府决策行为中的实体正义，使公众感觉到"看得见的正义"。普陀区建立的重大决策程序是政府决策向制度型决策发展的第一步，接下来就应当坚持和完善这一程序制度，使重大决策程序完善化、成熟化、常态化。

要让政府的相关决策程序真正成为稳定的机制，首先要解决的是明确重大行政决策的范围，应规定具体哪些决策属于重大决策并应当遵循重大决策制定的相关程序，否则便会导致主观随意性过强，个别部门借故推脱不进行社会公示或合法性审查的现象。表1归纳了普陀区各项重大决策制度的实施

---

[1] 应松年：《社会管理创新要求加强行政决策程序建设》，《中国法学》2012年第2期。

范围，从中可以看出，不同的决策制度有不同的实施范围，这在一定程度上造成了决策程序的不稳定性。但是，现实情况中政府决策包含了规划计划、合同决定等各种内容，牵涉抽象性和具体性的各种行政行为。因此，简单地通过一套准则以列举的形式规定何者属于重大行政决策是有困难的，即使这样的标准制定了，也难以避免在实施若干年后出现新的状况而使得原先所列举的标准不完善的情况。目前，普陀区政府在实践中对重大决策范围认定方式以定性为主，凡是在一定领域内有重大影响的事项，都应当认定为重大行政决策，具体事项依照各个决策的具体情况而确定，如果认定存在争议，则由该决策所属领域的分管副区长来认定。这种认定方式尚且还有优化的空间，明确重大行政决策的具体事项和量化标准，以同原有的定性标准相结合，并向社会公布，是今后普陀区重大行政决策程序可能的改进方向。目前，重大决策社会稳定风险评估的项目细目已经作为附件同2014年发布的《关于建立健全重大决策社会稳定风险评估工作的实施意见》一并发布，成为重大决策界定细目化的第一步。

表1 各项行政决策制度的适用范围

行政决策制度	适用范围
行政决策公众参与制度	规划与计划类、建设项目与资源开发类、财政预决算编制与重大财政资金安排类、民生事项和规范性文件制定类等
行政决策专家咨询制度	城市总体规划、土地利用总体规划、自然资源开发利用总体规划、生态环境保护等专业规划以及重大投资项目等决策事项
行政决策社会风险评估制度	征地拆迁、农民负担、集体资产量化和处置、国有企业改制、环境影响、社会保障、教育、卫生、公益事业等
行政决策合法性审查制度	经济发展规划计划、重大支出项目、土地资源配置、公共事业性相关政策措施、政府机构和职能安排等

同时，为避免过多的规范性文件共同生效可能造成的混乱，将各项行政决策程序进行整合汇编也具有必要性。在行政决策程序的问题上，国务院将调查研究、公众参与、专家论证、风险评估、合法性审查、集体讨论决定等环节作为重大决策的必经程序，这表明我国重大决策的必要步骤在实践上已

经基本确定，制定一份行政决策程序方面的规范性文件是完全可行的。同时，我国其他省（市）所进行的行政程序上的探索也提供了经验支持，如2008年湖南省制定的《湖南省行政程序规定》就对从行政决策到执行等环节进行了系统的规定，并在学术界获得了好评。对此，普陀区乃至上海市都可以将实践中好的做法和经验加以固定和推广，将行政决策程序固定化和制度化，进一步促进制度型决策机制的成熟与完善。

六　总结与建议

普陀区政府近年来建立的重大行政决策制度是上海各区（县）中的首创，与全国其他省（市）相比也处于领先地位。另外，上海市其他区（县）的行政决策程序也在相互借鉴中不断发展和完善，同样具有突出特色。如闵行区利用微博等新媒体创新自身的公共政策评估制度，同时完善了人大代表、政协委员旁听区政府常务会议的长效机制，等等。在根据自身实际情况创新和完善决策制度的基础上，合理地借鉴其他地方的已有经验，普陀区重大决策制度可以做出更多改进。

首先，确保行政决策过程中的信息公开。在行政决策过程中，如果公众无法畅通地获取信息，公众参与和专家咨询等机制都将成为空谈，决策事项的程序正义和实体正义也都不能有效保障。在依照法律法规公开行政决策事项的有关信息过程中，尤其要重视确定信息公开的例外情况，只有明确了例外情况，才能清楚地界定政府负有公开义务的信息范围。政府应当持续更新主动公开信息和依申请公开信息的清单列表，以便公众能够及时监督政府的信息公开状况。

其次，完善公众参与决策机制。为保障公众的知情权、参与权、监督权，促进行政决策的民主化，应开发多种形式的公众参与平台，拓展公众参与行政决策的渠道。在完善传统的公告与评论、座谈会、协商会、听证会等公众参与制度的同时，积极探索其他更好地参与形式，如利用互联网新媒体开放式听取群众的意见。另外，一些牵涉范围不广的决策，公众的过度关注反而不利于做出正确决策，因此，需要把公众的注意控制在小范围内。这些问题都考验着普陀区政府在信息时代的公关应对能力。

再次，维护行政决策过程中专家论证意见的独立性与专业性。由于人情关系等方面的限制，专家论证意见受其他方面的干预客观上是存在的。对此，政府应该避免在专家论证环节为其"圈定"方向，而是要保持专家论证结论的开放性。同时，要建立重大行政决策专家库，在一次决策中向多名专家咨询意见。不同专家因为论证思路与方法的差异，其结论意见不可能完全一致，基于这种情况，应由政府机关综合几位专家的意见，做出恰当的决策，而不是采取肯定一方而否定另一方的方式。

最后，强化决策责任追究制度，防范行政决策失误。国务院《全面推进依法行政实施纲要》明确了"谁决策、谁负责"的原则，有权必有责、用权受监督、失职要问责、违法受追究是法治思维对各级行政机关领导干部的基本要求。因此，要明确决策责任人及其承担的相应责任，对超越法定权限、未经法定程序自行做出决策的，要追究决策者的纪律责任和法律责任。要区别多人决策中每个决策者各自的责任，在某个环节发生决策失误的，就追究该环节的责任人，要分清集体责任和个人责任，若系集体决策失误的，则应追究主要负责人的责任。同时，还要建立长期责任追究机制，即使决策过了若干年才发现存在重大失误并造成重大损失，也应该追究行政决策者的历史责任。

B.20 杨浦区行政权力清单制度专案研究

上海法治市情调研组*

摘　要： 建立地方政府权力清单制度，有利于控制和规范行政权的行使，提升行政效能，推进法治政府、责任政府和服务政府的一体建设。杨浦区作为权力清单制度改革的试点城区，积极探索行政权力清单管理模式，根据"宁多勿缺"的工作原则和"清权、确权、晒权、制权"的工作流程，制定了《杨浦区行政权力目录（2014年版）》，并于2014年10月20日在杨浦区门户网站上线公开。作为上海市首个"晒"出政府行政权力清单的区（县），在全市乃至全国范围内为全面深化行政体制改革、深入推进依法行政、加快建设法治政府起到了示范作用，确保了权力在阳光下运行。

关键词： 杨浦区　行政权力清单　目录管理　依法行政

行政权是国家行政机关或其他特定的社会组织进行行政活动，包括管理公共行政事务和为社会成员提供公共服务的国家权力。行政权作为一种权力，同其他权力一样，从本质上说具有天然的扩张性。行政权的触角几乎遍及了公共事务的各个角落，公民从摇篮到坟墓的一切活动都可能会与行政权发生关系。正因为如此，行政权在运行的过程中一旦过分的扩张，就会偏离

---

* 课题组负责人：史建三，上海社会科学院法学研究所研究员；课题组成员：洪安祺、范政强，上海社会科学院法学研究所硕士研究生。本文由洪安祺执笔。

行政权力设置的本来目的，引发诸如权力滥用、权力腐败、权力寻租等问题。政府权力清单制度正是一种为了监督与制约行政权力运行的重要举措。

一 推行权力清单制度的意义

改革和法治，如鸟之两翼、车之两轮。党的十八届三中全会通过的《中共中央关于全面深化改革若干重大问题的决定》提出，推行地方各级政府及其工作部门权力清单制度，依法公开权力运行流程。党的十八届四中全会通过的《中共中央关于全面推进依法治国若干重大问题的决定》进一步提出，加快建设法治政府，推行政府权力清单制度，坚决消除权力设租寻租空间；各级政府及其工作部门依据权力清单，向社会全面公开政府职能、法律依据、实施主体、职责权限、管理流程、监督方式等事项。党的十八届三中、四中全会关于权力清单制度的要求，强调了依法行政和对政府行政权力的监督与制约，权力清单制度由此引起公众的关注。

所谓权力清单，是指依据国家法律，政府及其职能部门把所掌握的各项公共权力进行"确权勘界"，对每项权能进行细化后制成"清单"。通过清单，详细说明每项行政权的职能定位、管理权限、操作流程等。

推行行政权力清单制度，有助于促进服务政府、责任政府、法治政府和廉洁政府建设，提高政府治理能力和服务水平，同时也是清理政府和市场关系、加快政府职能转变、深化行政管理体制改革的重要举措。

第一，推行权力清单制度有助于推进依法行政，建设法治政府。依法治国，是坚持和发展中国特色社会主义的本质要求和重要保障，是实现国家治理体系和治理能力现代化的必然要求，事关党执政兴国，事关人民幸福安康，事关党和国家长治久安。依法治国是党领导人民治理国家的基本方略，法治政府建设是依法治国中必不可少的重要内容。通过权力清单制度，可以明确各行政机关的职能、法律依据、实施主体、职责权限、管理流程、监督方式等事项，只有这样才能厘清各政府的各项权力，是政府依法行政的基础。

第二，推行权力清单制度有助于提高政府治理能力和服务水平。我国是人民民主专政的社会主义国家，本质是人民当家做主，政府的权力是人民赋予的。因此，我国政府以对人民负责为基本原则，本着为人民服务的工作原则来行使行政权。权力清单制度通过对政府各部门行政权的梳理，可以很好地解决行政权界限的问题，确定各部门的职权内容，更好地为人民提供服务。对行政权进行梳理和目录管理不但更好地方便了行政相对人，也提升了政府自身的治理能力和管理水平，有利于政府的自身建设。

第三，推行权力清单制度有助于树立政府权威，推进政务公开。政府是国家公共行政权力的象征、承载体和实际行为体，拥有行政权。行政权力清单制度是一种对行政权起到监督与制约作用的有效制度，权力清单制度通过对权力目录的公开提高了政府的透明度。公开透明的政府可以让权力在阳光下运行，让社会公众都可以对行政权进行监督，使行政权运行得更加规范，更好地树立政府权威。

二 杨浦区行政权力清单制定的背景

2014年10月20日起，《杨浦区行政权力目录（2014年版）》分三批在"上海·杨浦"门户网站和杨浦区机构编制网上线公开，杨浦区成为全市首个"晒"出政府行政权力目录的区（县）。

根据中央、上海市有关会议和文件精神，杨浦区作为国家专业试点城区，主动作为、先行先试。在对全国其他省的地方政府进行调研、学习后，杨浦区结合该区行政特点，继续推进法治城区的建设，积极探索科技创新管理模式，力图制定一套内容完备、条理清晰、服务群众的行政权力目录清单。在依法治区（县）领导小组的带领下，针对杨浦区政府、各部门、街道（镇）的职能范围，找到对应行政权力的法律依据，梳理行政权力项目，公开政务运作流程。

自2014年3月底起，根据"全面清权、优化确权、阳光晒权、监督制权"的部署，以"推进行政权力运行程序化和公开透明，全面公开行政权力清单，进一步缩短审批时限，优化审批流程，提高行政效能"为目标，形成了《杨浦区行政权力目录（2014年版）》，并于2014年7月，向社会全面公开。在将近三个月的公示期里，杨浦区政府广泛征求社会的意见和建议，规范行政事项内容，细化事项信息，并多次召开专家与学者论证会，研究和鉴定目录草案的准确性。

2014年10月12日，最后一批行政权力清单公示完毕。经区委、区政府审定，杨浦区行政权力共4407项（含不予公开或暂不公开的57项），其中，审批514项、处罚3586项、征收8项、强制105项、确认26项、裁决3项、给付95项、其他70项。10月20日，首批区政府本级及区级行政机构行政权力共3820项上线公开，街道（镇）77项和行政执法机构453项也逐步分批公开。

与此同时，杨浦区政府还制定发布了《杨浦区行政权力目录管理办法（试行）》，对行政权力实行目录管理。杨浦区各行政机关按照该办法的规定，动态调整权力事项和权力目录，并及时予以公开。

三 杨浦区行政权力清单制度的主要做法

（一）全面梳理，摸清底数

杨浦区政府严格把握"宁多勿缺"的原则，以"权力主体全覆盖、权力内容全覆盖"为目标，对涉及区政府各部门（单位）、各系统事业单位实施的行政审批、行政处罚、行政强制等行政权力以及政务服务进行彻底排摸，逐项梳理实施主体、法律依据、办事流程、办事时限、受理地点等内容，在此基础上提出清理建议。

（二）试点先行，确认权力

针对行政权力自查填报出现的"概念不清、依据不明"等情况，杨浦区政府引入第三方审核确认机制，聘请社会专业力量开展基础性工作，并组织专家、学者开展对权力清单的评审指导,规范行政权力分类,明晰权力界定,准确、缜密把握权力清理范围。同时,明确"先试点再推进""四步程序"和"六项口径"。

1. "先试点再推进"

杨浦区政府先选择具有典型性或者权力事项较多的发改委、建交委、公安分局、四平路街道办事处为试点单位,在总结试点经验的基础上,以注重规范准确和查遗补缺为目标,在全区进行全面推进。非试点推进进一步明确四个"更加注重":一是市定目录事项的落地,确保有承接、无盲点;二是权力主体的界定,重点甄别人力资源和社会保障、民政、残联等职能部门授权或委托街道(镇)实施事项,确保一事项一主体;三是事项名称的表述,确保街道办事处与镇政府统一,事项名称统一;四是行政审批事项派生的其他类型事项的补充,力争无遗漏。

2. "四步程序"

杨浦区政府在制定权力清单时,以部门自查填报事项为基础,先由第三方初审,次由部门确认初审意见,再由审改办提出审核意见(其中,部门对第三方初审意见有异议的,须经第三方复核),终由部门就初步形成的目录沟通其市级业务主管部门,以形成拟公示目录(草案)(其中,凡市级业务主管部门有异议的,须会商第三方)。

3. "六项口径"

(1)第三方依据法律、法规、规章、规范性文件以及"三定"规定,甄别部门填报事项是否属于行政权力。

(2)第三方初审认为部门填报事项不属于行政权力的,不列入部门行政权力目录;属于行政权力的,按照权力主体列入该主体的行政权力目录。

(3)第三方初审关于行政审批事项的甄别,与市定目录不一致的,以市定目录为准;关于行政处罚事项的甄别,按照《本市市场监管体制执法权力清单》处罚事项的处理标准,处罚事项与违法行为一一对应。

(4)市定目录事项有杨浦区行政相对人的,如内容涉及农业、林地、港口、广播电视站、乡村等,不列入杨浦区政府行政权力目录。

（5）涉及企业区域经济贡献等不适宜公开的事项，属于政府内部管理事务，不直接对外发生效力的事项以及行政规划、行政决策、信息公开等通用型行政权力不列入行政权力目录。

（6）部门（单位）提出不予公开的市定目录事项，区分情况酌定是否公开。其主要有五类：一是市定目录标识为对外不公开的，如区民政局的"安徽下放居民随户知青子女来沪就读入户"；二是属于机关内部管理事务，如区台办的"因公赴台考察交流审核"、区机管局的"区级机关干部住房补贴对象和金额审核"；三是新增事项，上级业务主管部门尚未就该事项办理程序等进行布置，如商务委的"加工贸易保税料件内销审批"；四是非新增事项，历年未行使过权力，但不排除有行政相对人，如"国家科技型中小企业技术创新基金项目审核（初审）"；五是非新增事项，但实际业务主管部门已明确取消或调整，如住房保障房屋管理局"系统公有住房出售可售确认"。其中，第一、第二类不予公开，第三类暂不公开，待实际业务主管部门就相关办理程序等明确后再予公开；第四、第五类予以公开，第五类待市政府发文明确取消或调整后再做修正。

（三）推行公示，逐步公开

杨浦区政府在加强问题梳理、总结可推广模式的基础上，采取"先公示再公开"的方式，稳步实施"阳光晒权"。2014年7月23日、9月19日，《杨浦区行政权力目录（草案）》按照试点和非试点部门（单位）分两批在区政府门户网站公示，广泛征求社会意见、建议。公示后随即开展了五项工作：一是于9月23日举办行政权力目录事项登记实务培训，加强梳理遗漏事项，规范事项内容，细化事项信息；二是委托市政府法制办所属上海行政法制研究所于9月25日、10月10日分组召开专家学者论证会，研究鉴定目录（草案）的准确性；三是根据最新印发的《上海市人民政府关于取消和调整一批行政审批事项的决定》（沪府发〔2014〕54号）同步调整目录（草案）；四是就调整形成的目录（草案）由各部门（单位）再次征求市级业务主管部门意见后予以确认；五是由区委、区政府于10月16日组

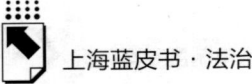

织召开公开行政权力清单动员会暨深化行政审批制度改革培训班,区委副书记、区长诸葛宇杰就进一步统一思想、提高对实行行政权力清单制度的认识做动员,市政府法制办、市审改办、市发改委、市科委、上海超级计算中心的领导和专家就转变政府职能、深化行政审批制度改革为全区部委办局、街道(镇)、直属事业单位党政负责人做专题培训。

10月12日公示期满后,经区委、区政府审定,杨浦区行政权力共4407项(含不予公开或暂不公开的57项)。10月20日,首批区政府本级及区级行政机构行政权力共3820项上线公开,街道(镇)77项和行政执法机构453项也逐步分批公开。

(四)目录管理,常态长效

为健全行政权力清单制度,根据对行政权力实行目录管理的工作要求,在公开行政权力的同时,杨浦区认真学习,充分借鉴上海市、外省(市)相关规章制度,结合实际,制定了《杨浦区行政权力目录管理办法(试行)》,分7章共26条,对行政权力目录的编制、调整、公开、日常管理、监督检查等程序做了明确规定,通过常态化和长效管理促进行政权力依法、公开、规范、高效运行。

杨浦区行政权力目录公开后,将以深化和规范为工作重点:一是加强结果运用,将行政权力目录工作与区(县)政府职能转变和机构改革相结合,严格以目录为依据,全面修订所涉部门(单位)的"三定"规定;二是加快建章立制,探索形成行政审批事后监管检查等工作制度;三是全面推进行政审批的标准化管理,选择部分与企业、老百姓密切相关的,如建设项目审批、企业办证登记等领域,启动业务手册和办事指南编制工作。

四 杨浦区行政权力清单制度的评析

推行行政权力清单工作对于推进政府依法行政、提高政府行政水平具有积极意义。杨浦区行政权力清单自公开以来,区政府各相关部门做了大量相关工作，取得了显著成效，杨浦区的行政权力清单取得成功的原因如下。

第一，制定《上海市杨浦区权力目录管理办法（试行）》（以下简称《权力目录管理办法》）。杨浦区为了进一步建立健全行政权力清单制度，促进行政权力依法、公开、规范、高效运行，根据有关法律法规，结合杨浦区实际情况，制定了权力目录管理办法。权力目录管理办法对权力目录编制、调整、公开、日常管理、监督检查等方面进行了全面的规范。其中有一个突出亮点，就是对行政权力目录实行动态调整，也就是说可以保持权力清单的动态化，即可以在权力清单制度实施、运行过程中不断地对现有的权力清单进行优化和完善。此外，权力目录管理办法的制定，还可以使权力清单的内容有统一的标准和规范，权力清单本身也是法治化的体现。

第二，坚持根据"宁多勿缺"的原则制定行政权力清单。在制定行政权力清单之前，运用"三上三下"的方法，对杨浦区各级行政机构、街道（镇）、执法机构进行了彻底的行政权力普查，对所有的权力主体、所有的权力内容进行了彻底的梳理，并进行了严格的清理。因此，杨浦区的行政权力清单是比较全面和完整的。

第三，杨浦区行政权力清单制定后，先进行试点，再扩大到全区，由尝试上升为统一。尝试是一种实践，通过尝试可以丰富经验、获得真知，进而找到解决问题的办法。杨浦区对权力清单制度的探索运用了试点的办法，可以减小风险，通过试点的经验总结后推广到全区，这种实践办法也给杨浦区行政权力清单制度的成功提供了帮助。

第四，杨浦区的行政权力清单公示公告的内容清晰。向社会公开权力清单不仅有行政权力的名称、法律依据，更提供了与所有行政相对人切身相关的信息，比如，具体的办事时间、所需要递交的材料、相关处理的部门和联系方式等一些非常具体的操作信息。同时，杨浦区的行政权力清单公开，还提供一种"逆向检索"的功能，行政相对人可以通过具体需要办理的事项了解其相对应的行政权力和行政部门。这种做法是一种符合客观规律的措施，行政相对人不是通过具体的行政权来了解权力的内容，而是遇到了具体事项才了解对应的行政权。杨浦区将这些信息附随于行政权力清单进行公开,极大地方便了行政相对人的查询和使用,使相关行政主体可以更好地为行政相对人提供服务,显著地提升了政府服务的效能,使政府不再是高高在上的虚设。

五 杨浦区行政权力清单制度的思考和建议

杨浦区权力清单制度在推行中取得了显著的成效,但同时存在一些问题,这些问题需要在进一步的实践中逐渐完善,还需要不断完善管理办法,建立健全支撑体系,主动接受各方监督,确保行政权阳光、透明运行。

第一,应当促进行政权力的多元化外部监督。杨浦区的行政权力清单在公布后,相关的专家、学者都对权力清单做出了肯定的评价,然而社会民众对权力清单的关注度还有所欠缺,制定权力清单的目的是规范政府行为,让公众监督政府行为,从而推进依法行政,建设法治政府,而建设法治政府就是为了更好地保障广大人民群众的合法权益。因此,还需要激发社会民众的活力,带动民众的积极性,让更多的民众参与对行政权的监督。

第二,应当研究完善行政权力清单的内部监督考评机制。对于行政权力清单的监督,需要多元化的外部监督,更需要完善内部监督机制。主要的监督考评内容可以考虑:行政主体是否严格按照行政权力清单行使权力;行政主体是否按照权力目录管理办法对行政权力目录实行了动态调整;行政主体是否存在规避使用行政权力清单等。杨浦区制定了权力目录管理办法,内部监督的内容可以以权力目录管理办法为标准,其中有关监督检查规定等方面的内容有必要进一步研究和细化。

第三,应当进一步探索建立负面权力清单、政府责任清单,与行政权力清单形成一个完整全面的行政权清单管理体系。杨浦区现有的行政权力清单很好地对各权力主体、权力内容进行了梳理和公示,然而并没有明确地规定行政主体不能行使的行政权。虽然,行政主体行使权力有"法无规定不可为"的基本原则,但是一些处于边缘地带的行政权力,法律没有明确规定或者法律没有明确具体裁量权的事项，都是需要予以明确的。对此，有必要对负面权力清单、政府责任清单做进一步的探索。

六　结语

上海市人民政府在《关于2013～2017年本市进一步推进法治政府建设意见》中提出总体目标，在2013～2017年本届政府任期内，以政府职能转变为改革的核心，以深化行政审批改革为重要抓手和突破口，加大力度、加快进度，持续不懈全面推进法治政府建设，继续保持上海法治政府建设在全国的领先地位，使上海成为职能转变力度最大和制度健全度、信息透明度、公众参与度、行政规范度、人民满意度最高的行政区之一，率先基本建成法治政府。法治政府的建设不仅需要治理者的法治意识和法治思维，也需要完整的制度设计，推行行政权力清单制度是法治政府建设的基础内容之一。杨浦区在推行行政权力清单制度中的实践探索，不但贯彻落实了党的十八大及十八届三中、四中全会和习近平总书记重要讲话精神，更给上海市政府逐步建立和推广权力清单制度提供了丰富的经验。

B.21 后　记

呈现在读者面前的《上海法治发展报告（2015）》一书，是一本全面总结、分析和展望上海依法治市、社会治理、地方立法与法律监督、行政执法、公正司法以及法治宣传与研究等法治发展状况的资讯类年度报告。在本书的主题论证、结构设计、资料收集、报告撰写、初稿编审过程中，上海市依法治市领导小组办公室、上海市人大法制委员会、上海市政府法制办、上海市法学会、上海市政法委研究室、上海市高级人民法院研究室、上海市人民检察院办公室及研究室、上海立法研究所、上海行政法制研究所的领导和工作人员一直给予极大的关注、支持、指导和帮助，可以说没有他们的大力支持和协助，就不可能有本书的顺利面世。在此我们谨致以诚挚的谢意。

在上海社会科学院法学研究所叶青所长的组织下，法学研究所成立了"上海法治市情调研组"，专门从事上海法治市情调研和上海法治蓝皮书的编撰工作。法学研究所有关研究室的科研人员也积极参与了本书的部分撰写工作。本所部分研究生范政强、何家华、王涛、张建勋、洪安祺、房新、丁欢欢等参与了历时半年的上海市政府门户网站信息公开评估工作。主编、执行主编和执行副主编以统稿会的形式对全书的内容进行了统稿。法学研究所副研究员彭辉对书稿的中文摘要和目录进行了翻译，研究员王海峰进行了校对。社会科学文献出版社的有关领导和编辑对本书的出版给予了大力支持，在此，我们一并表示诚挚的谢意。

本书的立项、选题、调研和出版工作自始至终得到了上海社会科学院党委书记于信汇教授、院长王战教授的关心和支持，副院长黄仁伟研究员受托了解本书编撰情况，并组织专家对本书进行论证，提出了许多宝贵意见，在此谨致以诚挚的谢意。本书能以现在的面貌问世，社会科学文献出版社和上海社会科学院科研处的领导与编辑提出了许多宝贵的意见,在此一并致谢。由于时间仓促、能力有限、经验不足,本书难免存在疏漏之处,敬祈读者批评指正。

上海社会科学院法学研究所

上海法治市情调研组

2015 年 3 月 31 日

❈ 皮书起源 ❈

"皮书"起源于十七、十八世纪的英国,主要指官方或社会组织正式发表的重要文件或报告,多以"白皮书"命名。在中国,"皮书"这一概念被社会广泛接受,并被成功运作、发展成为一种全新的出版型态,则源于中国社会科学院社会科学文献出版社。

❈ 皮书定义 ❈

皮书是对中国与世界发展状况和热点问题进行年度监测,以专业的角度、专家的视野和实证研究方法,针对某一领域或区域现状与发展态势展开分析和预测,具备权威性、前沿性、原创性、实证性、时效性等特点的连续性公开出版物,由一系列权威研究报告组成。皮书系列是社会科学文献出版社编辑出版的蓝皮书、绿皮书、黄皮书等的统称。

❈ 皮书作者 ❈

皮书系列的作者以中国社会科学院、著名高校、地方社会科学院的研究人员为主,多为国内一流研究机构的权威专家学者,他们的看法和观点代表了学界对中国与世界的现实和未来最高水平的解读与分析。

❈ 皮书荣誉 ❈

皮书系列已成为社会科学文献出版社的著名图书品牌和中国社会科学院的知名学术品牌。2011年,皮书系列正式列入"十二五"国家重点图书出版规划项目;2012~2014年,重点皮书列入中国社会科学院承担的国家哲学社会科学创新工程项目;2015年,41种院外皮书使用"中国社会科学院创新工程学术出版项目"标识。

中国皮书网

www.pishu.cn

发布皮书研创资讯,传播皮书精彩内容
引领皮书出版潮流,打造皮书服务平台

栏目设置:

- □ 资讯:皮书动态、皮书观点、皮书数据、皮书报道、皮书发布、电子期刊
- □ 标准:皮书评价、皮书研究、皮书规范
- □ 服务:最新皮书、皮书书目、重点推荐、在线购书
- □ 链接:皮书数据库、皮书博客、皮书微博、在线书城
- □ 搜索:资讯、图书、研究动态、皮书专家、研创团队

中国皮书网依托皮书系列"权威、前沿、原创"的优质内容资源,通过文字、图片、音频、视频等多种元素,在皮书研创者、使用者之间搭建了一个成果展示、资源共享的互动平台。

自 2005 年 12 月正式上线以来,中国皮书网的 IP 访问量、PV 浏览量与日俱增,受到海内外研究者、公务人员、商务人士以及专业读者的广泛关注。

2008 年、2011 年中国皮书网均在全国新闻出版业网站荣誉评选中获得"最具商业价值网站"称号;2012 年,获得"出版业网站百强"称号。

2014 年,中国皮书网与皮书数据库实现资源共享,端口合一,将提供更丰富的内容,更全面的服务。

法 律 声 明

"皮书系列"(含蓝皮书、绿皮书、黄皮书)之品牌由社会科学文献出版社最早使用并持续至今,现已被中国图书市场所熟知。"皮书系列"的LOGO( )与"经济蓝皮书""社会蓝皮书"均已在中华人民共和国国家工商行政管理总局商标局登记注册。"皮书系列"图书的注册商标专用权及封面设计、版式设计的著作权均为社会科学文献出版社所有。未经社会科学文献出版社书面授权许可,任何使用与"皮书系列"图书注册商标、封面设计、版式设计相同或者近似的文字、图形或其组合的行为均系侵权行为。

经作者授权,本书的专有出版权及信息网络传播权为社会科学文献出版社享有。未经社会科学文献出版社书面授权许可,任何就本书内容的复制、发行或以数字形式进行网络传播的行为均系侵权行为。

社会科学文献出版社将通过法律途径追究上述侵权行为的法律责任,维护自身合法权益。

欢迎社会各界人士对侵犯社会科学文献出版社上述权利的侵权行为进行举报。电话:010-59367121,电子邮箱:fawubu@ssap.cn。

社会科学文献出版社

权威报告·热点资讯·特色资源

皮书数据库
ANNUAL REPORT(YEARBOOK) DATABASE

当代中国与世界发展高端智库平台

皮书俱乐部会员服务指南

1. 谁能成为皮书俱乐部成员？
- 皮书作者自动成为俱乐部会员
- 购买了皮书产品（纸质书/电子书）的个人用户

2. 会员可以享受的增值服务
- 免费获赠皮书数据库100元充值卡
- 加入皮书俱乐部，免费获赠该纸质图书的电子书
- 免费定期获赠皮书电子期刊
- 优先参与各类皮书学术活动
- 优先享受皮书产品的最新优惠

3. 如何享受增值服务？

（1）免费获赠100元皮书数据库体验卡

第1步 刮开附赠充值的涂层（右下）;
第2步 登录皮书数据库网站（www.pishu.com.cn），注册账号；
第3步 登录并进入"会员中心"—"在线充值"—"充值卡充值"，充值成功后即可使用。

（2）加入皮书俱乐部，凭数据库体验卡获赠该书的电子书

第1步 登录社会科学文献出版社官网（www.ssap.com.cn），注册账号；
第2步 登录并进入"会员中心"—"皮书俱乐部"，提交加入皮书俱乐部申请；
第3步 审核通过后，再次进入皮书俱乐部，填写页面所需图书、体验卡信息即可自动兑换相应电子书。

4. 声明

解释权归社会科学文献出版社所有

皮书俱乐部会员可享受社会科学文献出版社其他相关免费增值服务，有任何疑问，均可与我们联系。

图书销售热线：010-59367070/7028
图书服务QQ：800045692
图书服务邮箱：duzhe@ssap.cn

数据库服务热线：400-008-6695
数据库服务QQ：2475522410
数据库服务邮箱：database@ssap.cn

欢迎登录社会科学文献出版社官网
（www.ssap.com.cn）
和中国皮书网（www.pishu.cn）
了解更多信息

社会科学文献出版社 皮书系列
卡号：298187620329
密码：

子库介绍
Sub-Database Introduction

中国经济发展数据库

涵盖宏观经济、农业经济、工业经济、产业经济、财政金融、交通旅游、商业贸易、劳动经济、企业经济、房地产经济、城市经济、区域经济等领域，为用户实时了解经济运行态势、把握经济发展规律、洞察经济形势、做出经济决策提供参考和依据。

中国社会发展数据库

全面整合国内外有关中国社会发展的统计数据、深度分析报告、专家解读和热点资讯构建而成的专业学术数据库。涉及宗教、社会、人口、政治、外交、法律、文化、教育、体育、文学艺术、医药卫生、资源环境等多个领域。

中国行业发展数据库

以中国国民经济行业分类为依据，跟踪分析国民经济各行业市场运行状况和政策导向，提供行业发展最前沿的资讯，为用户投资、从业及各种经济决策提供理论基础和实践指导。内容涵盖农业，能源与矿产业，交通运输业，制造业，金融业，房地产业，租赁和商务服务业，科学研究环境和公共设施管理，居民服务业，教育，卫生和社会保障，文化、体育和娱乐业等 100 余个行业。

中国区域发展数据库

以特定区域内的经济、社会、文化、法治、资源环境等领域的现状与发展情况进行分析和预测。涵盖中部、西部、东北、西北等地区，长三角、珠三角、黄三角、京津冀、环渤海、合肥经济圈、长株潭城市群、关中—天水经济区、海峡经济区等区域经济体和城市圈，北京、上海、浙江、河南、陕西等 34 个省份及中国台湾地区。

中国文化传媒数据库

包括文化事业、文化产业、宗教、群众文化、图书馆事业、博物馆事业、档案事业、语言文字、文学、历史地理、新闻传播、广播电视、出版事业、艺术、电影、娱乐等多个子库。

世界经济与国际政治数据库

以皮书系列中涉及世界经济与国际政治的研究成果为基础，全面整合国内外有关世界经济与国际政治的统计数据、深度分析报告、专家解读和热点资讯构建而成的专业学术数据库。包括世界经济、世界政治、世界文化、国际社会、国际关系、国际组织、区域发展、国别发展等多个子库。